BRAHMA SUTRA
COM OS COMENTÁRIOS ADVAITA DE SHANKARACHARYA
TOMO II

Editora Appris Ltda.
1.ª Edição - Copyright© 2024 do autor
Direitos de Edição Reservados à Editora Appris Ltda.

Nenhuma parte desta obra poderá ser utilizada indevidamente, sem estar de acordo com a Lei nº 9.610/98. Se incorreções forem encontradas, serão de exclusiva responsabilidade de seus organizadores. Foi realizado o Depósito Legal na Fundação Biblioteca Nacional, de acordo com as Leis nos 10.994, de 14/12/2004, e 12.192, de 14/01/2010.

Catalogação na Fonte
Elaborado por: Dayanne Leal Souza
Bibliotecária CRB 9/2162

T591b 2024	Tinoco, Carlos Alberto Brahma sutra: com os comentários advaita de Shankaracharya – tomo 2 / Carlos Alberto Tinoco. – 1. ed. – Curitiba: Appris, 2024. 337 p. : il. ; 23 cm. Inclui referências. ISBN 978-65-250-6157-3 1. Brahma sutra. 2. Filosofia hindu. 3. Espiritualidade. I. Tinoco, Carlos Alberto. II. Título. CDD – 248.4

Editora e Livraria Appris Ltda.
Av. Manoel Ribas, 2265 – Mercês
Curitiba/PR – CEP: 80810-002
Tel. (41) 3156 - 4731
www.editoraappris.com.br

Printed in Brazil
Impresso no Brasil

Carlos Alberto Tinoco

BRAHMA SUTRA

COM OS COMENTÁRIOS ADVAITA DE SHANKARACHARYA
TOMO II

Appris editora

Curitiba, PR
2024

FICHA TÉCNICA

EDITORIAL	Augusto Coelho
	Sara C. de Andrade Coelho
COMITÊ EDITORIAL	Ana El Achkar (UNIVERSO/RJ)
	Andréa Barbosa Gouveia (UFPR)
	Conrado Moreira Mendes (PUC-MG)
	Eliete Correia dos Santos (UEPB)
	Fabiano Santos (UERJ/IESP)
	Francinete Fernandes de Sousa (UEPB)
	Francisco Carlos Duarte (PUCPR)
	Francisco de Assis (Fiam-Faam, SP, Brasil)
	Jacques de Lima Ferreira (UP)
	Juliana Reichert Assunção Tonelli (UEL)
	Maria Aparecida Barbosa (USP)
	Maria Helena Zamora (PUC-Rio)
	Maria Margarida de Andrade (Umack)
	Marilda Aparecida Behrens (PUCPR)
	Marli Caetano
	Roque Ismael da Costa Güllich (UFFS)
	Toni Reis (UFPR)
	Valdomiro de Oliveira (UFPR)
	Valério Brusamolin (IFPR)
SUPERVISOR DA PRODUÇÃO	Renata Cristina Lopes Miccelli
PRODUÇÃO EDITORIAL	Bruna Holmen
REVISÃO	Stephanie Lima
DIAGRAMAÇÃO	Amélia Lopes
CAPA	Mateus de Andrade Porfírio
REVISÃO DE PROVA	Jibril Keddeh

Querida Mãe Shakti, quero lhe dar as minhas mãos, para que com elas possas tecer um ramalhete cor de sangue para enfeitar, com amor, os teus pés de lótus.

Quero lhe dar os meus braços e o meu corpo inteiro, para que, com eles, eu possa imolar-me em teu coração cheio de amor, como o de Radha e Krishna.

Sempre existi, nunca fui criado e estou sempre a ti ligado, como o Atmân está unido ao Eterno Brahmân, razão última e essência de tudo.

A ti, querida mãe, dedico este livro, a obra da minha vida.

O Autor

SUMÁRIO

INTRODUÇÃO

PRIMEIRO PADHA 13

TEMA 1: A SAÍDA DO CORPO 14

TEMA 2: RETORNO DAS ALMAS...23

TEMA 3: DESTINO DOS MALFEITORES 31

TEMA 4: A SEMELHANÇA COM O ESPAÇO ETC. DURANTE O DESCENSO. .36

TEMA 5: UM PERÍODO INTERMEDIARIO DE DESCENCIO 38

TEMA 6: AS ALMAS NAS PLANTAS E DEPOIS.........................38

CAPÍTULO II

SEGUNDO PADA 43

TEMA I: O ESTADO SONHOS...43

TEMA 2: A ALMA NO SONO PROFUNDO 51

TEMA 3: A MESMA ALMA REGRESSA DO SONHO 57

TEMA 4: A ALMA E O DESMAIO 59

TEMA 5: A NATUREZA DE BRAHMÂM 62

TEMA 6: BRAHMÂM E A ALMA INCONDICIONADA 75

TEMA 7: BRAHMÂM UNO SEM SEGUNDO 83

TEMA 8: OS FRUTOS DA AÇÃO 89

CAPÍTULO III

TERCEIRO PADA 93

TEMA 1: IDENTIDADE DE MEDITAÇÃO 93

TEMA 2: COMBINAÇÃO DE ASPECTOS....................................100

TEMA 3: A DIFERENÇA ENTRE AS MEDITAÇÕES 101

TEMA 4: A ESPECIFICAÇÃO DO OM 105

TEMA 5: A IDENTIDADE DA MEDITAÇÃO NO PRANA 107

TEMA 6: COMBINAÇÃO E NÃO COMBINAÇÃO DOS ATRIBUTOS
DE BRAHMÂM...109

TEMA 7: PURUSHA É O MAIS ELEVADO NA KATHA 111

TEMA 8: O SER SUPREMO NA AITAREYA 113

TEMA 9: ACHAMANA E A MEDITAÇÃO NO PRANA....................118

TEMA 10: A MESMA MEDITAÇÃO NO MESMO RAMO 121

TEMA 11: NÃO HÁ COMBINAÇÃO NA MEDITAÇÃO
SOBRE SATYA-BRAHMAM...124
TEMA 12: OS ATRIBUTOS DE BRAHMÂM EM RANAYANIYA
NÃO DEVEM SER COMBINADOS EM OUTROS LUGARES.................126
TEMA 13: PURUSHA-VIDYA NA CHANDOGYA E NA TAITTIRYIA.........128
TEMA 14: NÃO COMBINAÇÃO DE ASPECTOS DIFERENTES...............130
TEMA 15: NEGAÇÃO E RECEPÇÃO DO MÉRITO..........................133
TEMA 16: DESCARTAR A VIRTUDE E O VÍCIO NO MOMENTO
DA MORTE..137
TEMA 17: OS CAMINHOS DE QUEM CONHECE E NÃO CONHECE O
BRAHMÂM COM ATRIBUTOS..138
TEMA 18: O CAMINHO DOS DEUSES É PARA TODOS OS ADORADORES
DE BRAHMÂM COM ATRIBUTOS..140
TEMA 19: AS PESSOAS COM UMA MISSÃO.................................142
TEMA 20: CONCEPÇÕES DO IMUTÁVEL.....................................145
TEMA 21: A MESMA CONCEPÇÃO NA MUNDAKA E KATHA.............147
TEMA 22: O SER INTERNO NA BRHADARANYAKA.......................149
TEMA 23: RECIPROCIDADE DE CONCEPÇÕES.............................151
TEMA 24: SATYA-BRAHMÂM NA BRHADARANYAKA....................153
TEMA 25: COMBINAÇÃO DOS ASPECTOS NA BRHADARANYKA
E NA CHANDOGYA...155
TEMA 26: O AGNIHOTRA PARA PRANA.....................................157
TEMA 27: AS MEDITAÇÕES RELACIONADAS COM OS RITOS
NÃO SÃO OBRIGATÓRIAS...160
TEMA 28: MEDITAÇÕES NO PRANA E EM VAYU..........................163
TEMA 29: OS FOGOS EM AGNI-RAHASYA NÃO SÃO PARTES
DO SACRIFÍCIO...167
TEMA 30: O SER É DISTINTO DO CORPO....................................175
TEMA 31: AS MEDITAÇÕES CONECTADAS COM OS ACESSÓRIOS
DOS RITOS..178
TEMA 32: MEDITAÇÃO EM VAISHVANARA COMO UM INTEIRO.........180
TEMA 33: QUANDO AS MEDITAÇÕES DIFEREM...........................183
TEMA 34: MEDITAÇÕES ALTERNATIVAS....................................185
TEMA 35: AS MEDITAÇÕES QUE PRODUZEM
OS RESULTADOS MUNDANOS..187
TEMA 36: AS MEDITAÇÕES BASEADAS NOS SUBSIDIÁRIOS.............188

CAPÍTULO IV
QUARTO PÂDA 191
  TEMA 1: O CONHECIMENTO NÃO É UM SUBSIDIÁRIO DOS RITOS 191
  TEMA 2: SANNYASA (SAMNYASYN) PRESCRITO
  PELAS ESCRITURAS 203
  TEMA 3: PRESCRIÇÕES NÃO ELOGIOSAS PARA A MEDITAÇÃO 210
  TEMA 4: HISTÓRIAS DAS UPANISHADS 212
  TEMA 5: OS SAMNIASYNS ESTÃO ISENTOS DE RITUAIS 214
  TEMA 6: OS RITUAIS ETC. NECESSÁRIOS PARA O CONHECIMENTO 214
  TEMA 7: AS RESTRIÇÕES REFERENTES À COMIDA 217
  TEMA 8: OS DEVERES DE CADA ESTÁGIO DE VIDA
  DEVEM SER CUMPRIDOS 221
  TEMA 9: O CONHECIMENTO PARA AS PESSOAS FORA
  DOS ESTÁGIOS DE VIDA 224
  TEMA 10: O ABANDONO DA VIDA MONACAL 227
  TEMA 11: EXPIAÇÃO OU TRANSGRESSÃO DO CELIBATO 228
  TEMA 12: ELES DEVERIAM SER EXCOMUNGADOS 230
  TEMA 13: AS MEDITAÇÕES RELACIONADAS COM OS RITOS 231
  TEMA 14: UM MANDATO ACERCA DO ESTADO MEDITATIVO 233
  TEMA 15: O ESTAGIO DE MENINO 236
  TEMA 16: O TEMPO DA FRUTIFICAÇÃO DO CONHECIMENTO 238
  TEMA 17: A LIBERTAÇÃO É UNIFORME EM TODAS AS PARTES 240

PHALA – RESULTADO
QUARTO ADHYÂYA 242
  O RESULTADO DAS MEDITAÇÕES E DO CONHECIMENTO 242

CAPÍTULO VI
PRIMEIRO PÂDA 243
  TEMA 1: REPETIÇÃO DA MEDITAÇÃO ETC. 243
  TEMA 2: IDENTIDADE DO SER COM BRAHMÂM 249
  TEMA 3: NENHUMA AUTO IDENTIDADE COM OS SÍMBOLOS 252
  TEMA 4: SUPERPOSIÇÃO DO SUPERIOR NO INFERIOR 253
  TEMA 5: AS PARTES SUBODINADAS DOS RITOS COMO O SOL ETC. 256
  TEMA 6: A MEDITAÇÃO ESTANDO SENTADO 259
  TEMA 7: NÃO HÁ RESTRIÇÕES DE LUGAR 261
  TEMA 8: A MEDITAÇÃO NO MOMENTO DA MORTE 262

TEMA 9: O CONHECIMENTO DESTROI TODOS
OS RESULTADOS DAS AÇÕES 264

TEMA 10: NEM SEQUER PERMANECE A VIRTUDE. 267

TEMA 11: OS RESULTADOS PASSADOS QUE SE TÊM
ACUMULADOS SÃO DESTRUIDOS 268

TEMA 12: AGNIHOTRA ETC. 270

TEMA 13: RITOS NÃO ACOMPANHADOS PELA MEDITAÇÃO 272

TEMA 14: EXPERIÊNCIA DO MÉRITO E DO DEMÉRITO ATIVOS 275

CAPÍTULO VII

SEGUNDO PADA 276

TEMA 1: NO MOMENTO DA MORTE OS ÓRGÃOS
SE FUNDEM NA MENTE 276

TEMA 2: A MENTE SE FUNDE NO PRANA 278

TEMA 3: PRANA SE FUNDE NA ALMA 279

TEMA 4: A PARTIDA (FALECIMENTO) DO ILUMINADO
E DO NÃO ILUMINADO 282

TEMA 5: UMA FUSÃO RELATIVA DO FOGO ETC. 285

TEMA 6: NÃO HÁ PARTIDA PARA UM CONHECEDOR
DE BRAHMÂM 287

TEMA 7: OS ÓRGÃOS DO CONHECEDOR SE FUNDEM
EM BRAHMÂM. 290

TEMA 8: A SAÍDA DE QUEM CONHECE BRAHMÂM QUALIFICADO 292

TEMA 9: A ALMA SEGUE OS RAIOS DO SOL. 294

TEMA 10: A VIAGEM DA ALMA DURANTE O CURSO
MERIDIONAL DO SOL 296

CAPÍTULO VIII

TERCEIRO PADA 298

TEMA 1: UM ÚNICO CAMINHO PARA O MUNDO DE BRAHMÂM. 298

TEMA 2: A ALMA QUE PARTE ALCANÇA O AR DEPOIS DO ANO 300

TEMA 3: A ALMA PROCEDE, DESDE O RELÂMPAGO, A VARUNA. 302

TEMA 4: AS DEIDADES GUIAS 302

TEMA 5: O CAMINHO QUE CONDUZ AO BRAHMÂM CONDICIONADO . . 305

TEMA 6: ADORAÇÃO COM E SEM SÍIMBOLOS 318

CAPÍTULO IX

QUARTO PÂDA...320

TEMA 1: A NATUREZA DA LIBERDADE................................. 320

TEMA 2: A ALMA LIBERADA É INSEPARÁVEL DE BRAHMÂM 322

TEMA 3: CARACTERÍSTICAS DA ALMA LIBERADA......................323

TEMA 4: A REALIZAÇÃO DO DESEJO ATRAVÉS DA VONTADE...........325

TEMA 5: O CORPO DEPOIS DE HAVER ALCANÇADO BRAHMA-LOKA 327

TEMA 6: ENTRADA EM MUITOS CORPOS...............................329

TEMA 7: AQUISIÇÃO DOS PODERES DIVINOS 331

REFERÊNCIAS..336

INTRODUÇÃO

PRIMEIRO PADHA

No segundo capítulo, foram contestadas as possíveis objeções que se podem levantar desde o ponto de vista dos Smritis e da lógica contrários à realização do Absoluto Brahmâm, segundo as Upanishads. Foi explicado o porquê as opiniões de outras escolas deveriam ser ignoradas, eliminando, também, o aspecto conflitivo das frases das Upanishads. Além disso, foi dito que todas as entidades, exceto a alma individual, que são os meios para as experiências das almas, emanam do Absoluto Brahmâm. Agora, aqui vamos considerar os seguintes temas: a maneira em que as almas individuais transmigram, estando condicionadas esses acessórios; seus outros estados, a natureza do Absoluto Brahmâm; a diferença e não diferença das meditações; o conjunto e o não conjunto dos atributos; o alcance da meta mais elevada por meio do completo conhecimento; a diferença entre os preceitos para os métodos de conhecimento completo; ausência de qualquer gradação no estado de Libertação, alcançado durante o nascimento em que se adotam os meios de conhecimento.

Além disso, vamos considerar outros temas que surgirão em conexão com estes, dentre os quais, na primeira sessão, mostram-se os diferentes cursos de transmigração, confinando a atenção na meditação dos cinco fogos, o qual se faz engendrar a imparcialidade[1], dado que, ao final, a Upanishad diz: "Portanto, se deveria odiar isto"[2]. Já se sabe que quando a alma individual deixa o corpo prévio, obtendo um outro, para isso recebe ajuda do prana principal e a acompanham os sentidos e a mente tem como sua maior sustentação, a ignorância: os resultados das ações passadas e as tendências adquiridas no seu nascimento prévio. Chega-se a essa conclusão, lendo a frase: "Quando o ser humano parece que se debilita e perde o sentido, os órgãos sensoriais e mentais vão até ele"[3], que termina com: "Como

---

[1] A primeira sessão trata da imparcialidade. A segunda sessão, mediante uma consideração dos estados de sonhos etc., indagará a natureza do indivíduo e Brahmâm. A terceira determinará o significado dos *mahavakyas*, discutindo as três diferentes classes de medição. A quarta sessão tratará da Libertação (Nota de rodapé de Swami Gambhirananda, na sua tradução do Brahma Sutra, p. 553).

[2] TINOCO, Carlos Alberto. **Chandogya Upanishad**. São Paulo: Editora Ibrasa, 2021. verso V, 10, 1.

[3] MARTÍN, Consuelo. **Gran Upanisad del Bosque**. Madrid; Editorial Trotta, 2002. p. 373, verso IV,4,1.

um ourives toma um pouco de ouro e com ele modela uma mais formosa forma, assim o ser, após abandonar o corpo e deixá-lo inconsciente, cria uma nova e mais formosa forma [...]"[4]. O anterior trata da transmigração e é verdadeiro, porque é possível experimentar os resultados da virtude e do vício.

TEMA 1: A SAÍDA DO CORPO

Temos que considerar se, ao sair o ser do corpo, está protegido pelos elementos sutis, semelhantes aos do novo corpo, ou se não o está.

Diz o opositor: não está protegido por eles, porque afirma a Upanishad que não se levam os órgãos sensoriais consigo, mas não afirma o mesmo em relação aos elementos, pois a expressão "aquelas partículas de luz" insinua que somente se tomam os órgãos. Porque se fala deles em um texto complementar, quando se mencionam os olhos etc., mas não se diz nada ali das partículas de elementos. A parte sutil dos elementos é fácil de conseguir, pois em qualquer lugar em que se origine um novo corpo estão presentes. Pelo que seria útil que o ser os levasse consigo. Portanto, o ser vai sem ser protegido por eles.

Diz o adepto do Vedanta: sobre isso, responde o mestre espiritual Vyasa, com o seguinte Sutra:

Sutra 1: a alma individual, a fim de obter o próximo corpo, sai envolta por elementos sutis, por isso se sabe da pergunta e sua solução[5].

Sutra 1: quando sai o ser do corpo para entrar em outro vai coberto com as partes sutis dos elementos. Isso o sabemos pela pergunta e a resposta (nas escrituras)[6].

Deve-se entender que: "A alma individual, para obter o próximo corpo, sai", o qual significa que, ao adquirir um novo corpo, depois de deixar este, a alma sai envolta pelas partículas sutis dos elementos mesclados, que são a semente do próximo corpo.

Como se sabe disso?

"Da pergunta e da sua solução". Daí, a pergunta: "Sabe, ó Svetaketo, como a água (ou seja, o líquido vertido como oferenda no ritual dos cinco

---

[4] MARTÍN, 2002, p. 378, verso IV,4,4.

[5] GAMBHIRANANDA, Swami (trad.). **Brahma-Sûtra-Bhasya of S'ri S'ankaracârya**. Calcutta-India: Advaita Ashran, 1983. p. 555.

[6] MARTÍN, Consuelo. **Brahma-Sutras Con los Comentarios Advaita de S'ankara**. Madrid: Editorial Trotta, 2001. p. 430.

fogos), chega a ser chamado homem, depois de haver vertido a quinta oblação?"[7]. A solução do interrogante está na resposta de Pravahana Jaivali. Mostra-se que as cinco oferendas, que são fé, lua, chuva, alimento e sêmen, são vertidas nos cinco fogos: céu, deus-chuva, terra, homem e mulher; logo, responde-se à pergunta, dizendo: "Assim, em verdade a água chega a ser chamada um homem na quinta oferenda"[8]. Por isso, entende-se que a alma individual sai envolta por água.

Diz o adversário: sem dúvida, outra Upanishad mostra que a alma não deixa o corpo anterior até que se aproprie de outro, como uma sanguessuga: "Como uma sanguessuga quando chega na borda de uma folha que a sustentava e salta para outra e se contrai sobre si mesma, assim o ser, quando abandona o corpo e o deixa inconsciente, salta a outro corpo e se concentra sobre si mesmo"[9].

Diz o adepto do Vedanta: nem aqui há contradição, pois o ponto expressado mediante a analogia de uma sanguessuga é o da alma, todavia rodeada pelos elementos sutis, ocorrem-se nelas pensamentos sobre o corpo futuro, sendo evocados pelos resultados acumulado das ações das cinco ações passadas e essa expectativa se estende até o próximo corpo, assim como faz a sanguessuga[10]. Sendo essa a maneira de adquirir um novo corpo, de acordo com o que mostram as Upanishads, todas as outras teorias devem ser ignoradas por se oporem ao ponto de vista védico. Refiro-me às teorias que nascem do intelecto humano, tais como as do Samkhya, segundo a qual, quando os sentidos e a alma onipenetrantes adquirem um novo corpo, como resultado das ações passadas, começam a funcionar aí, ou a teoria budista de que a alma, por si só, adquire suas funções aí, enquanto que os sentidos nascem de novo naquelas esferas diferentes de experiências, ou a opinião dos adeptos da escola Vaisheshica, segundo a qual somente a mente se dirige a um novo lugar de experiências, ou o ponto de vista dos Jainistas, que somente a alma salta de um corpo a outro como um papagaio que passa de uma árvore a outra.

Diz o adversário: a pergunta e da resposta citadas anteriormente, deduzimos que a alma sai acompanhada só pela água, sendo uma conclusão

---

[7] TINOCO, 2021, verso V,3,3.

[8] TINOCO, 2021, verso V, 11,1.

[9] MARTÍN, 2002, p. 377, verso IV, 4, 3.

[10] O tormento da morte faz que esqueçamos o corpo presente etc. Então, as ações passadas criam, na alma, uma expectativa análoga ao sonho do corpo futuro ou um corpo feito de pensamento. A alma se adere, mentalmente, àquele corpo (nota de rodapé de Swami Gambhirananda, 1983, p. 556).

que se nos apresenta os textos védicos ao usarem a palavra água. Então, como se pode afirmar, de maneira geral, que saem em união com as partes sutis de todos os elementos?

Diz o adepto do Vedanta: eis aqui a resposta:

Sutra 2: mas a alma não a envolve só de água, porque a água tem três componentes; mencionam-se a água pelas sua preponderância[11].

Sutra 2: mas tendo em conta que a água consta de três elementos (o ser parte envolto e só de água), mas (só se menciona a água no texto) pela sua preponderância (no corpo humano)[12].

Com a palavra "mas", invalida-se a objeção levantada. De acordo com o texto da Upanishad acerca dos elementos que são tripartidos, a água consiste em três componentes (Ch. Up., VI, 3). Então, quando se admite que a água é o constituinte do corpo, temos que admitir, contemporaneamente, os outros dois elementos. Além disso, o corpo é um produto dos três elementos, pois fogo, água e terra estão envolvidos em suas produções. De outro ponto de vista, também está constituído por três coisas: os três humores, bílis, fleuma e ar. Esse corpo não pode ser conformado só por água, negando os outros elementos. Daqui, a palavra "água", presente na pergunta e na resposta em "a água chega a ser chamada homem"[13], usa-se pela sua predominância e não só para implicar a água, pois, em todos os corpos, há abundância de líquidos como as secreções, o sangue etc.

Diz o adversário: constata-se que a substância terrena sólida predomina nos corpos.

Diz o adepto do Vedanta: isso não é um problema, pois vemos que a água está em maior proporção que o resto dos elementos, além da terra. Constata-se, também, que no sangue, o nóvulo e no sêmen, que formam a semente do corpo, a porção líquida predomina. Novamente, as ações passadas são a causa eficiente para a produção do próximo corpo e essas atividades, na forma de sacrifícios, tais como o Agnihotra[14], dependem de substâncias líquidas, veja-se o soma[15], a manteiga clarificada, o leite etc. Além disso, em um texto sucessivo se declara que essa água, a qual se faz referência

---

[11] GAMBHIRANANDA, 1983, p. 556.

[12] MARTÍN, 2001, p. 431.

[13] TINOCO, 2021, verso V,3,3. V, 9, 1.

[14] Agnihotra refere-se ao ritual de oferecer ghee (manteiga clarificada) no fogo sagrado, conforme ritos estritos, e pode incluir oferendas de leite aquecido duas vezes ao dia feitas por aqueles da tradição Śrauta dos Védas.

[15] Substância alucinógena que causa, quando ingerida, experiências místicas (nota de Carls Alberto Tinoco).

BRAHMA SUTRA (TOMO II)

com a palavra "fé" estado associada, invariavelmente aos rituais, verte-se, como oblação, no primeiro fogo que é como o céu[16]. Essa é também a razão pela qual a água é conhecida como sendo preponderante e, por isso, com a palavra água se alude a todas as partes sutis dos elementos mesclados, que constituem a semente do corpo. Portanto, não há contradição.

Sutra 3: devido à saída dos órgãos (se deduz que também os elementos se retiram)[17].

Sutra 3: e a partir da saída dos órgãos sensoriais (se deduz que os elementos também os acompanham)[18].

As Upanishads falam sobre a partida dos órgãos no momento da reencarnação, na frase: "Quando ele parte a energia vital o segue, quando a energia vital parte todos os órgãos a seguem"[19]. Posto que os órgãos não podem partir se têm algo que os sustentem, é evidente que, para que a ação dos órgãos seja possível, também a água, que é a sua base material, deve sair com eles em associação com outros elementos, pois os órgãos não podem permanecer em outro lugar a não ser que tenham uma base material, dado que, em nenhuma criatura vivente, nota-se a ausência de tal base.

Sutra 4: se objetássemos que os órgãos não acompanham a alma no momento da morte, devido a que as Upanishads mencionam que entram nas deidades fogo e os demais, então diremos que não é assim, porque isso se expressa em sentido secundário[20].

Sutra 4: foi-se dito que os órgão sensoriais não acompanham o ser no momento da morte, pois os textos upanishádicos afirmam que penetram no fogo e outros, diremos que não é assim, porque isso se diz em sentido metafórico[21].

Diz o adversário: é possível que os órgãos não vão com a alma no momento da reencarnação, porque as Upanishads mostram que se dirigem ao fogo e os demais. Portanto, o texto que se inicia com "Yajnavalkya disse,

---

[16] A água (líquidos), é um meio para execução dos rituais e por isto, está associada com eles. Depois de havê-la vertido como oferenda, assume uma forma (potencial) sutil, se move em virtude da sua substância na alma e é chamada "fé"(os resultados potenciais de ritos). Essa fé, com as impressões dos ritos passados, o primeiro fogo, é vertida como oferenda no céu, produzindo, assim, um corpo lunar (nota de rodapé de Swami Gambhirananda, 1983, p. 557).

[17] GAMBHIRANANDA, 1983, p. 557.

[18] MARTÍN, 2001, p. 432.

[19] MARTÍN, 2002, p. 374, verso IV,4,2.

[20] GAMBHIRANANDA, 1983, p. 558.

[21] MARTÍN, 2001, p. 433.

então àquele, quando o órgão da palavra da pessoa entra no fogo, a respiração no ar, etc."[22] mostra que os órgãos da fala se fundem nas deidades como o fogo.

Diz o adepto do Vedanta: não é assim, porque isso ocorre em sentido secundário. A menção da Upanishad sobre a fusão da fala etc., no fogo etc., é figurada, posto que não se nota no caso do véu do corpo e da cabeleira, ainda que existe um texto significativo, que é o seguinte: "O véu do corpo se funde com as ervas, os cabelos com as árvores"[23]. Pois não é possível que o véu e os cabelos voltem ao corpo, alcançando as ervas e as árvores. Além disso, não é possível conceber alguma saída para a alma, se negamos que os órgãos a seguem com os seus fatores condicionantes; nem a alma pode ter experiência alguma no próximo corpo sem os órgãos. Além disso, em outros textos fica claramente expressado que a alma vai a algum outro lugar com os órgãos (Br.Up., IV. 4, 2). De maneira análoga, deve-se ter em mente o fato de que o fogo e as outras deidades que presidem a fala e o resto, ajudando-os e suas atividades, cessam de favorecê-los no momento da morte, portanto, é uma expressão figurada dizer que a fala etc. entram no fogo etc.

Sutra 5: se objetarmos que a água não se chega a conhecer como o homem, posto que não se ouve falar dela na primeira instância, diremos que não é assim, porque se refere à água sobre bases lógicas[24].

Sutra 5: se diz-se que (a água) não menciona no princípio das oblações, diremos que não, porque logicamente só se refere à água mesma[25].

Diz o opositor: mesmo admitindo que isso é assim, como se pode averiguar que: "a água lhe conhece como homem na quinta oferenda" (Ch.,Up.,V, 9,1), dado que não se ouve mencionar a água em conexão com o primeiro fogo (céu)? Nesse contexto, os cinco fogos, o céu e o restante são mencionados como receptores das cinco oblações. No curso da sua enumeração, faz-se a seguinte introdução "Ó Gautama, o outro mundo ou o céu é, na verdade, um fogo"[26] e, logo, é dito "Neste fogo os deuses oferecem a fé como oblação"[27], onde a fé se apresenta como o que há para oferecer. Mas, aí, a água é mencionada como uma oferenda. Se queres imaginar que

---

[22] MARTÍN, 2002, p. 248, verso II,2,13.

[23] MARTÍN, 2002, p. 248, verso II,2,13.

[24] GAMBHIRANANDA, 1983, p. 559.

[25] MARTÍN, 2001, p. 433.

[26] TINOCO, 2021, verso V,4,1.

[27] TINOCO, 2021, verso V,4,2.

a água é a oblação oferecida nos quatro fogos sucessivos, começando pelo deus da chuva, o podes fazer, pois *soma* e as outras coisas adotadas de água para que se ofereçam naqueles fogos têm uma preponderância de água. Mas é uma intrepidez injustificada negar a fé mencionada na Upanishad e imaginar que a água que não se menciona, é uma oferenda no caso do primeiro fogo. Fé significa uma espécie disposição ou atitude, sendo este, seu significado usual. Portanto, não é razoável dizer que a água recebe um nome de homem na quinta oblação.

Diz o adepto do Vedanta: isso não é um problema, posto que essa mesma "água se menciona com a palavra fé", em conexão com o primeiro fogo. Em que se baseia isso? É lógico porque só nessa interpretação o tema se reduz a uma ideia que se trata em princípio, no meio e no final. Enquanto com a interpretação contrária a unidade de ideia se perde, pois a pergunta se refere a uma coisa e a resposta a outra. A pergunta expressa como a água é chamada homem na quinta oblação.

No desenvolvimento da resposta o que se chama "fé", distinta da água, introduz-se como uma oferenda na primeira oblação. As palavras concluem assim: "Desta maneira a água se chama homem"[28] e confirmam a conclusão. Além disso, os produtos da fé, como o *soma*, a chuva etc., mencionam-se como sólidos, mas sendo basicamente líquidos. Pelo que a fé mesma é líquida, porque o efeito segue a sua causa e a atitude chamada fé, enquanto seja um atributo do ser ou da mente, não pode separar-se do que tem outros atributos como corações e outros, além dos animais que são oferecidos em rituais. Portanto, o significado de "fé" é aqui unicamente água. E a palavra "fé" é adequada à água porque seu uso, segundo o costume védico, é este: "A fé é água" (Tai. S., I,6; 8-9). Além disso, a água é uma semente do corpo vivo, que sustenta algo sutil como a fé. Por isso, pode-se chamar fé o mesmo que a um homem que realiza uma façanha de leão se chama leonino. Já que a água se associa às cerimônias realizadas com fé e é apropriado aplicar-se a palavra fé à água. A mesma analogia que se vê quando se diz "a plataforma gritou", quando um homem grita a partir dela. A água, portanto, pode ser chamada fé, já que é a causa da fé, como fica evidente pela frase: "É a água sagrada a que produz a fé nele, pela prática de atos virtuosos"

Sutra 6: se argumentamos (que a alma não sai envolta pela água), porque não se menciona nas Upanishads, diremos que não é verdadeiro,

---

[28] TINOCO, 2021, verso V,9,1.

pois se percebe que é assim no caso dos que executam os sacrifícios etc. (ou seja, é verificável pelo que sucede nos sacrifícios)[29].

Sutra 6: se dissermos que o ser individual não parte do corpo envolto pela água, porque não se menciona nas Upanishads, diremos que não, porque se entende nos que oferecem sacrifícios[30].

Embora se considere que a pergunta e a resposta se referem à água que, oferecida como fé no processo, chega a adquirir a forma humana na quinta oblação e, sem dúvida, não é correto que o ser individual vá envolto em água. Isso porque não aparece nos textos védicos. Não encontramos nenhuma palavra nesse contexto que se refira aos seres, igual à palavra empregada significa água. Portanto, não é lógica a sua declaração de que "O ser parte do corpo envolto pelas partes sutis dos elementos" (B.S., III,1, 1).

Diz o adepto do Vedanta: Por quê?

"Por ser o que se percebe no caso dos que executam os rituais". Portanto, iniciando com a frase "Aqueles que vivem em aldeias e oferecem sacrifícios, realizam obras humanitárias e dão esmolas, realizam rituais e alcançam a lua"[31], mostra-se que aqueles que realizam rituais atingem a lua, guiados pela fumaça e chegam ao caminho dos antepassados, de acordo com a frase: "Eles, do espaço, alcançam a lua, que é o rei *soma*"[32]. Ainda na frase sobre os cinco fogos se refere às mesmas pessoas, de acordo com o que se evidencia aqui, pela semelhança com o texto: "Neste fogo, os *devas* (deuses bons) oferecem a fé. Deste ritual aparece o deus *soma*"[33]. Percebe-se diretamente que aqueles que executam os rituais possuem a água sob a forma de coalhada leite etc., que são os meios para a realização de ritos, como o Agnihotra, o Darsha-Purnamasa etc., pois a coalhada etc. são, principalmente, líquidos. Quando se oferecem o fogo Ahavanya, ele assume a forma dos resultados sutis invisíveis que descansam nos executores dos rituais. Os sacerdotes oferecem os corpos mortos no último fogo para cremação, de acordo com as regras dos últimos ritos, e recitam o mantras: "Que fulano, o executor dos ritual, vá ao céu. Svaha!". Então, essa água ou as oblações líquidas associadas aos ritos executados com fé se convertam na potência invisível dos rituais executados, envolvendo aos seres que haviam

---

[29] GAMBHIRANANDA, 1983, p. 561.

[30] MARTÍN, 2001, p. 434.

[31] TINOCO, 2021, verso V, 10,3.

[32] TINOCO, 2021, verso V, 10, 4.

[33] TINOCO, 2021, verso V,4,2.

executado esses sacrifícios, transportando-os ao outro mundo, para que os seus atos frutifiquem. Esse fato se menciona aqui nas frases: "Ele verte a fé como oblação"[34] e "Quando se vertem essas oblações, elas se elevam" (B.S., VI, 2,6), as quais acontecem no final do Agnihotra, resumindo as seis perguntas e respostas (referentes ao Agnihotra), mostrando que as duas oblações vertidas no sacrifício referido, na manhã e à noite, dirigem-se ao outro mundo para frutificar. Portanto, as almas individuais saem do corpo envoltas por água que não é outra se não as oblações.

Diz o adversário: mas como se pode sustentar que os que realizam rituais vão experimentar o fruto das suas obras, se as escrituras afirmam que quando eles chegam à lua, por meio do caminho simbolizado pela fumaça, convertem-se em alimento, de acordo com a frase: "Esta é a lua, o rei *soma*, que é alimento das divindades (*devas*). Os deuses a comem"[35]. Em outra frase, com o mesmo sentido, pode-se ler: "Ao chegarem à lua se convertem em alimento. E assim os sacerdotes ao beber o *soma*, dizem "cresce", "decai", assim os *devas* se alimentam com eles, como os que oferecem o sacrifício bebem o *soma*. Enchem e esvaziam o copo de *soma*[36] e não lhes é possível desfrutar do fruto dos seus atos, se são devorados pelas divindades como tigres.

Diz o adepto do Vedanta: a isso respondemos com o seguinte Sutra:

Sutra 7: melhor dito, essa declaração (de que as almas se convertem em alimento dos deuses) é feita em sentido metafórico, devido a que não estão conscientes do Ser; pois a Upanishad também o indica[37].

Sutra 7: mas o que os seres individuais sejam alimento dos deuses nos céus se diz em sentido figurado: tendo em conta que eles não conhecem o Ser, (porque a Upanishad) assim o afirma[38].

A palavra "mas" se usa para anular a objeção assinalada. O que seja alimento é apenas uma metáfora e não possui sentido literal. Se fosse literal, o sentido da frase "Quem deseja o mundo celestial deve oferecer sacrifícios" seria contraditório. Se aqueles que oferecem sacrifício não experimentam nada no mundo da lua, para que vão realizar atos de sacrifício que implicam em grandes esforços? Além disso, vemos que a palavra "alimento" pode

---

[34] TINOCO, 2021, verso V,10, 2; Brhadarayaka Upanidshad, verso VI, 2, 9.

[35] TINOCO, 2021, verso V,4,10.

[36] MARTÍN, 2002, p. 476, verso VI, 2, 16, pg. 476.

[37] GAMBHIRANANDA, 1983, p. 563.

[38] MARTÍN, 2001, p. 436.

ser usada em sentido figurado, pela analogia com que produz satisfação em geral. Assim, por exemplo: "Os vaishyas[39] são os alimentos dos reis, dos animais o são os dos vaishyas". O que expressa aqui a palavra "comer" é que as deidades desfrutam com os que oferecem sacrifícios e dependem desse prazer. É um prazer análogo ao de uma pessoa, filhos, amigos etc. Não se trata de comê-los como pasteis, pois uma frase da escritura nega que os deuses comem de forma habitual; "Os deuses não comem nem bebem, estão satisfeitos na contemplação do néctar"[40]. Por sua vez, os que oferecem sacrifícios ainda que dependendo dos deuses, como os reis, podem ter uma satisfação individual.

O fato de quem oferece sacrifícios seja objeto de prazer dos deuses se deduz da sua posição de ignorante do Ser ou Absoluto Brahmâm, pois os que não conhecem o Ser são objeto do prazer dos deuses, de acordo com a frase: "Enquanto ele que adora a algum deus, pensando: Ele é uno e eu sou outro, não compreendeu. É como um animal para os deuses"[41]. Como animais, esse homem serve aos deuses no mundo, agradando-lhes com rituais. Também no outro mundo, serve aos deuses como animais, dependendo deles para a sua subsistência e gozando dos frutos do trabalho, segundo como eles o dirigem. Isso é o que entendemos.

A outra explicação da segunda porção, "devido a que não estão conscientes do Ser, pois a Upanishad assim o indica também", diz a frase seguinte: "As pessoas ao não estarem consciente do Ser" se dedicam, exclusivamente, aos rituais e à meditação como um processo combinado. A frase do aforismo "estar consciente do Ser" se usa metaforicamente, referindo-se "a meditação sobre os cinco fogos". Isso é o que se deduz com base no contexto. Os que simplesmente executam os rituais estão desprovidos da meditação nos cinco fogos, apresentam-se aqui como alimento dos deuses em sentido secundário, para, assim, elogiar a meditação nos cinco fogos, pois aqui se trata de praticar a meditação nos cinco fogos, de acordo com o que deduzimos de uma consideração do significado do texto. Em harmonia com isso, outro texto mostra o regozijo no mundo lunar, assim: "Após desfrutar das grandes glórias do Plano da Lua, retornará novamente à terra"[42]. Existe outra frase semelhante que mostra o regozijo no plano lunar que diz:

---

[39] As quatro castas da sociedade védica são: 1. Os brâhmanes ou sacerdotes e professores; 2. Os kshátryas ou militares, ministros, reis e funcionários públicos; 3. Vaishyas ou comerciantes, proprietários de terras, agiotas; 4. Shudras ou serviçais.

[40] TINOCO, 2021, verso III, 6-10.

[41] MARTÍN, 2002, p. 100, verso I,4,10.

[42] TINOCO, 1996, p. 188, verso V,4.

> E essa alegria humana é uma centésima parte da alegria dos antepassados (*manes*), os que conquistaram seu mundo. A alegria desses antepassados é uma centésima parte da alegria dos trovadores celestiais (*gandharvas*). Essa alegria dos *gandharvas* é a centésima parte da dos deuses[43].

Isso mostra que quem executa os rituais se regozija mesmo permanecendo com os deuses. Então, como a frase acerca de converter-se em alimento tem um sentido secundário, torna-se compreensível que os indivíduos que executam os sacrifícios saem realmente do corpo. Por isso se diz, muito justamente, que a "alma individual parte envolta pelos elementos sutis" (B., S; III, 1,1).

TEMA 2: RETORNO DAS ALMAS

Sutra 8: uma vez que as ações ficam esgotadas, a alma regressa com o *karma* (residual), segundo aprendemos das Upanishads e dos Smritis, ao longo da senda que seguiu ao sair ou, também, um diferente[44].

RETORNA DOS SERES INDIVIDUAIS

Sutra 8: uma vez que as ações (boas) se esgotaram, os seres voltam com o resíduo das causas dos seus atos (*karma*), como se sabe pela revelação (as Upanihads) e a tradição, pela senda seguida aqui ou por outra distinta[45].

A escritura afirma que os seres individuais, como aqueles que oferecem sacrifícios e outros atos religiosos, acendem pela senda da fumaça, que leva ao mundo da lua e, quando experimentam os frutos das suas obras, descendem novamente, de acordo com a frase: "Tendo residido ali, alcançam o limite que marca o seu karma. E retornam pela mesma senda pela qual vieram"[46]. Essa frase termina assim: "A pessoa de boa conduta nasce entre brâhmanes, enquanto os de má conduta nascem entre os cachorros e outros"[47]. Aqui, deve-se considerar se, depois de haver experimentado os frutos das suas obras, descendem com um resíduo carnal (*karma*) ou sem ele. Qual é a conclusão?

---

[43] MARTÍN, 2002, p. 366, verso IV, 3.

[44] GAMBHIRANANDA, 1983, p. 565.

[45] MARTÍN, 2001, p. 437.

[46] TINOCO, 2021, verso V, 10, 5.

[47] TINOCO, 2021, verso V, 10, 5.

Diz o opositor que regressam sem elas: por quê?

Porque deve-se ter em contas as especificações e o limite do conjunto das ações. O resultado das ações significa que os seres passam de um mundo a outro para experimentar o fruto das suas obras. E o texto "havendo morado ali no limite do conjunto das suas ações" mostra que o resultado total de cada um se experimenta ali. Outro texto upanishádico que diz: "Quando as obras passadas foram liquidadas, penetram no espaço, do espaço no ar, do ar na chuva, da chuva na terra"[48] revela esse mesmo fato.

Há uma objeção: poderíamos imaginar que uma pessoa experimenta naquele mundo só enquanto dura o resultado das ações que ali experimentam.

Diz o opositor: não se pode imaginar, porque se faz referência a qualquer ação: "E ao esgotar-se os efeitos das obras da vida, volta daquele mundo a este para realizar outras obras"[49]. Pelo termo "qualquer" se insinua que todos os atos realizados aqui se esgotam em outro mundo. Além disso, a morte tem o poder de pôr de manifesto aquelas obras que não estão produzindo resultados, porque antes são obstaculizadas pelas que têm seus frutos no corpo atual. A morte, pelo seu poder, põe de manifesto instantaneamente os resultados que não foram completados nesta vida, para se manifestarem na próxima, porque, quando a causa é a mesma, os efeitos não devem ser diferentes. Uma lâmpada que está situada a mesma distância de uma jarra e de uma peça de tela ilumina aos dois, igualmente. Portanto, diz-se que os seres descendem sem o resultado das ações que foram realizadas.

Diz o adepto do Vedanta: "Depois da extinção das boas obras, um ser retorna com o resultado dela (*karma*)". Quando o conjunto das obras com as quais os seres ascendem à esfera lunar fica extinguido pela experiência, o corpo de água que havia formado para adquirir na lua se dissolve. A dissolução se produz ao contato com o fogo da dor que produz a extinção da satisfação experimentada. É o mesmo que a fusão da neve e do granizo ao contato com os raios solares ou a solidez da manteiga em contato com as chamas do fogo. Ao extinguir-se as causas (*karmas*) das obras religiosas, como sacrifício por haver experimentado já os seus resultados, os seres descendem com um certo resíduo causal (*karma*).

Diz o opositor: mas que razão há para que permaneça esse resíduo?

---

[48] MARTÍN, 2002, P. 476, verso VI, 2,16.

[49] MARTÍN, 2002, p. 381, verso IV, 4,6.

Diz o adepto do Vedanta: o Sutra diz: "Como se sabe pela revelação e tradição". As escrituras védicas afirmam que os seres descendem com esse resíduo causal.

> Aqueles cuja conduta tem sido boa, rapidamente obterão um bom nascimento; entre os brâhmanes, entre os kshatryas e entre os vaishyas. Mas aqueles cuja conduta tem sido má, rapidamente terão um mal nascimento, entre os cachorros, entre os cerdos e entre os chandalas (sem castas), também chamados harijans[50].

Mais adiante, será demonstrado que a palavra *karana* (conduta) se usa aqui como resíduo causal ou *karma*. Sabe-se pela experiência que as satisfações são graduadas desde as mais elevadas às mais baixas, segundo o nascimento dos seres humanos. Como é inadmissível aqui a teoria da probabilidade ou causalidade, essa divisão indica a existência de um resíduo casual. E as escrituras falam em geral do bem e do mal como causas da felicidade e sofrimento, também a tradição mostra que os seres descendem com esse resíduo:

> As pessoas que pertencem às diferentes castas e estados de vida, que sinceramente cumpram com seus deveres, percebam os frutos das suas ações depois de morrer e segundo os resíduos causais das suas obras, terão distintas existências, de casta, de família, de ambiente, de duração da vida, de conhecimento, saúde, situação, felicidade e inteligência.

Diz o opositor: e qual é esse resíduo?

Alguns pseudovedantinos dizem que se trata do resíduo das obras realizadas na experiência anterior, que conduz a uma vida celestial após experimentar no céu, como a água que repousa em um vaso cheio. Poderia comparar-se também ao resto de azeite que fica aderido ao interior de uma vasilha que, antes, esteve cheia de azeite.

Diz o opositor: mas não se pode dizer que o resultado das obras persista, depois de haver desfrutado já dos seus frutos, já que a potência invisível da ação não pode coexistir, com efeito, como a felicidade ou o sofrimento.

Diz o pseudoVedantino: isso não importa, porque nós afirmamos que as obras se experimentam ali, na esfera lunar, para experimentar ali totalmente o efeito dos seus méritos?

---

[50] TINOCO, 2021, verso V,10,7.

Diz o opositor: não é fato que os seres ascendem à esfera lunar para experimentarem ali totalmente o efeito dos seus méritos?

Diz o pseudoVedantista: é verdade. Mas, quando só ficam pequenos resíduos das obras, já não podem permanecer ali. O mesmo que se espera servir a um rei pode residir ali, com tudo o necessário para o prazer do rei. Sem dúvida, não pode ficar mais tempo na corte, quando por sua larga estancia, a maioria dessas coisas necessárias se gastaram já, quando lhe ficam unicamente um guarda sol e umas sandálias. Do mesmo modo, o ser individual que não possui mais que uma parte residual do efeito das suas obras não pode continuar no mundo lunar.

Diz o pseudoVedantista: esse raciocínio carece de fundamento, porque não é lógico dizer que uma porção do resultado das ações que conduzem ao céu persistirá depois de experimentado o céu. Devemos ter em conta que a potência invisível da obra não pode sobreviver ao seu efeito.

Replica o pseudoVedantista: não foi dito que os resultados das obras que conduzem ao céu não se experimentam completamente ali?

Diz o adepto do Vedanta: sim, mas essa afirmação é inaudita, porque as pessoas que seguem a autoridade dos Vêdas não podem crer em algo tão fantástico como que o mérito de uma pessoa que tem seus efeitos no céu não se lhe conceda depois de haver deixado o céu. Ao contrário, uma parte desses efeitos será frutífera para essa pessoa mesmo depois de haver descido ao céu. Não se pode negar que na vasilha ficará algum azeite residual, pois essa é a experiência. Do mesmo modo, vemos que a equipe de cortesãos continua ainda com poucos materiais. No caso que tratamos, o não encontrar nenhum resíduo do mérito que conduziu ao céu não se pode conceber, porque contradiria as escrituras que declaram que esses méritos conduzem ao céu. Devemos compreender que não fica um resíduo das obras (*karma*) cujos frutos é o céu, pelas seguintes razões: os seres que já experimentaram o céu teriam um bom *karma*, e não o oposto. Nesse caso, dar-se-ia uma contradição, de acordo com a frase: "Aqueles cuja conduta tem sido boa, aqueles cuja conduta tem sido má"[51]. Por eles, depois que os efeitos desse conjunto de obras são compensados no outro mundo, tem-se que realizar os resultados das outras obras, cujos efeitos têm que experimentar-se neste mundo. Essas são as causas latentes (*anusaya*) pelas quais os seres descendem novamente. Tem-se argumentado que na afirmação: "Qualquer ação" (Br. Up., IV, 4,6) se deduz que os seres voltam a descender sem esse resíduo,

---

[51] TINOCO, 2021, verso V, 10,7.

BRAHMA SUTRA (TOMO II)

depois de haver alcançado o final de todas as ações aqui na terra, que é o desfrute dos efeitos, mas isso não é assim, porque foi demonstrado que essas causas residuais persistem.

Por isso, temos que compreender que os seres voltam a descender após ter liquidado "qualquer ação" pela experiência aqui neste mundo, com vistas a obter resultados no céu, depois que esses resultados tenham dado os seus frutos ali (no outro mundo). Outro argumento era que a morte põe de manifesto todas as obras, sem exceção das que não frutificaram aqui. Mas há que se ter em conta que não estamos qualificados para estabelecer uma linha divisória entre as obras cujos frutos começam no outro mundo e aquelas cujos frutos começam neste. Além disso, teremos que perguntar por que razão se afirma que a morte põe de manifesto aquelas obras cujos frutos começaram aqui na terra e a resposta será que, nesta vida, não pode começar a operatividade de certas obras, porque as obstruem os efeitos de outras obras que começam aqui. Sem dúvida, essa operatividade começa tão pronto como cessa a obstrução, no momento da morte.

Se antes da morte essas ações cujos frutos já começaram obstruem outras ações desde os seus inícios, no momento da morte, serão interrompidas na suas operatividades por outras de força maior. Assim, será impossível que os frutos das obras cujos frutos devem experimentar-se em diferentes existências devam manifestar-se no momento da morte, só porque têm em comum que os seus efeitos não tenham começado antes. Esses efeitos só originaram uma existência. Isso não pode ser assim, pelo fato de que há determinados efeitos que têm natureza oposta[52], nem pode aceitar-se que no momento da morte algumas obras se manifestem, enquanto outras se extinguem, porque isso contradiria a afirmação de que todas as causas têm seus efeitos, inevitavelmente. De fato, nenhuma pode extinguir-se a não ser mediante atos de penitência. A tradição também mostra que os efeitos das ações ficam latentes por longo tempo, ao serem obstruídos por outros, de natureza oposta.

Há um texto com a seguinte citação: "Algumas vezes sucede que uma boa obra fica latente até que a pessoa que a possui, fica livre do sofrimento". Se todas as boas obras latentes se ativaram em uma só morte e deram ocasião a um só sofrimento, aqueles que voltam a nascer no mundo celestial ou no inferno como animais não poderão realizar atos religiosos que não

---

[52] E não poderia, portanto, experimentar-se na mesma existência, porque se anulariam entre si (nota de rodapé de Consuelo Martín, 2001, p. 440)

estão assinalados para essa classe de existência. Assim, estarão excluídos da possibilidade de adquirir méritos ou culpas, pelo que não poderiam entrar em nenhuma forma nova de existência, já que não haveria causa para ele. Isso, portanto, contradiria a tradição que diz que algumas ações individuais, como o assassinato de um brâhmane, são causas de várias existências e não há outra fonte de conhecimento, se não a das escrituras para se conhecer os resultados que se seguem às ações boas ou más. Nem a morte pode induzir a manifestar-se àqueles efeitos das obras que se observam, que já foram experimentadas aqui, neste mundo, como o Kârîrî.[53]

Portanto, como se pode afirmar que a morte põe de manifesto todas as ações (*karma*)? O exemplo da lâmpada usada pelo oponente já foi refutado, porque nós demonstramos a força relativa das ações[54]. Além disso, a analogia da lâmpada deve ser entendida como a possibilidade de que se revelem ou não as coisas densas ou as sutis. Como uma lâmpada que revela o denso, mas não o sutil, ainda estejam a igual distância, do mesmo modo, a morte só induz a operatividade às obras mais potentes, e não às mais fracas, ainda que se apresente igual oportunidade para a expressão de ambas.

Portanto, a teoria sobre a manifestação de todos os efeitos das ações (*karmas*) na morte não é adequada. Isso porque contradiz os Vêdas, a tradição e a razão e está fora de contexto o medo de que fique algum resíduo das obras no momento da Libertação, porque sabemos pela Upanishads que todos os resultados das ações ficam destruídas pela chagada da perfeita compreensão ou iluminação. Por isso, fica estabelecida a conclusão de que todos os seres descendem com algum resíduo das suas obras, descendem de acordo com o caminho que seguiram, mas ascendem de modo diferente. Isso é assim porque a fumaça e o espaço se encontram no caminho dos antepassados (*manes*) e se menciona no momento do descenso. Pela omissão da noite e a adição da névoa, deduzimos que o caminho de retorno deve ser diferente.[55]

Sutra 9: se argumentássemos que a alma renasce, devido à conduta (e não ao karma individual), então Karshnajini disse que não é assim, pois a frase da Upanishad se usa para sugerir o karma residual[56].

---

[53] Cerimônia ritual para se obter a chuva (nota de rodapé de Consuelo Martín, 2001, p. 441).

[54] O que se demonstrou é que, no momento da morte, não aparecem todas as ações por igual (nota de rodapé de Consuelo Martín, 2001, p. 441).

[55] Ver Chandogya Upanishad, V, 10,5, onde se menciona a fumaça e o espaço. Ver Chandogya Upanishad, V, 10,6, onde encontramos a névoa (nota de rodapé e Consuelo Martín, 2001, p. 442).

[56] GAMBHIRANANDA, 1983, p. 571.

Sutra 9: disse-se que o ser alcança um novo nascimento pela sua própria conduta e não pelos efeitos residuais das ações, mas isso não é assim, pois o termo "conduta" se usa (em um texto upanishádico) com o sentido indireto de "efeitos residuais", como afirma Kârsnâjini[57].

Diz o opositor: o texto upanishádico citado por você para provar a existência do resíduo das ações é o seguinte "Aqueles cuja conduta tem sido boa"[58] e somente demonstra que um novo nascimento depende da conduta (*karana*), não do resíduo das ações (*anusaya*). Agora, essas palavras são diferentes, pois *karana*, como *karitra*, significa "boa conduta" e "boa forma", enquanto *anusaya* significa o resíduo que fica das obras já experimentadas. Também indicam as Upanihads como diferem da ação e da conduta, nas frases: "Fazendo o bem se faz bem, fazendo o mal, se faz mal"[59] e "As obras sem culpa se terão em conta, não outras. Todas conduta nossa é recomendável e a seguirá, mas não outras" (Ta.Up. I, 11,2). Deduzimos que o texto que afirma que o nascimento depende da conduta, não pode provar-se a existência de um resíduo das ações sem recompensa.

Diz o adepto do Vedanta: essa objeção não tem base, porque a palavra "conduta" em um texto upanishádico tem conotações de "o resíduo das ações", de acordo com a opinião do mestre espiritual Kârsnâjini.

Sutra 10: se objetarmos que (nesse caso) a conduta cessaria de ser útil, isso seria infundado, porque o *karma* depende dessa conduta[60].

Sutra 10: tem-se dito que (nesse caso) o termo conduta não tem objeto (interpretado no seu sentido literal de boa conduta), nós diremos que não é assim, porque os efeitos das ações (*karma*) dependem dessa conduta[61].

Diz o opositor: talvez possa ser assim. Então, por que razão deveríamos negar o significado direto da palavra conduta (*karana*) e aceitar um indireto como resíduo dos efeitos das ações? A mesma conduta védica, resultante do preceito e da proibição, expressando-se como virtude e vício, pode ter, como seu efeito, o nascimento entre criaturas boas e más. Além disso, somos obrigados a admitir algum resultado como fruto da conduta, do contrário, essa última seria inútil.

Por quê?

---

[57] MARTÍN, 2001, p. 442.

[58] TINOCO, 2021, verso V,10,7.

[59] MARTÍN, 2002, p. 379, verso IV,4,5.

[60] GAMBHIRANANDA, 1983, p. 572.

[61] MARTÍN, 2001, p. 442.

"Porque a ação depende da conduta", pois, os rituais, tais como os sacrifícios, dependem da boa conduta, posto que quem não a tem não possui a qualificação necessária para cumpri-los, de acordo com aquilo que se pode ler, na seguinte frase dos Smritis: "Os Vêdas não purificam àqueles que não têm uma boa conduta", ainda, quando a conduta significa a purificação pessoal, todavia não é inútil. Quando os rituais, tais como os sacrifícios, começam a dar seus frutos, a conduta reta, ainda que se concentre em torno de uma pessoa, pode ainda produzir alguma excelência nos resultados desses mesmos ritos. Tanto os Vêdas como a literatura Smriti reconhecem o fato de que a ação é aquilo que tudo produz. Portanto, de acordo com o ponto de vista do mestre espiritual Krshnajini, as mesmas ações, que estão indiretamente implícitas na palavra conduta e são reduzidas ao karma residual, convertem-se na causa do nascimento. Portanto, quando pudemos deduzir que o renascimento deriva das ações, não é lógico atribui-lo à conduta. Quando alguém pode salvar-se correndo, não deveria mover-se ajoelhado.

Sutra 11: mas (o mestre) Badari pensa que a palavra charana significa as obras boas ou más[62].

Sutra 11: mas o mestre Bâdari pensa que o termo "conduta")se refere às boas e às más obras[63].

Diz o adepto do Vedanta: o mestre espiritual Badari é de opinião de que o termo "conduta" somente indica boas e más obras. Conduta (carana) e ação (anushthâna) e obra (*karma*) são palavras sinônimas. A raiz *kar* (atuar) se usa para todas as ações em geral, porque, quando uma pessoa realiza obras religiosas como cerimônias, as pessoas dizem a ela: "Esta pessoa de grande ser atua (karati) retamente". A palavro conduta (*âkâra*) também pode ser uma forma de ato religioso. Algumas vezes, fala-se da conduta se referindo a coisas diferentes, como a diferença que é feita em ocasiões entre brâhmanes e monges mendicantes. Portanto, a conclusão é que pessoas de boa conduta (*ramaniya-karanâh*) são aquelas que realizam obras elogiáveis e pessoas de má conduta (*kapûya-karannâh*) são as que realizam atos censuráveis.

---

[62] GAMBHIRANANDA, 1983, p. 573.

[63] MARTÍN, 2001, p. 433.

BRAHMA SUTRA (TOMO II)

TEMA 3: DESTINO DOS MALFEITORES

Sutra 12: dos textos védicos aprendemos que a lua é a meta, inclusive para quem executa ações ímpias[64].

O DESTINO DOS QUE OBRAM MAL

Sutra 12: sabe-se pelos textos védicos que também vão ao mundo lunar os que realizam más obras[65].

Tem sido dito que aqueles que realizam obras religiosas vão à lua. Surge agora uma dúvida de se aqueles que executam obras más vão ou não ali.

Diz o opositor: não se pode afirmar que somente as pessoas que pertencem à primeira classe vão à lua. Isso porque nas Upanishads é dito que à lua acodem também os que realizam obras más. Já os seguidores da revisão Kaushitaki, afirmam: "Todos os que desejam este mundo chegam à lua com toda segurança" (Kau.,Up., I,2). Além disso, aquele que origina um novo corpo dentre os que renascem não se pode conceber sem haver passado pela lua, porque deve-se ter em conta o número que se indica na frase; "Na quinta oblação"[66]. Por ele, deve-se aceitar que todos vão à lua.

Objeção: não parece justo que tanto os que realizam boas obra, como os obram mal devam ir ao mesmo lugar

Diz o opositor: mas não é assim, porque os outros que não são religiosos não experimentam nada ali.

Sutra 13: (diz o Vedantino) mas, no que se refere aos outros, eles descendem, depois de sofrer na morada da morte; (assim se produz seu) ascenso e seu descenso, pois as Upanishads falam de seu curso[67].

Sutra 13: mas os outros (os que obram mal) descendem depois de haver sofrido na morada da morte. Ascendem e descendem, segundo a via trazida nas Upanishads[68].

A palavra "mas" refuta o outro ponto de vista, implicando que não é um fato que todos vão à lua.

Como se sabe?

---

[64] GAMBHIRANANDA, 1983, p. 574.

[65] MARTÍN, 2001, p. 443.

[66] TINOCO, 2021, verso V,9,1.

[67] GAMBHIRANANDA, 1983, p. 575.

[68] MARTÍN, 2001, p. 444.

O ascenso à lua é para as experiências e não é sem propósito e nem é para o mero descenso. Por exemplo: uma pessoa sobe em uma árvore para colher as flores e os frutos, mas nunca sem um proposto, simplesmente para cair dali. Anteriormente, foi declarado que quem executa os atos sagrados não tem experiência alguma na lua. Portanto, só os que executam as ações santas ascendem à lua e não os outros, os quais entram no lugar da Morte (o Inferno), sofrendo os tormentos infernais, conforme suas más ações, e logo ascendem a este mundo. Assim, se produzem seu ascenso e o descenso.

Como se sabe disso?

Porque: "As Upanishads tratam de seu curso". Assim, uma passagem das Upanishads, sob o aspecto de um discurso da Morte relativo aos malfeitores falecidos, mostra como eles ficam sujeitos à Morte: "Os meios para alcançar o outro mundo não se revelam ao homem que não sabe discernir e que comete erros estando hipnotizado pelo brilho da riqueza. Aquele que pensa constantemente assim: 'Só este mundo existe e nenhum mais além' está sujeito a mim, a Morte, uma outra vez" (Kau.I, II,6). Existem outras frases sugestivas segundo as quais as pessoas estão sujeitas à Morte: "Que a Morte, a qual os homens têm que ir, seja propiciada com oblações" (R.V., X.X, XIV.1)

Sutra 14: e eles mencionam isso nos Smritis[69].

Sutra 14: e se menciona isso na tradição[70].

Além disso, autoridades espirituais, como os mestres, Manu, Vyasa e outros, mencionam em histórias como a de Naciketas (ver Katha Upanishad) que o resultado das más obras se sofre na morada da morte sob o seu domínio.

Sutra 15: e estes são mencionados como sete infernos nos Puranas[71].

Sutra 15: e existem sete infernos[72].

Além disso, os seguidores dos Puranas descrevem sete infernos, contando desde Raurava, como os campos para aconselhar os resultados das más ações. Ali, são lançados os que cometem ações ímpias. Portanto, como podem alcançar a lua? Esta é a ideia.

Diz o adversário: não é contraditório dizer que os pecadores sofrem as penas infligidas pela Morte, posto que os Smritis mencionam muitos outros como Citragupta, que presidem sobre Raurava e outros infernos?

---

[69] GAMBHIRANANDA, 1983, p. 576.

[70] MARTÍN, 2001, p. 445.

[71] GAMBHIRANANDA, 1983, p. 576.

[72] MARTÍN, 2001, p. 445.

BRAHMA SUTRA (TOMO II)

Diz o adepto do Vedanta: a resposta é negativa.

Sutra 16: posto que o controle da Morte se estende inclusive aí, não há contradição[73].

Sutra 16: tendo em conta que a morte estende seu controle inclusive ali (os infernos), não há contradição[74].

Não existe contradição, já que se admite que a mesma morte atua como governante principal nesses sete infernos. A tradição fala de Citragupta e outros como subordinados ao serviço da Morte (Yama).

Sutra 17: mas (a expressão "de outras sendas"), se refere a: "as duas sendas do conhecimento (meditação) e da ação", sendo este o tema discutido[75].

Sutra 17: mas (há referência a dois caminhos): o da meditação e o da ação, porque esse é o tema do qual se trata[76].

O tema da meditação nos cinco fogos quando se responde às perguntas: "Sabes que o outro mundo não se enche?", o texto upanishádico prossegue, assim: "Há alguns que não vão por nenhum dos caminhos, estas diminutas criaturas que seguem transmigrando sob o domínio divino: 'Nascem e Morrem". Este é o terceiro estado. E por isso, o outro nunca chagará a encher-se"[77]. Nesse texto, a expressão "os dois caminhos" se refere "ao caminho da meditação e da ação".

Por quê?

Porque esses são os temas de que trata. Significa que os temas sobre a meditação e a ação se assinalam como meios para alcançar a via dos deuses e a dos antepassados. O primeiro caminho se menciona como pela frase: "Aqueles que meditam nisto"[78], afirma-se aí que a via dos deuses se alcança pela meditação. O segundo se menciona em "Cerimônias, obras de caridade, boas obras"[79] e quer dizer que, mediante ações, chega-se à via dos antepassados. Em associação com isso, diz a Upanishad: "Há alguns que não vão por nenhum dos caminhos". Isso quer dizer que aqueles que não são capazes de seguir o caminho dos deuses, por meio da prática da meditação, nem o caminho dos antepassados, mediante a realização de cerimônias e

---

[73] GAMBHIRANANDA, 1983, p. 576.

[74] MARTÍN, 2001, p. 445.

[75] GAMBHIRANANDA, 1983, p. 576.

[76] MARTÍN, 2001, p. 445.

[77] TINOCO, 2021, verso V,10,8.

[78] TINOCO, 2021, verso V,10,1.

[79] TINOCO, 2021, versoV,103.

outras práticas, formam um terceiro caminho no qual regressam à existência como diminutas criaturas e, por essa razão, aqueles que não realizam atos religiosos não chegam à lua.

Diz o opositor: mas por que não ascender à lua e, desde ali, descender sob a forma de criaturas diminutas?

Diz o adepto do Vedanta: isso não é possível, já que a subida careceria, então, de sentido. Além disso, se todas as pessoas quando morrem alcançam a esfera da lua, esse mundo e encheria com aqueles que partiram daqui e isso daria uma resposta contrária à pergunta: por que este mundo não se enche? Já que se espera uma resposta que demonstre que esse mundo não se enche.

Diz o opositor: talvez, não se encha, porque admitimos que há um descenso.

Diz o adepto do Vedanta: porque isso não é mencionado nas Upanishads. É verdade que o mundo não poderia encher-se pelo fato do descenso também, mas a Upanishad explica isso de outro fato, o do terceiro estado, assim: "Isto é o terceiro estado". Por isso, o outro mundo não chegaria a encher-se[80]. Daí, deduz-se que ele não chegar encher-se se deve à ausência de ascenso, porque, de outro modo, sendo o descenso comum, com os que realizam atos religiosos, teria sentido afirmar um terceiro estado. A palavra "mas" no Sutra significa que se exclui a ideia da passagem de outro ramo (Kau. Up., I,2) que se refere a "aqueles que são capazes de ascender". O sentido é que todos os que partem deste mundo com suficiente capacidade vão à lua.

O seguinte Sutra refuta a afirmação de que todos devem ir à lua para obter um novo corpo, segundo o número de obrigações estabelecidas no texto; "na quinta oblação" (Ch.Up., V,9,1).

Sutra 18: a especificação acerca do número de oblações não é aplicável no caso do terceiro estado, sendo algo óbvio na Upanishad[81].

Sutra 18: a especificação de cinco oblações não se aplica ao caso do terceiro estado, como constatamos na Upanishad[82].

A regra das cinco oblações não têm que seguir para obter um novo corpo.

Por quê?

---

[80] TINOCO, 2021, verso V,10,8.

[81] GAMBHIRANANDA, 1983, p. 578.

[82] MARTÍN, 2001, p. 446.

Porque essa é a posição que se constata na Upanishad. Ele quer dizer que foi visto que se há chegado ao terceiro estado da maneira descrita, sem nenhuma referência ao número específico de oblações. Pode-se ler, o seguinte: "Nasce e morre. Este é o terceiro estado"[83]. Além disso, na frase "A água se chama homem na quinta oblação"[84], o número de oblações se estabelece como causa da aquisição de corpos humanos, mas não de um inseto. A palavra "homem" ou Purusha se aplica somente para a humanidade como classe e o texto ensina simplesmente que a água se transforma em homem na quinta oblação, porque, se o fizesse em outra, dar-se-ia um duplo significado na mesma frase, o que seria um engano. Teremos, portanto, que compreender que o corpo daquelas pessoas que são capazes de ascender e descender só aparece durante a quinta oblação, porque, no caso de outra classe de pessoas, um corpo se forma da água mesclada com outros elementos, sem que se determine o número de oblações.

Sutra 19: além disso, os Smritis mencionam o nascimento sem pais como no Mahabharata etc. e existe a crença popular também[85].

Sutra 19: além disso, tem-se registrado na tradição e no mundo casos (de nascimentos sem pais nos que não se deram as cinco oblações)[86].

Além disso, os Smritis apresentam como, neste mundo, Droma, Dhrstadyumna, Sita, Drapodi e outros nasceram sem pais. Dentre eles, Drona e os demais careciam de oblações no ventre materno, enquanto Dhrstadyumna e outros careciam de oblações, tanto no homem quanto na mulher. Dado que, nestes casos, ignora-se o número de oblações, também é possível ignorá-los em outros. De acordo com uma crença popular, os grous concebem sem contato com os machos.

Sutra 20: além disso, nota-se que as escrituras nascem sem as cinco oblações[87].

Sutra 20: devido também à observação[88].

Observa-se também que as quatro classes de seres orgânicos, vivíparos, ovíparos e os que se originam da umidade ou de sementes, as duas

---

[83] TINOCO, 2021, verso V,10, 8.
[84] TINOCO, 2021, verso V,9,1.
[85] GAMBHIRANANDA, 1983, p. 579.
[86] MARTÍN, 2001, p. 447.
[87] GAMBHIRANANDA, 1983, p. 579.
[88] MARTÍN, 2001, p. 447.

últimas são produzidas sem relação sexual. Portanto, o número de oblações não se considera. Isso também pode ocorrer em outros casos.

Diz o opositor: mas as criaturas se referem àqueles seres que só pertencem as três classes, porque só há três maneiras de nascer, de acordo com a frase: "Aquele que surge de um ovo, o que surge de um ser vivo e o que surge de uma semente"[89]. Então, como se pode alegar que existem quatro classes?

Diz o adepto do Vedanta: a resposta se encontra no Sutra seguinte.

Sutra 21: a vida que brota da umidade está incluída no terceiro grupo (a vida vegetal)[90].

Sutra 21: o terceiro termo (as plantas que nascem de sementes) inclui as que surgem da umidade[91].

Devemos entender que, no texto "ovíparo, vivíparo e vida vegetal", a vida que brota da umidade está incluída no terceiro grupo: a vida vegetal, portanto essa última é a vida que nasce da umidade, tem a característica comum de surgir emergindo da terra e dos líquidos. Dado que a germinação da vida imóvel é distinta da germinação da móvel, em outro lugar se delineia a diferença entre as plantas e as criaturas nascidas da umidade. Então, não há contradição alguma.

TEMA 4: A SEMELHANÇA COM O ESPAÇO ETC. DURANTE O DESCENSO

Sutra 22: a alma que descende se torna semelhante ao espaço, o ar etc., sendo isto, razoável[92].

O SER INVIDUAL DURANTE O DESCENSO SE ASSEMELHA AO ESPAÇO

Sutra 22: quando descende o ser individual da lua, tem uma natureza semelhante a do espaço, porque isso é razoável[93].

---

[89] TINOCO, 2021, verso VI,3,1.

[90] GAMBHIRANANDA, 1983, p. 580.

[91] MARTÍN, 2001, p. 448.

[92] GAMBHIRANANDA, 1983, p. 580.

[93] MARTÍN, 2001, p. 448.

Foi dito que quem executa as obras sagradas etc. chega à lua, nela habitando durante o tempo que duram as suas boas obras e, depois, volta a descender com o resíduo das referidas obras (*karma*) (B.S., III, 1,8). Agora, temos que investigar sobre o processo desse descenso. Um texto upanishádico fala assim do descenso: "Regressam outra vez pelo caminho que vieram. Chegam ao espaço; do espaço, ao ar. E o que há realizado cerimônias, se converte em fumaça, da fumaça se faz vapor, do vapor, se faz chuva"[94]. Aqui, surge uma dúvida: os seres que descendem adquirem uma natureza idêntica ao espaço ou só se assemelham a isso?

Diz o opositor: o estado é de identidade, porque assim se afirma, na forma indireta, o texto. Quando surge uma dúvida sobre o sentido literal ou figurado, aceita-se o literal e não o figurado. De acordo com isso, o texto "Se faz ar, se faz vapor" deve ser entendido como o ser que se identifica com eles, para que resultem adequados. Portanto, deduz-se que os seres se transformam em espaço e os demais, em sentido literal.

Diz o adepto do Vedanta: nós diremos que só passam a um estado de similitude com o espaço e os demais. Quando um corpo feito de água, que foi formado no mundo lunar para experimentar, dissolve-se ao terminar a experimentação ao ser individual, faz-se sutil como o espaço. Logo, passa daí à influência do ar e depois se põe em contato com a fumaça. Esse é o significado da frase: "Assim como vieram, regressam ao espaço, do espaço ao ar, etc."[95]. Como se sabe que isso é assim? "Porque isto é razoável". Não é possível que uma coisa se converta em outra, no sentido literal da palavra. Além disso, se os seres se identificam com o espaço, não poderiam descender através do ar etc. e, como a conexão com o espaço se dá por sua onipresença, não pode significar o texto outro tipo de relação dos seres com o espaço se não de similitude[96]. Quando o sentido literal de um texto é inadmissível, é lógico recorrer ao sentido figurado. Portanto, aqui se deve entender em sentido metafórico o que o ser se converta em espaço.

---

[94] TINOCO, 2021, verso V,10,5.

[95] TINOCO, 2021, verso V,10,5.

[96] Não poderia relacionar-se o ser e o espaço mais que por afinidade, se temos em conta sua capacidade de interpenetrar-se. Ao ser onipresente, o espaço está todo e tudo está nele. Essa conjunção (samyoga) na linguagem desses textos. O Ser se faz aqui "como o ar" mas não se faz ar (nota de rodapé de Consuelo Martín, 2001, p. 449).

TEMA 5: UM PERÍODO INTERMEDIARIO DE DESCENCIO

Sutra 23: o descenso da alma de um estado a outro não tem lugar, depois de grandes intervalos (segundo se sabe), conforme a autoridade de uma declaração específica (no Upanishad)[97].

PERÍODO INTERMEDIÁRIO DO SER

Sutra 23: não tarda muito o ser em descender da lua à terra, segundo a especial declaração das Upanishads[98].

Há uma dúvida sobre o período que começa com a transformação do ser no espaço, tendo sido antes arroz e outros. Permanece o ser muito tempo nesses estados de afinidade com cada uma das etapas do seu caminho, antes de chegar à seguinte ou ao contrário, fica pouco tempo em cada uma?

Diz o opositor: tendo em conta que não existe um texto definido, não se pode dar uma regra geral.

Diz o adepto do Vedanta: o Sutra diz: "Não tarda muito". Os seres descendem à esta terra com as gotas da chuva por curtos períodos de afinidade com o espaço, o ar. Deduzimos isso pela "declaração especial" que faz o texto depois de haver dito que os seres se fazem como arroz etc. Pode-se ler ali: "É todavia mais sair deste estado"[99]. Essa afirmação implica que a saída dos estados de similitude com o arroz e outros é mais difícil; enquanto a saída dos estados anteriores é mais fácil, comparativamente. Essa diferença que se refere ao agradável e ao desagradável deve fazer-se em relação ao curto intervalo de tempo na saída, posto que, ao não haver-se formado, todavia, o corpo nesse tempo, não é possível a experimentação no sentido sensorial habitual. Portanto, os seres descendem em um curto intervalo de tempo até o momento de fazer-se como o arroz.

TEMA 6: AS ALMAS NAS PLANTAS E DEPOIS

Sutra 24: a alma, tanto nas etapas iniciais como nas sucessivas, reside meramente no arroz com casca já habitado por outras almas, sendo isso o que se declara[100].

---

[97] GAMBHIRANANDA, 1983, p. 582.

[98] MARTÍN, 2001, p. 449.

[99] TINOCO, 2021, verso V,10,6.

[100] GAMBHIRANANDA, 1983, p. 583.

OS SERES INDIVIDUAIS AO ENTRAR EM PLANTAS

Sutra 24: como nos estados anteriores, o ser individual que descende nos estados posteriores entra no arroz que não está, então, habitado por outros seres, porque assim o afirmam as escrituras[101].

Dúvida: o texto, ao tratar com esse curso de descenso, depois da caída em forma de chuva, diz: "Essas almas que descendem, nascem aqui na terra como arroz com casca, trigo, arbustos, árvores, sésamo, legumes, etc.". Em relação a isso, surge a dúvida: as almas, ao descenderem com os seus *karmas* residuais, desfrutam e sofrem a felicidade e a dor naturais das plantas, depois de haver alcançado essa etapa e haverem se convertido em plantas imóveis, ou simplesmente entram em contato com os corpos vegetais possuídos por outras almas? Qual é a conclusão?

Diz o adversário: as almas que descendem e possuem *karma* residual nascem como plantas, então, experimentam a felicidade e a dor pertencentes a essas espécies.

Como sabes?

Porque o verbo "nascer" deve ser aceito literalmente. Além disso, os Vêdas e os Smritis reconhecem a vida vegetal como um estado em que almas experimentam e está claro que os atos como sacrifícios deveriam ter resultados maus por estarem relacionados com o sacrifício animal. Então, igual ao nascer como um cachorro, as almas que descendem, tendo um *karma* residual, nascem como arroz com casca no sentido primário.

Como as almas que descendem, "nascem como cachorros, porcos ou chadalas"[102] em sentido primário e esses nascimentos têm a experiência de felicidade e dor, respectivamente, assim também nascem como arroz com casca.

Diz o adepto do Vedanta: com relação a isso, contestamos: como nas etapas anteriores, assim também aqui: as almas que possuem um *karma* residual entram em contato com o arroz com casca já habitado por outras almas, mas não compartilham sua felicidade, nem dor. Como o alcance dos estados de ar, da fumaça etc. pelas almas que descendem consiste meramente em um contato com os que são plantas desde o nascimento.

Como se sabe disso?

---

[101] MARTÍN, 2001, p. 450.
[102] TINOCO, 2021, verso V, 10,7.

Porque a afirmação das Upanishads aqui é similar a anterior.

Diz o opositor: e o que queres dizer é que essa afirmação seja similar a anterior?

Diz o adepto do Vedanta: aqui, o mesmo que no caso dos seres individuais que se convertem em espaço e descendem em chuva, não se trata de nenhuma efetividade das obras. Pelo que devemos concluir, dizendo que não experimentam nem prazer, nem a dor. Por outro lado, quando se insinua no texto que experimentam prazer e dor, refere-se à operatividade das obras anteriores, por exemplo, na frase que trata das pessoas de más ou boas condutas (Ch.Up., V,10, 7). Além disso, se tomarmos o nascer dos seres como arroz e demais no seu sentido literal, resultaria que, quando as plantas do arroz se recolhem, cozinham-se e se comem, os seres que reencarnaram nelas e lhes dão vida teriam que abandoná-las. E é do conhecimento comum que, quando um corpo se destrói, o ser que lhe dá vida o abandona. Nesse caso, a Upanishad não menciona que, desde o estado de similitude com o arroz e demais, os seres que descendem se unem às criaturas animais que têm poder generativo (as que comem as plantas). Por essa razão, os seres com resíduos de ações estão unidos só externamente às plantas animadas por outros seres. Isso é suficiente para refutar as afirmações sobre o entender no sentido literal o verbo "nascer" e sobre o estado de existência vegetal que dá lugar à experimentação

Nós não negamos completamente que a existência vegetal possa permitir a experiência.

Pode ser assim, no caso de outros seres que ao não realizar atos religiosos, converteram-se em plantas. O que que queremos dizer é que esses seres que descendem da lua com um resíduo de obras sem retribuir não experimentam enquanto estão identificados com a vida vegetal.

Sutra 25: foi argumentado que os ritos (nos quais os animais são mortos) são impuros, dizemos que não é assim, posto que as escrituras os autorizam[103].

Sutra 25: se foi dito que os sacrifícios religiosos que implicam na morte de animais não são sagrados, diremos que não é assim, pela autoridade das escrituras[104].

Diz o opositor: tem-se alegado que os atos de sacrifício são impuros, porque implicam na morte de animais e ocasionam, portanto, maus

---

[103] GAMBHIRANANDA, 1983, p. 585.

[104] MARTÍN, 2001, p. 451.

BRAHMA SUTRA (TOMO II)

resultados. Por essa razão, dizem, a afirmação de que os seres nascem como plantas deve tomar-se no seu sentido literal e não figurado.

Diz o adepto do Vedanta: esse argumento não é válido, porque o que conhecemos sobre o que é um dever e o que é contrário ao dever depende completamente das escrituras. Ao saber que uma ação é correta e outra incorreta, baseia-se nas escrituras. O mérito e o demérito são realidades suprassensoriais e variam segundo o espaço, o tempo e as circunstâncias. O que em um lugar, em um momento dado e em circunstâncias determinadas é correto resulta incorreto em outro lugar, momento e circunstância. Ninguém, portanto, pode conhecer o que é correto e o que não o é, sem a ajuda das escrituras[105]. Dizem as escrituras que o ritual Jyotistoma que pressupõe danos aos animais (morte) é um dever. Como pode dizer-se que seja impuro?

Diz o opositor: mas o preceito das escrituras, "Não faças danos à criatura alguma", não quer dizer que se faz dano a algum ser vivente é contrário ao dever?

Diz o adepto do Vedanta: é verdade. Sem dúvida, trata-se de uma regra geral. Sem dúvida, o preceito "Se deve imolar um animal a Agni e Soma" é uma exceção e a regra geral e a exceção se aplicam a diferentes esferas. Os ritos prescritos pelos Vêdas são puros, já que são praticados por pessoal com autoridade e sem culpa. Portanto, o fruto dessas obras não podem nascer como uma planta, nem pode considerar-se que o nascer como arroz e outras plantas é análogo a nascer como um cachorro, porque as escrituras ensinam que o último nascimento é só para pessoas de má conduta, mas não se afirma essa característica específica na existência vegetal. Daí, concluímos que, quando as escrituras afirmam que os seres que descendem da lua se convertem em plantas, quer dizer indiretamente que se unem às plantas.

Sutra 26: então, a alma se conecta com um inseminador[106].

Sutra 26: então, o ser individual fica unido com aquele que realiza o ato de geração[107].

---

[105] Ao afirmar isso, deve referir-se a quem carece de discernimento, porque para os que discernem diretamente desde a inteligência, as escrituras védicas dizem que não há regras que regulamentem a conduta. Isso se afirma nas *upanishads* em muitas ocasiões. Com relação ao dever dos ritos, citaremos este parágrafo "Entre os que buscam a verdade, somente há compreendido o que há feito o trabalho por si mesmo, o que há penetrado no seu interior, onde habita a inteligência, na morada dedicada ao Ser Absoluto. Os sábios veem uma diferença como a que há entre a luz e as sombras, entre aquele e estes outros que praticam atos religiosos em geral, como o dos cinco fogos ou inclusive os Três de *Nacketas*" (Ka.Up., I,3,1) (nota de rodapé de Consuelo Martín, 2001, p. 452).

[106] GAMBHIRANANDA, 1983, p. 586.

[107] MARTÍN, 2001, p. 452.

Essa é uma razão a mais para que o significado de "converter-se em arroz" deva se entender como "relacionar-se com o arroz". As escrituras afirmam que após o ser que descende se faz progenitor, como na frase: "Porque o ser se faz uno com qualquer um que coma alimento e realize o ato de geração" (Ch. Up., V,10,6). A identidade com o progenitor não é possível aqui em sentido literal, já que chega a ser progenitor muito depois de nascer, ao chegar à adolescência. Por isso, como poderia o ser que foi comido chegar a identificar-se com o progenitor, a não ser que se entenda em sentido figurado? Neste texto, teremos que admitir necessariamente que se refere a uma conexão do ser com o progenitor e, daqui, deduzimos, uma vez mais, que o ser individual se converta em planta só significa sua conexão com a planta.

Sutra 27: da matriz procede um novo corpo (para a alma que descende).

Sutra 27: da matriz surge um novo corpo (para o ser individual que descende).

Então, depois de estar conectada com um progenitor, a alma, com seu *karma* residual, entra em um útero e obtém um corpo adequado para a experiência do seu residual. Isso é o que diz a escritura, na seguinte frase: "Entre eles, os que têm boa conduta sobre esta terra"[108].

Disso também se conhece que: durante o descenso de uma alma, quando surge uma ocasião para a conexão com o arroz com casca, esses corpos não se convertem em uma fonte de felicidade e de dor. Daqui, concluímos que, quando se fala de nascimento das almas que descendem com seu *karma* residual, o texto se refere ao mero contato com o arroz com casca.

---

[108] TINOCO, 2021, verso V, 10, 7.

CAPÍTULO II

SEGUNDO PADA

TEMA I: O ESTADO SONHOS

Na sessão anterior, apresentou-se o tema da meditação nos cinco fogos, discutindo os diferentes cursos de transmigração das almas individuais. Agora, vamos elaborar os seus vários estados.

Sutra 1: no estado intermediário (de sonho), ocorre a criação (real), pois isso é o que disse a Upanishad[109].

Sutra 1: na etapa intermediária (dos sonhos), há (verdadeira) criação.

Na primeira parte desse *adhyâyâ*, foi falado da meditação nos cinco fogos, as diferentes etapas da transmigração dos seres na roda do *samsara*. Agora, estabeleceremos os diferentes estados desses seres na vigília. A escritura diz: "Quando sonha"[110] e "Não existem ali nem carros nem cavalos, nem caminhos, sem dúvida, ele cria carros, cavalos e caminhos"[111]. Surge uma dúvida sobre isso: a criação nos sonhos é tão real como a do estado de vigília ou é ilusória?

Diz o opositor: agora que estamos considerando esse tema, deduz-se que a criação no estado intermediário que ocorre na conjuntura é real. A expressão "estado intermediário" se refere aos sonhos, posto que os Vêdas a usam assim: "Existe um terceiro estado, o estado de sonhos"[112]. Chama-se lugar intermediário, porque se encontra na conjunção dos dois mundos, o da vigília e a do sono profundo ou estado plenitude. Nesse estado, o criado necessariamente deve ser real. Por quê? Porque a Upanishsad, que é uma autoridade, diz: "Sem dúvida, o que sonha cria carros, cavalos e carretas" (Br. Up. 3,10[113] e as conclusões "[...] porque ele é o sujeito criador"[114] e "Porque é o ator" (Br.Up., IV, 3,10) o confirma.

---

[109] GAMBHIRANANDA, 1983.

[110] MARTÍN, 2002, p. 339, verso VI,3,9.

[111] MARTÍN, 2002, p. 342, verso IV, 3,10.

[112] MARTÍN, 2002, p. 339, verso, IV,3,9.

[113] A referência está errada (nota de Carlos Alberto Tinoco).

[114] MARTÍN, 2002, p. 342, verso, IV, 3,10.

Sutra 2: e alguns (seguindo um ramo particular) consideram o Ser como criador (do desejado); enquanto os filhos e os demais são objetos desejados[115].

Sutra 2: alguns consideram que o Ser é o criador (dos objetos desejados como filhos)[116].

Então, quem segue um ramo dos Vêdas menciona o Ser como o criador dos desejos (do desejável), nesse estado intermediário: "É o Purusha quem permanece desperto, enquanto os órgãos sensoriais estão dormindo"[117]. Os filhos são os "desejos" mencionados na frase, pois a palavra se origina no sentido de: "As coisas desejadas".

Objeção: com a palavra *kama* (desejo) deveríamos denotar diferentes tipos de desejos.

Diz o opositor: não, porque o tema começa assim: "Disse Yama: "pedi filhos e netos que terão vida longa"[118] e termina assim: "Te faço apto para que possas gozar de todos os kamas (o agradável), onde a palavra kama se emprega em lugares que indicam os filhos, etc., que estamos considerando". Além disso, entendemos que o Ser Supremo Consciente é o criador, graças ao tema do capítulo e à porção complementar, pois o tema é o Ser Supremo, segundo se declara no começo: "Ó Yama, o que sabeis existir além do certo e do errado, além da causa e do efeito [...]"[119] e a frase complementar que se refere a Ele: "É o Purusha (o Supremo) quem permanece desperto, enquanto os órgãos sensoriais estão dormindo [...] é o Ser puro só, o Brahmâm, o Imortal [...] Todas as palavras encontram Nele os seus limites e ninguém pode ultrapassá-Lo"[120]. Também se sabe que a criação por meio do Ser Supremo é real dentro do âmbito da vigília. Portanto, o deve ser também a criação e o reino dos sonhos. A seguinte Upanishad o confirma, assim: "Também se diz: o estado de sono com sonhos para uma pessoa é, realmente, o estado de vigília, já que vê em sonhos unicamente as coisas que vê desperto"[121], o qual mostra a aplicabilidade da mesma lógica aos estados de sonho e de vigília. Daí, a criação no estado intermediário deve ser real.

---

[115] GAMBHIRANANDA, 1983, p. 589.

[116] MARTÍN, 2001, p. 455.

[117] TINOCO, Carlos Alberto. **As Upanishads**. São Paulo: Editora Ibrasa (Katha Upanishad), 1996. verso II,2,28, p . 170.

[118] TINOCO, 1996, p. 159, verso 1,23.

[119] TINOCO, 1996, p. 162, verso I,2,14.

[120] TINOCO, 1996, p. 170, verso II,2,8.

[121] MARTÍN, 2002, p. 344-345, verso IV,3,14.

Diz o adepto do Vedanta: em relação a isso, o escritor do aforismo contesta, assim:

Sutra 3: mas a criação dos sonhos é pura Mâyâ (ilusão), porque sua natureza não é uma completa manifestação da realidade dos atributos (encontrados no estado de vigília)[122].

Sutra 3: mas o mundo dos sonhos é mera ilusão, porque, em sua natureza, não se manifestam todos os atributos da criação do estado de vigília[123].

A palavra "mas" refuta o ponto de vista oposto. Segundo tua afirmação, a criação do estado intermediário é real, sem dúvida, e, sendo essa um mero produto de Mâyâ, carece de realidade. Por quê? Porque a sua natureza não é uma completa manifestação da totalidade dos atributos encontrados no estado de vigília. Um sonho possui, por natureza, a capacidade de manifestar a totalidade dos atributos de uma coisa real.

Diz o adversário: nesse caso, o que significa totalidade?

Diz o adepto do Vedanta: a realização das condições de lugar, tempo e causa e de não negação. Esses atributos se dão no âmbito das coisas reais, mas não podem aplicar-se aos sonhos. Primeiramente, em um sonho não há espaço onde se possa colocar carros, já que não podem caber nos limitados espaços do corpo.

Diz o opositor: poderia ser que a pessoa que sonha viesse com os objetos do seu sonho fora do corpo. De fato, ele percebe as coisas como se fossem separadas dele, pelo espaço. Além disso, a escritura declara que o sonho é externo ao corpo, assim:

> O luminoso, o infinito espírito
>
> solitário como um cisne,
>
> o ser imortal
>
> protege seu próprio ninho
>
> com vital energia
>
> e ao ser imortal
>
> sai fora do ninho
>
> e vai onde quer[124]

---

[122] GAMBHIRANANDA, 1983, p. 590.

[123] MARTÍN, 2001, p. 456.

[124] MARTÍN, 2002, p. 344, verso, IV, 3, 12.

Essa distinção entre a condição de permanecer e partir não teria sentido se o ser não saísse, realmente.

Diz o adepto do Vedanta: a resposta é que isso não é assim, porque não se pode conceber que uma pessoa que dorme possa possuir o poder de ir centenas de milhas avante e retornar. Além disso, algumas vezes, alguém descreve um sonho em que foi a algum lugar sem regressar dele, como em: "Estando deitado no campo de kurus, cai no sono. E em sonhos foi ao país dos pançâlas. E ali, despertei". Se essa pessoa tivesse caminhado realmente ao seu país, teria despertado no país dos pançâlas, ao qual teria ido em sonho. Mas, de fato, ele desperta no país dos kurus. Além disso, quando alguém em um sonho imagina que vai a outro lugar em seu corpo, os observadores veem esse corpo na cama e o que está sonhando não vê os lugares como são, realmente. Se fossem ali realmente, ao vê-los, pareceriam-lhes igual às coisas que veem no estado de vigília. A escritura também afirma que o sonho está no corpo, por exemplo, na frase que começa: "Como um imperador, com seus cidadãos, se move como lhe apraz em seu próprio território, assim ele, tomando os órgãos dos sentidos, se move como quer, em seu próprio corpo"[125]. Portanto, a frase sobre o que sonha saindo do seu ninho (Br. Up., IV, 3,12) se deve tomar em sentido figurado, porque, de outro modo, contradiria às escrituras, tanto quanto a razão. Aquele que permanecendo no interior do seu próprio corpo não o usa para nenhum propósito, é como se estivesse fora dele. Por isso, deve ver-se como mera ilusão a diferença entre a ideia de estar dentro ou estar fora do corpo.

Em segundo lugar, vemos que os sonhos estão em conflito com o condicionante temporal. Uma pessoa que, na noite, está dormindo e sonha que é de dia em Bhârata Varsha[126] e outro, durante um sonho que dura apenas um momento, vive muitos anos. Em terceiro lugar, não existem no estado de sonho as causas necessárias para pensar ou para atuar, porque, estando os órgãos dirigidos para o interior do sonho, a pessoa que está sonhando não tem olhos para perceber carros e outras coisas. E de onde sacaria o poder de conseguir o material para fazer carros e outras coisas no tempo de piscar um olho? E quarto lugar, os carros, os cavalos que o sonho cria demonstram que não existem no estado de vigília. Fora isso,

---

[125] MARTÍN, 2002, p. 169, verso II,1,18.

[126] Bharata Varsha é o nome que aparece no texto, para se referir à região que atualmente chamamos Índia (nota de rodapé de Consuelo Martín, 2001, p. 457). Há um épico da literatura sagrada da Índia denominado Maha Bharata, que significa "Grade Índia". É o maior poema épico do mundo, formado por 100 mil versos duplos (nota de Carlos Alberto Tinoco).

o mesmo sonho refuta o que cria, já que, ao seu final, um carro em um momento se converte em um homem e o que se percebeu como homem, em um momento, transforma-se em árvore. Além disso, a escritura afirma claramente que as coisas de um sonho não têm existência real, afirmando: "Não existem ali, nem carros nem cavalos, nem caminhos, sem dúvida, ele cria carros, cavalos e caminhos"[127]. Disso tudo, deduzimos que as visões de um sonho são meras ilusões.

Sutra 4: um sonho é também um presságio, segundo aprendemos das Upanishads e do que dizem os espertos[128].

Sutra 4: um sonho é também um augúrio, segundo as escrituras e o que afirmam os espertos[129].

Diz o adversário: em tal caso, dado que tudo é Mâyâ, não há rastro de realidade em um sonho.

Diz o adepto do Vedanta: não é assim, porque um sonho se converte no indicador do bem e do mal futuros. Por isso, a Upanishad diz o seguinte: "Se enquanto estais cumprindo algum sacrifício com o propósito de obter um resultado, sonhas com uma mulher, se conclui que, devido ao sonho, esses ritos frutificam"[130]. De maneira análoga, as escrituras declaram que a seguinte frase e outras pelo estilo indicam uma morte eminente: "Se sonhas com uma pessoa negra, com dentes negros, esta causará a tua morte". Além disso, os que são versados na ciência dos sonhos dizem: "Os sonhos de montar em um elefante são auspiciosos, enquanto se montas num burro, é um presságio negativo". Eles pensam que alguns sonhos causados pelos mantras, os deuses e as substâncias especiais têm um vestígio de realidade. Mas, nesses casos, ainda quando se reconheça que o prognosticado seja verdadeiro, os presságios indicativos, como ver uma mulher, são, certamente, irreais, porque são cancelados. Essa é a ideia daqui onde foi demonstrado que o sonho é meramente ilusório.

No que se refere ao texto da Upanishad, na frase "porque isto é o que diz a Upanishad" (III,2,1), deveríamos explicá-lo em sentido figurado, à luz das conclusões as quais chegamos. Isso é como a declaração: "O arado sustenta os bois", na qual dizemos que o arado é a causa que sustenta, sendo assim, do ponto de vista metafórico. Na verdade, o arado não sustenta os

---

[127] MARTÍN, 2002, p. 342, verso IV, 3, 10.

[128] GAMBHIRANANDA, 1983, p. 592.

[129] MARTÍN, 2001, p. 458.

[130] TINOCO, 2021, verso V,2,8.

bois. Da mesma forma, diz-se que o ser humano cria o carro e que é "o agente" (Br.Up.,IV, 3, 9- 10). Explica-se que o ser individual, ao realizar atos bons e maus, ocasiona emoções agradáveis ou emoções de medo que produzem aparições de carros e outros objetos. O tema do sonho se emprega para revelar a autoluminosidade do ser como testemunha[131]. E isso foi feito assim, porque o estado de vigília existe em contato entre os objetos e os sentidos e uma combinação com a luz do sol. Assim, a autoluminosidade do Ser não pode distinguir-se deles. Assim, o texto acerca da criação do carro se toma em sentido literal a autoluminosidade do Ser que ficaria indeterminada. Por isso, sob a declaração da irrealidade do carro, explica-se que o parágrafo sobre a criação é metafórico. Por isso, explicou-se o texto sobre a relação criativa (B.S., III,2,2; Ka. Up., II,2,8).

Também se afirmou que os seguidores de um ramo particular dos Vêdas consideram que esse criador é o Ser Supremo Consciente. Isso também é inadequado, pois outra Upanishad mostra que essa é a atividade da alma individual, pela frase: "Ele mesmo elimina seu corpo e cria outro, manifestando ao sonhar o brilho da sua própria luz. Nesse estado o ser humano cria a sua própria luz"[132]. A frase em questão mostra que o criador do desejável é a alma individual, quando reitera um fato conhecido, de acordo com a frase: "É o Purusha (Atman) quem permanece desperto, enquanto os órgãos sensoriais estão dormindo"[133]. Esse criador dos objetos desejados não é outro, se não o ser individual. Em outra passagem que é a continuação complementar do que nos referimos, elimina a noção da existência separada do ser e mostra que não é se não o Absoluto Brahmâm, segundo a frase: "Tu és isto"[134].

Essa interpretação não contradiz o fato de que o Absoluto Brahmâm seja o tema geral tratado. Segundo isso, não devemos negar que o Ser Supremo está ativo durante os sonhos, porque, ao ser o Supremo de tudo, é razoável que dirija o ser individual sob todas as circunstâncias. O que queremos deixar claro é que o mundo relacionado com o estado intermediário (o dos sonhos) não é real, no mesmo sentido que o mundo constituído pelo espaço e os demais o é. Ainda também deve ficar claro que a chamada criação real com o espaço, o ar etc. não é real em absoluto. Como foi observado no

---

[131] A consciência testemunho (*sâksin*) de todos os estados de consciência, incluindo o de sono com sonhos. O ser consciente por si mesmo se ilumina pela sua própria luz (nota de rodapé de Consuelo Martín, 2001, p. 459).

[132] MARTÍN, 2002, p. 339, verso, IV,3,9.

[133] TINOCO, 1996, p. 170, verso II,2,8.

[134] TINOCO, 2021, verso VI,8, 16.

Sutra: "A não diferença entre efeito e causa se conhece por termos como a origem" (B. S., II,1,14), o qual indica que a criação inteira é pura ilusão. Mas, antes de ser consciente da identidade do Ser com Absoluto, a criação dos sonhos anula cada dia com o estado de vigília. Portanto, a declaração de que os sonhos são simples ilusão tem um significado especial[135].

Sutra 5: sem dúvida, ao meditar no Senhor Supremo, manifesta-se isso que permanece obscuro, porque Dele de derivam a escravidão e a liberdade da alma[136].

Sutra 5: pela meditação no Ser Supremo, tudo o que estava oculto se manifesta, porque a limitação e a liberdade do ser individual vêm Dele[137].

Diz o adversário: é possível que a alma individual seja uma parte do Ser Supremo, assim como uma fagulha o é do fogo. Se é assim como o fogo e a fagulha têm o mesmo poder de combustão e a luz, assim a alma e o Supremo têm o mesmo poder de conhecer, de divindade. Disso se deduz que a alma pode, mediante a sua divindade verdadeira, criar nos sonhos um carro como se fosse um ato da sua vontade.

Diz o adepto do Vedanta: com relação a isso, diz-se: ainda que a alma e o Supremo estejam relacionados como a parte e o todo e, sem dúvida, constatamos diretamente que a alma possui atributos opostos aos do Supremo.

Diz o adversário: queres dizer que a alma não possui atributo algum similar aos do Supremo?

Diz o adepto do Vedanta: não é que não o tenha, pois, se bem que essa similitude exista, permanece oculta, porque a ignorância a esconde e, ao permanecer oculta, a referida similitude se manifesta no caso de alguma pessoa atípica que medita no Supremo com diligência e para a qual as sombras da ignorância se dissipam, desenvolvendo, assim, os poderes místicos mediante a graça do Supremo, como aquele que, ao perder a visão por uma enfermidade chamada *timira,* cura-se pelo poder da medicina. Mas nem todos experimentam isso de modo natural.

E por que não se manifesta?

Diz o adepto do Vedanta: porque "Dele", do Supremo, surge a "ligação e a liberdade" do ser. Isso quer dizer que a ligação é devido à falta de com-

---

[135] O sonho é ilusão em um sentido diferente do que é ilusão na vigília. Toda criação da consciência é só um objeto relativo da Consciência Absoluta única, mas esse tema foi assinalado em que sentido a criação dos sonhos é ilusória em relação à vigília (nota de rodapé de Consuelo Martín, 2001, p. 459).

[136] GAMBHIRANANDA, 1983, p. 594.

[137] MARTÍN, 2001, p. 460.

preensão do que é a verdadeira natureza do Supremo. E a liberdade se dá por essa compreensão. Por isso, diz uma frase das Upanishads: "Quando o Supremo Senhor é conhecido, todas as formas de grilhões caem com a sensação das misérias, nascimentos e morte. Meditando Nele, os sábios, após a morte, atingem o terceiro estado, que é domínio do Senhor. Finalmente, os aspirantes à Verdade, transcendendo esse estágio, habitam na Beatitude de Brahmâm."[138]. Existem também outros textos semelhantes.

Sutra 6: ou, melhor dito, essa ocultação ocorre também na causa da conexão com o corpo[139].

Sutra 6: ou também o encobrimento dos poderes do ser individual se apresenta por estar unido ao corpo[140].

Diz o adversário: se a alma é parte do Supremo, por que deveria ocultar seu conhecimento e divindade, dado que a posição lógica seria que o conhecimento e a divindade deveriam permanecer descobertos para a alma, assim como a combustão e a iluminação o são para a chispa?

Diz o adepto do Vedanta: é verdade. Sem dúvida, deve-se ter em conta que esse estado de encobrimento da inteligência e o poder divino do ser ocasiona também o "estar unido ao corpo" pela conexão com o corpo, os sentidos, a mente e a percepção de todos os objetos. A esse estado se pode aplicar a seguinte analogia: como o calor do fogo e a sua luz estão ocultos, quando o fogo está escondido na madeira que o produzirá por fricção ou enquanto está coberto por cinzas, assim o ser por estar unido as limitações referidas em forma de corpo e demais apresenta sua inteligência e sua divindade escondidas enquanto mantém o erro desses agregados. A expressão "ou também" no Sutra se apresenta para evitar as dúvidas sobre a identidade entre o Supremo e o ser.

Diz o opositor: por que o ser não está separado do Supremo, considerando o estado de ocultamento da sua inteligência e seu poder divino? Se aceitamos que os dois estão separados, por que imaginar que essa separatividade se deve à união com o corpo?

Diz o adepto do Vedanta: responderemos que é impossível que o ser esteja separado do Supremo. Na frase upanishádica que se inicia com: "Aquela Divindade determinou"[141] encontramos a afirmação seguinte:

---

[138] TINOCO, 1996, p. 297, verso I,11.

[139] GAMBHIRANANDA, 1983, p. 595.

[140] MARTÍN, 2001, p. 460.

[141] TINOCO, 2021, verso VI,3,2.

"Entrando Eu mesmo nesses seres como um espírito (idem). E na frase: "Este é o Ser. Tu és isto, Svtaketo"[142], em que se apresenta o ser individual como idêntico ao Supremo. Portanto, o ser não é distinto do Supremo, mas a Sua compreensão e poderes divinos estão obscurecidos pela união com o corpo. Daí, deduz-se que o ser individual, quando sonha, não pode criar a vontade, carruagens e outras coisas. Se possuísse tal poder, ninguém teria um sonho desagradável, pois nunca deseja ninguém o que é não é bom para si mesmo.

Por último, negamos que a frase da escritura que trata do estado de vigília ("o estado de sono com sonho para uma pessoa é, realmente o estado de vigília"[143]) indique a realidade dos sonhos. A afirmação de que os dois estados são iguais não significa que os sonhos são reais, já que isso contradiria a luminosidade própria do Ser. Além disso, a Upanishad mesma declara expressamente que as carruagens e outros de um sonho não têm existência real. Simplesmente significa que os sonhos são iguais ao estado de vigília, a causa das impressões mentais (*vasanas*) recebidas no estado de vigília. De tudo isso, depreende-se que os sonhos são mera ilusão.

TEMA 2: A ALMA NO SONO PROFUNDO

Sutra 7: a ausência daquele sonho (sono sem sonho) ocorre nos nervos[144] e no Ser; assim o aprendemos das Upanishads[145].

O SER INDIVIDUIAL NO SONO PROFUNDO

Sutra 7: a ausência desses sonhos (no sono profundo, por exemplo) tem lugar nos nervos e o Ser, como sabemos pelas Upanishads[146].

Depois de haver considerado os sonhos, agora passamos ao estado de sono sem sonhos. O que segue são algumas frases das Upanishads sobre o sono profundo: "Agora, bem, quando uma pessoa dorme, de modo que todos os órgãos se retiraram e ele se torna completamente sereno e não

---

[142] TINOCO, 2021, verso VI, 8-15.

[143] MARTÍN, 2002, p. 344, verso IV, 3, 14.

[144] Uma referência às Nadis, que são canais ou veias por onde passam os diversos pranas, pra alimentar o corpo sutil ou Pranamâyâ Kosha (nota de Carlos Alberto Tinoco).

[145] GAMBHIRANANDA, 1983, p. 597.

[146] MARTÍN, 2001, p. 461.

sonha, então, a alma se difunde sobre esses nervos"[147]. Sem dúvida, em outro lugar, em conexão com os ditos nervos, ouve-se dizer: "E, quando se dorme completamente, quando não conhece nada, retorna através das 72 mil nervos chamados hitâ, que se estendem desde o coração ao pericárdio"[148]. Em outra frase, ao tratar dos nervos, diz-se: "Quando o indivíduo dorme sem ver sonho algum, se encontra nesses nervos, então, se ume neste prana" (Kau. Up., IV, 19). Analogamente, em outra frase, pode-se ler: "E permanece no espaço (âkâsha) que reside no coração"[149], "Amigo, ele se une ao que é, chega ao seu próprio ser"[150] e "Assim como um homem abraçado à sua querida esposa não percebe nada nem externo nem interno a si mesmo, também aquele infinito ser, abraçado pelo Ser Absoluto, não percebe nada externo nem interno"[151].

Aqui, surge uma dúvida: os nervos mencionados nas frases anteriores são independentes entre si, constituindo diferentes lugares para o ser em sono profundo, ou formam um lugar único?

Diz o opositor: há diferentes lugares, porque deve-se ter em conta os distintos lugares mencionados que servem para o mesmo propósito. Coisas que servem para o mesmo, como o arroz e a cevada, nunca se há visto que dependam um do outro. Que os nervos têm o mesmo objetivo é evidente por estarem todos eles apresentados no caso locativo: "Há entrado nos nervos", "descansa no coração".

Objeção: em algumas das frases assinaladas, não se emprega esse caso, por exemplo, em: "Ele se identifica com o que é (Sat)"[152].

Diz o opositor: isso não muda nada, porque aí também se faz referência ao caso locativo, já que em frase complementar se afirma que o ser desejoso de descanso entra no Ser: "Não encontrando descanso em outro lugar, se estabelece na energia vital (prana)"[153]. Aí, a palavra prana se refere ao que é (ao Ser). "Um lugar de descanso" implica, desde logo, na ideia do

---

[147] TINOCO, 2021, verso VIII,6,3.

[148] MARTÍN, 2002, p. 171, verso II,1, 19.

[149] MARTÍN, 2002, p. 168, verso I,2,17.

[150] TINOCO, 2021, verso VI,8,1.

[151] MARTÍN, 2002, p. 353-354, verso IV,3,21.

[152] TINOCO, 2021, verso VI,8,1.

[153] TINOCO, 2021, verso VI,8,2.

caso locativo[154] complementar a esse: "Quando eles vão sumindo no que é, não sabem que estão sumidos no que é"[155]. Em todos esses casos, faz-se referência ao mesmo estado, o estado de sono profundo, que se caracteriza pela suspensão de toda percepção particular. Portanto, concluímos que no estado de sono profundo o ser vai, voluntariamente, a qualquer um desses lugares, nervos etc.

Diz o adepto do Vedanta: essa posição foi explicada em: "A ausência desses sonhos tem lugar nos nervos e no Ser" que significa ausência de sonhos e isso é um sono profundo. Produz-se nos nervos e no Ser. Ao usar "e" indica conjunção e quer dizer que o ser sai por esses nervos, para ir ao sono profundo e não alternativamente. Como se sabe disso? Isso é assim pela autoridade das escrituras. É dito ali essas coisas sobre o lugar do sono profundo e são mencionados e se mencionam em distintos contextos das Upanishads, que se integram e se aceitam alternativamente, então, o outro fica eliminado.

Diz o opositor: não foi assinalado, já que servindo para o mesmo propósito, como o trigo, a cevada etc., os nervos (*nadis*) e o Ser podem aceitar-se alternativamente?

Diz o adepto do Vedanta: não é assim, porque, pelo simples fato de que duas coisas se mostram no mesmo caso, de nenhum modo podemos deduzir que tenham o mesmo objetivo. Por essa razão, teremos que eleger entre elas, porque, entre coisas que têm diferentes propósitos e, por sua vez, um propósito conjunto, vemos que se emprega em um único e mesmo caso, por exemplo: "Ele dorme em um palácio, ele dorme em um divã". No assunto que tratamos, podem integrar-se em uma das diferentes afirmações: "Quando o ser não vê sonhos, está nos nervos. E se identifica com a energia vital (prana)" (Kau. Up., IV,19), onde se fala coletivamente dos nervos e da energia vital no sono profundo, porque ambos se apresentam na mesma frase. Foi explicado o que se entende por energia vital, o Absoluto, segundo o Sutra: "A vida (prana) é o Absoluto. Se deduz dos textos que se referem a ela" (B.S., I,1,28).

Ainda em outro texto, comenta-se sobre os nervos como se fossem um local independente do sono profundo, na seguinte frase: "Então perma-

---

[154] Na citação do opositor (Ch.Up., VI,8,1), a palavra *sat* estava no caso instrumental. Mas, nessa citação, que faz o vedantin (Shakara) (Ch. Up., IV,8,2) a palavra *âyatana* que significa "lugar de descanso" está no caso locativo (nota de rodapé de Consuelo Martín, 2001, p. 462).

[155] TINOCO, 2021, verso VI, 9,2.

nece dormindo nesses nervos"[156] e sem dúvida, para não contradizer outras frases nas quais se fala do Absoluto Brahmâm como lugar de sono profundo, devemos explicar esse texto, entendendo que o ser mora no Absoluto através dos nervos. Nem essa interpretação é contrária ao emprego do caso locativo nos nervos, pois, ainda que o ser individual penetre no Absoluto por meio dos nervos, também se pode dizer que está nesses nervos. É o mesmo que um homem que descende ao mar, pelo rio Ganges, está ao mesmo tempo no rio Ganges. Além disso, essa frase sobre os nervos menciona a entrada do ser neles para exaltá-los, porque seu objetivo é descobrir o caminho que leva ao mundo de Brahmâm, que está constituído por vários nervos e raios. É o que se pode observar em: "Nenhum mal lhe toca ali"[157]. O texto adiciona para a ausência de todo mal, em: "Pois então, o ser humano foi identificado com a luz"[158]. Isso significa que, por causa da luz contida nesses nervos e da força dos órgãos, a pessoa não pode perceber os objetos externos ou também se pode referir ao Absoluto pelo termo "luz" que se aplica também ao Absoluto, em "Então o Ser, desencarnado e imortal, é a vida, o Absoluto, a luz"[159]. Significa que o ser por meio dos nervos chegaria a unir-se ao Absoluto e, portanto, nenhum mal o alcançaria, porque a ausência de mal se produz pela união com o Absoluto, como se sabe por outras frases das escrituras, como: "Todos os males se distanciam Dele, pois o âmbito do Absoluto está livre de todo o mal"[160]. Tendo isso em conta, deve-se associar os nervos com o Absoluto Brahmâm, do que se sabe por outras frases que é o lugar do sono profundo, e que só se subordina ao Absoluto mesmo, como se menciona na frase que trata do tema do Absoluto, porque o espaço interior do coração se nomeia no princípio, como o lugar dos sonhos, de acordo com a seguinte frase: "E permanece no espaço (âkâsha) que reside no coração"[161]. Referindo-se a isso, é dito mais adiante: "E quando dorme completamente, quando não conhece nada, volta através dos setenta e dois mil nervos chamados hitâ, que se estendem desde o coração ao pericárdio. E permanece no corpo. Vive como um menino, ou imperador, ou nobre

---

[156] TINOCO, 2021, verso VIII,6,3.

[157] TINOCO, 2021, verso VIII,6,3.

[158] TINOCO, 2021, verso VIII,6,3.

[159] MARTÍN, 2002, p. 387, verso IV, 4,7.

[160] MARTÍN, 2002, verso VIII,4,1.

[161] MARTÍN, 2002, p. 168, verso, II, 1,17.

brâhmame, e ao chegar ao cimo da felicidade, se mantem ali"[162,163] *Purîtat* é o que envolve o coração. Por ele, o que descansa no espaço se pode dizer que descansa envolto pelo pericárdio. É igual a um homem que vive em uma cidade rodeada por muralhas, diz-se que vive dentro das muralhas.

Foi demonstrado já que o espaço no interior do coração é o Absoluto Brahmâm (B.S I, 3,14) e que os nervos (*nadis*) e o pericárdio (*purîtat*) se devem identificar como as moradas do sono profundo. O vemos por que são mencionados juntos, na frase: "Através deles (as nadis) ele sai e descansa no coração (*purîta*). Sabe-se que "o que é" (Sat) (Ch.Up. VI, 8,1) e a consciência (*prajnâ*) (Br.Up., IV, 3,19) são apenas nomes do Absoluto Brahmâm. Por essa razão, a escritura menciona três lugares de sono profundo unicamente: os nervos, o coração e o Absoluto. Dentre eles, somente o Absoluto é lugar permanente do sono profundo, os outros são meras vias que conduzem a ele. Além disso, os nervos, tanto quanto o pericárdio, são o sono profundo, simplesmente a morada do ser individual com as suas limitações referidas, pois neles se encontram os seus órgãos. Sem a conexão com as limitações referidas, não poderia ter o Ser nenhuma morada, porque ao ser idêntica ao Absoluto descansa na sua própria glória. Diz-se que no sono profundo está situado o Absoluto, não queremos fazer distinção entre a morada e aquele que mora. Quer-se mostrar a identidade entre eles, posto que o texto diz: "Amigo, se identifica com o que és e alcance seu próprio Ser" (Ch.Up., VI, 8,1), o que significa que a pessoa que dorme entrou na sua verdadeira natureza. Além disso, não se pode dizer que o ser em algum momento não está unido ao Absoluto, pois nunca pode separar-se da sua verdadeira natureza. Mas se diz: "Alcança seu próprio Ser", porque no sono com sonhos e a vigília são como se o ser tivesse passado a outro âmbito por influência das limitações referidas. Pode-se dizer que, quando esses agregados limitativos cessam no sono profundo, voltam à sua verdadeira natureza. Por essa razão, seria errôneo supor que no sono profundo algumas vezes chega a unir-se com o Absoluto e outras vezes não[164]. Quando admitíssemos diferentes lugares no sono profundo, seguiria sem haver diferença no sono profundo mesmo, já que esse se caracteriza pela cessação de percepção particular.

---

[162] MARTÍN, 2002, p. 171, verso II,1,19.

[163] Verso diferente do que se encontra na tradução do Brahma Sutra, traduzido por Consuelo Martín (2001, p. 464) (nota de Carlos Alberto Tinoco).

[164] Que é o que se entenderia se considerarmos alternativamente o ser com os nervos e o ser com o coração. Aqui, refuta-se uma vez mais essa posição e se opta pela tomada em conjunto (nota de rodapé de Consuelo Martín, 2001, p. 465).

Portanto, é mais adequado dizer que o ser em sono profundo não percebe nada pela sua não dualidade quando submerge em "o que é" (*Sat*), como se pode verificar na frase: "Por meio de que se poderia conhecer aquele pelo que tudo isto é conhecido?"[165]. Mas, se o ser dormindo descansa nos nervos e no pericárdio, não haveria razão para que não percebesse objetos, porque o conhecimento particular se verifica em dualidade (e nesse caso, haveria dualidade). Isso é percebido na frase: "Onde parece que existe alguma coisa, ai, se pode ver algo, se pode perceber algo [...]"[166].

Diz o opositor: mas, inclusive na dualidade, algo pode ficar desconhecendo a causa da grande distância.

Diz o adepto do Vedanta: isso poderia ser verdade se o ser individual tivesse uma limitação natural, inclusive, no caso de Visnumitra que, estando em uma terra estranha, não podia ver a sua casa. Mas o ser não tem limitação à parte desses fatores condicionantes. Se dizes que a grande distância que está nas limitações referidas pode ser a causa da não percepção, isso nos conduz à conclusão anterior. Quando as referidas limitações cessam em um sono profundo, o ser não conhece, porque se submerge em "o que é "(*Sat*). Mas, quando se fala dos fatores dos sonhos, nós sustentamos que os nervos e o pericárdio se unem com o Absoluto, como lugares do sono profundo, pois, sabendo que os nervos e o pericárdio são lugares do sonho, nada se consegue. Nem a escritura ensina que exista algum resultado especial em relação com esse conhecimento, nem se subordina a algum trabalho que dê certos resultados. Sem dúvida, queremos provar que o Absoluto Brahmâm é a inamovível morada do ser em estado de sono profundo. Teremos a segurança de que o Absoluto é o Ser do ser individual e a segurança de que o ser está unido essencialmente aos mundos que aparecem no estado de vigília e de sono com sonhos. Portanto, o Ser, unicamente, é o lugar do sono profundo.

Sutra 8: pela mesma razão, o despertar da alma procede desse Ser Supremo[167].

Sutra 8: portanto, o despertar vem Daquele (do Absoluto)[168].

Dado que o mesmo Ser é o lugar do sonho, ensina-se, no contexto do dormir, que o despertar ocorre, invariavelmente, desse Ser, segundo afirma

---

[165] MARTÍN, 2002, p. 215, verso II II,4,14.

[166] MARTÍN, 2002, p. 364, verso IV,3,31.

[167] GAMBHIRANANDA, 1983, p. 603.

[168] MARTÍN, 2001, p. 466.

o seguinte texto: "Igual às chispas de fogo voam em todas as direções, assim do Ser emanam todas as energias vitais, todos os mundos [...]"[169]. Isso se diz como resposta à pergunta: "Onde se encontrava Ele e de onde veio?"[170]. Também se encontra no texto: "Havendo surgido da Existência, elas não sabem que procedem daí"[171]. Se o lugar do sonho tivesse sido opcional, a Upanishad teria instruído que a alma desperta, às vezes, nos nervos, às vezes, de *puritat* e, às vezes, do Ser. Disso também se deduz que o Ser é um lugar de sonhos.

TEMA 3: A MESMA ALMA REGRESSA DO SONHO

Sutra 9: mas a mesma alma regressa do sonho por causa da ação, da recordação, da autoridade da escritura e do preceito[172].

O MESMO SER VOLTA DO SONO PROFUNDO

Sutra 9: mas o mesmo ser volta do sono profundo, como se sabe, por causa da ação, da memória, da autoridade escritural e do preceito[173].

Dúvida: o ser individual que desperta da identificação com o Absoluto é o mesmo que se uniu a Ele ou é outro?

Diz o opositor: não existe regra fixa nesse ponto. Isso porque como uma gota de água ao verter-se em grande quantidade na água se torna uma com ela, de tal maneira que, quando queremos sacar a gota outra vez, resultaria difícil que fosse a mesma, assim, o ser em um sonho, uma vez que se uniu ao Absoluto Brahmâm, dissolve-se nessa Plenitude sem que seja possível sair dela. Portanto, o que desperta ou é o Supremo ou outro ser, mas não o ser original.

Diz o adepto do Vedanta: sobre isso, responde o Sutra, quando diz: "Mas o mesmo ser" que se fundiu com a Plenitude do sono profundo surge outra vez e não outro. Quais são as razões que se dão para ele? Essas razões são as seguintes: a ação, a memória, a autoridade das escrituras e o preceito. Trataremos essas quatro razões separadamente: em primeiro lugar, a pessoa que desperta do sono profundo deve ser a mesma que entrou nele, porque

---

[169] MARTÍN, 2002, p. 174, verso II,1,20.

[170] MARTÍN, 2002, p. 167, verso II,1,16.

[171] TINOCO, 2021, verso IV, 102.

[172] GAMBHIRANANDA, 1983, p. 603.

[173] MARTÍN, 2001, p. 466.

foi visto que terminam as ações que havia deixado de finalizar. As pessoas terminam pela manhã o trabalho que haviam deixado incompleto no dia anterior. E não é possível imaginar uma pessoa que se pusesse a completar o trabalho por meio de outra pessoa, isso levaria a conclusões absurdas. Por isso, é de se pensar que faz o mesmo trabalho no dia anterior e no seguinte e, pela mesma razão, a pessoa desperta. Se a pessoa que desperta fosse diferente, não recordaria o que percebeu antes, o que é contrário à evidência da observação: "Vi isso no dia anterior", porque algo que vê uma pessoa não pode ser lembrado por outra. O reconhecer "Eu sou uma pessoa determinada" no que se reconhece a própria identidade não pode imaginar-se que suceda em si, o que desperta é outro ser. Além disso, pelos textos das escrituras sabemos que a mesma pessoa é quem desperta. Por exemplo em: "Volta em direção oposta ao lugar de onde partiu"[174], "Todas estas criaturas que vão em cada dia ao mundo de Brahmâm não O conhece, sem dúvidas"[175] e "Qualquer coisa que tenha sido aqui (no anterior estado de vigília), seja um tigre, um leão, um lobo, uma serpente, ou formiga, ou inseto ou um mosquito, essas mesmas criaturas serão (depois de despertar do sono)"[176]. Esses e outros textos que aparecem dentro do contexto do sonho e do despertar não poderiam ser integrados se o ser que desperta fosse diferente.

Essa é também a conclusão que se deduz dos preceitos sobre cerimônias e meditações. Resultariam inúteis prescrições a partir da suposição de que é outro ser que desperta. A conclusão seria que qualquer um poderia ser livre, somente ao dormir e, se esse for o caso, poderia dizer-me, então, que necessidade há de efetuar um ritual ou uma meditação para que tenha uns efeitos no futuro? A hipótese de que outro ser encarnado despertasse implicaria que quem trabalhou não recolheria os frutos das suas ações, nem a recompensa pelo trabalho realizado no mesmo corpo, porque, quando dorme alguém em um corpo, desperta nele mesmo. Que se adiantaria supor que se desperta em outro? Mais ainda, se um ser livre desperta em um corpo que outro deixou ao dormir, acabar-se-ia a sua libertação? Além disso, não é lógico que alguém que tenha acabado com a ignorância volte a identificar-se com ela. Também se deve refutar o ponto de vista que considera que o Supremo desperta com o corpo, pois Nele não há ignorância e o corpo se adquire para eliminar a ignorância. Além disso, os defeitos que derivam

---

[174] MARTÍN, 2002, p. 348, verso IV, 3,16.

[175] TINOCO, 2021, verso VIII,3,2.

[176] TINOCO, 2021, verso VI, 9,3.

dos resultados não terrestres e a perda dos terrestres seriam inevitáveis se supusermos que outro ser desperta no corpo depois do sonho. Portanto, desperta o mesmo ser do dormente e não outro.

Tem-se argumentado analogicamente, dizendo que o ser individual que se uniu ao Ser não pode emergir Dele, o mesmo que uma gota de água não pode sacar-se da água em que foi vertida. Mas isso tem sido refutado, porque ainda que admitamos a impossibilidade de sacar-se a mesma gota de água, porque não há um meio de distingui-la de outras gotas, sem dúvida, no caso do ser, existem razões para poder fazer essa distinção: as obras e a compreensão de cada ser individual. Portanto, os dois casos são análogos. Além disso, há um feito observável. Os grous podem separar a água e o leite quando estão misturados, apesar de ser humanamente impossível fazê-lo. E o que se chama ser individual não é diferente, em realidade, do Ser Supremo. Assim, poderia distinguir-se do Ser como a gota de água da massa aquosa, porque, como temos explicado repetidamente, ao mesmo Ser Absoluto, é chamado de ser individual, quando se leva em conta as limitações referidas.

Por essa razão, a existência fenomênica de um ser permanece, enquanto esteja identificada com o mesmo conjunto de limitações. Quando o conjunto é distinto, dá-se a existência fenomênica de outro ser individual, diferente, e isso continua assim, por meio dos estados de sono profundo e de vigília. O primeiro está com a semente, no último, como a planta totalmente desenvolvida. Por isso, o correto é dizer que desperta o mesmo ser do sonho.

TEMA 4: A ALMA E O DESMAIO

Sutra 10: no caso de um desmaio, só há um alcance parcial do estado de sonho, sendo essa a última alternativa[177].

O SER INDIVIDUAL E O DESMAIO

Sutra 10: em um desmaio, há só uma identificação (com o estado de sono profundo). Essa é a última alternativa[178].

---

[177] GAMBHIRANANDA, 1983, p. 603.
[178] MARTÍN, 2001, p. 468.

Diz o adversário: existe aquele fenômeno de um indivíduo em um estado de desmaio, que as pessoas definem como "inconsciente". Examinando essa questão, diz-se: a alma que habita um corpo tem três estados de consciência: vigília, sonho e sono sem sonhos. O quarto estado é a saída do corpo. Não se sabe da existência de um quinto estado da alma, tanto nos Vêdas como também nos Smritis. Portanto, a inconsciência tem que ser classificada sob uma das quatro condições.

Diz o adepto do Vedanta: sendo essa a posição, diremos que esses estados que um ser humano em desmaio não pode encontrar-se em estado de vigília, porque não percebe os objetos por meio dos seus sentidos.

Diz o adversário: isso é possível de acordo com a analogia de um fabricante de flexas, o qual, estando ocupado com as flexas, somente as percebe, apesar de que ele esteja plenamente desperto. De maneira análoga, aquele que se encontra em estado de desmaio, ainda que esteja desperto, não percebe nada mais, porque a sua mente está ocupada com o todo, com a dor produzida pelo golpe desfechado por um bastão.

Diz o adepto do Vedanta: isso não é assim, pois se comporta como alguém que não tem consciência do momento. O fabricante de flexas, cuja atenção está totalmente ocupada, diz, depois: "Durante todo este tempo, só percebi as flexas", mas o homem inconsciente, ao recobrar a consciência, diz: "Durante este lapso estive imerso em uma obscuridade profunda e nada pude perceber". Além disso, um homem desperto, cuja mente está concentrada em um objeto, mantém o corpo ereto, enquanto o corpo de um homem inconsciente cai ao solo. Portanto, ele não fica desperto nem sonha, por estar consciente, pois carece da capacidade de perceber, nem podemos dizer que está morto, porque tem vida e calor. Quando uma pessoa desmaia, as pessoa duvidam se está viva ou morta, portanto, auscultam seu coração para perceber as suas batidas e observam se está pálido. Para averiguar se respira, examinam os orifícios nasais. No caso de que as pessoas não consigam perceber a existência do alento e do calor, concluem que o indivíduo está morto e, portanto, leva-o ao bosque para cremá-lo. Ao contrário, se sentem que respira, concluem que está vivo e então, recorrem a algum tratamento para que recobre a consciência. Além disso, o fato de que o homem inconsciente volta a levanta-se implica que não estava morto, pois aquele que vai ao rei da Morte (Yama) nunca regressa de lá.

Diz o adversário: então, digamos que o homem se encontra em sono profundo, uma vez que não tem consciência, enquanto não está morto.

Diz o adepto do Vedanta: isso não é assim, posto que há uma diferença. É possível que um ser desmaiado não respire por muito tempo, mas o seu corpo pode tremer, sua face estar distorcida e os olhos podem estar totalmente abertos. Mas um homem em sono profundo tem uma face tranquila, respira de forma rítmica, seus olhos ficam fechados e seu corpo não se distorce. Um ser que dorme desperta com um simples empurrão, enquanto um ser que perdeu a consciência não a pode recobrar nem que o pegue com um bastão. Além disso, as causas do desmaio e do sonho diferem, posto que o desmaio pode resultar de golpes recebidos por um bastão, enquanto o sonho chaga como resultado de um cansaço. As pessoas nunca admitem que um homem desmaiado em um estado de semidescanso, no qual está parcialmente dormido, porque a consciência está ausente e sem dúvida, não está plenamente dormido, por ser seu estado distinto do sonho.

Diz o adversário: novamente: como é possível descrever um desmaio como um sonho parcial, dado que, em referência ao ser que dorme, a Upanishad diz: "Ó amável, então, ele se unifica com a Existência"[179], "Nesse estado, um ladrão não é um ladrão…"[180] e "A noite e o dia não inundam esta margem (Brahmâm), nem a ancianidade, a morte, a dor, o mérito e o demérito"[181]. Pois um ser individual recebe os resultados do mérito e demérito mediante a geração das ideias de que está feliz e o sente. Sem dúvida, nem a ideia de felicidade, nem a de miséria existem em um sonho e nem no desmaio. Por isso, concluímos que, em um desmaio e no sonho, há uma fusão completa na Existência, porque os fatores limitantes cessam, mas não é uma fusão parcial.

Diz o adepto do Vedanta: com relação a isso, a resposta é: não é em nossa opinião que, em um estado de desmaio, um ser humano se funde parcialmente em Brahmâm.

Então, como explicar isso?

Um desmaio, parcialmente, é uma forma de sonho e parcialmente de outro estado. Já temos mostrado sua similaridade de não similaridade com o sonho e é uma porta para a morte. Enquanto o *karma* do indivíduo dure, sua fala e sua mente regressam do desmaio, mas quando o *karma* não tem resultado algum, seu alento e o calor se vão. Por isso, os conhecedores do Absoluto Brahmâm chamam e desmaio um sonho parcial. A

---

[179] TINOCO, 2021, verso VI,8,1.

[180] MARTÍN, 2002, p. 356, verso IV,3,22.

[181] TINOCO, 2021, verso VIII,4,1.

objeção, segundo a qual não se conhece a existência de um quinto estado, não é um problema. Por ser um estado causal, foi observado amplamente e, sem dúvida, é muito reconhecido no mundo e nos livros de medicina. Ao admitir que é um sonho parcial, não o consideramos um quinto estado. Assim, transcende toda a crítica.

TEMA 5: A NATUREZA DE BRAHMÂM

Sutra 11: nem sequer com respeito ao lugar poderia Brahmâm ter uma característica dupla, pois, em todas as partes, ensina-se que está desprovido de atributos[182].

A NATUREZA DO ABSOLUTO

Sutra 11: não se pode considerar que o Absoluto tenha duas características segundo o lugar, pois em todas as partes as escrituras dizem que não tem nenhuma[183].

Mediante a ajuda dos textos das Upanishads, agora vamos verificar a natureza de Brahmâm com o qual a alma individual se une no sonho, quando os fatores limitantes se aplacam. Encontramos textos védicos acerca do Absoluto Brahmâm que indicam que Ele não tem qualificações. Por exemplo, o seguinte texto indica que Brahmâm tem atributos: "Ele é o artífice de todos os atos bons, possui todos os desejos bons, todo o odor bom, todos os sabores bons"[184]. Enquanto o texto "Não é grosso nem fino, nem curto nem longo"[185] e outros indicam que está desprovido de atributos. Baseando-se nisso, teríamos que entender que o Absoluto Brahmâm tem uma dupla natureza ou que tem uma e outra das características? Ao Absoluto, deve-se considerá-Lo com atributos ou sem atributos?

Diz o opositor: como as frases das escrituras indicam uma dupla natureza, temos que considerar que o Absoluto tem os dois aspectos.

Diz o adepto do Vedanta: o Absoluto Brahmâm em si mesmo não pode ter as duas características, logicamente. Isso porque é impossível admitir

---

[182] GAMBHIRANANDA, 1983, p. 609.

[183] MARTÍN, 2001, p. 470.

[184] TINOCO, 2021, verso III, 14, 2.

[185] MARTÍN, 2002, p. 285, verso III,8,8.

que uma e a mesma coisa possua característica como forma e outras e, por sua vez, não as possua. Isso seria contraditório.

Diz o opositor: poderia ser possível que se tenha em conta "o lugar", ou seja, a relação com as limitações referidas, como a terra e as demais.

Diz o adepto do Vedanta: isso não é lógico, porque a relação das limitações referidas a uma substância que tem uma certa natureza não pode mudar sua natureza por outra. Por exemplo, o cristal que em si mesmo é claro não se transforma em escuro pela sua união com uma limitação referida, na forma de cor vermelha, sendo a característica de obscuridade uma noção errônea. Os agregados limitadores do Absoluto se apresentam por ignorância. Por isso, se temos que aceitar uma das duas características assinaladas, temos que afirmar que o Absoluto não tem atributos, nem mudanças e não podemos aceitar o oposto, porque em todos os textos nos quais se apresenta a natureza do Absoluto, como na frase "O Atman que deve ser realizado é sem som, intangível, sem forma, puro, sem sabor, eterno, e sem odor"[186], ensina-se que está livre de atributos que o limitem.

Sutra 12: se arguíssemos que Brahmâm não pode ter só uma característica, devido às diferenças encontradas nas escrituras, diremos que não é assim, porque as escrituras negam cada uma dessas diferenças, individualmente[187].

Sutra 12: se dissermos que o Absoluto não pode ter uma só característica pelas diferenças (que se ensinam nos Vêdas), diremos que isso não é assim, porque as escrituras negam cada uma dessas diferenças em particular[188].

Diz o opositor: poder-se-ia argumentar que não é lógico afirmar, como se tem feito, que Brahmâm transcende toda distinção e que só tem uma característica, não podendo possuir uma dupla, já sendo naturalmente ou devido à influência da posição.

Por quê?

"A causa das diferenças". Os aspectos de Brahmâm se ensinam de modo distinto em relação com as meditações individuais, por exemplo: "Brahmâm tem quatro pés (ou quartos)"[189], "Ó Sukesha, filho de Bharadvaja, você conhece a pessoa de dezesseis partes?"[190], "Brahmâm outorga os resul-

---

[186] TINOCO, 1996, p. 166, verso I, 3, 15.

[187] GAMBHIRANANDA, 1983, p. 610.

[188] MARTÍN, 2001, p. 471.

[189] TINOCO, 2021, verso III, 18, 2.

[190] TINOCO, 1996, p. 188, verso VI, 1.

tados das ações àquelas pessoas"[191], "Brahmâm tem três mundos como seus corpos"[192], "Se chama Vaishvanara"[193] e assim sucessivamente. Portanto, temos que admitir que Brahmâm também possui atributos.

Diz o adepto do Vedanta: por acaso, não se disse que é impossível que Brahmâm tenha uma característica dual?

Diz o adversário: isso não é uma dificuldade, porque uma diferença nos aspectos é fruto de fatores limitantes, pois, do contrário, os textos falam da diferença não teriam sentido.

Diz o adepto do Vedanta: dizemos que não é assim.

Por quê?

"Porque as escrituras negam cada uma dessas diferenças, individualmente". Na verdade, quando mencionam todas as diferenças criadas pelos fatores limitantes, só afirmam que Brahmâm é indiferenciado, por exemplo: "E o luminoso ser imortal que está na terra, e o resplandecente, imortal ser corporal, não são mais que o Ser"[194]. Portanto, a diferença é mencionada com o objetivo da meditação e a não diferença é o real significado das escrituras, então, não se pode afirmar que as escrituras sustentam a opinião de que Brahmâm possui vários aspectos.

Sutra 13: além disso, os que seguem alguns ramos declaram isso[195].

Sutra 13: além disso, os seguidores de certos ramos ensinam isso[196].

Os seguidores de certos ramos (*sâkhâ*) dos Vêdas afirmam a não dualidade, após condenar a visão dualista expressa em frases, como: "A consciência pura é Brahmâm que deve ser realizado; quando ocorre com alguém, para ele não há multiplicidade; enquanto o homem perceber multiplicidade no mundo, segue caminhando de morte em morte"[197]. Há outras frases e se pode ler o seguinte: "Aquele que desfruta (Jiva), os objetos do prazer e aquele que dirige (Ishvara), formam a tríade descrita pelos conhecedores de Brahmâm"[198], onde se explica que o mundo fenomênico, que consta de

---

[191] TINOCO, 2021, verso IV, 15,3.

[192] TINOCO, 2021, verso I,3,22.

[193] TINOCO, 2021, verso, V, 12-18.

[194] MARTÍN, 2002, p. 217, verso II,5,1.

[195] GAMBHIRANANDA, 1983, p. 611.

[196] MARTÍN, 2001, p. 472.

[197] TINOCO, 1996, p. 168, verso II,1,11.

[198] TINOCO, 1996, p. 297, verso I,12.

sujeitos experimentadores, objetos de experiência e o diretor (o Supremo), é em essência o Absoluto.

Diz o opositor: duas frases das Upanishads falam do Absoluto Brahmâm com forma um e sem forma outro. Como pode se afirmar que o Absoluto não tem forma?

Diz o adepto do Vedanta: a resposta à pergunta se encontra no Sutra a seguir.

Sutra 14: seguramente Brahmâm é só sem forma, sendo essa a nota dominante (dos ensinamentos das Upanishads)[199].

Sutra 14: declarar que o Absoluto não tem forma é o propósito principal dos ensinos das Upanishads[200].

Seguramente se sabe que o Absoluto Brahmâm não tem forma alguma constituída de cor etc. e nem sequer tem forma.

Por quê?

"Por que esse é o ensinamento principal", tendo sido estabelecida a frase: "Mas a esse Brahmâm se conhece mediante as Upanishads, sendo Brahmâm o seu significado principal" (I,1,4). Por isso, as frases como as seguintes têm seu significado primário, o Brahmâm Transcendental que é o Ser e nenhum outro do tema. "Não é grosso nem fino, nem curto nem largo...."[201], " O Atman que deve ser realizado é sem som, intangível, sem forma...."[202], "Isto que conhecemos como espaço é o realizador de nome e forma; isso no qual estão incluídos o Brahmâm"[203], "Ele é o auto luminoso Purusha, sem forma, incriado. Ele é vazio de prana, puro, tão imperecível quanto o imperecível Brahmâm."[204] e "O Absoluto não tem causa nem efeito, nem interior nem exterior"[205]. Portanto, nesse tipo de frase deve aceitar-se só Brahmâm sem forma, segundo se expressa nos mesmos textos. As outras escrituras que falam de Brahmâm com forma têm como objetivo principal os preceitos acerca da meditação. Enquanto não conduzem à alguma contradição, deveríamos aceitar seus significados aparentes. Mas, quando são contraditórios, o princípio a seguir para dizer a um e a outro é o seguinte:

---

[199] GAMBHIRANANDA, 1983, p. 612.

[200] MARTÍN, 2001, p. 472.

[201] MARTÍN, 2002, p. 285, verso III,8,9.

[202] TINOCO, 1996, p. 166, verso I,3, 15.

[203] TINOCO, 2021, verso,VIII, 14, 1.

[204] TINOCO, 1996, p. 198, verso II,1, 2.

[205] MARTÍN, 2002, p. 228, verso II,5,19.

os que têm a Brahmâm amorfo com o seu significado principal são mais autoritativos que os que o têm como significado primário. Isso nos leva a concluir que o Absoluto Brahmâm é sem forma (amorfo) e não o oposto, ainda que existam textos que contêm ambos os significados.

Diz o adversário: então, qual deveria ser o destino dos textos que falam da forma?

Diz o adepto do Vedanta: a resposta se encontra no Sutra a seguir.

Sutra 15: é possível supor que Brahmâm, igual à luz, tenha diferentes aparências, para que as escrituras não percam o seu significado[206].

Sutra 15: igual à luz aparece como se tivesse forma quando está em contato com os objetos, assim sucede com o Absoluto. Dessa maneira, os textos que descrevem o Absoluto com forma não carecem de sentido[207].

Se bem que a luz do sol ou da lua se estendem sobre todo o espaço, sem dúvida, quando entra em contato com os fatores como os dedos, parece assumir a forma reta ou torcida desses fatores; o mesmo acontece com o Absoluto Brahmâm, o qual parece ter a forma da terra quando está em contato com tais coisas. Não é contraditório sugerir as meditações em Brahmâm baseadas nessas formas. Assim, as frases que apresentam Brahmâm com forma não se tornam insensatas, porque não é adequado interpretar algumas frases védicas como tendo significado e outras não, sendo todas válidas.

Diz o adversário: ainda assim, talvez não seja contradita a afirmação anterior, segundo a qual Brahmâm não pode ter uma característica dual, inclusive quando está associado com fatores limitantes?

Diz o adepto do Vedanta: dizemos que não, pois o que um fator produz não é uma característica essencial de uma coisa, por serem os fatores mesmos o fruto da ignorância. Em outros contextos respectivos, dizemos que todos os comportamentos sociais e védicos surgem somente quando se toma por garantia a ignorância sem começo.

Sutra16: a Upanishad declara, também, que Brahmâm é unicamente Consciência[208].

Sutra 16: a Upanishad declara também que o Absoluto é pura Consciência[209].

---

[206] GAMBHIRANANDA, 1983, p. 613.

[207] MARTÍN, 2001, p. 437.

[208] GAMBHIRANANDA, 1983, p. 613.

[209] MARTÍN, 2001, p. 474.

A Upanishad diz também que Brahmâm é consciência pura[210], desprovida de outros aspectos que se oponham a isso, sem um aspecto distinguidor, de acordo com a frase: "Um torrão de sal não tem exterior nem interior, tudo é puro sal em sabor [...]"[211], o qual significa que o Ser não tem aspecto interno nem externo, fora da consciência pura. A natureza do Ser é consciência indivisa, sem descontinuidade alguma. Como um punhado de sal, só o sabe ser sal, tanto dentro como fora, o mesmo pode ser dito sobre o Ser.

Sutra 17: além disso, os Vêdas revelam isso que é mencionado também pelos Smritis[212].

Sutra 17: os Vêdas revelam isso e se afirma na tradição[213].

Por outro lado, os Vêdas revelam, negando outros aspectos, que o Absoluto Brahmâm não tem um aspecto que o distinga, de acordo com as frases: "Em continuação, vem a descrição de Brahmâm: Não é isto, não é isto"[214], "Ele (Brahmâm) é diferente de tudo o que é conhecido e está acima do desconhecido"[215] e "Aquele que conhece a Bem – Aventurança de Brahmâm consciente de que palavras e pensamentos são incapazes de descrevê-Lo, não é capaz de ser atingido pelo medo [...]"[216]. Dos textos védicos aprendemos que Baskali perguntou a Badhva, o qual contestou sem proferir palavra alguma, segundo lemos em: "Ele (Baskhali) disse: 'Ensina-me sobre Brahmâm, senhor'. Ele (Badhva) permaneceu calado. Quando se reiterou a pergunta, uma e outra vez, ele disse: 'já falei, mas não podes compreender. Esse Ser é a Quintessência". De maneira análoga, nos Smritis se oferece a instrução negando outras coisas, como em: "Te revelarei o que se há de conhecer, aquele por cujo conhecimento se alcança a imortalidade. O Absoluto Supremo não tem princípio, e não se lhe pode considerar nem ser nem não ser"[217] e assim sucessivamente. De maneira análoga, o Smriti menciona o que Narayana, em sua forma cósmica, disse

---

[210] A ideia de que o Absoluto é, em essência, Consciência pura, pode ser encontrada também, na Aitareya Upanishad, no verso III, 1, 3 (TINOCO, 1996, p. 264). "Tudo isso é guiado pela Consciência [...] A base do universo é consciência. Consciência é Brahmâm" (nota de Carlos Alberto Tinoco).

[211] MARTÍN, 2002, p. 413, verso IV,5, 13.

[212] GAMBHIRANANDA, 1983, p. 614.

[213] MARTÍN, 2001, p. 474.

[214] MARTÍN, 2002, p. 197, verso II,3,6.

[215] TINOCO, 1996, p. 144, verso I,4.

[216] TINOCO, 1996, p. 234, verso II,9,1.

[217] MARTÍN, Consuelo. **Bhagavad Gîtâ com los comentários advaitas de S'ankara**. Madrid: Editorial Trotta, 2009. verso XIII, 12, p. 229.

a Narada: "Ó Narada, em virtude da minha Mâyâ, que eu mesmo invoquei, me vês como possuindo as cinco qualidades divinas dos elementos. Do contrário, não me entenderias assim".

Sutra 18: daqui procedem também as ilustrações do reflexo do sol[218].

Sutra 18: por essa razão se fazem comparações como as da reflexão do sol e similares com o Absoluto[219].

Esse Ser é consciência por natureza e não tem nenhuma diferenciação, transcende a palavra e a mente e só se pode pensar Nele por via negativa. Por isso, as escrituras o comparam com a libertação e se nomeia sob as imagens do sol: "É como o sol refletido na água". O que aqui se põem de manifesto é que toda diferenciação é irreal para o Absoluto e se deve unicamente às limitações referidas. É o que se pode ler em frases, como: "Como o sol luminoso, ainda sendo uno, se torna múltiplo ao penetrar na água colocada em vários recipientes e assim, o Ser Divino, é o que não tem origem, é uno mas parece diversificado ao penetrar em diversos corpos constituídos pelas limitações referidas", "Não sendo mais que um, o Ser Universal se apresenta em todos os seres individuais. Aparece como um e muitos ao mesmo tempo, como a lua e a água" (Amritabindo Up,12) e em outros textos.

Diz o opositor: no Sutra seguinte, surge uma objeção.

Sutra 19: essa espécie de paralelo não é válida, porque nada se percebe que seja similar à água[220].

Sutra 19: mas não existe paralelismo, já que no Absoluto não há nenhuma substância separada comparável à água[221].

Nesse caso do Ser, não é lógico sustentar a comparação com o reflexo do sol na água, posto que aqui nada percebemos como isso. Constata-se que algo material como a água está claramente separada e distante do sol, sendo eles mesmos entidades materiais com formas. Aqui, é apropriado que se forme uma imagem do sol, mas o Ser não é uma entidade material por estilo e posto que é onipresente e não é diferente do todo, não pode ter fatores limitantes separados ou distantes Disso. Portanto, essa ilustração é inadequada.

---

[218] GAMBHIRANANDA, 1983, p. 615.

[219] MARTÍN, 2001, p. 475.

[220] GAMBHIRANANDA, 1983, p. 615.

[221] MARTÍN, 2001, p. 475.

BRAHMA SUTRA (TOMO II)

Diz o adepto do Vedanta: a objeção se resolve assim:

Sutra 20: dado que Brahmâm tem entrado nos fatores limitantes, parece participar em seu aumento e diminuição. A ilustração é adequada, dado que a ilustração e o ilustrado são válidos desde esse ponto e vista[222].

Sutra 20: como o Absoluto está no interior das limitações referidas, parece que participa em seu aumento e diminuição. A comparação é válida, já que o comparável e a coisa com a qual se compara são adequados desde esse ponto de vista[223].

Ao contrário, essa ilustração é muito válida, porque o ponto que trata de ilustrar é pertinente, pois entre a ilustração e o ilustrado não é possível mostrar igualdade em todo aspecto de um ponto similar que é o que se intenta apresentar. Se existira tal semelhança completa, a mera relação entre a ilustração do reflexo do sol na água não é fruto da imaginação, pois, havendo sido já citada na escritura, aqui só se indica a sua aplicabilidade.

Então, onde está o ponto de semelhança que se quer apresentar?

A resposta é: "Uma participação em um aumento e a diminuição", já que reflexo do sol na água incrementada, já que o reflexo do sol na água incrementa ao aumentar da mesma e diminui quando essa se reduz, move-se quando a água se move e se diferencia quando essa se diferencia. Assim, o sol se conforma com as características da água; mas, na verdade, nunca as tem. Então, inclusive, desde o ponto de vista mais elevado, o Absoluto Brahmâm, enquanto permanece inalterado, e conserva a sua igualdade, parece conformar-se com características tais como o aumento ou diminuição dos fatores limitantes, como o corpo, por entrar em um veículo como o corpo. Portanto, sendo a ilustração e o ilustrado compatíveis, não é contradição alguma.

Verso 21: isso concorda, também, com a revelação védica[224].

Sutra 21: e (isso é assim) de acordo com a revelação (védica)[225].

As Upanishads também indicam que o Absoluto Brahmâm penetra nos corpos e demais limitações referidas, pelo que se pode observar nas frases: "Ele fez corpos com dois pés e corpos com quatro. O Ser Supremo penetrou primeiro nos corpos como um pássaro [...]"[226] e em "Eu mesmo

---

[222] GAMBHIRANANDA, 1983, p. 616.

[223] MARTÍN, 2001, p. 476.

[224] GAMBHIRANANDA, 1983, p. 617.

[225] MARTÍN, 2001, p. 476.

[226] MARTÍN, 2002, p. 227, verso II,5,18.

entrei como o ser individual"[227]. Por essas razões, as comparações do Sutra (III,2,18), "As da reflexão do sol e similares com o Absoluto", são inquestionáveis. A conclusão é que não há distinções no Absoluto e só tem uma natureza e não duas opostas. Alguns mestres espirituais supõem que há dois temas. O primeiro se refere a se o Absoluto não tem mais que uma natureza apesar de toda a variada manifestação fenomênica ou se tem várias naturezas como o universo aparente. Enquanto o segundo tema intenta dominar se o Absoluto, cuja unidade se estabeleceu em B.S., III, 2, 11-14), apesar da variedade das manifestações que se destaca em B.S., III,2,15-21, deve considerar-se como "o que é" (*Sat*) ou como consciência (*bodha*) ou ambas as coisas. Pelo contrário, nós os adeptos do Vedanta consideramos que não há motivo em nenhum caso para começar um novo tema (*adhikarana*). Não é necessário refutar aqui (no Sutra 15 e seguintes) que o Absoluto tem diversidade de características, já que isso foi refutado suficientemente, em: "Não se pode considerar-se que o Absoluto Brahmâm tenha duas características, segundo o lugar, pois em todas as partes as escrituras dizem que nao tem nenhuma" (III,2,11). Nem se pode demostrar que o Absoluto se defina como o que é, porque então não se levaria em conta o Sutra: "A Upanishad declara também que o Absoluto é pura consciência". Além disso, se o Absoluto não fosse consciência, como se poderia dizer Dele que é o Ser do inteligente ser individual? E não se pode sustentar que o segundo tema prevê que o Absoluto se defina unicamente como consciência e não "como o que é". Porque se isso fosse assim, frases escriturais, como "O Atman deve ser realizado primeiro como existência e depois, pela Sua natureza transcendental"[228], careceriam de sentido. Além disso, como poderíamos ver a consciência separada da essência e existência? Nem se deve dizer que o Absoluto Brahmâm tem ambas as características, já que isso contradiria algo já admitido. Ele que definira que o Absoluto se caracteriza pela consciência distinta da existência e, ao mesmo tempo, pela existência diferente da consciência, estaria aceitando virtualmente que existe pluralidade no Absoluto. Esse ponto de vista foi refutado já no tema precedente.

Diz o opositor: mas a escritura védica ensina ambas as coisas (que o Absoluto é único e que possui várias características). Não se pode objetar isso.

Diz o adepto do Vedanta: não é assim, porque um só ser pode ter várias naturezas. E se interpretarmos que a existência é consciência e a consciência

---

[227] TINOCO, 2021, verso VI,3,2.

[228] TINOCO, 1996, p. 173, verso II,3,13.

é existência, porque as duas não se excluem entre si, responderemos que nesse caso não existe razão para duvidar e haveriam deixado os Sutras com o mesmo tema (mas, de fato, apresenta-se um tema à parte). Além disso, como os textos das escrituras que tratam do Absoluto o apresentam com forma e carente de forma, quando aceitamos a alternativa de um Absoluto sem forma, temos que explicar a posição dos outros textos. Assim, os Sutras "Igual à luz (parece como se tivesse forma quando está em contato com os objetos)" (B.S. III,2,15) e outros até III, 2,2 adquirem um significado mais adequado.

Por quê?

Pode-se admitir que algumas das manifestações citadas em um contexto do conhecimento supremo, como na frase "Ele é os órgãos, dez e mil, infinitos"[229], são para negar ao universo, dado que se conclui: "Aquele Brahmâm não tem anterior nem posterior, nem interior nem exterior". Sem dúvida, não é possível sustentar logicamente que as manifestações reveladas em um contexto de meditação, como em "Identificado com a mente, tendo o Prana como seu corpo e o brilho por natureza"[230], sejam para a negação, porque estão relacionadas com algum preceito para a meditação, constituindo o tema do contexto, como "Ele deveria tomar uma decisão". Quando o texto apresenta esses atributos para a meditação, não é adequado interpretá-los figurativamente, como se fossem para negação. Além disso, se todas as manifestações são, igualmente, para negação, não haveria razão para afirmar: "Seguramente o Absoluto Brahmâm é só informe, sendo esta, a nota dominante das Upanishads" (III,2,14), onde se apresenta a razão para aceitar uma das alternativas. Além disso, das instruções se aprende que os resultados dessas meditações são, às vezes, para o desenvolvimento dos poderes divinos (paranormais) e, às vezes, para a emancipação paulatina. Daí, deduz-se que é apropriado que os textos sobre as meditações e os textos sobre Brahmâm devem ter diferentes propósitos e de que não é adequado reduzi-los a mesma ideia. Assim, transmitem-se uma única ideia e deve-se mostrar como se chega à identidade dela.

Diz o adversário: visto que os textos parecem estar relacionados a um só preceito[231], devem estar combinados com os preceitos acerca dos rituais Darsha-pumanasa (principais) e os rituais Prajaya (subsidiários)

---

[229] MARTÍN, 2002, p. 228, verso II,5,19.

[230] TINOCO, 2021, verso III,14, 2.

[231] Sobre a negação do universo por parte de quem quer a iluminação (nota de Swami Gambhirananda, 1983, p. 619).

Diz o adepto do Vedanta: isso não é assim, porque nos textos não existe preceito algum sobre o Absoluto Brahmâm. O fato de que os textos sobre Brahmâm só têm como significado principal o conhecimento da coisa (preexistente) e não se propõem ordenar ação alguma ficou comprovado, de forma elaborada, na frase: "Esse Brahmâm é conhecido pelas Upanishads, porque estão relacionados com Aquele como seu significado principal" (I,1,4). Novamente, deve-se mostrar que classe de atividade o preceito deveria entremear, pois, quando se emprega a um homem para algum dever, ordena-se "Faz", com respeito à tarefa que lhe corresponde executar.

Diz o adversário: eis aqui a nossa pergunta: o que significa eliminar o universo das manifestações? Por acaso, deve-se aniquilar o mundo, assim como se derrete a solidez da manteiga (*ghee*) em contato com o fogo ou é que o mundo de nome e forma criado em Brahmâm pela ignorância, como as muitas luas, que se veem por causa da enfermidade dos olhos chamada timesa, deve ser destruído por meio do conhecimento? Agora, se dissermos que este universo de manifestações que consiste do corpo, no plano corpóreo e externamente da terra, deve ser aniquilado, essa seria uma tarefa impossível para qualquer ser humano e a instrução acerca da sua extirpação seria insensata. Além disso, supondo que tal coisa fosse possível, então, o universo, incluindo a terra, ao haver sido aniquilado pelo primeiro homem que se libertou espiritualmente, deveria carecer da terra etc. Novamente, se disséssemos que esse universo de manifestações, superposto ao único Brahmâm por meio da ignorância, deve ser destruído mediante a iluminação espiritual, então, há que apresentar a Brahmâm negando a manifestação que a ignorância superpôs, dizendo: "Brahmâm é uno sem segundo"[232] e "Aquele é a Verdade, Aquele é o Ser, Aquilo és tu, Svetaketo"[233]. Quando a Brahmâm lhe ensina assim, o conhecimento se desperta automaticamente, dissipando a ignorância. Disso resulta que a manifestação inteira de nome e forma, superposta pela ignorância, desaparece como o que se vê em um sonho. Sem dúvida, a não ser que Brahmâm se ensine primeiro, mediante a Escritura, o conhecimento de Brahmâm não se desperta, nem o universo é eliminado, ainda quando se divide cem vezes a instrução: "Conhecer a Brahmâm, nega o mundo".

Diz o adversário: após haver ensinado a Brahmâm, o preceito pode referir-se ao ato de conhecer a Brahmâm ou ao ato de eliminar o universo.

---

[232] TINOCO, 2021, verso VI, 2,1.

[233] TINOCO, 2021, verso VI, 8, 7-16.

Diz o adepto do Vedanta: não é assim, porque essas duas coisas sugiram já, ao indicar a verdadeira natureza do Absoluto Brahmâm como carente de pluralidade. É o mesmo que a verdadeira natureza da corda como resultado do conhecimento verdadeiro e a dissolução da aparência da serpente. E o que se há feito já, não é necessário voltar a fazê-lo[234]. Além disso, o ser individual, que se conhece durante o estado de manifestação fenomenal como a pessoa a dirigir mediante as escrituras, deve pertencer ao mundo das manifestações e a Brahmâm. Conforme a primeira suposição, segundo o ensinamento Brahmâm está desprovido de manifestações fenomenais, nega-se, também, o indivíduo, a terra etc. e, assim, com respeito a quem falarias de um preceito para a eliminação do universo e acerca de quem, afirmarias que ele deve alcançar a Libertação seguindo o preceito? Na segunda suposição, ao ensinar que o Absoluto Brahmâm é a real natureza do ser individual, por transcender todos os preceitos, e que a individualidade da alma é uma criação da ignorância, cessariam todos os preceitos, por não existir ninguém ao qual dirigi-los. Referente às expressões, como "O Ser deve ser visto" (Br. Up., II, 4, 5), que se encontram no contexto do conhecimento Supremo, essas são, principalmente, para atrair a própria mente à Realidade. Também na linguagem comum, quando usamos as seguintes expressões "olha isto", "ouça isto" etc. essas se referem a "estar atento" e não a "adquirir este conhecimento diretamente". Um ser humano que está na presença de um objeto a conhecer, às vezes, pode conhecê-lo e, às vezes, não. Daí, aquele que quer dividir o conhecimento de algo deve dirigir sua atenção ao objeto de conhecimento. Uma vez feito isso, o conhecimento surge naturalmente em conformidade com o objeto e os meios de conhecimento. Não é um fato que o conhecimento de algo, contrário ao que se conhece bem por meio de outros meios de conhecimento válido, surja em um ser humano ainda quando atue sob uma direção e se o homem, influenciado pela crença: "sou dirigido a conhecer isto, de tal forma", conhecê-lo-ia de outra maneira, esse não poderia ser o verdadeiro conhecimento.

Então, o que é?

É um ato mental, uma imaginação intencional, mas, se isso surgisse de outra forma por si mesmo, seria meramente um erro. O conhecimento surge por seus meios válidos, como a percepção, conformando-se ao seu objeto, tal como é. Não pode ser produzido por cem preceitos, nem impe-

---

[234] Uma vez que a verdadeira natureza do Absoluto foi descoberta. Para que dar um preceito aparte para eliminar o mundo fenomênico? Quando se sabe que o que parecia uma serpente, não é mais que uma corda mal vista, que sentido tem eliminar a corda? (nota de rodapé de Consuelo Martín, 2001, p. 480).

dido por cem proibições pois não é um assunto de opção pessoal, sendo dependente do objeto. Por essa razão, não há campo para o preceito sobre o Absoluto Brahmâm. Além disso, se disséssemos que o propósito integral da escritura consiste simplesmente em aderir-se só ao preceito, então, estaria refutada a posição assumida anteriormente de que a alma individual é uma com Brahmâm, o qual transcende todos os preceitos. Além disso, se sustentássemos que a referida escritura fala da unidade da alma com Brahmâm transcende o preceito e que anima um ser humano a conhecer a referida unidade, então, a mesma escritura sobre Brahmâm se exporia à acusação de duplicidade e contradição. Novamente, ao supor que as escrituras se ocupam apenas dos preceitos, ninguém pode evitar tais defeitos, como negar o que se ouve nas escrituras, imaginando o que não foi ouvido, então, o defeito na Libertação se converteria em um resultado da potência não vista do trabalho e, por fim, seria impermanente como o resultado dos rituais e dos sacrifícios. Daí, a meta dos textos sobre o Absoluto Brahmâm é só a iluminação e não se interessam pelos preceitos.

De maneira análoga, é errôneo arguir que dividem uma ideia única sobre Brahmâm, porque entram na esfera de um preceito. Ainda quando se presumisse que em todos os textos que falam de Brahmâm, existe um preceito, não se poderia provar que o preceito está presente nas instruções sobre Brahmâm condicionado e incondicionado[235], pois, quando por meio de tais provas como o uso de diferentes palavras é tangível uma diferença de preceitos, não é possível recorrer ao pretexto de que o mesmo pretexto existe por toda parte. No que se refere ao texto sobre Prayaja e Darsha – purnamasa (cerimônias), é apropriado aceitar sua unidade, posto que a porção que trata da competência do seu executor é o mesma. No que se refere aos preceitos de Brahmâm qualificado e não qualificado, não existe seção do texto que declare a igualdade de qualificação do homem que o busque, pois os atributos, tais como "o esplendor congênito", não levam à negação do universo de manifestação, nem à negação de que universo é útil para tais qualidades, como "o esplendor congênito", sendo contraditórias. Não é lógico acomodar, no mesmo substrato único, os atributos, tais como a negação de tudo e a persistência de uma parte das manifestações

---

[235] Nas Upanishads, pode-se observar que Brahmâm é enfocado sob dois aspectos principais: Saguna Brahmâm e Nirguna Brahmâm. Saguna é o aspecto condicionado de Brahmâm, devido à ilusão Mâyâ. Quando abordado sob esse aspecto, Brahmâm pode possuir nomes, formas, vinculações aos aspectos materiais do universo. É o Brahmâm com atributos. Nirguna é o aspecto incondicionado de Brahmâm, abordado como sendo "Pura Consciência", estando além do tempo, do espaço, da causalidade (nota de Carlos Alberto Tinoco).

fenomenais. Portanto, a divisão que fizemos das instruções separadas sobre Brahmâm com forma e sem forma é mais razoável.

TEMA 6: BRAHMÂM E A ALMA INCONDICIONADA

Sutra 22: certamente, a Upanishad nega a limitação tratada e logo fala de algo mais[236].

O ABSOLUTO INCONDICIONADO E O SER

Sutra 22: a Upanishad nega as limitações das quais tratamos e se refere a algo mais[237].

Pode-se ler no início da Brhadaranyaka Upanishad o seguinte: "Brahmâm tem duas formas, a densa e a sutil, a mortal e a imortal, a limitada e a ilimitada, a definida e a indefinida"[238]. O texto divide os cinco elementos em duas classes; os materiais seriam a terra, a água, o fogo; os sutis seriam o ar e o espaço; e estabelece a essência daquele que é imaterial, ao qual se chama o espírito (*Purusha*) com características tais como a cor da cúrcuma. Mais adiante, o texto continua dizendo o seguinte: "Em continuação, vem a descrição de Brahmâm: 'não é isto', não é isto'. Porque não há uma descrição Daquele mais adequada que: 'Isto não é'". Aqui, temos que investigar qual é o objeto da expressão. Não observamos nada que antes foi definido afirmativamente e agora se negue. Sem dúvida, o uso da palavra "isso" se usa no mesmo sentido que "isto", como na frase: "Isto é o que disse o mestre". Refere-se a algo que está próximo e o que aqui temos próximo são as duas formas do Absoluto Brahmâm e o mesmo Absoluto a quem as formas pertencem. Por isso, surge a dúvida: a frase é "não é isto, não é isto" nega a ambos os Absolutos com as suas duas formas ou somente algumas formas do Absoluto? Se a negação afeta uma das duas proposições, então, ou se nega ao Absoluto e não as formas, ou se nega essas e não aquelas.

Diz o opositor: a expressão negativa nega ao Absoluto tanto quanto às suas duas formas dentro do contexto. Como a palavra "nem" se repete duas vezes e, de fato, há duas negações, das quais uma negaria a forma manifestada do Absoluto e a outra o Absoluto mesmo. Também poderíamos

---

[236] GAMBHIRANANDA, 1983, p. 623.

[237] MARTÍN, 2001, p. 428.

[238] MARTÍN, 2002, p. 194, verso II, 3,2.

supor que se nega só ao Absoluto, porque, como o Absoluto transcende toda linguagem e todo pensamento, sua existência é difícil de conceber e, por isso, pode ser objeto de negação. A pluralidade de formas manifestadas não pode ser negada, porque está dentro do âmbito da percepção e outros meios de conhecimento válido. De acordo com essa interpretação, ao repetir a palavra "nem", deve-se entender que se faz para enfatizar o que foi dito.

Diz o adepto do Vedanta: é impossível que a expressão "nem isto, nem isto" negue ambos os objetos, já que isso implicaria em vazio total, ou seja, um niilismo. Sempre que negamos algo irreal, o fazemos referindo-se a algo real. Por exemplo, a serpente irreal se nega em relação à corda, que é real. Mas isso só é possível se deixarmos alguma entidade como o real. Se a tudo negarmos, não resta nada e se a negação de algo não é possível, já que esse algo ficaria como substrato real, onde se apoiaria a negação, e a negação do Absoluto não seria razoável. Isso porque contradiria a introdução, que começa assim: "Te falarei do Absoluto"[239] e ainda a condenação contida nas frases: "Se uma pessoa conhece Brahmâm como não existente, então, O conhecerá como existente"[240] e "Se uma pessoa conhece Brahmâm como existente, então O conhecerá como existente"[241]. Essa negação do Absoluto implicaria que as Upanishads em sua totalidade nenhum valor e a frase sobre o Absoluto transcendendo toda linguagem e pensamento não significa que o Absoluto não exista, porque não é lógico negá-Lo quando os textos vedânticos determinarem a sua existência, em frases como: "Om. Aquele que conhece Brahmâm alcança o Supremo"[242] e "O Absoluto é Verdade, infinito conhecimento"[243]. No dizer comum, encontramos o seguinte: "Melhor que lavar-se é não tocar na sujeira, em absoluto". A frase: "Ao não alcança-Lo, as palavras retornam à mente"[244] se refere a um aprofundamento no Absoluto. O que aqui se quer dizer é que o Absoluto Brahmâm está situado mais além da linguagem e da mente.

O Absoluto não pode entrar na categoria de objeto de conhecimento; é o Ser Interno de tudo e é eterno, puro, inteligente e livre por natureza. O que se nega aqui é a pluralidade de formas, mas o Absoluto Brahmâm mesmo permanece intacto. Isso é o que diz o Sutra: "A Upanishad nega

---

[239] MARTÍN, 2002, p. 234, verso III, 1,1.

[240] TINOCO, 1996, p. 231, verso II,6,1.

[241] TINOCO, 1996, p. 231, verso II,6,1.

[242] TINOCO, 1996, verso II

[243] TINOCO, 1996, p. 228, verso II,1,1.

[244] TINOCO, 1996, p. 1996, verso II,9,1.

as limitações de que tratamos". Significa que a expressão "nem isto, nem isto" nega as formas limitadas do Absoluto, tanto as materiais quanto as imateriais. Em frases precedentes deste capítulo se descreve como o divino e o físico, é outra maneira de apresentar-se. Trata-se de impressões mentais, como os desejos, que constituem a essência do sutil. Expressa-se pelas palavras "espírito" ou Purusha, que é a forma sutil do corpo e se descreve comparando-o com a cúrcuma. Isso porque o corpo sutil, formado pela quintessência dos elementos, não pode ter uma forma visível. Essas formas do Absoluto se põem em conexão com a partícula negativa "ni", usando a palavra "isso" que sempre se refere a algo próximo. O Absoluto que se menciona na parte anterior do capítulo[245] não é o Absoluto em si mesmo, senão só enquanto caracterizado por formas. Usa-se o genitivo nas duas formas do Absoluto.

Uma vez que ficaram estabelecidas as duas formar do Absoluto Brahmâm, surge o interesse por conhecer a natureza daquele que possui essas formas. Então, a frase continua: "Nem isto, nem isto"[246] e o que pretende essa frase é negar a realidade das formas atribuídas a Ele, pois se nega todo o conjunto das limitações fenomênicas. Sabemos que esses fenômenos, com efeito, não têm existência real e, por isso, podem ser negados, mas o Absoluto não se pode negar, porque é o substrato de todos esses fenômenos superpostos. E não se deve perguntar por que o texto védico, depois de haver estabelecido as duas formas do Absoluto, mas nega ao final, na conta da frase: "Melhor que lavar-se é não tocar na sujeira, em absoluto", porque o texto não apresenta as formas do Absoluto, como algo cuja verdade se deva afirmar, senão que menciona as duas formas que se super puseram ao Absoluto, imaginadas pelo pensamento habitualmente. Ao final, nega-se e se estabelece a sua verdadeira natureza. A dupla negação nega os dois aspectos, o físico e o sutil, segundo sua ordem, ou pode ser que a primeira negativa negue a totalidade das impressões mentais, ou também pode que se use a repetição para enfatizar que tudo o que possa chegar a se pensar não é a realidade Absoluta. Essa é, talvez, a melhor explicação, porque se nega o número limitado de coisas, nega-se a cada um, individualmente, mas fica ainda a dúvida: "Se isto não é o Absoluto, o que é?". Mas, ao empregar a repetição, todos os objetos de conhecimento são negados. Deduz-se que

---

[245] Seguramente Shankara se refere ao Sutra 15 dessa segunda parte do terceiro *Adhyaia*, onde se diz que um Absoluto com forma carece de sentido (entendendo que é uma concessão às limitações adicionadas pela mente (nota de rodapé de Consuelo Martín, 2001, p. 483).

[246] MARTÍN, 2002, p. 197, verso II,3,6.

o próprio Ser, que não é objeto de conhecimento, é o Absoluto. Assim, a necessidade de seguir indagando cessa.

A conclusão, portanto, é que o texto nega unicamente a pluralidade do mundo fenomênico que a imaginação sobrepõe ao Absoluto Brahmâm, enquanto o Absoluto permanece inalterado. A mesma conclusão chega o Sutra, quando anuncia algo mais que a negação precedente, em "E se refere a algo mais"[247]. Se a negação se referisse à existência de nada mais, o que apontaria quando indica algo mais? A partir dessa interpretação, as palavras têm que se relacionar assim: entendendo o Absoluto mediante as palavras "nem isso, nem isso". O significado é: ao Absoluto se nomeia "nem isso, nem isso" a Upanishad explica este ensinamento outra vez. E qual é o significado de "nem isso, nem isso"? o significado é: o Absoluto se nomeia "nem isso, nem isso", porque não há nada ao lado Dele. Isso não quer dizer que o Absoluto exista. O que se mostra é que, mais além de todos os demais, o Absoluto existe como aquele que não é negado. As palavras da Upanishad admitem, sem dúvida, outra interpretação. Podem querer dizer que não existe ensinamento mais elevada do Absoluto do que está implícito na negação da pluralidade expressada com as frases "nem isso, nem isso". Sobre essa última interpretação, as palavras do Sutra, "E se refere a algo mais", devem ser tomadas com referência ao nome mencionado no texto: "Depois vem o nome, a Verdade da verdade. A energia vital é a verdade e Ele, a verdade Dela"[248]. E isso tem sentido unicamente se a negação prévia negasse tudo, exceto o Absoluto. Mas, se o que se nega é a existência, o que pode ser aquele mencionado como a Verdade da verdade? Portanto, a conclusão definitiva à qual chagaremos é que essa negação não o nega todo, senão tudo o que não é o Absoluto.

Sutra 23: aquele Brahmâm é imanifestado, sendo o que diz a Upanishad[249].

Sutra 23: aquele (o Absoluto) é imanifestado, porque isso é o que diz a Upanishad[250].

Diz o opositor: se o Absoluto Supremo, diferente do mundo manifestado que foi negado, existe realmente, por que não se o percebe?

---

[247] MARTÍN, 2002, p. 197, verso II,3,6.

[248] MARTÍN, 2002, p. 197, verso II,3,6.

[249] GAMBHIRANANDA, 1983, p. 628.

[250] MARTÍN, 2001, p. 485.

Diz o adepto do Vedanta: porque não está manifestado, porque não se pode captar pelos sentidos, já que é a testemunha de tudo, o sujeito da percepção. A Upanishad diz: "Conhedo-O, o homem sábio extingue a tagarelice da sua mente, tornando-se imaculado, permanecendo na suprema unidade"[251], "Se deve descrevê-lo como "nem isso, nem isso". Ele é imperecível, pois não pode ser percebido"[252], "Aquele não pode ser percebido nem captado"[253] e "Quando um homem encontra apoio encorajador Naquele que é invisível, incorpóreo, indefinido e sem suporte, ele encontrou, então, intrepidez"[254]. Afirmações similares se encontram em textos da Tradição, como: "Ainda que seja dito que o Ser não é algo manifestado, que está mais além do pensamento e das mudanças, isto não nos deve desanimar"[255].

Sutra 24: além disso, toma-se consciência plena de Brahmâm em samadhi, segundo se sabe da revelação direta e da inferência[256].

Sutra 24: sem dúvida, no estado de união (samadhi) se toma consciência do Absoluto, como se sabe por revelação direta e por dedução[257].

Além disso, os yogues durante o *samhana* ou perfeita paz se dão conta da existência do Ser ou Brahmâm, que é livre de todo o universo de manifestação fenomenal e é suprasensório. *Samhana* significa o ato de devoção, contemplação, meditação profunda e outras práticas, como *japa* etc.

Diz o adversário: como é possível, de novo, saber que eles experimentam isso durante tal adoração?

Diz o adepto do Vedanta: "Da revelação direta e da inferência", quer dizer, dos Vêdas e dos Smritis. Temos aqui uma citação dos textos védicos: "O Supremo Senhor criou órgãos sensoriais de modo que possam perceber coisas externas; com eles os homens percebem apenas os objetos externos e não o Ser Interno. Entretanto, aqueles que buscam a verdade desejosos da Imortalidade, percebem o Ser interior com os olhos fechados"[258] e "Um homem torna-se puro através da serenidade do intelecto; em meditação, Ele pode ser contemplado uno e sem partes"[259]. Os textos da tradição também

---

[251] TINOCO, 1996, p. 202, verso III, 1,3.

[252] MARTÍN, 2002, p. 302, verso III,9,26.

[253] TINOCO, 1996, p. 195, verso I,1,6.

[254] TINOCO, 1996, p. 232, verso II,7,1.

[255] MARTÍN, 2009, p. 63, verso II, 25.

[256] GAMBHIRANANDA, 1983, p. 629.

[257] MARTÍN, 2001, p. 485.

[258] TINOCO, 1996, p. 166-167, verso II,1,1.

[259] TINOCO, 1996, p. 203, verso III,1,8.

se encontram o mesmo, assim: "Aquele em quem os buscadores (*yogues*) meditam despertos, com os seus sentidos e a mente em paz ao que veem como luz, como o mais elevado, o eterno, reverenciemo-lo", entre outros textos semelhantes.

Diz o opositor: aceitando a relação entre o que medita e aquele no qual se medita, o Ser Supremo e o Ser individual não estariam separados?

Diz o adepto do Vedanta: a resposta está dada no Sutra seguinte:

Sutra 25: o Ser luminoso parece ser diferente durante a atividade, como no caso da luz, sem dúvida (intrinsecamente), não existe diferença alguma, como o que se saca a reluzir a repetição: "Tu és Aquele"[260].

Sutra 25: e entre o Ser Luminoso e sua manifestação não há diferença, ainda que na ação parece que há o mesmo que sucede com a luz. Isso é evidente pelos ensinamentos repetidos nos textos védicos[261,262].

A luz, o espaço, o sol aparecem como diferentes quando interveem as limitações que formam os objetos como os dedos, as vasilhas, a água; sem dúvida, permanece a sua unidade[263]. Da mesma maneira as diferenças entre os seres se devem às limitações adicionadas, ainda que essencialmente, o Ser seja único. Os textos do Vedanta insistem repetidas vezes em que não há diferença entre o ser individual e o Ser Supremo. Em frases como: "Isto és Tu" (Ch. Up. VI, 8-16).

Sutra 26: daqui, o indivíduo se une com o infinito; pois assim o ensina a Upanishad[264].

Sutra 26: por isso, o ser individual se unifica com o infinito (o Absoluto), pelas indicações das escrituras[265].

Por isso, a unidade é essencial e o ser e a diferença só se devem à ignorância, o ser individual ao eliminar essa ignorância pelo conhecimento da verdade, une-se ao Ser Supremo, consciente e eterno. "Pelas indicações" escriturais, de frases como: "Aquele que conhece o Supremo Brahmâm ver-

---

[260] GAMBHIRANANDA, 1983, p. 629-630.

[261] A luz, sendo uma, diversifica-se em múltiplos objetos iluminados. O espaço parece muito dentro das vasilhas vazias que o delimitam. E o sol é como se multiplicasse ao refletir em vários compartimentos com água (nota de rodapé de Consuelo Martín, 2001, p. 486).

[262] MARTÍN, 2001, p. 486.

[263] Refere ao conhecido mantra: "*Tat Tvan Asi*" (Tu és isto) que se repete nas Upanishads. Essa é a formulação sintética da não dualidade; não há nada diferente do Absoluto, apesar das aparências (nota de rodapé de Consuelo Martín, 2001, p. 486).

[264] GAMBHIRANANDA, 1983, p. 630.

[265] MARTÍN, 2001, p. 486.

dadeiramente torna-se Brahmâm"[266] e "Ao ser só o Absoluto, no Absoluto se integra[267].

Sutra 27: dado que se tem mencionado tanto a diferença como a não diferença, a relação entre o Ser Supremo e o ser individual é análoga à que existe entre a serpente e os seus anéis[268].

Sutra 27: mas tendo em conta que ambas (a unidade e a diferença) se mencionam (nos textos védicos), a relação (entre o ser individual e o Ser Supremo) é como à da serpente e os seus anéis[269].

Visando aclarar a relação entre o que medita e aquele no que se medita, apresenta-se outro ponto de vista em relação aos Sutras. Em algumas frases e escriturais, pode-se observar diferenças entre o ser e o Ser Supremo, como se pode verificar em: "Um homem torna-se puro através da serenidade do intelecto; em meditação, Ele pode ser contemplado uno e sem partes"[270], onde a diferença se dá entre o que alcança algo e a meta alcançada" Ou em: "Ele que mora em todas as criaturas, mas dentro delas [...]"[271], onde há diferença entre o que dirige e o que é dirigido. Ainda, em outras frases se fala dos dois como diferenciados na frase: "Tu és Isto"[272] ou "Eu sou o Absoluto"[273]. Ele que mora na inteligência (budhi), mas dentro dela [...]"[274]. Levando-se em conta que ambas as diferenças e não diferenças se mencionam nos textos, a única aceitação da não diferença inutilizaria esses textos que se referem à diferenciação. Por isso, para incluir ambos os pontos de vista, a realidade de ser deve ser considerada como a serpente e os seus anéis. Nesse exemplo, a serpente é uma em si mesma, mas, se olharmos com relação aos seus anéis, a cabeça, a postura erguida, as diferenças aparecem. O mesmo acontece nesse caso, com o Absoluto.

Sutra 28: o som como a luz e a sua fonte são ambos luminosos[275].

Sutra 28: ou também é como a luz e a sua origem, ambos são resplendor[276].

---

[266] TINOCO, 1996, p. 205, verso III, 3,2 9.

[267] MARTÍN, 2002, p. 381, verso IV, 4,6.

[268] GAMBHIRANANDA, 1983, p. 630.

[269] MARTÍN, 2001, p. 486-287.

[270] TINOCO, 1996, p. 203, verso III,2,8.

[271] MARTÍN, 2002,verso III,7,15, pg. 281, 2002.

[272] TINOCO, 2021, verso V, 8-16, 2021.

[273] MARTÍN, 2002, verso I,4,10 (a referência do verso está errada. Nota de Carlos Alberto Tinoco).

[274] MARTÍN, 2002, p. 281, verso III,7, 22.

[275] GAMBHIRANANDA, 1983, p. 631.

[276] MARTÍN, 2001, p. 487.

Isso pode ser entendido pela analogia da luz e o seu substrato. O caso em questão é análogo ao sol e a seu substrato, ambos são luminosos e não totalmente diferentes, por ser igualmente esplendorosos e, sem dúvida, consideram-se distintos, assim sucede com o ser e o Ser Supremo.

Sutra 29: ou a relação entre o ser individual e o Supremo é como já foi mostrado[277].

Sutra 29: ou também se pode entender a relação entre o ser individual e o Ser Supremo, como foi apresentado anteriormente[278].

Pode-se ver a maneira em que se apresentou o Sutra anterior: "E entre o Ser luminoso, o Absoluto e suas manifestações, não há diferença na ação o mesmo que sucede com a luz" (B. S., III, 2,25), porque se a ligação do ser individual se deve só à ignorância, então, o alcançar a Libertação mediante o conhecimento da verdade é razoável. Mas, se ao contrário, o ser está realmente atado e esse é um estado do Ser Supremo, de acordo com a analogia da serpente e os seis anéis ou uma parte desse Ser, segundo a analogia da luz e a sua origem, então, o diz as escrituras que é inútil, pois uma ligação (atadura) real não se pode eliminar. E nem é um fato que as Upanishads declarem a unidade e a diferença como a posição na qual se estabelecem. Enquanto ao falar de "algo mais" (a não diferença) estão aludindo à diferença como como uma ideia convencionalmente reconhecida. Portanto, a conclusão é que não há diferença entre o ser individual e o Ser Supremo, como é o caso da luz que foi explicado no Sutra 25.

Sutra 30: e devido à negação[279].

Sutra 30: e tendo em conta a negação[280].

A conclusão à qual se chegou se confirma pelo fato de que as escrituras negam expressamente que exista um ser consciente a parte do Ser Supremo, em frases como: "Não existe nenhum outro testemunho, senão Ele"[281]. E ainda nesses textos que negam a existência de um mundo separado do Absoluto e deixam, portanto, o Absoluto como a única realidade última, como se pode ver em: "Em continuação, vem a descrição (de Brahmâm) 'nem isto, nem isso'"[282] e em "O Absoluto não tem causa nem efeito, nem interior nem exterior"[283].

---

[277] GAMBHIRANANDA, 1983, p. 612.

[278] MARTÍN, 2001, p. 487.

[279] GAMBHIRANANDA, 1983, p. 632.

[280] MARTÍN, 2001, p. 488.

[281] MARTÍN, 2002, p. 282, verso III,7, 23.

[282] MARTÍN, 2002, p. 197, verso II,3,6.

[283] MARTÍN, 2002, p. 228, verso II,5, 19.

TEMA 7: BRAHMÂM UNO SEM SEGUNDO

Dado que as Upanishads divergem entre si, nasce a dúvida de se é que existe ou não existe alguma realidade superior a Brahmâm, acerca do qual foi assegurado que está desprovido de todas as manifestações fenomenais. Certas frases, se interpretadas em sentido aparente, parecem provar alguma outra entidade superior a Bramhâm. A seguinte, é uma tentativa de refutar os referidos textos.

Sutra 31: existe alguma entidade superior a esse Brahmâm, porque se menciona o reduto, a conexão, a magnitude, a conexão e a diferença[284].

O ABSOLUTO, UNO SEM SEGUNDO

Sutra 31: há algo adicional Àquele (o Absoluto), tendo em conta a menção de limite, medida, conexão e diferença[285].

Diz o adversário: deveria existir uma entidade superior a Brahmâm.

Por quê?

Por referência (na Upanishad) ao reduto, à magnitude, à conexão e à diferença. Dentre esses, o reduto se menciona em: "Agora, isso é o Ser, um reduto, uma sustentação (ou um dique de contenção)"[286], aqui se declara que o Absoluto Brahmâm, ao qual se refere com a palavra Ser, é um reduto. Esse termo se usa no mundo para expressar um muro de terra ou de madeira que detém ou contém o fluxo de água. Aqui, o uso da palavra reduto para o Ser nos induz a pensar que: como é o caso do reduto ordinário, existe algo mais que o Ser chamado reduto. Isso o confirma pelo termo "cruzar", na frase: "Ao haver cruzado o reduto"[287], da qual se deduz que como a vida se cruza uma corrente mediante a contenção, alcança-se, assim, a terra firme, que não é o reduto do Ser.

Aí também ocorre a menção da medida (o tamanho limitado), segundo se pode ler em: "Este Brahmâm, que é o tal, tem quatro pés"[288] e "Brahmâm tem oito patas e 16 partes"[289]. No viver diário, constatamos que tudo o

---

[284] GAMBHIRANANDA, 1983, p. 633.

[285] MARTÍN, 2001, p. 488.

[286] TINOCO, 2021, verso VIII, 4,1.

[287] TINOCO, 2021, verso VIII, 4, 2.

[288] TINOCO, 2021, verso III,18, 2.

[289] TINOCO, 2021, verso IV, 5.

que pode ser medido ou contado pressupõe a existência de algo mais que si mesmo; portanto, como Brahmâm tem sido medido, deve existir algo mais além Dele.

Também se menciona a conexão: "Ó amável, então a alma individual se une à Existência"[290], "a alma incorporada" (Tai. Up., II,3, 1) e "[...] assim também aquele infinito ser, abraçado pelo Ser Absoluto, não percebe nada...."[291]. Nota-se que as coisas limitadas entram em contato com algo limitado, como os seres humanos em uma cidade. A Upanishad menciona a conexão dos indivíduos com Brahmâm durante os sonhos. Portanto, entende-se que existe algo ilimitado que é superior a Brahmâm

A menção da diferença conduz também à mesma ideia. Assim, o texto "Agora, o ser dourado luminoso e infinito que se vê no sol"[292] menciona o Senhor que reside no sol e, logo fala, separadamente, do Senhor eu reside no olho, assim: "O Ser infinito que é visto no olho"[293]. Então, as formas do Ser no sol são atribuídas também, ao Ser no olho: "A forma deste último é igual ao do primeiro; tem os mesmos nódulos que o primeiro e o mesmo nome Seu". O texto também se refere também à Divindade limitada de ambos, considerando assim: "Ele governa os mundos que estão acima do sol e as coisas queridas pelos deuses"[294] e "Ele governa os mundos que estão por baixo da terra e as coisas queridas pelos homens"[295]. Isso equivale a dizer: "Este é o reino do rei de Maghada e este é o reino do rei de Videha".

Diz o adepto do Vedanta: a conclusão a que se chega dessas referências do reduto, segundo a qual existe alguma entidade superior a Brahmâm, explica-se pelo seguinte Sutra:

Sutra 32: mas se faz referência ao Ser como um reduto, devido à similitude[296].

Sutra 32: mas se tem falado da margem e limite no Ser, tendo em conta uma certa analogia[297].

A palavra "mas" elimina a conclusão anteriormente estabelecida. Nada pode existir diferente do Absoluto Brahmâm, pois não podemos ver

---

[290] TINOCO, 2021, verso VI, 8,1.

[291] MARTÍN, 2002, p. 353, verso IV, 3,21.

[292] TINOCO, 2021, verso I,6,6.

[293] TINOCO, 2021, verso I,7,5.

[294] TINOCO, 2021, verso I,4,8.

[295] TINOCO, 2021, verso I, 7, 6.

[296] GAMBHIRANANDA, 1983, p. 635.

[297] MARTÍN, 2001, p. 490.

provas de tal existência, porque é evidente que algo que tem origem deriva a sua existência do Absoluto. Um efeito não é diferente da sua causa. E nada à parte do Absoluto pode existir sem origem, porque foi estabelecido definitivamente, assim: "Amigo, antes da criação tudo isto não era mais que o Absoluto, sem segundo"[298]. E pela afirmação que é feita na Upanishad de que tudo se pode conhecer quando se conhece o Uno, nada pode conceber-se fora do Absoluto.[299]

Diz o opositor: mas não temos estabelecido que as referências à barca etc. indicam a existência de alguma entidade diferente do Absoluto?

Diz o adepto do Vedanta: não é assim, porque a referência à barca não prova a existência de nada fora do Absoluto Brahmâm. Os textos simplesmente dizem que o Ser é uma barca, mas isso não implica que exista algo mais além. O motivo pelo qual foi deduzido isso é porque a ideia da barca e a margem exigem algo diferente delas. Por isso, não é lógico. Aceitar algo desconhecido é cair no dogmatismo. Além disso, se encontrarmos o Ser com referência a uma margem e se aceita que há algo do outro lado, como as margens habituais, então também se deveria aceitar que o Ser está construído por terra e pedras, como o estão as margens. Isso seria contrário ao ensinamento da escritura que diz que o Ser não é algo criado. A explicação adequada é que o Ser a chamou de margem, porque tem certa analogia com ela. Como uma margem contém a água e marca a fronteira com os campos contíguos, assim o Ser sustenta o mundo e os seus limites. O Ser é, portanto, exaltado, aplicando-Lhe o nome de margem à qual se assemelha. Quanto à frase: "Tendo atravessado a margem"[300], o sentido literal de "ir mais além" não se pode aceitar aqui. Significa melhor "alcançar", por exemplo, a frase "Ele passou a gramática" que se diz que a aprendeu já e não que se tenha ido mais além dela.

Sutra 33: fala-se da magnitude de Brahmâm para poder entendê-Lo intelectualmente, assim como se fala dos pés (da mente ou do espaço) ou dos quartos de karsapana[301].

---

[298] TINOCO, 2021, verso VI, 2,1.

[299] Sobre isso, vamos citar um verso da Mundaka Upanishad, que diz: "[...] Saunaka, respeitável chefe de família certa vez, aproximou-se de Angiras e perguntou: 'O que é aquilo que após ser conhecido, todas as coisas se tornam conhecidas?" (TINOCO, 1996, p. 194, verso I,1,3). Nota de Carlos Alberto Tinoco.

[300] TINOCO, 2021, verso VIII, 4,2.

[301] GAMBHIRANANDA, 1983, p. 636.

Sutra 33: para ajudar a captação intelectual, fala-se da medida do Absoluto, o mesmo que os quartos[302].

Em resposta à argumentação do opositor acerca do tamanho do Absoluto, como prova de que existe algo diferente Dele, assinalamos que essas afirmações simplesmente servem para ajuda da capacitação do intelecto e para meditar. Mas como se pode pensar que o Absoluto tenha 4 quartos, ou 48, ou 16 partes? Pelos seus efeitos se supõem que o Absoluto Brahmâm esteja sujeito à medida, porque, como há pessoas de inteligência inferior, mediana e superior, nem todas são capazes de intuir o Absoluto infinito sem nenhum efeito[303], imaginar-se quatro quartos como na mente e o espaço que se mencionam nos dois símbolos de Brahmâm nos planos físicos e espirituais. Como a linguagem e os outros três sentidos dividem em quatro partes a mente e o fogo, o ar, o sol e a direção dividem o espaço em quatro partes, o mesmo ocorre nesse caso. Ou ainda a frase: "Da forma dos quatro quartos" pode explicar-se assim: para facilitar o comércio uma moeda (*kârsâpana*) em todo tipo de transação, por ser variável o volume de sal e dos demais produtos. Da mesma maneira, o Absoluto Brahmâm Infinito lhe atribui uma medida para facilitar a captação de pessoas menos inteligentes.

Sutra 34: ao falar de Brahmâm se mencionam a conexão e a diferença, desde o ponto de vista dos fatores limitantes, como no caso da luz etc.[304]

Sutra 34: as afirmações referidas à conexão e à diferença se devem a uma situação particular (das limitações adicionadas), como no caso da luz[305].

Esse Sutra nega as duas objeções sobre a conexão e a diferença. É errôneo que daí se deduza que há algo à parte do Absoluto Brahmâm. Primeiro, porque foi assinalado que as coisas estão unidas ao Absoluto e em segundo lugar, porque foi assinalado também que as coisas estão separadas Dele. Todas essas afirmações referentes à conexão e à diferença estão feitas desde o ponto de vista de uma situação particular. O texto que se refere à conexão significa que um conhecimento particular surge pelo contato do Ser com uma situação particular que está constituída por limitações adicionadas

---

[302] MARTÍN, 2001, p. 490.

[303] É importante ter em conta a aclaração de que o Absoluto sem forma nem limite é difícil de compreender para quem se move só nos limitas da mente concreta sensorial. Por isso, foi interpretado como forma, como pessoa separada (Deus pessoal). Mas tudo isso é convencional. Não pode ser real (nota de rodapé de Consuelo Martín, 2001, p. 491).

[304] GAMBHIRANANDA, 1983, p. 637.

[305] MARTÍN, 2001, p. 491.

BRAHMA SUTRA (TOMO II)

ao pensamento. Quando termina esse conhecimento particular, ao cessar as limitações adicionadas, então, diz-se metaforicamente que tem lugar a união com o Ser Supremo. Mas isso sucede com relação às limitações adicionadas, mas a partir de uma ideia de limitação do Ser. Da mesma maneira, todas as afirmações adicionadas unicamente e não à alguma diferença que afete a natureza do Absoluto. Tudo isso é análogo ao caso da luz. A luz do sol ou da lua estão diferenciadas por suas conexões com as limitações adicionadas e, tendo em conta essas limitações, fala-se delas como divididas e, quando as limitações adicionadas se acabam, diz-se que se unem. Outros exemplos do efeito das limitações adicionadas se apresentam com o espaço dentro do olho de uma agulha etc.

Sutra 35: e porque só essa posição é logicamente justificável[306].

Sutra 35: e porque essa é a única conexão logicamente possível[307].

Somente essa classe de conexão e nenhuma outra mais é logicamente justificável, pois se fala da autoidentidade nessa relação: "Ele alcança o seu próprio Ser"[308] e é assim posto que a própria natureza é inalienável. Aqui, a relação não pode ser como a que há entre um homem uma cidade. É possível sustentar logicamente a seguinte expressão: "Ele alcança o seu próprio Ser", precisamente porque os fatores limitantes cobrem a verdadeira natureza. Nem a diferença pode ser de outro tipo, pois isso contradiria a unidade do Supremo, reconhecida nas primeiras frases das Upanishads. Também por isso, a Upanishad explica que se menciona a diferença, no caso do mesmo espaço, devido às distinções de ambientes, em frases como as seguintes: "O espaço que está fora de um homem"[309], "O espaço que está dentro de um homem"[310] e "O espaço que está dentro do coração"[311]

Sutra 36: de maneira análoga, da negação de todos os demais, deduz-se que só existe Brahmâm[312].

Sutra 36: o mesmo se deduz da negação expressa de outras existências: não há nada a não ser o Absoluto[313].

---

[306] GAMBHIRANANDA, 1983, p. 638.

[307] MARTÍN, 2001, p. 492.

[308] TINOCO, 2021, verso VI,8,1.

[309] TINOCO, 2021, verso III,12,7.

[310] TINOCO, 2021, verso III,12,8.

[311] TINOCO, 2021, verso III, 12, 9.

[312] GAMBHIRANANDA, 1983, p. 638.

[313] MARTÍN, 2001, p. 492.

Depois de ter refutado o argumento do opositor, o Sutra conclui mantendo seu ponto de vista com um raciocínio a mais. Um grande número de textos védicos, que pelo contexto em que se expressam não podem explicar-se de outro modo, negam que exista algo aparte do Absoluto Brahmâm, nas frases: "O Ser é quem está debaixo, eu sou quem está debaixo"[314], "Tudo lhe abandona a quem se crer diferente do Ser"[315], "Este Imortal Brahmâm existe antes de qualquer coisa, este Brahmâm está além de tudo, este Brahmâm é o direito e o esquerdo [...] este universo é o próprio Brahmâm"[316], "Tudo isto não é mais que o Ser"[317], "Não há diversidade Naquele"[318] e "[...] para quem nada é diferente, para quem nada é maior ou menor [...]"[319]. A partir dos textos que afirmam que o Absoluto Brahmâm está em todas as criaturas (Ka.Up.,II,9, 11; Br. Up., II,5, 19), chega-se à conclusão de que não há outro ser dentro do Ser Supremo.

Sutra 37: com isso fica estabelecida a onipresença do Ser (segundo se conhece), baseando-se na força das palavras das Upanishads, como a extensão e outras fontes (Smirts e lógica)[320].

Sutra 37: por isso, estabelece-se a onipresença (do Ser) de acordo com as afirmações (upanishádicas) sobre a extensão do Absoluto[321].

"Com isso", ou seja, estribando na refutação dos argumentos que se baseiam na menção dos termos, como reduto, e com a ajuda da negação de todas as outras coisas, "fica estabelecida também a onipresença do Ser". Já que não se pode provar de outro modo, pois, ao supor que os termos como reduto, mencionam-se de forma literal, o Ser se converterá em uma entidade limitada, sendo as margens limitadas. De modo análogo: se a negação de todas as outras coisas por parte das escrituras não é um fato, o Ser se converterá em uma entidade limitada, porque uma coisa está limitada por outra. A onipresença do Ser se conhece dos termos como extensão, que se usa em sentido de compenetração. De acordo com as seguintes frases, "O Espaço ou Brahmâm dentro do coração é tão extenso como o Espaço exter-

---

[314] TINOCO, 2021, verso 25,1-2, 2021.

[315] MARTÍN, 2002, p. 206, verso II,4,6.

[316] TINOCO, 1996, p. 201, verso II,2,11.

[317] TINOCO, 2021, verso VI, 25,2.

[318] MARTÍN, 2002, p. 396, verso IV,4,19.

[319] TINOCO, 1996, p. 302, III,9.

[320] GAMBHIRANANDA, 1983, p. 639.

[321] MARTÍN, 2001, p. 493.

no"[322], "Ele é onipresente como o espaço e é eterno"[323]. E ainda: "Maior que o espaço" (S.B., X, 4,3.2), "Por ser invulnerável, porque não se queima, não se molha nem se seca, o Ser é eterno, onipresente, permanente, imutável e único"[324], ensina, em união com outros textos similares das Upanishads, o Smriti e a lógica, a onisciência do Ser.

TEMA 8: OS FRUTOS DA AÇÃO

Vai-se descrever outra característica desse mesmo Brahmâm, que aparece durante a existência fenomenal e na qual ocorre uma divisão entre o regente interno e o regido.

Sutra 38: o fruto da ação procede Dele, essa é a posição lógica[325].

OS FRUTOS DA AÇÃO

Sutra 38: Dele (de Deus) surgem os frutos das obras. Essa é a única posição possível[326].

Dúvida: em relação aos consabidos resultados das ações das criaturas, incluídos em três classes, que são: a) desejáveis; b) indesejáveis; c) mistas pertencentes ao estado de transmigração, surge o pensamento, se é que surge dos *karmas* ou do Supremo.

Diz o adepto do Vedanta: a única posição logicamente possível é que "Dele surgem", como disse o Sutra, porque Ele é quem dirige todas as coisas e está atento às situações específicas que se apresentam nos distintos momentos de criação, preservação e dissolução do universo material manifestado. Portanto, é lógico que dirija os resultados das ações das pessoas, segundo os seus méritos, mas as obras que acabam no momento em se fazem não têm força para gerar resultados em nenhum tempo futuro, porque do nada não pode surgir nada.

Diz o opositor: poderia ser que a ação ao ser destruída produzisse seu próprio resultado, enquanto dura e logo se destrói, depois de que o ator obtivesse o fruto em um tempo futuro.

---

[322] TINOCO, 2021, verso VIII,1,3.
[323] TINOCO, 2021, verso III,14, 3.
[324] MARTÍN, 2009, p. 63, verso II, 24.
[325] GAMBHIRANANDA, 1983, p. 660.
[326] MARTÍN, 2001, p. 493.

Diz o adepto do Vedanta: isso não é um problema, porque o fruto da ação só é tal quando é experimentado pelo ator. No momento em que algum prazer ou dor resultantes de um ato é experimentado pelo ator da obra, entendem as pessoas que se trata de um "fruto" e não podemos aceitar que o fruto em um tempo futuro do princípio invisível potencial brote do ato. Porque esse princípio potencial não é inteligente por natureza como nas pedras e, portanto, não pode atuar se não é movido por algum ser inteligente. Além disso, não há nenhuma prova válida de que esse princípio exista.

Diz o opositor: a suposição que nasce ao ver o resultado é uma prova em seu favor?

Diz o adepto do Vedanta: não, porque o Supremo é o que dirige os resultados que vemos e toda outra possibilidade fica eliminada.

Sutra 39: Deus ordena os resultados, pela razão adicional do que o dizem as Upanishads[327].

Sutra 39: e Dele surgem os frutos das ações, porque o expressam, assim, as escrituras[328].

Se afirmamos que o Supremo dirige os frutos das ações não é só porque é uma hipótese mais razoável, senão também porque há afirmações expressas pelas Upanishads sobre o assunto. Por exemplo: "É o grande Ser sem origem, o que se alimenta do alimento, o que distribui os bens. O que o conhece assim, recebe esses bens"[329].

Sutra 40: essas são as razões pelas quais, segundo Jaimini, as ações virtuosas produzem os resultados[330].

Sutra 40: por essas mesmas razões, Jaimini considera que os méritos religiosos são a causa dos frutos das ações[331].

Diz o adepto do Mimansa: Jaimini[332] expõe uma opinião contrária a partir das razões dos últimos Sutras. A escritura afirma preceitos como o

---

[327] GAMBHIRANANDA, 1983, p. 641.

[328] MARTÍN, 2001, p. 494.

[329] MARTÍN, 2002, p. 408, verso IV<4,24.

[330] GAMBHIRANANDA, 1983, p. 641.

[331] MARTÍN, 2001, p. 494.

[332] Dentro da filosofia Vedanta, o mestre Jaimini fundou a antiga escola *Pûrva-Mimansa* que põem ênfase na execução correta dos ritos religiosos como preparação para o conhecimento verdadeiro. O dialogante é um defensor dessa escola. Considera-se que nos textos dessa escola se baseavam os ritos e os mistérios órficos gregos, dos quais surgiu a escola pitagórica. (Nota de rodapé de Consuelo Martín, 2001, p. 494). Sobre a escola *Pûrva – Mimansa*, ver o livro: TINOCO, Carlos Alberto. **História das Filosofias da Índia**. Curitiba-: Editora Appris, 2017. 2 v, p. 201-208. Nota de Carlos Alberto Tinoco.

seguinte: "Aquele que deseja o céu tem que praticar ritos religiosos". Como se sabe que os preceitos da escritura têm um objeto, o rito é esse objeto e o rito tem como resultado a obtenção do céu, já que, se não fosse assim, ninguém praticaria atos religiosos. Os preceitos sobre eles resultariam inúteis.

Alguém faz uma objeção: mas esse ponto de vista não já foi refutado em função de que uma ação que morre tão pronto como se realiza não pode ter fruto?

Diz o filósofo adepto do Mimansa: isso não importa, porque estamos diante da autoridade védica. Se essa autoridade se aceita, teremos que admitir essa relação entre o ato religioso e o resultado dele, tal como se menciona nos Vêdas. É evidente que um ato não pode produzir um resultado em um tempo futuro, a menos que antes de desaparecer produza um resultado invisível potencial. Por isso, afirmamos que existe um resultado potencial e que pode considerar-se como um invisível estado posterior à ação ou como um estado antecedente ao resultado também invisível. Essa hipótese elimina todas as dificuldades. Mas a que afirma que o Supremo dirige os resultados das ações é absurda, porque uma só causa não pode produzir uma grande variedade de efeitos. Além disso, isso implicaria parcialidade e crueldade por parte do Supremo. Por último, se a obra não produzisse o seu próprio futuro, seria inútil realizá-la. A conclusão é, portanto, que o resultado dos atos se produzem pelos méritos religiosos.

Sutra 41: mas Badarayana considera que o Uno mencionado (Deus) é o que outorga os resultados, porque foi dito que é a causa, inclusive, da ação[333].

Sutra 41: Bâdarâyana, sem dúvida, considera verdadeira a primeira hipótese (Deus como causa dos resultados das ações), porque Ele é a causa de toda ação[334].

O mestre espiritual Bâdarâyana[335] está de acordo com o que antes se afirmou: Deus mesmo é a causa dos resultados dos atos. A expressão "sem dúvida" refuta a opinião de que o resultado deriva da ação mesma ou de uma potência invisível que a ação possui. A conclusão aceita é que o resultado dos atos vem de Deus que atua por meio das obras realizadas a partir de um potencial invisível que elas produzem.

---

[333] GAMBHIRANANDA, 1983, p. 642.

[334] MARTÍN, 2001, p. 495.

[335] Bâdarâyana é um conhecido filósofo vedanta da escola Mimânsa que escreveu um livro de *sutras*. Nele, considera-se Deus como causa dos efeitos das obras contrariando a opinião de outros filósofos da sua escola (nota de rodapé de Consuelo Martín, 2001, p. 494).

Por quê?

Porque "Ele é a causa de todas as ações". Isso se prova porque a escritura apresenta Deus não só como dispensador dos frutos, se não também como agente causal em relação a todas as obras, tanto boas como más. Sobre isso, vejamos o texto: "Ele mesmo faz que aquele a quem deseja baixar, realize obras más" (Kau. Up., III,8). O mesmo se lê no texto: "Qualquer que seja a forma que o devoto pretenda dar à sua adoração, se o faz com fé, sou Eu quem lhe infunde essa fé. Com essa fé a pessoa se dedica a adorar aquela forma de deidade e consegue os dons que deseja. Não obstante sou Eu o único que o dá"[336]. Em todos os textos upanishádicos, afirma-se que o Supremo é a causa de toda a criação e seu ato de criar todas as formas se expressa na criação dos resultados dos atos, segundo os méritos. O problema da impossibilidade de que vários efeitos surjam de uma só causa não aparece, porque o Supremo atua por meio dos esforços das criaturas.

---

[336] MARTÍN, 2009, p. 158, versos VII, 21-22.

CAPÍTULO III

TERCEIRO PADA

TEMA 1: IDENTIDADE DE MEDITAÇÃO

Sutra 1: qualquer concepção (particular) para a meditação (*vijñana*) dividida em todas as Upanishads é a mesma devido à identidade do preceito etc.[337]

IDENTIDADE NAS DIFERENTES MEDITAÇÕES

Sutra 1: se distintos ensinamentos sobre o conhecimento da verdade (*vijñâna*)[338] das Upanishads são idênticos, porque não há diferenças no que propõem[339].

Foi explicada a natureza do objeto do conhecimento da verdade, o Absoluto Brahmâm. Agora, vamos considerar se esses conhecimentos que são o essencial dos textos upanishádicos diferem entre si.

Diz o opositor: foi determinado que o Absoluto está livre de distinções, é uno por natureza e homogêneo como um torrão de sal. Então, que sentido tem o questionar, se os conhecimentos da verdade absoluta são diferentes ou não? Sendo o Absoluto Brahmâm uno e único nas suas características, não se pode sustentar que os textos upanishádicos se proponham a estabelecer uma pluralidade no Absoluto, como a dos preceitos religiosos, e não se pode afirmar que, ainda que o Absoluto seja uno, pode-se ter Dele diferentes tipos de conhecimentos. Isso porque qualquer diferença entre o conhecimento e o objeto conhecido significa que se cometeu um erro.

---

[337] MARTÍN, 2001, p. 495.

[338] *Vijñâna.* Conhecimento ou meditação podem ser as duas coisas. Mas há que se ter em conta que, como se explicou na introdução deste trabalho, aqui não se refere o termo a qualquer conhecimento, senão ao verdadeiro que indicam as escrituras védicas para contactar com o Absoluto. Daí a importância de se são idênticas ou não essas indicações. O interesse se firma na sua dimensão operativa (nota de rodapé de Consuelo Martín, 2001, p. 497).

[339] GAMBHIRANANDA, 1983, p. 644.

Se os diferentes textos vedânticos têm por objetivo ensinar sobre os diferentes conhecimentos do Absoluto Brahmâm, teríamos que deduzir que um seria correto e os demais errôneos e isso nos conduziria a uma desconfiança acerca das Upanishads. Portanto, não se sabe suscitar a questão acerca de se cada texto vedântico ensina um conhecimento distinto do Absoluto ou não. Chega-se a suscitar-se se poderia demonstrar a identidade do conhecimento da verdade sobre o Absoluto. Tal demonstração se basearia em que os textos vedânticos são proposições válidas. O conhecimento do Absoluto não pode ser um preceito, como diz o mestre espiritual Vyasa, no Sutra: "Sem dúvida, Aquele (o Absoluto Brahmâm) tem que ser conhecido pelas escrituras, pois, com este propósito está relacionado com os textos" (B.S., I,1,4). O referido mestre declarou que o conhecimento do Absoluto surge a partir da leitura dos textos vedânticos que se referem a Ele.

Por isso, para que começar esse diálogo sobre se há diferença nos conhecimentos da verdade sobre o Absoluto?

Diz o adepto do Vedanta: sobre isso, responderemos que não se pode objetar esse tipo de diálogo, porque o que foi dito antes se refere unicamente ao Absoluto com qualidades, ao Prana e outros aspectos. Para os discípulos, as meditações no Absoluto com qualidades podem ser diversas ou não, o mesmo que os preceitos religiosos. As escrituras védicas nos ensinam que as meditações, como os preceitos, têm múltiplos resultados visíveis uns e invisíveis outros, e há alguns que podem ajudar ao florescimento do conhecimento da verdade por uma liberação progressiva. Com relação a essas meditações, existe a possibilidade de questionar se os textos upanishádicos ensinam cada um diferentes conhecimentos da verdade absoluta ou não.

Os argumentos que podem ser estabelecidos aqui, desde o ponto de vista do opositor, são os que seguem, em primeiro lugar, a diferença pode provar-se pelos nomes, como exemplo, o caso da designação dos Jyotis[340]. Os diferentes conhecimentos ou meditações que se afirmam nas diferentes Upanishads se referem a distintos nomes, como o *Taittirîyaka*, o *Vâjaneyaka*, o *Kauthumaka*, o *Kausitâka*, o *S'atyâyanaka* etc.

De maneira análoga, também se sabe que a diferença da forma indica uma distinção nos ritos, tal como encontramos em textos como: "O leite coagulado fruto da mistura entre coalhada e leite quente, é para os

---

[340] Com o nome de Jyotis (luz, resplendor) se faz referência ao rito de sacrifício Jyotistoma. Propiciava-se nele a força e a plenitude da Vida. Há diferença entre o nome (da luz do conhecimento) e a cerimônia (sobre a energia vital) (nota de rodapé de Consuelo Martín, 2001, p. 498).

BRAHMA SUTRA (TOMO II)

Vishavadevas (todos os deuses), enquanto o soro se oferece ao sol"[341]. Aqui, no que se refere à meditação, se saca a reluzir uma diferença das formas, por exemplo: em algumas versões, lê-se sobre um sexto fogo totalmente diferente, no contexto da meditação sobre os cinco fogos, enquanto em outros textos só se menciona cinco. Também na parábola do Prana, algumas versões têm um número menor de órgãos, tal como se fala enquanto outros textos tem um número maior. Assim, argui-se que um atributo especial sugere uma diferença nos ritos como no caso do sacrifício Kariri[342]. Também no contexto dos *vijñanas* são mencionados atributos especiais, como a promessa de manter o fogo sobre a cabeça, segundo se prescreve para quem segue o Atharva Vêda (Um. Up., III,2,10). O mesmo no que se refere a outras provas, como a repetição que encontramos no Purva Mimansa, o qual distingue um ato do outro. Então, os *vijñanas* diferem de Upanishad para Upanishad.

Diz o adepto do Vedanta: sendo essa a posição, dizemos: "Os *vijñanas* ou concepções para a meditação divididos em todas as Upanishads" devem ser os mesmos nas respectivas Upanishads.

Por quê?

Por não existir diferença nas proposições e as demais. Refere-se às outras razões que provam que não há diferença entre os atos que se enumeram nessa sessão do *Purva Mimansa*[343] que exalta os textos de outras sessões dos Vêdas. Significa que os conhecimentos ou meditações são as mesmas, por haver a mesma conexão entre as formas e os preceitos. Inclusive, no sacrifício Agnihotra, nos diferentes ramos dos Vêdas, experimenta-se a mesma classe de esforço humano, ao dizer: "Deve fazer-se um oferecimento". E é igual no preceito do texto dos vâjasaneya, que é: "Aquele que conhece o originário e o melhor"[344], e na Chandogya Upanishad: "Aquele que conhece o primeiro e o melhor".[345] A conexão com o resultado é a mesma, de acordo com: "Ele que conhece o primeiro e o melhor se converte no primeiro e o melhor

---

[341] A suposição é que a segunda porção, "o soro", não é um simples apêndice do sacrifício *Vishvadeva*, senão que sugere um sacrifício distinto (nota de rodapé de Swami Gambhirananda, 1983, p. 645).

[342] Os que estudam os textos do sacrifício Kariri (feito para a chuva), que pertence ao ramo Taittirya, comem no chão, mas não os demais. Alguns, quando leem do fogo do sacrifício, levam a jarra de água dos mestres, outros não. Agora bem tais diferenças de conduta não podem ser inúteis. Daí, esses sacrifícios diferem segundo seus atributos (nota de rodapé de Swami Gambhirananda, 1986, p. 646).

[343] Ver citaçã1o 19, em III,2,40 (nota de rodapé de Consuelo Martín, 2001, p. 499).

[344] MARTÍN, 2002, verso IV,1,1,

[345] TINOCO, 2021, verso V,11, 2021.

95

dos seus"[346]. Em ambos os textos, a forma do conhecimento é a mesma, porque, para ambos, o objeto que há que conhecer é a verdadeira natureza da energia vital (prana) que se caracteriza por ser o primeiro e o melhor.

Assim como os materiais e as deidades constituem a forma do sacrifício, assim o objeto que se conhece (no qual se medita) constitui a forma do conhecimento ou meditação (*vijñana*) e ambos os conhecimentos têm o mesmo nome, como a meditação sobre o Prana, ou seja, a energia vital. Por isso, afirmamos que os diferentes textos upanishádicos se referem a idênticos conhecimentos. A mesma interpretação se aplica a outras classes de meditação encontradas nos textos, como a meditação nos cinco fogos, da vaisvanara, a sândylia-vydya e as demais. No *Purva Mimansa*, há uma refutação aos argumentos que o opositor tem feito antes, intentando demonstrar que as meditações não são idênticas, de acordo com: "Os atos religiosos não são diferentes, porque os diferentes nomes como tais não se usam ao praticar" (XI, 4,10). O seguinte Sutra se refere à dúvida que pode ficar do diálogo anterior:

Sutra 2: se disséssemos que os vijãnas não podem ser os mesmos, devido à diferença nos detalhes, diremos que não é assim, pois a diferença pode ocorrer inclusive no mesmo vijñana[347].

Sutra 2: se disséssemos que os conhecimentos da verdade ou vijñana não são idênticos pelas diferenças (nos detalhes), responderemos que não, porque a diferença pode dar-se inclusive no mesmo vijñana[348].

Diz o opositor: apesar dos argumentos anteriores, não se deve admitir que os diferentes conhecimentos da verdade sobre o Absoluto Brahmâm estejam indicados identicamente por todas as Upanishads. Isso porque nos encontramos com diferenças nos detalhes. Assim, os seguidores do ramo vâjasameya mencionam em seus textos sobre a meditação dos fogos um sexto fogo: "Assim, o fogo chega a ser seu fogo [...]"[349]. Sem dúvida, os do ramo chandogya não nomeiam um sexto fogo expressamente com o número cinco, assim: "Ele que medita nesses cinco fogos"[350]. Como pode ser idêntica à meditação para ambos, tendo um deles um detalhe particular (o sexto fogo)? Não é possível tratar de evadir a dificuldade dizendo que o

---

[346]   MARTÍN, 2002,verso IV,1,1,

[347]   GAMBHIRANANDA, 1983, p. 647.

[348]   MARTÍN, 2001, p. 500.

[349]   MARTÍN, 2002, p. 472, verso VI,2, 14.

[350]   TINOCO, 2021, verso V,10,10.

BRAHMA SUTRA (TOMO II)

sexto fogo pode incluir-se facilmente na meditação dos chandogyas, porque haveria uma contradição com o número cinco que eles explicitamente afirmam. No tratado sobre os Pranas, também se menciona os chadogyas quatro pranas, além do mais importante, som, a fala, o olho, o ouvido e a mente. Enquanto os vâjasaneyis nomeiam um quinto Prana, assim: "Aquele que conhece a procriação se enriquece com filhos e gado"[351]. Aqui, há uma diferença sobre omitir algo produz uma diferença no objeto conhecido. Isso produz, por sua vez, uma diferença na meditação. É o mesmo que a diferença que existe entre os materiais empregados e as divindades, as quais distinguem um sacrifício do outro.

Diz o adepto do Vedanta: isso não é uma objeção suficiente, porque as diferenças entre os detalhes, como as que encontramos nos exemplos anteriores, são possíveis na mesma meditação. No texto chandogya, não se inclui o sexto fogo, mas os cinco fogos, começando pelo mundo celestial[352], reconhece-se em ambos os textos. A distinção não pode produzir diferenças na meditação. O ritual Atirâtra não difere ao utilizar ou não o chamado Sodasi[353]. Além disso, a Chandogya Upanishad menciona o sexto fogo, assim: "Quando partiu para o outro mundo, eles o levaram ao mesmo fogo"[354].

O vâjasaneye cita, por sua vez, seu sexto fogo com o objetivo de eliminar a imaginação do combustível, a fumaça etc., que se associa aos cinco fogos e ao mundo celestial. Assim, pode-se ler o seguinte: "Assim o fogo chega a ser seu fogo, o combustível seu combustível, a fumaça sua fumaça, a chama sua chama [...]"[355]. Essa referência não está encaminhada (a que se experimente o fogo como um objeto de meditação), só se trata de um comentário sobre algo já estabelecido. Inclusive, se aceitarmos que tem esse propósito para a meditação devocional, ainda assim, pode-se incluir o fogo à meditação da Chandogya, sem que haja conflito com o número cinco mencionado antes, que se refere aos cinco fogos imaginários. O número não é parte essencial do preceito, é só uma informação adicional sobre algo já conhecido, como os cinco fogos, com os quais se identifica o mundo celestial. Nem no tratado sobre os Pranas não há nada referente aos detalhes adicionais que se tem incluído na meditação. O acréscimo ou

---

[351] MARTÍN, 2002, p. 457, verso VI,1,6.

[352] Os fogos nas cerimônias simbolizam os distintos centros energéticos no ser humano e fazem alusão às diferentes formas de existência como a do céu (nota de rodapé de Consuelo Martín, 2001, p. 501).

[353] *Sodasi* é a taça sacrificial (nota de rodapé de Consuelo Martín, 2001, p. 501).

[354] TINOCO, 2021, verso V,9,2.

[355] MARTÍN, 2002, p. 247, verso VI,2,15.

a omissão de um detalhe particular não supõe diferenças dentro do objeto da meditação, nem a meditação mesma, porque ainda que os objetos de conhecimento possam diferir em pequenos detalhes, segundo o conhecedor (o que medita), o essencial que há de conhecer é o mesmo, pelo que o conhecimento da verdade permanece idêntico nas mesmas Upanishads.

Sutra 3: o ritual de levar o fogo sobre a cabeça é um apêndice ao estudo védico, posto que se declara no Samachara e pela competência. Essa regulação é como a das libações (cerimônias)[356].

Sutra 3: a cerimônia que consiste em levar fogo sobre a cabeça corresponde ao estudo dos Vêdas, porque no Sâmacâra se descreve assim, para os que estão qualificados (nesse estudo), como no caso das (sete) libações[357].

Tem-se argumentado que: como os seguidores do Atharva Vêda reconhecem a promessa de sustentar o fogo sobre a cabeça, senta-se entre os fogos, como condições preliminares necessárias para se adquirir o conhecimento, enquanto outros não o fazem, portanto o conhecimento (*vidya*) difere. O anterior foi refutado, sendo um aspecto do estudo védico, mas não do conhecimento.

Como se sabe disso?

Porque os seguidores do Atharva Vêda leem sobre isso também como uma promessa védica "declarada que assim é" mencionada como um aspecto do estudo do Vêda no *Samashara*, no livro que divide as instruções relativas às promessas védicas. A frase "O homem que não pretenda seguir esses votos, não deve ler este texto"[358] trata da competência da pessoa entremeada (recheada) (?), indicando-a com a palavra "este". Além disso, averigua-se que essa promessa é um aspecto concomitante do estudo das Upanishads, de quem segue o Atharva Vêda, segundo menciona claramente o estudo do texto.

Diz o opositor: levando em conta a frase: "Os que praticam rituais e são versados no Vêda e dados são a Brahmâm, e oferecem para si mesmos, crentes no único vidente, a eles seja ensinada tão somente essa ciência pois de Brahmâm, se à regra os quais o voto da cabeça tem guardado"[359]. A cerimônia está relacionada com o conhecimento verdadeiro sobre o Absoluto

---

[356] GAMBHIRANANDA, 1983, p. 649.

[357] MARTÍN, 2001, p. 501.

[358] TINOCO, 1996, p. 205, verso III,2,11.

[359] APRIGLIANO, Adriano (trad.). **Upanisadas** – os doze textos fundamentais. São Paulo: Editora Mantra, 2020. (Mundaka Upanishad), verso III,2,19, p. 308.

BRAHMA SUTRA (TOMO II)

Brahmâm, que é o mesmo em todas as Upanishads, deveríamos concluir que o cumprimento das cerimônias está ligado à meditação sobre o Absoluto?

Diz o adepto do Vedanta: não é assim, porque nesse texto a expressão "este" (conhecimento de Brahmâm) se refere ao tema que tratamos, ou seja, um conhecimento do Absoluto que depende desse texto em particular (o Mu. Up) e a cerimônia só pertence a esse livro. O Sutra adiciona outro exemplo: "E essa regulação é igual que no caso das sete libações". As sete libações, desde a saurya até a sataudana, não estão conectadas com os três fogos que se mencionam em outros Vêdas, senão só com o do Atharva Vêda em particular, com cujas declarações está conectada, de onde se deduz que a identidade do conhecimento permanece inamovível.

Sutra 4: além disso, a escritura revela esse fato[360].

Sutra 4: as escrituras revelam isso também[361].

Os Vêdas mostram também a unidade do conhecimento, pois em todas as Upanishads se ensina sobre a mesma entidade a conhecer, como na frase: "O objetivo último, o propósito dos Vêdas, o objetivo final do ascetismo, a aspiração do homem ao levar vida de continência é a sílaba Om (Brahmâm)"[362] e, de maneira análoga: "Os seguidores do Rig Vêda (Hotris) discutem isso no contexto do grande Uktha (hino), os sacerdotes do Yajur Vêda (Adhvaryus), sacrificam a favor deste, no fogo, e os Chadogas (sacerdotes Udgata), seguindo o Sama Vêda), cantam a este na grade promessa" (Ai. A., III,2, 3-12). A frase "O Brahmâm Supremo que é um grande terror" (II,3,2) se origina da Katha Upanishad, onde se menciona a qualidade de infundir o terror que pertence ao Supremo; e na Taittiryia Upanishad se faz referência a essa com o objetivo de condenar a ideia de dualidade, na frase: "Toda vez que o aspirante cria, inclusive em uma pequena diferença neste Brahmâm, o compenetra o medo" (II, 7,1). Assim, o Vaishvanara, concebido na Brhadaranyaka Upanishad (I,1,1), o qual se estende do céu à terra, a Chandogya Upanishad o menciona como algo muito conhecido; "Aquele que adora o ser Vaishvanara, que se estende como um imenso espaço entre o céu e a terra, e o reconhece como o seu próprio Ser".[363] Observa-se que o propósito de todas as Upanishads se adota em outros para meditar neles. Disso podemos concluir, de acordo com a lógica e a

---

[360] GAMBHIRANANDA, 1983, p. 650.

[361] MARTÍN, 2001, p. 502.

[362] TINOCO, 1996, p. 162, verso I,2,15.

[363] TINOCO, 2021, verso V,18,1.

frequência de ocorrências, que também as meditações são as mesmas, em todas as Upanishads.

TEMA 2: COMBINAÇÃO DE ASPECTOS

Sutra 5: e nas meditações similares há que combinar todos os aspectos, pois não existe diferença em aplicação dos subsidiários de um preceito[364].

DISTINTAS CARACTERÍSTICAS COMBINADAS EM UMA MEDITAÇÃO

Sutra 5: e em meditações idênticas, as características particulares (sâkhas) se combinam, porque não há diferença na aplicação (ao tema tratado) como nos complementos aos preceitos[365].

Esse Sutra se refere ao resultado prático da investigação que levou a cabo nos primeiros quatro Sutras. Uma vez que ficaram estabelecidos todos os conhecimentos sobre as meditações, as características de algumas delas em uma Upanishad devem ser combinadas com a mesma meditação em qualquer outro texto onde se mencionem essas características. Porque, se em algum sentido ajudam a meditação em algum lugar, também servirá em outro lugar, visto a meditação é a mesma em qualquer lugar. É o mesmo que sucede com os complementos que se adicionam a algum preceito, como o ritual Agnihotra. Em uma meditação, ainda que os complementos se mencionem em diferentes textos, devem-se combinar em um.

Os conhecimentos sobre meditação estiveram separados, as características particulares mencionadas em diferentes textos não se poderiam conectar entre si. Cada texto confirmaria unicamente o seu próprio conhecimento e não poderia relacionar-se como meditação principal e meditação complementares. Mas, como todas as referências aos conhecimentos sobre meditação formam uma unidade, as coisas não são dessa maneira.

O Sutra anterior será explicado e elaborado mais adiante, no Sutra 10.

---

[364] GAMBHIRANANDA, 1983, p. 651.

[365] MARTÍN, 2001, p. 503.

TEMA 3: A DIFERENÇA ENTRE AS MEDITAÇÕES

Sutra 6: se desejássemos que as meditações (Udghita na Chandogya e na Brhadaranyka Upanishads) fossem distintas, devido à diferença dos textos, isso não é verdadeiro, posto que não diferem[366].

DIFERENTES MEDITAÇÕES E IDENTIDADE DA MEDITAÇÃO

Sutra 6: se disséssemos que as meditações Udgitha[367] na Chandogya e na Brhadaranyaka Up,) são diferentes pela diferença dos textos, negamo-o, baseando-nos em sua identidade (essencial)[368].

A Brhadaranyaka Upanishad começa assim: "Existiam duas classes de filhos de Prajapati, os deuses (devas) e os asuras. Os devas disseram: "Agora, vamos superar aos asuras nesse ritual, por meio do udghita"[369]. A frase que foi mencionada antes narra como as energias vitais, a voz etc. foram tomadas pelos perversos (asuras) e ficaram incapazes de produzir o que se espera delas. E como finalmente se recorreram à principal energia vital, assim: disseram ao alento vital da voz: "Canta o hino udghita para nós"; "Está bem", disse a energia e cantou. Uma história semelhante é contada na Chandogya Upanishad. Ali, podemos ler no começo: "Os seres divinos tomaram o hino, pensando que assim, venceriam aos perversos". O texto relata depois como as oito energias vitais foram malditas e ficaram frustradas por causa dos perversos e como os seres divinos ao final reuniram a energia vital principal: "Meditaram nesse alento vital que está na voz como udghita" (I,2,7). Em ambas as frases, considera-se preferente ao alento vital (Prana) de onde se deduz que em ambos se induz a uma meditação sobre o Prana.

Surge uma dúvida nisso: as duas meditações são diferentes aqui ou se trata da mesma meditação?

Diz o opositor: as duas meditações devem ser consideradas iguais, pelas razões que se deram no primeiro tema desse *Pada.* Sem dúvida, há uma diferença de procedimento que contradiz a unidade e isso é uma objeção.

---

[366] GAMBHIRANANDA, 1983, p. 652.

[367] *Udgitha.* Se chama assim ao hinos do Sâmaveda. A Chandogya Upanishad se identifica com a sílaba Om, som sintético que se repete para meditar. Ao sacerdote que os recita também são chamados *udgatry* ou *udgita.* Vivekananda comenta que o *udgyta* pode ser também o ato de despertar a energia *kundalini* na base da coluna vertical (nota de rodapé de Consuelo Martín, 2002, p. 504).

[368] MARTÍN, 2001, p. 504.

[369] MARTÍN, 2002, p. 47, verso I,3, 1-2.

O vâjasaneyin representa o alento vital como único produtor do *udghita*, assim: "Canta o hino (*udghita*) para nós"[370]. Enquanto o sâmavedins menciona a energia vital como o *udghita*, na frase: "Meditaram nele (o alento vital) como o *udghita* (com a sílaba Om)"[371]. Como pode essa divergência reconciliar-se com a unidade das meditações?

Diz o opositor: a diferença assinalada não é suficientemente importante como para produzir uma separação nas meditações. Observamos que estão de acordo em muitos pontos. Por exemplo, ambos os textos relatam que os anjos e os demônios lutaram no princípio e ambos valoraram a voz e outras energias vitais (Pranas) em relação ao *udghita*. Ao descobrir que eram imperfeitos, interessaram-se pelo alento vital, principal energia e dizem como pela força vital os perversos foram espargidos como uma bola de terra contra uma rocha. Inclusive, na Brhadâranyaka se conectam o alento vital, principal e o *udghita* na frase: "É *udghita*, porque é *ut* e *githa*"[372]. Teremos que aceitar, portanto, que na Chandogya Upanishad também o Prana principal deve ser visto como o que origina *udghita*. E daqui se deduz também a unidade da meditação.

Sutra 7: melhor dito, não devido a uma diferença de tema, inclusive nos supostos casos como (a meditação no Udghita como) possuindo a qualidade de ser mais alta que o alto (maior dentre os maiores)[373].

Sutra 7: mas ainda não há unidade nas meditações vidyâs, a causa da diferença nos temas. Inclusive, no caso de meditar no que é mais elevado que o elevado[374].

Diz o adepto do Vedanta: a identidade das meditações não pode sustentar-se, pois a posição lógica aqui é que as meditações são diferentes. Por quê? Devido às diferenças de objetivos. Na Chandogya Upanishad, a introdução (I,1,10) diz assim: "Que uma pessoa medite na sílaba Om como o *udghita*"[375]. Apresenta-se como objeto de meditação essa sílaba que é uma parte do *udghita* e logo se enumeram as suas qualidades, como a de ser a essência de tudo. Essa mesma sílaba que forma do *udghita* se encontra em: "Se faz uma elaboração da mesma sílaba" (I,1,10). E mais adiante se narra uma história sobre anjos e demônios. A frase diz: "Meditaram no Prana

---

[370] MARTÍN, 2002, p. 504, verso I,3,7.

[371] TINOCO, 2021, verso I,2,7.

[372] MARTÍN, 2002, p. 67, verso I,3,23.

[373] GAMBHIRANANDA, 1983, p. 654.

[374] MARTÍN, 2001, p. 505.

[375] TINOCO, 2021, verso I,1,10.

como *udghita*" (I,2,2). Se pelo termo *udghita* entendêssemos aqui o ato completo do hino e não só a sílaba Om, que é uma parte, e se ao sacerdote (*udgatri*) que canta o hino se lhe pede para meditar sobre o Prana, haveria duas contradições: em primeiro lugar, oporiam-se a isso na introdução que declara diretamente a sílaba como objeto de meditação. E, em segundo lugar, obrigar-nos-iam a considerar o termo em sentido metafórico. O adequado é que a conclusão de uma ideia dentro de um contexto deva estar de acordo com o anterior, aqui na introdução. Portanto, concluiremos que nesse texto o que se propõem é o superpor, a ideia de Prana em Om, como uma parte do *udghita*. Mas, na Brhadaranyaka Upanishad, não há motivo para interpretar uma parte, a não ser que se apresenta como um todo. E na frase: "Canta (o udghita) para nós" [376] o sacerdote (*udghata*) se identifica com o Prana. Apresenta-se de distintas maneiras na Brhadaranyaka, mas isso se faz para mostrar que o Ser de tudo é esse Prana que se representa como *udghita*. Não implica a unidade entre as duas meditações. O termo *udghita* significa o ato total religioso. E ai está a diferença entre os dois. Não se pode argumentar dizendo que é impossível que o Prana seja o *udghita*. Essa seria uma interpretação errônea da Br. Up., porque, desde o ponto de vista da meditação devocional, o Prana pode imaginar-se como *udghita*, o mesmo que *udghata*. Além disso, o *udghata* canta o *udghita* com a energia do Prana. Por isso, a identificação não é impossível. De acordo com isso, diz a Upanishad: "Em efeito ele cantou através da linguagem e a energia vital"[377]. Se compreendermos que o texto intenta transmitir um diferente objeto nas duas primeiras Upanishads, não parecerá apropriado sobre a identidade de significados a partir de uma aparência de similitude na linguagem. Um exemplo disso se encontra na frase do (Purva Mimansa) sobre a inesperada ascensão da lua durante a cerimônia e o desejo de gado, onde há uma similitude nos preceitos: "Os grãos de arroz devem dividir--se em três partes. E com as do um tamanho médio se fará um pastel para oferecê-lo em oito vasilhas, ao deus do fogo Agni, o doador".

Ainda que nas frases se encontra um preceito similar, sem dúvida, tem uma diferença nas passagens introdutórias de ambas. A diferença consiste em que as oferendas que se fazem na ascensão da lua não estão conectadas com as divindades do sacrifício darsha mas não constitui um novo sacrifício. Portanto, a diferença nas frases introdutórias produz também uma

---

[376] MARTÍN, 2002, p. 54, verso I,3,2.
[377] MARTÍN, 2002, p. 68, verso I,3,24.

diferença nas meditações, como no caso daquele que é mais elevado que o elevado e maior que o maior.

A meditação em *udghita* de acordo com a frase: "O espaço Absoluto é maior que esses espaços. É a mais alta meta. É o *udghita* mais elevado que o elevado, e maior que o grande Prana é o infinito"[378] e a outra meditação em *udghita* mostra características do sol e o olho (Ch.Up., I,6,7) e são meditações separadas. Apesar de que em ambas o *udghita* está identificado com o Ser Supremo. Isso é o que sucede com as meditações em geral. A característica especial das diferentes meditações é que não se pode combinar, ainda pertencendo ao mesmo ramo dos Vêdas e menos, todavia se pertencem a distintos ramos.

Sutra 8: dá-se identidade do nome (sustenta-se que as duas meditações são as mesmas), isso já foi contestado, mas essa semelhança e nome se encontra inclusive com respeito às coisas muito diferentes[379].

Sutra 8: se, por similitude de nome, se dissesse que as distintas meditações são uma mesma meditação, contestaríamos que isso já foi explicado. Sem dúvida, essa similitude de nome nas meditações diferentes, existe[380].

Se sustentássemos que a meditação é a mesma aqui, porque em ambas as Upanishads é chamada a meditação no Udghita, diremos que essa posição é inaceitável por haver afirmado: "Melhor não, devido a uma diferença de tema, inclusive em casos como a meditação em Udghita que possui a qualidade de ser mais alto que o mais alto e maior que o maior." (III,3,7). Isso se aplica aqui mais adequadamente por conformar-se às letras da Upanishad, o nome se usa em sentido secundário somente pelas pessoas comuns que tratam com o tema e que tomam sua indicação do mero fato que a palavra Udghita está em ambos os lugares. Além disso, encontramos essa unidade de nome ante diferenças bem reconhecidas e subjacente às meditações, tais como aquela sobre o Udghita (Brahmâm) que possui as qualidades de ser mais alta que a mais alta e maior que o maior, onde se usa também a expressão: "meditação no Udghita". Aqui, o caso é análogo aos dos rituais Agnihotra, Darsanapurmasa e outros, todos compilados sob o nome de Kathaka. Onde não há uma razão especial para considerar a diferença, pode-se declarar a unidade nas meditações, a partir da identidade de nome, como na meditação *samvarga* de absorção.

---

[378] TINOCO, 2021, verso I,9, 1-2.

[379] GAMBHIRANANDA, 1983, p. 656.

[380] MARTÍN, 2001, p. 506.

TEMA 4: A ESPECIFICAÇÃO DO OM

A DETERMINAÇÃO DA SÍLABA OM (*AUM*) EM MEDITAÇÂO

Aqui, surge uma dúvida: na frase: "Medita na sílaba Om (Aum) (do) Udghita"[381], onde são apresentadas estas duas palavras como opostas por uma dessas quatro relações: superposição (*adyâsa*), separação (*apâvada*), identidade (*chatva*) ou especificação (*viseshara*). Qual dessas relações é a adequada no presente contexto?

A superposição ocorre quando a ideia de uma das duas coisas não foi descartada e a ideia da segunda se superpõe sobre a ideia da primeira. E junto à ideia superposta à primeira ideia permanece naquele sobre o que se superpõe à segunda ideia. Por exemplo, quando a ideia do Absoluto Brahmâm se superpõe ao nome, a ideia do nome persiste, não fica negada pela ideia do Absoluto. Outro exemplo é o que se constrói pela superposição da ideia do deus Vishnu sobre a estátua do deus Vishnu e o mesmo ocorre com o tema do qual tratamos. A ideia do udghita pode haver sido superposta sobre o mantra Om (Aum) ou essa sobre aquela.

Em segundo lugar, está a separação quando uma ideia anteriormente associada a um objeto se reconhece como falsa. A verdadeira ideia elimina a errônea anterior. Por exemplo, a ideia da própria identidade fixada ao corpo e aos sentidos se elimina ante a verdadeira ideia da identidade com o Ser mesmo, que aparece da expressão: "Tu és isto"[382]. Para mencionar outro exemplo: a confusão da ideia equivocada sobre as agulhas de uma bússola se elimina mediante a verdadeira ideia de direção. Da mesma maneira, a ideia de *udghita* aqui pode eliminar a ideia do Om (Aum) ou vice-versa.

E quanto à identidade na relação significa que o significado dos termos *Om* e *udghita*, são iguais em extensão, como no caso das expressões: "O melhor entre os nascidos duas vezes". Todas essas expressões denotam um ser da casta principal. A relação será finalmente naquela que se dá quando a sílaba *Om (Aum)*, presente em todos os textos védicos, e entendida como tal, se encontre unida às ações do *udghata*. O mesmo que se pode dizer: "Traga a flor de lótus que é azul", o significado aqui seria: "Medita em *Om* que é o *udghita*"

---

[381] TINOCO, 2021, verso I,1,1.
[382] TINOCO, 2021, verso VI,8,16.

Diz o adepto do Vedanta: quando se pensa sobre essa frase, aparecem todas as alternativas contrapostas. E ao não haver razão para aceitar uma ou outra, o Sutra seguinte, diz:

Sutra 9: dado que Om está presente em todos os Vêdas, é apropriado qualificá-lo com a palavra Udghita[383].

Sutra 9: e já que a sílaba Om (Aum) se encontra estendida (por todos os Vêdas), é adequado determiná-la com a palavra udghita[384].

A palavra "e" é aqui usada no lugar de "mas" e se usa para descartar as outras alternativas. Três das quatro possibilidades estão equivocadas e se negam, enquanto a quarta se aceita porque não há erro nela. As objeções sobre as três primeiras são as seguintes: aceitada a suposição, teríamos que admitir que a palavra que expressa superposição deve ser considerada em sentido metafórico e, portanto, o resultado dessa meditação seria imaginário.

Diz o opositor: mas esse resultado imaginário se menciona na mesma Upanishad, que diz: "E chega a ser um distribuidor de desejos"[385].

Diz o adepto do Vedanta: isso não é assim, porque esse é o resultado da meditação na qual a sílaba Om se considera como a realização de todos os desejos e não da superposição de *udghita*. Em relação à separação (*apâvada*), a ausência de resultado é também evidente.

Diz o opositor: o resultado pode ser a eliminação do falso.

Diz o adepto do Vedanta: não é assim, já que não se vê a negação da ideia de que o Om e o *udghita* sejam iguais pode ser algo desejável para o ser humano. A ideia de Om não pode ser desligada dela mesma e o mesmo sucede com a ideia de *udghita*. Essa frase não tem como finalidade mostrar a verdadeira natureza de algo, a não ser o experimentar uma certa classe de meditação. A hipótese da unidade também se exclui ao considerar que como nesse caso um termo seria suficiente para comunicar o significado desejado seria desnecessário empregar dois termos. E inclusive a palavra *udghita* nunca se usa com o significado de Om, em sua conexão com o Rig Vêda, e o Yajur Vêda. Nem se usa essa palavra Om para indicar a segunda parte de um Sama, canto ao qual se refere com a palavra *udghita*. Em último extremo, prevalece a quarta alternativa, porque compreende todos os Vêdas. Quer dizer que como o Om não pode ser entendido como o que abarca

---

[383] GAMBHIRANANDA, 1983, p. 659.

[384] MARTÍN, 2001, p. 508.

[385] TINOCO, 2021, verso I,1,7.

BRAHMA SUTRA (TOMO II)

todos os Vêdas, determina-se com a palavra *udghita* para que esse Om, que é uma parte dela, possa perceber-se.

Diz o opositor: Inclusive desde esse ponto de vista, não é necessário admitir uma interpretação metafórica, levando em conta que a palavra *udghita* é só uma parte dela mesma?

Diz o adepto do Vedanta: é verdade, mas temos que distinguir que ainda sendo uma maneira de falar, há uma aproximação ao significado original. Se aqui tomamos a alternativa da superposição, teremos que aceitar uma implicação remota. Será a ideia de algo que se há superposto sobre a ideia de algo totalmente diferente. E se, por outra parte, adotamos a alternativa de especificação, a implicação é fácil. A palavra que em seu sentido original denota o ser total se usa para indicar o todo, frequentemente se usam para indicar também as partes. As palavras "roupa" e "povo" se empregam assim.

Pelas razões anteriormente expostas, afirmamos que o texto da Chandogya Upanishad deve considerar a palavra *udghgita* como uma determinação da sílaba Om.

TEMA 5: A IDENTIDADE DA MEDITAÇÃO NO PRANA

Sutra 10: sendo todas as meditações no Prana as mesmas, esses traços que encontramos aqui, em uma há que agregá-los em outras partes[386].

UNIDADE DAS MEDITAÇÕES SOBRE A ENERGIA VITAL (*PRANA*)

Sutra 10: como todas as meditações sobre a energia vital, Prâna, nos textos são iguais, as características de uma devem adicionar-se a outros lugares (também)[387].

Há aqui uma dúvida: na frase sobre a energia vital relatada no Vâjaseseyin e na Chandogya a energia vital é apresentada como um objeto de meditação por ter a característica de ser a melhor. E ao órgão da linguagem e outros órgãos se lhes atribuem qualidades como vida confortável.[388] Essas qualidades se atribuem também ao Prana nos textos que dizem o seguinte: "A linguagem disse: A supremacia que eu tenho é sua"[389]. Mas em outros

---

[386] GAMBHIRANANDA, 1983, p. 660.

[387] MARTÍN, 2001, p. 509.

[388] A palavra aqui é *vasista* e deve entender-se que a capacidade da palavra se faz a vida agradável (nota de rodapé de Consuelo Martín, 2002, p. 509)

[389] MARTÍN, 2002, p. 460, verso VI,1,14.

ramos dos Vêdas como na Kaushitaki e outros se menciona a supremacia do Prana, em frases como: "A energia vital entrou nisto e surgiu no momento. Todas essas divindades reconheceram a supremacia da energia vital" (Ka. Up. II,14). Atributos como o assinalado antes não se mencionam. A questão é se essas qualidades se encontram em alguns lugares devem adicionar-se em locais onde não se diz nada sobre elas?

Diz o opositor: a posição que se deve aceitar ante tal dúvida é que não se devem acrescentar.

Por quê?

Devido à palavra "assim", pois, nos respectivos locais, a coisa a ser conhecida (na qual devemos meditar) se apresenta usando a palavra "assim", como em: "de maneira análoga, se alguém, aquém, depois de haver conhecido o Prana assim: (como possuindo as qualidades de ser o maior), (medita no Prana), se converte no maior" (Kau.Up., II,14). A palavra "assim" só se refere ao que está próximo; então, não tem a capacidade de apresentar os atributos de natureza similar, mencionados em outros ramos. Portanto, a curiosidade de conhecer o que quer dizer "assim" deve satisfazer-se pelos atributos encontrados no seu próprio contexto.

Diz o adepto do Vedanta: sendo essa a posição, é possível refutá-la. Alguns dos atributos mencionados, os de ser o *vashistha* etc., deve agregar-se em outros lugares.

Por quê?

"Devido a não diferença de tudo" (por donde se queira), pois, em todas as partes, reconhecemos a meditação no Prana similar. E quando a meditação é a mesma, por que esses atributos, mencionados em algum lugar, não deveriam ser acrescentados em outro?

Diz o opositor: a resposta é que o termo assinalado se encontra no Kaushitaki Brahmana, ao tratar da meditação no Prana, que é una e a mesma, como já foi demonstrado. Além disso, não há que fazer diferenças entre as características mencionadas nesse ramo e as que se nomeiam em outro ramo, se a meditação é a mesma.

Essa interpretação não implica em uma separação do que dizem as escrituras védicas, nem a negação daquilo que elas prescrevem. As características que se declaram em um ramo são validas para todas as escrituras, sempre que aquele ao qual essas características se referem seja o mesmo. Assim como Devadata que é conhecido em seu próprio país pelo seu valor e outras características não as perde, porque vai a outro país, onde os habitantes não sabem nada sobre elas. Com um conhecimento maior, essas qualidades de Devadata seriam reconhecidas também naquele país. Da mesma maneira, as características mencionadas em um ramo sobre a meditação podem ser incluídas em outro ramo sobre meditação e os atributos que pertencem a um objeto se devem incluir onde quer aquele objeto se encontre, ainda que só se mencione em um lugar.

TEMA 6: COMBINAÇÃO E NÃO COMBINAÇÃO DOS ATRIBUTOS DE BRAHMÂM

OS ATRIBUTOS DO ABSOLUTO SE PODEM INCLUIR EM ALGUMAS MEDITAÇÕES E NÃO EM OUTRAS

Aqui, surge uma dúvida: nos textos que apresentam a real natureza do Absoluto Brahmâm, constatamos que, aqui e além, mencionam-se só algumas das suas características: a felicidade mesma, a consciência indiferenciada, onipresente, o Ser de tudo etc. Daí, a dúvida: esses atributos de Brahmâm, tal como a beatitude, são os únicos que devem aceitar-se em um lugar particular, assim como são mencionados especificamente aí, ou há que se aceitar todos os atributos onde quer que seja?

Diz o adversário: considerando as circunstâncias, a conclusão óbvia é que os atributos devem ser aceitos como aparecem, separadamente, nos diferentes contextos.

Diz o adepto do Vedanta: o Sutra seguinte contesta a pergunta.

Sutra 11: a beatitude e as características da entidade principal (Brahmâm) devem ser combinadas[390].

Sutra 11: a plenitude e outros atributos do Ser (Absoluto) devem ser integrados (em todos os lugares)[391].

Deve-se compreender que todas as características do Absoluto Brahmâm, tal como a beatitude, a plenitude etc., pertencem a Ele, em todos os contextos.

Por quê?

Precisamente porque não há diferença entre todos os lugares, sendo essa entidade principal, Brahmâm, igualmente o substantivo em todos os

---

[390] GAMBHIRANANDA, 1983, p. 663.
[391] MARTÍN, 2001, p. 511.

contexts. Portanto, os atributos de Brahmâm existem coletivamente em todas as partes, de acordo com a ilustração do valor de Devadatta, mostrado no tema anterior.

Diz o adversário: nesse caso, todas essas características se veem em: "Ele tem regozijo como cabeça" e se mesclam em todos os contextos. Então, a Taittiryia Upanishad, depois de haver introduzido o Ser constituído pela graça, diz: "A alegria (Pryam) é como se fosse a sua cabeça, o deleite (Moda) é a sua asa esquerda, o grande deleite (Pamoda) é a sua asa direita, a bem aventurança é o seu corpo, Brahmâm é o seu suporte"[392].

Diz o adepto do Vedanta: na continuação, dá-se a resposta a isso.

Sutra 12: os atributos, ou seja, ter regozijo como a cabeça etc., não devem agregar-se o que se queira, porque tem níveis de intensidade e debilidade possíveis em um contexto de diferença (dualidade)[393].

Sutra 12: qualidades como a alegria em sua cabeça e demais (citadas na Taittiryia Upanishad) não há que as considerar em relação com outros textos, porque esses termos indicam graus (no sujeito experimentador da meditação, nos que pode haver diferenças)[394].

Atributos como "a alegria na cabeça" e os demais, que são mencionados na Taittiryia Upanishad, não devem ser adicionados em qualquer lugar, já que alegria, satisfação, regozijo e felicidade se percebem como diferentes graus de debilidade nos experimentadores. Só nessa debilidade se dá a diferença, porque o Absoluto Brahmâm é indiferenciado, sabe-se pelos textos que é "uno sem segundo" (Ch.Up., VI, 2,1). Temos demonstrado em virtude do Sutra (I,1,12) o seguinte: "O Ser de Plenitude indica o Ser Supremo por repetição da palavra "plenitude" (*ananda*) referida ao Supremo Ser", que qualidades como a alegria na cabeça e os demais, não podem ser do Absoluto que é pleno de felicidade. Essas qualidades se imaginam como um meio de concentrar a mente no Absoluto, mas não são elas mesmas o objeto de contemplação. Daí, deduz-se que não são válidas em qualquer lugar. Sem dúvida, ao se admitir como argumento que esses atributos são do Absoluto, o mestre espiritual Vyasa mostrou unicamente que esses atributos não podem ser acrescentados em qualquer lugar.

Esse tipo de raciocínio pode ser aplicado também a outros atributos que, sem dúvida, pertencem ao Absoluto Brahmâm e se usa para meditações

---

[392] TINOCO, 1996, p. 231, verso II, 5,2.

[393] GAMBHIRANANDA, 1983, p. 664.

[394] MARTÍN, 2001, p. 511.

BRAHMA SUTRA (TOMO II)

especiais. Por exemplo: *samyadvâna*, aquele para onde se dirigem todas as graças e bendições (Ch. Up., IV, 15,2) e *satyakâma*, aqueles cujos desejos são realidades (Ch. Up., III, 14,2). Porque esses textos podem estar relacionados com o Absoluto como o objeto de meditação. Sem dúvida, pela diferença entre os diferentes contextos sobre meditação, os atributos que se encontram em um não podem transferir-se a outro. É como as duas esposas de um rei, que lhe ajudam de diferentes maneiras, uma com um leque e a outra com uma sombrinha. E o comportamento do rei difere segundo o modo de serviço, ainda que a pessoa a quem serve seja a mesma. O mesmo sucede no tema que tratamos. Aqui, também as qualidades de maior ou menor intensidade são possíveis no Absoluto Brahmâm com atributos, ou seja, Saguna Brahmâm, em quem se admite a pluralidade. Mas não é possível no Supremo Absoluto que não tem nenhum atributo. Por isso, atributos como "ter desejos que se realizem" que se mencionam em certos contextos não são válidos em qualquer contexto.

Sutra 13: mas devemos entender que as outras características estão em todos os contextos, devido à identidade de significado[395].

Sutra 13: mas as outras características devem entender-se com idêntico sentido[396].

Mas se deve entender que todos os outros atributos, como a graça, mencionados para explicar a real natureza de Brahmâm, estão em todos os contextos, por ter uma identidade de significado, ou seja, Brahmâm, o possuidor desses atributos que tratam de estabelecê-los, é o mesmo. Daí, a diferença entre os dois grupos de atributos, dado que são, simplesmente, para o alcance do conhecimento, e não para a meditação.

TEMA 7: PURUSHA É O MAIS ELEVADO NA KATHA

O ESPÍRITO É O MAIS ELEVADO SEGUNDO A KATHA UPANISHAD

Sutra 14: o que se menciona na Katha Upanishad é para a profunda meditação em Purusha (e não para afirmar gradações alguma), dado que isso é inútil[397].

---

[395] GAMBHIRANANDA, 1983, p. 665.
[396] MARTÍN, 2001, p. 512.
[397] GAMBHIRANANDA, 1983, p. 6665.

Sutra 14: na Ka., Up., I,3,10, considera-se o espírito como o mais elevado, visando a meditação profunda (e não por sua posição relativa), pois não se usa com esse propósito[398].

Na Katha Upanishad, pode-se ler o seguinte: "Além dos sentidos estão os objetos; além dos objetos está a mente; além da mente está o intelecto"[399] e em continuação: "Além do intelecto está o poderoso Atman; além do poderoso Atman está o imanifesto, além do imanifesto está o Purusha. Além do Purusha nada há. Este é o final, o Supremo Objetivo"[400]. Aqui, surge uma dúvida: se o texto se propõe a explicar que cada uma das coisas enumeradas sucessivamente é mais elevada que a anterior ou só que o espírito é o mais elevado de todos.

Diz o opositor: o propósito é que cada coisa é superior à precedente, porque a Upanishad fala expressamente de que uma é superior à outra, e essa é superior à outra e assim sucessivamente.

Poder-se-ia negar que, ao propor muitas coisas como sucessivamente mais elevadas que aquelas que lhes antecedem, implicaria na perda de unidade na ideia expressada em uma só frase.

Diz o opositor: isso não importa, porque o texto poderia conter várias frases. E é adequado que as orações sejam várias, porque expressam várias coisas superiores. Além disso, cada uma das orações do texto devem considerar-se que afirma a superioridade de cada um dos objetos.

Diz o adepto do Vedanta: diante dessa conclusão, a nossa resposta é que a posição mais razoável é que todo o texto tem por finalidade indicar que o espírito é mais elevado que qualquer outra coisa. Qualquer outra informação, como a superioridade relativa das series "não se usa com este propósito". Isso porque nenhum outro objeto foi observado, nem se há mencionado nas Upanishads. E quando se estabelece que o espírito, o Ser Supremo, está livre de todo o mal e é superior aos sentidos, a Libertação Final se apresenta como um ato de discernimento. E o texto upanishádico assim o afirma pala frase: "[...] o Atman, que não tem começo nem fim, que está além do Grande e imutável, está livre das mandíbulas da morte"[401]. Mais ainda, o texto, após declarar que nada há mais elevado que o espírito (I,3,11), com a palavra "meta", dá a entender uma reverência ao espírito.

---

[398] MARTÍN, 2001, p. 513.

[399] TINOCO, 1996, p. 165, verso I,3,10.

[400] TINOCO, 1996, p. 165, verso I,3,11.

[401] TINOCO, 1996, p. 166, verso I,3,15.

BRAHMA SUTRA (TOMO II)

E assim, põe de manifesto que toda a série de objetos enumerada tem por única finalidade assinalar o espírito. "Para uma profunda meditação", significa para chegar a uma tomada de consciência completa da Realidade Absoluta mediante a profunda meditação. Por aqui, fala-se da meditação como um meio para se alcançar a Iluminação completa e não a meditação profunda por si mesma.

Sutra 15: e essa deve ser a conclusão, devido ao uso da palavra Ser[402].

Sutra 15: e essa é a conclusão, tendo em conta a palavra Ser[403].

O fato adicional de que o espírito (Purusha) em questão é mencionado como o Ser, na frase: "Ele se oculta em todos os seres e por isto, não aparece como o Ser de todos. Mas os videntes do sutil O veem através de um intelecto fino e concentrado" (Kau. Up., I,3,12). Isso prova que essa menção de uma cadeia de superioridade em ordem sucessiva, começando pelos órgãos sensórios, é para estar consciente do Purusha. Disso se entende que o resto não é para que se mencione como o Ser. Esse mesmo Purusha se apresenta como inescrutável e, sem dúvida, compreensível pela mente plenamente purificada. Com fim de estar consciente desse Purusha, prescreve-se a meditação seguinte: "O homem sábio coloca a sua fala na sua mente, e a sua mente no seu intelecto (buddhi)"[404]. Essa frase (verso) se refere aqui à meditação profunda como meio para se conhecer o mais elevado espírito, como foi explicado em I,4,1. As Upanishads indicam em muitas e variadas formas seu objetivo: o espírito, e não as demais coisas. Além disso, a frase: "O homem que tem discriminação por seu 'condutor da carruagem', segurando as rédeas da mente com mãos firmes, encontra o final da estrada. Esta é a suprema posição de Vishnu"[405] se refere a quem está "no final do caminho". Daí, deduzimos que a enumeração da série de sentidos, os objetos etc. têm como propósito o mostrar como se chega ao mais elevado lugar.

TEMA 8: O SER SUPREMO NA AITAREYA

Sutra 16: na Aitareya Upanishad, ao Ser Supremo deve-se entendê-Lo como o fizemos em outros lugares (em outros textos relativos à criação), devido à qualificação subsequente[406].

---

[402] GAMBHIRANANDA, 1983, p. 667.

[403] MARTÍN, 2001, p. 514.

[404] TINOCO, 1996, p. 166, verso I,3,13.

[405] TINOCO, 1996, p. 165, verso I,3,9.

[406] GAMBHIRANANDA, 1983, p. 668.

O SER SUPREMO NA AITAREYA UPANISHAD

Sutra 16: na Aitareya Upanishad, como em outros lugares (em outros textos sobre a criação), o Ser Supremo deve compreender-se de acordo com a qualificação posterior[407].

Lemos na Aitareya Upanishad: "Antes da criação do mundo, só existia o Atman, apenas o Atman, não existia mais nada. Nada havia além Dele. Então, o Atman pensou e disse: 'Criem-se os mundos'".

"Ele criou os mundos denominados: Ambar, o mundo mais elevado, que está acima do céu e é sustentado por Ele; Marichi o mundo celeste dos raios solares; Mara, o mundo mortal, a terra; Apa, o mundo abaixo da terra. Yon é Ambar, acima dos céus é o seu suporte. Os Marichis são o espaço. Mara é a terra. O que está abaixo é Apa (água)".[408] A dúvida que se apresenta aqui é se o termo "ser" (Atman) se refere ao Ser Supremo ou a algum outro ser.

Diz o opositor: eu sustento que o Ser Supremo não é o que significa a palavra ser, porque isso é o que se confirma examinando a frase upanishádica.

Surge uma objeção: por acaso a sequência que conecta a frase não propende mais a favor do Ser Supremo pela asserção da unidade do Ser antes da criação e pela menção da criação, depois da deliberação?

Diz o opositor: essa não pode ser a conclusão, posto que o texto relata a criação dos mundos. Se trata de apresentar o Ser Supremo como o Criador, falaria da criação dos elementos primeiro e da criação dos mundos depois, pois os mundos são só combinações dos elementos. Os mundos se expressam em palavra como "águas" (*ambhas*) na frase: "O que está mais além dos céus são as "águas"[409]. A revelação dos Vêdas e a tradição ensinam que a criação é obra de algum ser diferente que está sob a direção do Ser Supremo. É o que encontramos no texto upanishádico: "No princípio tudo isto não era mais que o Ser (*Viraj*) em forma humana"[410] e no texto da tradição: "Ele é o primeiro ser encarnado, que se chama espírito. É o primeiro criador dos seres, o primeiro a manifestar-se como Brahmâm". Os seguidores do ramo a Aitareya mencionam um texto anterior: "Em continuação se criam as sementes. As sementes de Prajapati (*Viraj*) são os deuses" (Ait.

---

[407] MARTÍN, 2001, p. 514.

[408] TINOCO, 1996, p. 258, versos I, 1, 1-2.

[409] TINOCO, 1996, p. 258, versos I,1,2.

[410] MARTÍN, 2002, p. 72, verso I,4,1.

Bram., II, 3,1), onde a criação múltipla foi obra de Prajapati. A palavra Ser que aparece no texto anterior assinalado (Br. Up., I,4, 1) se aplica algumas vezes a Ele (Prajapati). E sua unidade se explica ante a criação múltipla, se considerarmos que essa criação não existia todavia. E essa reflexão pode atribuir-se também a Ele, por ser de natureza inteligente. Mais ainda, a frase: "Trouxe- lhes uma vaca, depois de formá-la, tirando-a da água...O Ser Supremo trouxe- lhes um cavalo"[411] está de acordo com o que se sabe das atividades particulares dos diferentes seres que pertencem ao mundo aparente. E mostram que o Ser do que se fala deve ter algumas limitações.

Diz o adepto do Vedanta: diante disso, nós afirmamos que: o Ser Supremo tem o significado na Aitareya, "como em outros lugares" da palavra "Ser". Em outros textos upanishádicos que se referem à criação como: "Do Absoluto que é Ser Supremo, assim deve considerar-se neste caso". Mas nesses textos, nos quais o Ser está limitado por algum atributo como o de "ter uma forma humana", deve entender-se que se refere a algum ser particular. Sem dúvida, aqui nos encontramos com uma limitação posterior à primeira referência ao Ser, que coincide com o Ser Supremo. É o que está implícito na frase: "Criarei mundos" (Ai.Up. I,1,1) "E criou mundos" (I,1,2). Portanto, a posição razoável é aceitar que o que se apresenta aqui é o Ser Supremo.

Sutra 17: se objetássemos que dos exemplos dados nas frases se deduz que o Ser Supremo não é o significado proposto, a resposta é que se deve sê-lo pela declaração definida (que no princípio só o Ser existia)[412].

Sutra 17: tem-se dito que, pelo contexto, não se faz referência ao Ser; responderemos que se pela declaração de que só o Ser existia no princípio[413].

Segundo o que foi argumentado: do contexto, deduz-se que não se estava falando do Ser Supremo: isso deve ser refutado. "Se deve ser o Ser Supremo pela declaração defini- da": aqui é apropriada aceitar o Ser Supremo.

Por quê?

"Pela declaração definida", pois a declaração definida acerca da unidade do Ser, antes da criação, volve-se apropriada só se se quer indicar ao Ser Supremo, do contrário, seria inapropriada. No que diz respeito à frase da criação dos mundos, a interpretamos como significando a criação deles após a criação dos grandes elementos, como aprendemos de outras

---

[411] TINOCO, 1996, p. 259, versos I,2, 2-3.
[412] GAMBHIRANANDA, 1983, p. 669.
[413] MARTÍN, 2001, p. 515.

Upanishads. Aqui, podemos repetir o que fizemos com a interpretação da frase: "Este Brahmâm criou o fogo" (Ch.Up. VI, 2,3), cujo significado era que a criação do fogo seguida a do espaço e do ar, segundo aprendemos de outras Upanishads, pois qualquer espacialidade mencionada em uma Upanishad, referente ao mesmo tema, deve agregar-se, também, nas outras Upanishads. Com relação à atribuição de um comportamento particular ao Ser, na frase "Ele trás uma vaca para elas (as almas)", também a essa há que entendê-la de uma maneira que facilite a verificação da ideia que se trata de dividir. Certamente, não se pode dizer que a mera narração dessa anedota é o único significado, pois isso não conduz à meta humana alguma. Na verdade, o significado é a identidade do ser individual com o Absoluto Brahmâm. Por isso, depois de dividir a instrução acerca da criação dos mundos e as suas deidades que o presidem, como o fogo, para logo ensinar aos órgãos sensoriais e o corpo como o seu centro, o texto mostra como o criador pensou: "Como poderão existir os órgãos do corpo(e os seus guardiões) sem que Eu tome parte neles?"[414], refletindo, diz-se: "Quem sou eu?". E então a identidade do Ser com o Absoluto Brahmâm fica declarada categoricamente, ao dizer: "Tomo consciência do Espírito como o Absoluto, que a tudo penetra".

A mesma verdade, a identidade do Ser com o Absoluto se expressa na frase: "Este é o Brahmâm condicionado, Indra" (Ait. Up., III,1,3). Por todas essas razões, concluímos que não se pode objetar que o Ser Supremo, o Absoluto, é o que se refere a Aitareya Upanishad. Os dois Sutras anteriores podem explicar-se também com relação a outros textos upanishádicos. O Sutra 16 seria: na Chandogya Upanishad, como em outros lugares (a Br.Up), o Ser Supremo deve ser compreendido de acordo com a posterior indicação de identidade.

Podemos ler na Brhadaranyaka Upanishad o seguinte: "Quem é o Ser? É esse espírito infinito que como consciência da inteligência (budhi) entre os sentidos, sendo o mesmo adota uma aparência e se move entre os mundos. Parece que pensa, parece que se move, já que ai identificar-se com o sono profundo transcende este mundo constituído pelas formas da morte"[415]. Aqui, começa-se pelo Ser e, em continuação, demonstra-se que está livre de toda ligação, com o que se estabelece definitivamente que o Ser se identifica com o Absoluto Brahmâm. E a seguinte afirmação é conclusiva:

---

[414] TINOCO, 1996, p. 261, versos I,3,11.

[415] MARTÍN, 1996, p. 327, verso IV,4,7.

"É o grande Ser sem origem, sem deterioração, imortal, imperecível, livre e absoluto. O Absoluto está livre de todo medo"[416].

Na Chandogya Upanishad, há um capítulo no qual a introdução não utiliza a palavra Ser, do seguinte modo: "No princípio tudo isto não era mais que Existência, uno sem segundo"[417]. Mas, ao final, é declarada a identidade do ser individual com o Absoluto, com as seguintes palavras: "Tu és isto" (Ch. Up., VI,8,7).

Aqui, surge uma dúvida sobre se os textos sagradas se referem ao mesmo ou não.

Diz o opositor: não, porque não são iguais. E a determinação de sentido depende da letra do texto. Não se pode manter a igualdade de sentido quando o texto difere. Na Brhadaranyka Upanishad, pode-se ver que, pelo uso da palavra Ser, no princípio, ensina-se em todo o texto a verdadeira natureza do Ser. Sem dúvida, a Chandogya Upanishad começa de maneira diferente a sua instrução.

Diz o adepto do Vedanta: mas não foi dito que inclusive o texto da Chandogya Upanishad ensina, ao final, a identidade do Ser com o Absoluto Brahmâm?

Diz o opositor: isso é o que se disse, mas equivocadamente, porque, como o final deve coincidir com o princípio do texto, pode-se concluir que o que se sugere nele, é uma união imaginária do Ser com Absoluto.

Diz o adepto do Vedanta: ante isso, afirmamos que também o texto: "No princípio, tudo isto não era mais que 'o que é', uno sem segundo"[418] se deve compreender como uma referência ao Ser "como em outros lugares". Isso é o mesmo que na frase: "Quem é o Ser?"[419] se deve entender aqui o sentido.

Por qual razão?

Pelo ensino seguinte sobre a identidade. "Foi dito que, devido à relação do sentido entre o texto inicial (nele que não se faz referência ao Ser), não se pode compreender o capítulo nesse sentido, respondemos que pode ser (compreendido) pela afirmação definida".

Diz o opositor: se há indicado que a conclusão não está de acordo com o princípio e se a palavra Ser não se utiliza ao começar (como temos ajustado já) o sentido do texto não se refere ao Ser.

---

[416] MARTÍN, 2002, p. 408, verso IV,4,25.

[417] TINOCO, 2021, verso IV,2,1.

[418] TINOCO, 2021, verso VI,2,1.

[419] MARTÍN, 2002, p. 327, verso IV,3,7.

Diz o adepto do Vedanta: a conclusão foi que: "Que pode ser compreendido pela afirmação definida". De acordo com isso, o mais razoável é aceitar que o texto se refere ao Ser. Isso é o que expressa pela frase seguinte: "Pelo conhecimento verdadeiro, se ouve o inaudível, se toca o intocável, e se conhece o desconhecido"[420]. Aquilo que se expressa aqui é que todas as coisas podem ser compreendidas por meio do conhecimento do Uno. Essa afirmação somente pode ser feita se o Ser é aquilo ao qual se refere o texto do qual tratamos. Se o Ser permanece desconhecido, como se poderia conhecer todas as coisas? Mas ainda, temos a afirmação de que antes da criação existia apenas uma coisa, a referência ao ser individual mediante a palavra "ser". E ainda, essa declaração de, que no sono profundo, o ser chega a unir-se com o Ser Verdadeiro e está aí a repetida frase: "Tu és isto".

Tudo isso só pode ser adequado se o propósito do texto não é simplesmente a indicação de uma meditação imaginada sobre a identidade com o Ser, senão mostrar que o Ser é, realmente, todas as coisas. O argumento sobre a interpretação da frase introdutória não deve sustentar-se, porque essa introdução nem declara que o Ser é todas as coisas, nem que o não ser é todas as coisas[421]. E uma afirmação tão geral não contradiz nenhuma declaração particular de uma parte complementar, sempre que o particular está contido no geral. Além disso, o significado da expressão "o que é" se considera em sua totalidade, não pode ser outro, senão o Ser Supremo, posto que já provamos (em B.S., II,1, 14) a irrealidade do que se origina nos agregados, como a linguagem etc. A diferença de expressão também não implica em uma diferença de sentido. Como no caso das frases da linguagem comum, como "Leve dali, esta vasilha" ou "Traga-me esta vasilha dali", que têm, certamente, significados distintos.

A conclusão que se deduz daqui é que ainda nessa classe de textos varie o modo de expor o que foi tratado, o tema é, sem dúvida, o mesmo.

<u>TEMA 9: ACHAMANA E A MEDITAÇÃO NO PRANA</u>

Sutra 18: posto que acamana se menciona como um dever já reconhecido, aparece na Upanishad em conexão com um preceito novo (de meditação no Prana)[422].

---

[420] TINOCO, 2021, verso VI,1,1.

[421] Deve-se ter em conta que "Aquele que é" inclui o Ser e o não ser (nota de rodapé de Consuelo Martín, 2001, p. 518).

[422] GAMBHIRANANDA, 1983, p. 674.

A PRÁTICA YOGICA DE ACAMANA E A MEDITAÇÃO NA ENERGIA VITAL

Sutra 18: do mesmo modo, a prática da purificação da boca com água acamana que se explica Prana Vidyâ se refere a um ato (estabelecido já pela tradição), que se reconhece aqui (na Upanishad) por uma nova dedução (da meditação na energia vital)[423].

Aqui surge uma dúvida: no episódio do Prana ou força vital, tanto os Chandogas quanto os Vajasaneyeins mencionam que tudo o que é alimento para as criaturas, até os cachorros, é alimento da força vital e logo citam a água como sua película ou revestimento. Além disso, os Chandogas têm a seguinte frase: "Esta é a razão pela qual, quando as pessoas comem, o cobrem com a água, antes e depois de comerem"[424]. Os Vajasaneiys tem esta frase: "Portanto, os sábios versados nos Vêdas enxugam a boca com água, antes e depois de comer. Consideram que assim, cobrem a nudez da energia vital"[425]. "Portanto, uma pessoa que conheça isto, enxugará a boca, depois de haver comido. E enquanto o faz, pensará que está cobrindo a energia vital"[426]. Essas frases nos ensinam duas coisas: o ato de enxugar a boca e a meditação. A dúvida que surge é sobre se as frases prescrevem ambas as coisas ou só o enxague da boca ou a meditação sobre a energia vital como uma preparação.

Diz o opositor: a conclusão que daqui se deduz é que se prescreve ambos os atos. Isso porque tanto um como o outro são indicados no texto e, ainda, porque nenhum dos dois aspectos foi escolhido por outro meio de conhecimento. Além disso, adiciona o opositor, fala-se do enxague da boca, porque o caso imperativo do verbo está claro aqui. "Uma pessoa que conheça isto, enxaguará a boca". A referência que se faz no texto à meditação sobre a energia vital tem o simples propósito de elogiar o ato de enxugar com água.

Diz o adepto do Vedanta: não se pode sustentar que aqui se trata simplesmente de um preceito sobre o ato de enxaguar-se, já que o texto fala de um ato que era prática comum naquele tempo. Esse ato já era conhecido pela tradição, como uma prática de purificação.

---

[423] MARTÍN, 2001, p. 518-519.

[424] TINOCO, 2021, verso V,2,2.

[425] MARTÍN, 2002, p. 460,

[426] MARTÍN, 2002, p. 460, verso VI,1,14.

Diz o opositor: não formariam esses textos védico a base da tradição?

Diz o adepto do Vedanta: não é assim, porque os objetos são diferentes. A tradição que se refere a temas gerais prescreve enxagues d'água para todos os tipos de pessoas, para que se purifiquem. Enquanto os textos védicos se dão em um contexto de meditação na energia vital e, se fazem referência ao enxágue bucal, fazem-no como referência a isso, unicamente. Assim, um texto védico e um da tradição não podem relacionar-se evolutivamente um com o outro, uma vez que se ocupam de objetivos distintos. Por isso, não se pode sustentar que o texto védico trata de alguma lei sobre o ato de enxugar-se a boca com água relacionada com a meditação na energia vital, pois esse se sabe que o realizavam comumente todas as pessoas. Por isso, não se trata de um preceito sobre ambos. Além disso, no que diz respeito ao enxaguar a boca com água as pessoas, antes e depois de comer, a seguinte frase ensina o que se segue: "Enquanto o fazem, pensam que estão cobrindo a energia vital"[427] é um novo preceito para o pensamento, em relação à meditação na energia vital, que trata de eliminar a nudez dessa, com água utilizada no enxague. E não é adequado manter que essa afirmação sobre o quitar a nudez tem como sentido, elogiar o enxague bucal. Isso porque não é o tema que se prescreve aqui e porque a imaginação sobre cobrir a nudez é o mandato que o texto transmite. E não se deve argumentar que se devem admitir, nesse caso, os propósitos para um ato de enxague bucal, como o da purificação e o de cobrir a nudez. Nesse caso, teríamos que considerar não só um ato, mas os dois separados, porque uma ação é o enxague bucal com o objetivo de purificar a pessoa e a outra, a resolução mental de que essa água sirva ao propósito de cobrir a energia vital. Isso não pode ser negado.

Com relação ao texto "Tudo o que se conhece como alimento para todos, pássaros, cachorros, insetos, é o teu alimento"[428], não deve ser interpretado com o significado de que se deve usar toda uma classe de alimentos, porque isso seria contrário às escrituras e impossível em si mesmo. Isso indica que se deve olhar para todas as coisas como se fossem alimentos da energia vital. Portanto, concluímos que ainda a frase: "A água é o veículo", que constitui a continuação da última frase citada, refira-se ao ato de enxague como veículo da energia vital. Além disso, a forma verbal "eles enxugam", usada no tempo presente, não indica um mandato.

---

[427] MARTÍN, 2002, p. 460, verso VI,1,14.

[428] MARTÍN, 2002, p. 460, verso IV, 1,14.

Diz o opositor: mas não está também a forma verbal "eles pensam" no tempo presente?

Diz o adepto do Vedanta: isso é verdade, mas, também na frase "Pensam que estão cobrindo a energia vital", encontramos uma forma no presente sem poder de mandato. Mas, como necessariamente um dois atos foi considerado um preceito, nós afirmamos, em virtude do que o texto diz sobre a vestimenta de água, pelo que o está ordenado, é a meditação na água como veículo da energia vital. Isso porque é algo novo, ainda não estabelecido por trás de outras vias de conhecimento. O ato de enxugar com água já foi estabelecido por outros meios, como a tradição, e, portanto, não necessita que se indique de novo. O argumento que foi estabelecido pelo opositor sobre a base de que na Brhadaranyaka Upanishad o verbo "enxugar" está sob a forma de mandato, "Portanto, uma pessoa deve enxugar-se", refuta-se também pela nossa demonstração de que o ato de enxugar não é novo e, portanto, não requer preceitos védicos. Pela mesma razão que o texto não obriga que ao enxague da boca, os kânvasna na sua revisão da Br. Up., concluem o capítulo com a frase: "Enquanto o fazem pensar que está cobrindo a energia vital"[429] e não acrescentam a frase concluinte do texto Madhvandina: "Portanto, uma pessoa que conheça isto". Disso deduzimos que aquele ao qual se refere a revisão dos madhiandinas com o último texto é a meditação nas água como vestimenta que cobre a energia vital e se prescreve junto com os enxagues e não se pode sustentar que no lugar sejam prescritos os enxagues e outro distinto da imagem da imaginação sobre cobrir a energia vital. Porque o texto introdutório "A água é o veículo" é o mesmo em todos os lugares. Por essa razão, é razoável concluir que o que se prescreve aqui é a meditação de imaginar a água como veículo da energia vital.

TEMA 10: A MESMA MEDITAÇÃO NO MESMO RAMO

Sutra 19: as meditações no mesmo ramo são, similarmente, as mesmas (e seus traços devem ser combinados), devido a não diferença do objeto[430].

---

[429] MARTÍN, 2002, p. 460, verso IV,1,14.

[430] GAMBHIRANANDA, 1983, p. 677.

A IGUALDADE EM MEDITAÇÕES APRESENTADAS NO MESMO RAMO

Sutra 19: no mesmo ramo (sâkhâ), apresentam-se iguais meditações, devido a não diferença do objeto[431].

Dúvida: no ramo Vasajaneyi, sob o tema "conhecimento secreto do fogo", encontra-se uma meditação chamada Shandilya (aquele a quem foi revelada), durante a qual: "Ele deveria meditar no Ser identificado com a mente, cujo corpo é a força vital e aparece como esplendor". No mesmo ramo, a Brhadaranyaka também tem uma frase que diz: "O espírito identificado com a mente é da natureza da luz, e está no coração como um grão de cevada ou arroz. Ele é o que dirige tudo, o que tudo ordena, o que governa qualquer coisa que exista"[432]. Aqui, apresenta-se a dúvida seguinte: é a mesma meditação? E, ainda, os dados mencionados em cada texto devem combinar ou não?

Diz o opositor: a conclusão é que as meditações são diferentes e os seus aspectos não devem combinar-se.

Por quê?

Para que não surja a repetição. Ao haver considerado a possibilidade de evitar a acusação de repetição, afiançando-se no argumento segundo o qual essa repetição ocorre devido a uma diferença entre os estudantes e os que meditam nos distintos ramos dos Vêdas, determinou-se que, apesar disso, a meditação é a mesma, declarando que os aspectos que são um excesso em um lugar devem combinar-se com os outros, em conexão com a lenda (anedota) do Prana. Sem dúvida, no caso do mesmo ramo, tratar de evitar a acusação de repetição é impossível, por não existir diferença alguma entre os estudantes e os que meditam no mesmo ramo. Então, as meditações que ocorrem em contexto remoto não podem ser as mesmas. Tampouco é possível fazer uma divisão segundo a qual uma porção da escritura é para prescrever os atributos, pois, em tal caso, se fossem mencionados em diferentes lugares só os novos aspectos distintos, enquanto tanto os aspectos similares como os não similares se prescrevem em ambos os lugares, por exemplo, na frase: "identificados com a mente". Portanto, os atributos não devem ser combinados reciprocamente.

---

[431] MARTÍN, 2001, p. 521.

[432] MARTÍN, 2002, p. 439, verso V,6,1.

Diz o adepto do Vedanta: diante dessa postura, a nossa resposta é a seguinte: o mesmo que os textos que se encontram nos distintos ramos formem uma meditação na qual os diversos dados se combinem, assim também as passagens das quais estamos tratando ainda pertencendo ao mesmo ramo constituem uma meditação única, posto que o objeto é o mesmo em ambas. Reconhecemos que o mesmo Absoluto, enquanto objeto de meditação, tem certas características como o estar feito de consciência. O objeto de meditação determina a natureza da meditação e, quando não há diferenças de natureza, não se pode dizer que a meditação é diferente e que as características diferem segundo as diferenças das meditações.

Diz o opositor: mas não ficou demonstrado anteriormente que as meditações são diferentes, porque, de outro modo, haveria repetição?

Diz o adepto do Vedanta: não haveria repetição, porque cada texto pode ser compreendido com o seu significado particular, um deles prescrevendo a meditação e o outro suas características.

Diz o opositor: se esse é o caso, ou seja, se a Brhadaranyaka Upanishad prescreve os atributos, enquanto "o ensinamento secreto sobre o fogo" deveria ter sido afirmado só na Brhadaranyaka, como "Ele é o Senhor de Tudo" (Br. Up., V,4, 1) e o que se declara aí, por exemplo "identificado com a mente", não deveria haver sido declarado aqui.

Diz o adepto do Vedanta: esse não é o problema, posto que só pela similitude de algo que se há mencionado em outro texto podemos reconhecer a meditação em si mesma. A frase da Brhadaranyaka, pela meditação em Sândilya (Shadilya)[433], que se apresenta em outro texto, a Upanishad acrescenta algo sobre as características dessa meditação. De outro modo, como poderíamos saber que o texto (da Br.Up.) trata de nos indicar dados para a meditação com Sândilya? Além disso, quando uma frase pode ajudar a um propósito, ao apresentar algo que ainda não foi estabelecido, a parte que apresenta algo conhecido também ajuda logicamente a estabelecer um fato conhecido. Portanto, não poderíamos deixar de reconhecer a identidade desse texto, refutando-o com outro. Ainda, os dois textos pertencem ao mesmo ramo dos Vêdas, a meditação é a mesma e as características devem combinar-se em uma totalidade.

---

[433] No tratado "Ensinamentos Secretos sobre o Fogo" (nota de rodapé de Consuelo Martín, 2002, p. 522).

TEMA 11: NÃO HÁ COMBINAÇÃO NA MEDITAÇÃO SOBRE SATYA-BRAHMAM

Sutra 20: também em outro lugar (no caso da meditação em Satya-Brahmam), devem-se combinar os atributos como ocorre aqui (no caso de Shandilya-Vidya), a causa da conexão com o mesmo objeto de meditação[434].

NÃO SE PODE COMBINAR ALGUMAS CARACTERÍSTICAS DA MEDITAÇÃO (EM SATYA-BRAHMÂM)

Sutra 20: em outros casos, na meditação Satya-Brahmâm, pode-se combinar as características, a causa da conexão (com o mesmo objeto da meditação)[435].

Dúvida: a Brhadaranyka Upanishad começa dizendo que "Satya[436] é Brahmâm" (V, 5,3) e, logo, diz: "Aquele que é verdade é esse sol, o espírito que está ali na órbita solar e o espírito que está aqui no olho direito, os dois se encontram um no outro"[437], onde se ensinam as moradas particulares de Satya-Brahmãm no contexto divino e corporal. Logo, as *vyahitis* (sílabas místicas: *bhur, bhuvar* e *savat*) são concebidas como seu corpo, ensinando dois nomes místicos e secretos. "Seu nome secreto é Ahar" (I)[438]. Isso se encontra no contexto divino (V,5,3): seu nome secreto é Aham. Esse se encontra no contexto corpóreo (V,4,1). Agora, surge a dívida: esses nomes secretos devem ser entendidos como unidos em ambos os lugares ou separadamente: um no contexto divino e o outro no corporal?

Diz o adversário: com relação a isso, é inferido do mesmo aforismo, pois, no caso da "meditação de Shandilya", tem-se falado de uma combinação de atributos, apesar de que a meditação se haja declarado separadamente em dois lugares. Então, similar deve ser o caso em um lugar, onde o tema é análogo, posto que os aspectos estão ligados com a mesma meditação em Satya, recitada sob os contextos divinos e corporal é uma, devido a não diferença da introdução e a menção dos dois de maneira mesclada.

---

[434] GAMBHIRANANDA, 1983, p. 679.

[435] MARTÍN, 2001, p. 523.

[436] *Sat* significa que os elementos imperceptíveis: terra, água e fogo; *tya* significa ar e espaço. Assim, Satya significa Brahmâm como Hiranyagarbha, identificando-se com os cinco elementos imperceptíveis (Nota de rodapé de Swami Gambhirananda, 2001, p. 139, Tomo II).

[437] MARTÍN, 2002, p. 437, verso V,5,2.

[438] Ahar se origina de *han* ou *há*, que significa matar ou evitar (o mal); e Aham indica o Ser interno (nota de rodapé de Swami Ghambirananda, 1983, p. 139, Tomo II).

Por que um atributo mencionado aí não deveria pertencer a essa mesma meditação? Pois qualquer código de conduta que se ordena no caso de um mestre, por exemplo: quando o serviço, é igualmente aplicável, se é que ele está em uma aldeia ou em um bosque. Portanto, ambos os nomes secretos devem ser entendidos nos dois lugares.

Diz o adepto do Vedanta: sendo essa a posição do adversário, o seguinte aforismo se refuta.

Sutra 21: pelo contrário, não devem ser combinados, devido a uma distinção[439].

Sutra 21: ou pode ser que isso não seja assim, se temos em conta a diferença (de lugar)[440].

Os nomes secretos não se aplicam aos âmbitos mencionados.

Por quê?

Porque há uma diferença; estão relacionados com os distintos lugares de meditação.

Diz o opositor: como é assim?

Diz o adepto do Vedanta: a resposta é esta: o Plano Divino se expressa nas Upanishads com as frases: "Aquele é verdadeiramente este sol, o espírito que está aí na órbita do sol [...]"[441] e "Seu nome secreto é (também) aham"[442]. E o plano corporal em: "[...] esse espírito que está no olho direito"[443] e ainda "Seu nome secreto é Aham"[444]. Agora, o pronome "seu" se refere a algo mencionado no contexto próximo. Portanto, concluímos que cada nome sagrado se apresenta em conexão com um lugar especial. Como pode ser, então, os dois nomes válidos para ambos os lugares?

Diz o opositor: não é o espírito o mesmo orbe solar e no plano corporal? Porque o texto ensina que ambos os lugares são morada da mesma Vida Verdadeira do Absoluto Brahmâm (Satya Brahmâm).

Diz o adepto do Vedanta: isso é verdade. Mas, como cada nome secreto mostra o Ser Absoluto, condicionado a um estado particular, o nome é aplicado unicamente sob esse estado. Teremos um caso paralelo. Ainda

---

[439] GAMBHIRANANDA, 1983, p. 681.

[440] MARTÍN, 2001, p. 524.

[441] MARTÍN, 2002, p. 437, verso V,5,2.

[442] MARTÍN, 2002, p. 438, V,5,3.

[443] MARTÍN, 2002, p. 438, verso V, 5,4.

[444] MARTÍN, 2002, p. 438, verso V, 5,4.

que o mestre seja sempre o mesmo, a atenção que se lhe deve quando está de pé, não é a mesma quando está sentado e o significado para ele não é o mesmo está de pé que quando está sentado. A comparação que pôs o oponente está mal escolhida, porque os deveres do discípulo para com o mestre dependem do seu comportamento e este não difere na cidade ou na floresta. Portanto, os nomes secretos devem ser considerados por separado, de acordo com o local onde se esteja.

Sutra 22: também a escritura indica o mesmo[445].

Sutra 22: as escrituras também indicam o mesmo[446].

Além disso, percebe-se sinas a reluzir que indicam como tratar distintamente, os atributos; "A forma deste espírito é a mesma que a do outro; este tem os mesmos nódulos nos dedos que o outro, o mesmo nome que o outro"[447].

Diz o adversário: como pode ser isso um indicador?

Diz o adepto do Vedanta: da seguinte maneira: ao notar que os atributos diferem segundo a diferença do orbe solar e do olho e por onde não podem combinar-se entre eles naturalmente, o texto aqui emprega um processo de estender, desde esse ponto de vista da noção, os atributos do Ser na órbita solar ao Ser no olho, dizendo: "A fortuna deste é a mesma que a do outro". Portanto, a conclusão é que esses dois nomes secretos devem ser considerados separadamente.

TEMA 12: OS ATRIBUTOS DE BRAHMÂM EM RANAYANIYA NÃO DEVEM SER COMBINADOS EM OUTROS LUGARES

Sutra 23: e os atributos de Brahmâm, tais como a possessão de poderes indispensáveis e a compenetração do céu, não há que agregá-los a outras meditações pela mesma razão (de associação com moradas especiais)[448].

---

[445] GAMBHIRANANDA, 1983, p. 682.

[446] MARTÍN, 2001, p. 524.

[447] TINOCO, 2021, verso I,7,5.

[448] GAMBHIRANANDA, 1983, p. 682.

AS CARACRERÍSTICAS DO ABSOLUTO (BRAHMÂM) NO RANAYANIYA, NÃO PODEM INCLUIR-SE EM OUTROS LUGARES (QUE FALEM DO ABSOLUTO)

Sutra 23: pela mesma razão (que no Sutra anterior), o suporte do universo e a penetração dos céus (que são características do Absoluto em Rânâyainya) nem podem incluir-se em outras meditações sobre o Absoluto[449].

Em textos suplementares (*khilas*) do ramo Rânâyanîya do Sama Vêda, encontramos a seguinte frase: "O Absoluto é o suporte imutável dos poderes. Dentre eles o Absoluto é o melhor. No princípio o Absoluto penetrou nos céus". Nele, mencionam-se certas características suas, como o manter imutável os poderes, o penetrar nos céus e outras. E na Upanishad mesma (Rânâiyanyîa), são apresentadas meditações no Absoluto, como a de Shandilya. Surge aqui a questão de se as características do Absoluto Brahmâm mencionadas vão a ser incluídas nessas meditações ou não.

A conclusão do opositor é que podem combinar-se por estarem conectadas com o Absoluto Brahmâm, enquanto a resposta do adepto do Vedanta é que essas qualidades como o ter imutáveis poderes e penetrar nos céus não podem combinar-se com meditações como a de Shadilyia, pela mesma razão, por estarem relacionadas com diferentes lugares. Na meditação Shandiliya, considera-se que o Absoluto Brahmâm tem por morada o coração, de acordo com a seguinte frase: "É o Ser que está dentro do coração"[450]. O mesmo é afirmado no (*Dahara-Vidya*) quando se menciona a meditação no pequeno, assim: "Uma pequena morada, do tamanho de um lótus; e dentro do espaço ínfimo"[451]. Sem dúvida, na meditação de Upkosala a morada é o olho, assim: "O espírito que se vê no olho"[452]. Em todas essas meditações se descreve o Absoluto como residente no corpo. Portanto, é impossível inclui-las dentro das características do Absoluto Brahmâm que se menciona nos textos dos rânâiyaniyas, que se referem a atributos divinos.

Diz o opositor: mas os atributos elevados do Plano Divino estão também em conexão com aquele do plano físico, como em: "Ele é maior que os céus, maior que os mundos"[453], "Ele é o dispensador da luz, porque

---

[449] MARTÍN, 2001, p. 525.

[450] TINOCO, 2021, verso III,14,3.

[451] TINOCO, 2021, verso VIII,1,1.

[452] TINOCO, 2021, verso IV,5,1.

[453] TINOCO, 2021, verso III,14,3.

brilha em todos os mundos"[454], em "O espaço no coração imenso como o espaço infinito. Nele estão contidos o céu e a terra" e outros mais. Além disso, existem outras meditações no Absoluto Brahmâm não identificadas com uma morada, como as que o representa com 16 partes.[455]

Diz o adepto do Vedanta: isso o também é verdade, mas há uma razão especial pela qual as características mencionadas não podem incluir-se em outras meditações. Os aspectos que se indicam em um lugar podem incluir--se em textos sobre meditação que se encontrem em outro lugar, se estes últimos se conhecem como semelhantes. Mas atributos como a possessão de poderes imutáveis e outros atributos que aparecem em relação com os textos da meditação Shandilya são de tal natureza que se excluem mutuamente. Portanto, não podem fazer referência uns contextos com outros e a circunstância de que todos os dados estejam relacionados com o Absoluto Brahmâm não é suficiente para influir na meditação de outros contextos distantes. Essa lógica deve ser aplicada inclusive às meditações que estão declaradamente separadas. A conclusão é que, ainda que o Absoluto seja o mesmo, pode-se meditar Nele de diferentes maneiras pela diversidade dos seus atributos. A diversidade se pode apreciar em meditações com atributos, como este: "É mais elevado que o mais elevado e maior que o maior (na meditação udghita)" (Ver B.S., III,3,7). Portanto, as características de imutáveis poderes não se podem incluir em meditações como Shandilya.

TEMA 13: PURUSHA-VIDYA NA CHANDOGYA E NA TAITTIRYIA

Sutra 24: e as características de Purusha-Vidya não se devem agregar à Taittiriya, porque não se há recitado aí, como se faz no curso do Purusha--Vidya e em outros ramos[456].

A MEDITAÇÃO NA CHANDOGYA UPANISHAD E NA TAITTIRIYA NÃO SÃO AS MESMAS

Sutra 24: e como o mencionado nas meditações (da Chandogya) não se encontra nas de outros ramos (da Taittiriya, as duas meditações) Purusha Vidyas (não são iguais)[457].

---

[454] TINOCO, 2021, versoIV,15,4.

[455] Na Prasna Upanishad, há uma referência as 16 partes do Purusha: "Ó Sukesha, filho de Bharadvaja, você conhece a pessoa de dezesseis partes?" (Prasna 6, 1). Pippalada respondeu: "Meu jovem, dentro deste corpo habita Purusha, que é a pessoa de dezesseis partes" (Prasna 6,2) (TINOCO, 1996, p. 188-189).

[456] GAMBHIRANANDA, 1983, p. 684.

[457] MARTÍN, 2001, p. 527.

BRAHMA SUTRA (TOMO II)

Aqui, surge uma dúvida: tanto na porção Brâhmana dos Tandis e de Painginis, que tratam dos ensinamentos secretos, ocorre meditação em Purusha, tomado no seu sentido literal: como "ser humano", ou seja, um aspirante. Aí, imagina-se que o aspirante é um sacrifício e toda a sua vida é dividida em três partes, concebidas como os três períodos de um ritual (*savanas*), durante o qual se extrai o suco do Soma. Seu desejo por alimento se imagina como uma iniciação para o ritual. Em Ch.III, XVI, 1-6, também se encontra algumas outras características, tais como a oração e a pronunciação dos mantras. Os Taittriyakas concebem também algum tipo de ritual-purusha na sessão que se inicia com: "Desse homem de conhecimentos, que se imagina como o ritual, a alma é o ritual, a fé é a esposa" (Tai. Ar., VI, 52, 1). Com relação a isso, surge a dúvida: as características do ritual-purusha, como foi declarado em outro lugar, devem ser agregados àquelas que encontramos na Taittiryia ou não?

Diz o adepto do Vedanta: quando surge a possibilidade da combinação, por ser ambos os rituais-purusha, diremos que as características não devem ser combinadas.

Por quê?

Porque logramos reconhecer que um pertence à mesma forma do outro. Por isso, o mestre espiritual Vyasa se expressa desta maneira: na meditação do ser humano (da Chandogya) está o ensinamento de alguns ramos (*sâkhas*) como as dos tândins e os paiginis. Sem dúvida, em outros textos como o dos Taittitiyakas não se encontram iguais, porque o que se expressa é a identificação do ser humano com a oferenda, a que se enumera o oferente: o Vêda, o altar, a erva kusha do ritual, a vara, a manteiga clarificada (*ghee*), o animal que se oferece, o sacerdote e outros[458]. Nenhuma dessas referências são mencionadas na Chandogya. E o uso que o Taittitiyaka dá as três libações é diferente do que se dá na Chandogya.

Os poucos pontos nos quais os dois textos estão de acordo como a identificação da cerimônia Avabritha com a morte perdem importância ao lado de grande número de diferenças que se encontram neles. Portanto, não se pode reconhecer como iguais. Além disso, na Taittiriya não se apresenta

---

[458] "Com relação ao sacrifício do homem de conhecimento, a alma é aquele que sacrifica, a fé é a esposa, o corpo é o combustível, o peito é o altar, o punhado de kusha é o monte de cabelos na cabeça, o coração é o poste do sacrifício, o desejo é *ghee*, a cólera é o animal, a austeridade é o fogo, o auto controle que tranquiliza é *dakshina* (pagamento aos sacerdotes), a fala é o sacerdote chamado Hota (aquele que verte as oblações), *Prana* é o sacerdote Udgata, e o olho é o sacerdote Adhvaryu, amente é Brahma" (Tai. A., VI, 52,1) (nota de rodapé de Swami Gambhirananda, 1983, p. 145, Tomo II).

ao ser humano como o sacrifício como se faz na (Ch.Up.). E os genitivos "daquele que compreende (*vidusha*) e do sacrifício (*yajñasya*) não pode coordenar para que o texto signifique "o ser humano que compreende o sacrifício mesmo". Já que não se pode dizer que o ser humano (*Purusha*) seja o sacrifício no sentido literal. Os dois genitivos que se usaram aqui, de maneira não coordenada, com o significado consequente: "O sacrifício do ser humano que compreende", porque um ser humano tem como sacrifício uma relação real. Por isso, é preferível tomar a frase em sentido literal e não metafórico. E a frase: "O ser humano é o que faz a oferenda" fala do ser humano como ofertante. Isso nos mostra a relação da pessoa com o sacrifício que é de coordenação. O início do texto: "Daquele que compreende" assinala algo já estabelecido anteriormente. E não podemos separar a frase que forma uma unidade de sentido, um *vakya* interpretando que o que se ensina é que o ser humano é o sacrifício, por um lado, e que o espírito humano (*Purusha*) e os demais sejam os que fazem a oferenda. Como se pode ver na frase "Do ser humano que compreende", ensina-se algo sobre o conhecimento do Ser e a renúncia (*samniâsa*), deduzimos que o capítulo da Taittiriyaka não tem um sentido independente, a não ser complementar o ensino do texto anterior.

A partir dessa conclusão, observamos que a Taitiriyaka mostra o mesmo resultado para os dois capítulos, que é: "Ele obtêm a grandeza do Absoluto" (Tai. A, VI, 52,1). Enquanto o outro texto (a Ch.Up) a meditação no espírito humano (*Purusha*) se apresenta independentemente de qualquer outro e tem como resultado o prolongamento da vida, porque se diz: "Aquele que medita nisto vive cento e sessenta anos". Portanto, a oração, as sílabas sagradas (mantras) e outras características da meditação no espírito humano (*Purusha*) não hão de acrescentar-se ao da Taittiriyaka.

TEMA 14: NÃO COMBINAÇÃO DE ASPECTOS DIFERENTES

Sutra 25: a ação de perfurar etc. não é aplicável na meditação, já que os mantras de perfurar etc. têm diferentes significados[459].

---

[459] GAMBHIRANANDA, 1983, p. 687.

NÃO SE PODE INTEGRAR A MEDITAÇÃO PRÁTICAS COM SENTIDOS DIFERENTES

Sutra 25: certos parágrafos como o do penetrante não se podem aplicar à meditação, porque têm um sentido diferente[460].

Uma Upanishad do Atharva Vêda começa com a frase: "Ó deidade, destrua o meu inimigo perfurando todo o seu corpo e, especialmente, traspassando seu coração, separando as veias e artérias, rompendo o seu crânio. Então, que o meu inimigo seja desintegrado em três modos". O mantra no texto dos Tandins diz: "Ó, deus sol, permite que o sacrifício se realize!". O princípio dos sâtyânis é: "Ó Indra do cavalo branco, es azul como um zéfiro". O princípio dos kathas e os taitiyriakas é: "Que Mitra nos seja propício". Mas nos vâjasaneyins há uma frase brâhmana sobre a cerimônia Pravargya que diz: "Em outro tempo, os deuses prepararam suas mentes para realizar um sacrifício de vários dias". No começo dos kausitakins, há um texto brâhmana sobre o sacrifício Agnistoma, em que antes da Upanishad se lê: "Brahmâm mesmo é o sacrifício Agnistoma", e o dia no qual se realiza o mesmo Brahmâm. Portanto, os que o efetuam cada dia alcançam a imortalidade. Agora, o que temos que considerar com relação a esses parágrafos e os sacrifícios mencionados no texto brâhmana é se há de combinar com as meditações das Upanishads ou não.

Diz o opositor: deve-se combinar, porque o texto os apresenta próximo aos parágrafos das Upanidshads dos brâhmanas, cujos conteúdos principais são as meditações.

Surge uma objeção: não se observa que estejam prescritos como dependentes das meditações.

Diz o opositor: é verdade. Sem dúvida, apesar disso, devido à sua proximidade, deduzimos que estão conectados com elas, porque não é apropriado menosprezar o fato da proximidade como algo irrelevante, quando pode dar sentido ao texto.

O objetor insiste assinalando que não há nenhuma indicação nesses parágrafos (mantras) que façam referência às meditações. E como se pode aceitar que cerimônias como o Pravargya se apliquem à meditação, quando é evidente que se experimentam com outros propósitos?

---

[460] MARTÍN, 2001, p. 528.

Diz o opositor: esse não é um problema, pois, baseando-nos na força do uso do termo *hridaya* (coração), podemos inferir que estes mantras têm alguma aplicabilidade também em conexão com as meditações. Com frequência, o coração e o restante são ensinados como lugares para a meditação. Assim, os mantras, como "perfurar o coração", podem se converter, justificavelmente, em fatores que contribuem para a meditação. Com efeito, os mantras, como "Alcanço a terra por isto e por isto" (Ch.Up., III, 15,3), usam-se nas meditações. Portanto, ainda que os ritos como Pravargya se empreguem em outros contextos, não é contraditórios usá-los na meditação, assim como o sacrifício Brhaspati-sava se emprega no curso da Vajapeia[461].

Diz o adepto do Vedanta: sendo essa a posição, diremos que tais mantras não se devem combinar com as meditações.

Por quê?

Diz o opositor: mas não foi dito antes que esses parágrafos podem estar conectados com as meditações que se indicam nesses textos, tendo em conta a prática das meditações no coração?

Diz o adepto do Vedanta: não é assim. Só poderiam empregar-se assim se o seu total conteúdo fosse a exaltação do coração, mas esse não é o caso. O que se menciona primeiro expressa claramente a hostilidade para com alguém. Deve, portanto, relacionar-se com alguma cruel cerimônia útil para atacar ao inimigo, e não com meditações das Upanishads. E quanto à frase dos tândins: "Ó deus do sol, realize o sacrifício", essa indica pelas suas palavras a conexão com o sacrifício e por estabelecer com que rito particular se dá a conexão, por meio de outras provas. Inclusive, outros parágrafos ou mantras que se conhece por alguma indicação, por palavras explícitas ou por outros meios válidos de conhecimento, como subordinados a outros propósitos, não podem formar parte dessas meditações baseando-se em mera proximidade, porque essa proximidade como meio de prova, em comparação com os textos explícitos, é mais débil, como ficou demonstrado pelo *Purva-Mimansa*, assim: "A indicação de frases explícitas, a conexão sintática, a ordem, o nome, quando variam em relação a algo, o que segue depende do anterior, quanto ao seu significado" (Jai.Su., III,3,13).

Os rituais, como o Pravargya, que foram mencionados antes, com referência a outras ocasiões, não podem demonstrar que são parte da

---

[461] O Brhaspati-sava conduz ao alcance de *Brahmvarchanas*. Sem dúvida, ainda que tenha um resultado independente, prescreve-se também como parte do sacrifício Vajapeia (nota de rodapé de Swami Gambhirananda, 1983, p. 148, Tomo II).

BRAHMA SUTRA (TOMO II)

meditação com as que não têm nada em comum. O caso da Brahaspati-sava mencionado pelo opositor é diferente, porque ali teremos um preceito claramente indicado, que depende do sacrifício Vâjapeya: "Tendo oferecido Vâjapeya, oferece Brhaspati-sava". Além disso, se a cerimônia Pravargya se experimenta com um propósito bem definido, por uma prova de mais força, não devemos, em virtude de uma prova de validade inferior, imaginá-la com outros propósitos diferentes. Isso só seria possível se a diferença dos meios para provar a validade não fossem evidentes.

Por essas razões, os parágrafos e as ações às quais nos referimos não serão considerados como parte das meditações da Upanishad, em virtude da mera colocação dos textos. Devemos levar em conta que o fato da proximidade dos textos se deve a que ambos foram recitados juntos por pessoas que se haviam retirado às florestas.

TEMA 15: NEGAÇÃO E RECEPÇÃO DO MÉRITO

Sutra 26: sem dúvida, onde se fala só da negação da virtude e do vício, deve-se inferir da recepção desses por meio de outros, pois o termo recepção é um correlativo oposto à negação. Isso baseando-se na explicação de Jaimini, relativa à analogia de Kushas, à métrica, ao louvor e à recitação[462].

NEGAÇÃO E ACEITAÇÃO DO MÉRITO

Sutra 26: mas, quando se fala só da negação do bom e do mau, deduz-se a aceitação de outros, porque o termo "negação" está em relação (como oposto) com "aceitação", como sucede com as orações, as leituras e certos instrumentos para medi-las (kushas). Isso foi estabelecido por Jaimini na Pûrva-Mîmânsâ[463].

Dúvida: os tandins têm este texto das Upanishads: "Como um cavalo se limpa sacudindo seu pelo morto e o pó, ou a lua se torna luminosa liberando-se da boca de Rahu[464] (que causa um eclipse), descartarei (me liberarei da identidade com) o corpo e, identificando-me com o Ser sempre existente, alcançarei o mundo de Brahmâm"[465]. Também quem pertence

---

[462] GAMBHIRANANDA, 1983, p. 690.

[463] MARTÍN, 2001, p. 531.

[464] Rahu é um demônio que, desterrado da terra, construiu a constelação chamada Dragão. Conta-se que devora o sol e a lua durante o tempo que dura um eclipse (nota de rodapé de Consuelo Martín, 2001, p. 531).

[465] TINOCO, 2021, verso 8,13, 1, 2021.

ao Atharva Vêda tem o texto: "Conhecendo-O, o homem sábio extingue a tagarelice da sua mente, tornando-se imaculado, permanecendo na suprema unidade"[466]. Analogamente, os Shatyayanis têm este texto: "Seus filhos herdam suas propriedades, os amigos, suas ações virtuosas e os inimigos suas ações perversas". Também os Kaushitakins têm: "Ele sacode a virtude e seus vícios e seus parentes amados obtêm suas virtudes e seus parentes odiados, seus vícios" (Kau.Up.,I,4). Assim, constata-se que, em alguns textos, nega-se o binômio virtude e vício; em alguns, são compartilhados, separadamente, pelos queridos e odiados e em outros textos mais se fala da aceitação e da negação.

Diz o adversário: se em ambos os casos os fatos estão estabelecidos com clareza, não há nada mais o que falar. Quando se fala só da aceitação e não da negação, esse último deve ser entendido por meio de uma "implicação presumida", pois, quando os outros recebem as ações boas ou más de alguém, sua negação anterior se torna uma necessidade. Sem dúvida, onde se fala só da negação e não da aceitação e surge a dúvida de se é que a aceitação ocorrerá ou não, a conclusão é que não sucederá, porque não se menciona, enquanto o que si se menciona em outro ramo pertence a outra classe distinta de meditação. Além disso, a negação das virtudes e dos vícios é por parte só do ator, enquanto a sua aceitação é por parte dos outros. Agora, como pode a negação implicar alguma aceitação, onde ambos não estejam conectados inevitavelmente? Portanto, no caso de mera negação, a aceitação não está implícita.

Diz o adepto do Vedanta: sobre isso, responde o Sutra: "Mas quando se fala só da negação do bem e do mal [...]". Ainda que o texto mencione só o desprendimento das ações, a aceitação por parte de outros se deve acrescentar. Isso porque a declaração de que há feito acerca do desapego é complementar à que fez sobre a aceitação, tal como aparece no texto dos kaushitakins. Para responder aos argumentos que foram sustentados pelo opositor, apresentamos os seguintes comentários: essa separação dos diferentes textos é correta, no caso em que um preceito que há de ser realizado se explique em um lugar e, então, deve fazer-se extensivo a qualquer outro lugar ou contexto. Mas, nas passagens que estudamos, o ato de eliminar ou obter as boas e as más ações não se menciona como algo que deva ser realizado, senão unicamente exaltar o conhecimento. O sentido é: é glorioso o conhecimento por cujo poder as ações boas e más, as causas do ciclo da

---

[466] TINOCO, 1996, p. 202, verso III,1,3.

existência se eliminam. A negação também tenderá a seguir a aceitação e, assim, o louvor será completo.

Sabemos que uma proposição categórica (*arthavada*) depende de outra, como se segue: "Aquele sol é o vigésimo primeiro desta terra"[467]. Então, como se pode afirmar aqui que o sol é o vigésimo primeiro e na outra proposição categórica da frase: "os meses são dozes, as estações cinco, três são este mundo e aquele sol é o vigésimo primeiro?". Da mesma maneira, uma proposição como esta "Os dois *tristubhas*[468] são para reforçar o sacrifício com os sentidos" necessariamente tem que ser conectada com outra proposição categórica também, como: "Os sentidos são realmente *tristubhas*". E como a afirmação sobre a aceitação de ações boas e más tem o único propósito de louvar categoricamente o conhecimento, não devemos nos preocupar demasiadamente por um problema de como os resultados bons e maus das ações de uma pessoa podem recair sobre outra. E o sutra se refere a ele mediante o uso da seguinte expressão: "Porque o termo 'aceitação' é correlativo do termo 'negação'". Por isso, o sutra mostra que a sucessão da aceitação após a rejeição se menciona unicamente como um louvor, como indica a combinação das características.

Assim, ficaria estabelecido que o que significa a palavra "aceitação" é consequência do que a palavra "negação" assinala. Por isso, na argumentação sobre a combinação das características, aparece o sutra para mostrar o processo que devem seguir as passagens corroborativas. A parte que fica do sutra: "Como sucede com as orações, as leituras e as *kushas*[469] se apresentam como uma ilustração". E o texto, dos bhâllavins: "Vós outros *kushas* haveis sido formados das grandes árvores; protegei-me por tanto", lemos que a origem dos *kushas* são as grandes árvores em geral. Mas, segundo o texto dos sâtyâyanis "Os *kushas* estão feitos da árvore audumbara", onde aparece a citação específica, essas varinhas são de madeira audumbara. Outra ilustração é a que se refere à métrica. Em alguns lugares não se fazem declarações específicas sobre a ordem de sucessão, mas o texto dos paingins, que diz: "Os versos dos anjos (devas) veem primeiro", determina a prioridade geral dos versos angélicos com relação aos demoníacos (os asuras)[470]. Também se

---

[467] TINOCO, 2021, verso II,10,5.

[468] *Tristubhas* são versos com uma certa métrica (nota de rodapé de Consuelo Martín, 2001, p. 532).

[469] *Kushas* é o nome que se dá a certas varinhas de madeira que se usavam para medir os versos ao cantar os hinos (nota de rodapé de Consuelo Martín, 2001, p. 532).

[470] O verso dos devas tem dez sílabas ou mais, enquanto o dos asuras não chega a dez. Desse modo, a mesma métrica estabelece uma diferença e uma prioridade (nota de rodapé de Consuelo Martín, 2001, p. 533).

dá uma ilustração similar quando em algum texto fica indefinido o tempo do canto do hino que acompanha a cerimônia Sadasin, coloca-se o tempo definido pelo texto: "Próximo do momento da saída do sol, se deve cantar o hino", que aparece no texto do Rig Vêda. E há uma ilustração a mais, no texto dos bhârllavins, quando se prescreve o canto dos hinos aos sacerdotes em geral, mas há um texto específico dos bhâllavins, no qual se diz que o *Adhavaryu*[471] não deve cantar.

O mesmo que nesses casos temos que proceder no ponto em que estamos tratando, porque, se recusássemos definir um texto geral por outro particular, isso nos conduziria a tomar forçosamente uma opção. Por isso, não é adequado que exista uma saída. É o que afirma o Purva Mimansa (Jai, Su.,X, 8,15): "O que significa verdadeiramente é que uma passagem depende do complementar, pois o contrário levaria a uma falta de alternativa a qual, é um defeito". A interpretação alternativa é: com relação a esses textos acerca de "sacudir-se de", transmite-se a ideia de negação do bem e do mal ou algo distinto.

Diz o opositor: a conclusão correta seria que o verbo "sacudir"(*dhû*) não significa negação, porque, de acordo com a gramática, a raiz *dhû* é usada no sentido de "agitar", como veremos na seguinte frase: "As bandeiras se agitam ao vento". Portanto, a palavra "sacudir" significará agitação e essa agitação se refere a prevenir os bons e os maus resultados por um tempo.

Diz o adepto do Vedanta: o correto significado da palavra "sacudida" é negação (ou liberação) por ser complementar ao termo "aceitação", porque o bom e o mau dos quais alguém se liberta não podem recebê-los outros, literalmente. Além disso, a Upanishad declara que essa liberação pode ser expressa pelo termo "sacudida". No exemplo da crina do cavalo sacudida, trata-se de comparar a eliminação do pó e do pelo velho, como se explica na Chandogya (VIII, 13,1), com a liberação do falso. Nem é possível comparar a eliminação do bom e do mau com uma bandeira sacudida pelo vento. Ainda que uma mesma raiz tenha distintos significados, isso não implica em uma contradição com a gramática tradicional. Quanto à expressão "Isto foi estabelecido" (do Sutra 26), já foi explicado.

---

[471] O adhvaryu é um dos quatro sacerdotes que realiza as cerimônias, segundo o Yajur Vêda (nota de rodapé de Consuelo Martín, 2001, p. 533).

TEMA 16: DESCARTAR A VIRTUDE E O VÍCIO NO MOMENTO DA MORTE

Sutra 27: um homem de conhecimento se libera da virtude e do vício, no momento da morte, pois nada fica por alcançar. Isso é o que os demais declaram (ou seja: os seguidores dos outros ramos)[472].

A ELIMINAÇÃO DO BEM E DO MAL NO MOMENTO DA MORTE

Sutra 27: uma pessoa com sabedoria, no momento da morte, ao não ter nada que conseguir, libera-se das suas boas e más ações, porque assim afirmam outros textos[473].

O texto dos kaushitakins menciona com o Paryanka-Vidya que o ser humano se libera das suas boas e más ações, quando se aproxima do Absoluto Brahmâm sentado em seu trono. Esse texto diz o seguinte: "Havendo alcançado a senda dos deuses, chega ao mundo do Fogo (Agni)" (Kau.Up., I,3) e, depois, acrescenta que "Chega ao rio Virajâ, atravessando-o só com a mente; ali, abandona as suas boas e más ações" (Kau.Up., I,4). Diante do que foi exposto, perguntamos se o texto deve ser entendido interpretando que o ser humano ao morrer se liberta das suas ações boas e más, no mesmo caminho para Brahmâm, ou, melhor, o que faz no princípio quando abandona o corpo. Diante dessa dúvida, há que se dar autoridade ao sentido literal do texto (do Sutra) e aceitar o primeiro significado: "Uma pessoa com sabedoria, no momento da morte, se liberta das suas boas e más ações". A razão para essa interpretação se indica pelas seguintes palavras: "Ao não ter nada o que conseguir", porque, quando um ser humano tem sabedoria, no momento em que abandona o corpo, deixa as suas ações boas e más, visto que compreende que ali não existe nada o que conseguir por meio dessas ações. Por essa razão, não há motivo para interpretar que se mantêm por um período de tempo os atos bons e maus.

De fato, como resultado das ações boas e más são opostas ao resultado da compreensão, aqueles se destroem pelo poder dessa. No momento da sua destruição, portanto, a liberação do ser humano aparece de repente, ainda que se mencione depois do texto Kaushikaki. Outros textos, como

---

[472] GAMBHIRANANDA, 1983, p. 695.
[473] MARTÍN, 2001, p. 534.

o dos tândins e o dos sâtyayanins, declaram que o ser humano se liberta a si mesmo das suas ações em uma primeira etapa, assim: "Como um cavalo elimina o que lhe é estranho sacudindo as suas crinas [...] me liberto do mal"[474] e "seus filhos recebem sua herança, seus amigos o bom e seus inimigos, o mal das suas ações".

Sutra 28: como não há conflito entre os dois textos ou a causa e o efeito, por admitir que a destruição resulta do esforço voluntário (então, tal esforço deve ocorrer antes da morte)[475].

Sutra 28: e, na interpretação anterior, não há contradição entre os dois (causa e efeito), ao admitir que a eliminação (dos efeitos das ações) é o resultado do esforço voluntário[476].

Se uma pessoa se liberta do bem e do mal que fez, quando é um aspirante que deixou o seu corpo e segue pelo caminho dos deuses, surge um problema, porque, ao deixar o seu corpo, já não poderia fazer os esforços voluntários que requer a busca da sabedoria. O controle de si mesmo e a conduta correta (yamas e nyamas). E é essa sabedoria precisamente a causa da eliminação do bem e do mal. Portanto, deve-se concluir que os atos de vontade necessários se praticam na etapa em que o ser humano é capaz de fazê-los e que se liberta do bem e do mal unicamente como consequência dessa prática. Se dá, assim, uma relação lógica de causa e efeito e os textos dos tândis e os sâtyâyanis estão em harmonia.

TEMA 17: OS CAMINHOS DE QUEM CONHECE E NÃO CONHECE O BRAHMÂM COM ATRIBUTOS

Sutra 29: o Curso da alma, depois da morte, deve ter propósito de duas formas, do contrário, conduziria à contradição[477].

A DIFERENÇA ENTRE OS DOIS CAMINHOS: O DOS QUE MEDITAM NO SUPREMO MANIFESTADO E O DOS QUE MEDITAM NO ABSOLUTO IMANIFESTADO

Sutra 29: os seres humanos que vão pela senda após a morte tomam dois caminhos diferentes. De outra maneira, haveria uma contradição[478].

---

[474] TINOCO, 2021,verso VIII, 13,1.

[475] GAMBHIRANANDA, 1983, p. 696.

[476] MARTÍN, 2001, p. 535.

[477] GAMBHIRANANDA, 1983, p. 697.

[478] MARTÍN, 2001, p. 535.

Dúvida: em alguns textos, o caminho dos deuses se menciona quando uma pessoa está por libertar-se da virtude e do vício, mas, em outros textos, não é assim. Por isso, surge uma dúvida de se é que o caminho dos deuses é acessível a todos invariavelmente, depois da destruição do bem e do mal, ou se é acessível de forma distinta, nos diferentes casos, ou seja, se manifesta-se ou não, para quem segue, respectivamente, o Bramâm qualificado e o não qualificado.

Diz o adversário: no que se refere a isso, o caminho dos deuses deveria estar acessível em todas as partes, assim como a recepção da virtude e do vício resulta nos casos em que são negados.

Diz o adepto do Vedanta: sendo essa a conclusão, dizemos o seguinte: "O curso da alma, depois da morte, deve ter um propósito de duas formas", ou seja, deveria surgir distintamente, segundo o conhecimento de Brahmâm, com ou sem atributos, às vezes, o curso é disponível e, às vezes, não, mas não é disponível invariavelmente. Se estivesse disponível a todos, uniformemente, cairíamos em uma contradição. Assim, por exemplo: qualquer caminho que conduza a alguma região se oporá ao texto da Upanishad, que diz: "Conhecendo-O, o homem sábio extingue a tagarelice da sua mente, tornando-se imaculado, permanecendo na suprema unidade"[479], fala-se de ir por meio desse caminho para alcançar um lugar diferente? E se a meta é a unidade absoluta, não é possível alcançá-la em nenhum lugar. Por isso, concluímos que, nesse sentido, não há nenhum caminho que seguir.

Sutra 30: essa diferenciação é razoável, porque se encontram os fatos que indicam a viagem da alma (no caso da meditação só em Brahmâm com atributos), assim como constatamos tal diferença no viver diário[480].

Sutra 30: a diferença mencionada é lógica, porque as características que fazem possível essa viagem se encontram (no caso de meditar no Supremo manifestado mas não na meditação no Absoluto imanifestado). É o mesmo que sucede na vida diária[481].

Essa possibilidade ter dois aspectos, ou seja, o fato de que o curso tenha propósito em alguns casos e não em outros, é compreensível, pois "encaramos os fatos que indicam tal viagem". Os fatos que implicam na necessidade de viagem se discernem nas meditações, tais como o Brahmâm com atributos, veja-se a meditação *Prayanka-Vidya*, encontramos uma razão

---

[479] TINOCO, 1996, p. 202, verso III,1,3.
[480] GAMBHIRANANDA, 1983, p. 698.
[481] MARTÍN, 2001, p. 536.

para esse caminho após a morte, porque o texto menciona os resultados que o ser humano pode alcançar, dirigindo-se a diferentes lugares, tais como ascender ao trono, dialogar com o Supremo, experimentar fragrâncias e outros. Mas, ao recorrer ao caminho dos deuses, não vemos que tenha nada o que ver com a sabedoria. Aqueles que chegaram à intuição da unidade do Ser, aqueles que realizaram seus desejos e destruíram as sementes do mal enquanto viviam, nada têm o que buscar, salvo a dissolução dos resultados das ações (*karmas*) e sua experimentação no corpo atual. No caso do caminho dos deuses, carece de sentido. Aqui, a distinção é análoga ao que se observa na vida diária. Se quisermos chegar a algum povo, temos que seguir o caminho que nos leva até lá, mas não é necessário recorrer a nenhum caminho, quando o que se deseja é a libertação do mal. Essa distinção se elaborará com mais detalhes no quarto capítulo.

TEMA 18: O CAMINHO DOS DEUSES É PARA TODOS OS ADORADORES DE BRAHMÂM COM ATRIBUTOS

Sutra 31: a viagem das almas ao longo do caminho dos deuses não está limitada à meditação particular alguma. Aplica-se a todas as meditações (em Brahmâm com atributos). Isso não é contraditório, segundo aprendemos das Upanishads e dos Smritis (os textos diretos e sem interferência)[482].

A SENDA DOS DEUSES É PARA OS DEVOTOS DE DEUS MANIFESTO

Sutra 31: o caminho dos seres humanos pela senda dos deuses não está restrito à uma meditação em particular. Aplica-se a todas as meditações sobre o Supremo manifestado. Não há contradição nisso que se sabe pelos textos da revelação os textos da tradição[483].

Dúvida: tem-se demonstrado que a viagem da alma tem um sentido em um contexto de meditações sobre o Absoluto Brahmâm com atributos, mas não é assim, no caso da plena tomada de consciência de Brahmâm Absoluto. No que se refere às meditações em Brahmâm com atributos, menciona-se uma viagem em relação com algumas, por exemplo, a *Paryanka-Vidya*, a meditação nos cinco fogos (*panchagni*), a Upakosala e a

---

[482] GAMBHIRANANDA, 1983, p. 699.

[483] MARTÍN, 2001, p. 536-537.

meditação no pequeno espaço (*dahara*); mas não é assim em relação com outras, como por exemplo na essência (*madhu*), a meditação Shandilya, a meditação em Brahmâm com 16 dígitos (*shodahsakala*) e a meditação em Vaishvanara. Referente a isso, surge a dúvida: deveríamos considerar a viagem da alma como limitada a essas meditações só onde se menciona ou deveríamos aceitá-la em conexão com todas as meditações dessa classe? Qual é a conclusão?

Diz o adversário: a limitação. O contexto é o fator determinante e deveríamos aceitar a viagem só onde se menciona, pois, se a viagem citada em um contexto fosse estendida a outra meditação, anularia a autoridade das Upanishads, porque tudo seria aceitável em qualquer lugar. Além disso, ao mesmo curso, começando com a luz (o caminho dos deuses), o encontramos igualmente na meditação nos cinco fogos e na meditação Upakosala. Agora, se fosse para todos, essa repetição teria sido inútil. Portanto, deve-se aceitar a restrição.

Diz o adepto do Vedanta: sendo essa a posição, o autor do aforismo disse: "Não há restrição alguma". O caminho até os deuses deveria pertencer a todas as meditações em Brahmâm com atributos, dado que se idealizaram para conduzir à boa fortuna (*Brahmaloka*)

Diz o adversário: por acaso não se há indicado que, a menos que se admita uma restrição, isso conduzirá a uma contradição do contexto?

Diz o adepto do Vedanta: "Tal contradição não existe", devido ao texto direto e à inferência, ou seja: as Upanishads e os Smirts. No que se refere às Upanishads, teremos o seguinte sobre esse ponto: "Entre as pessoas qualificadas, os que sabem meditar assim, alcançam o caminho de luz"[484]. Isso introduz o caminho dos deuses às pessoas que meditam nos cinco fogos. Logo, o texto: "E aqueles que, enquanto vivem na floresta, meditam assim na fé e na austeridade" mostra que quem praticam outros tipos de meditação segue o mesmo caminho de quem medita nos cinco fogos.

Diz o adversário: como se sabe que esse texto declara o mesmo caminho para os que seguem outras classes de meditação, sendo esse caminho acessível só a quem tem fé e austeridade, os únicos mencionados ai?

Diz o adepto do Vedanta: esse caminho não pode ser alcançado unicamente com a fé e com as austeridades. Outra frase védica diz: "Pela meditação, se elevam a este lugar em que todos os desejos desaparecem. Os que só

---

[484] TINOCO, 2021, verso, V,10,1.

realizaram cerimônias, não vão ali, nem os que só praticam austeridades". Requer-se meditações realizadas ao mesmo tempo. Os vâjasaneyins relacionam isso com a meditação nos cinco fogos e, assim, pode-se ler o seguinte: "Aqueles que sabem disso assim e os que meditam c om fé na verdade [...]"[485], que é o mesmo que dizer que "os que meditam no Absoluto como Verdade", porque a palavra "verdade" se aplica frequentemente ao Absoluto. Além disso, os que meditam nos cinco fogos são mencionados no texto anterior como: "aqueles que sabem disso" (Ch., Up., X,1), logo, as demais pessoas que se dedicam a outras classes de meditações devem ser "aqueles que estão na floresta", que menciona a segunda parte do texto anterior. E ainda a frase: "Mas aqueles que não conhecem estes dois caminhos[486] se convertem em vermes, insetos e qualquer coisa que pique"[487] ensina que os que se desviam desses caminhos descendem a estados inferiores. Daí, deduz-se que os que sabem (os medidatores) vão pelo caminho dos deuses e dos antepassados. Como o seu nível de meditação é similar ao dos que meditam nos cinco fogos, podemos concluir que alcançam o caminho dos deuses (e não o dos antepassados que é o resultado das cerimônias). A tradição védica confirma o mesmo, na frase: "Os caminhos deste mundo, o luminoso e o escuro, se consideram permanentes. Pelo primeiro vão os que não retornam, pelo segundo, os que voltam outra vez"[488]. Nas duas meditações, a Upakosala e a Pankâgni, que começam pela luz ao descrever o caminho dos deuses, a repetição se dá para ajudar a meditar no mesmo caminho. Por essas razões, não se restringe o caminho dos deuses àquelas meditações particulares.

TEMA 19: AS PESSOAS COM UMA MISSÃO

Sutra 32: aqueles que têm uma missão a cumprir continuam no estado corporal até que a missão o requeira[489].

OS SERES HUMANOS QUE TÊM QUE CUMPRIR UMA MISSÃO

Sutra 32: aqueles que têm uma missão a cumprir continuam na existência (do mundo físico) durante o tempo que dura essa missão[490].

---

[485] MARTÍN, 2002,verso VI, 2,15, pg. 472, 2002.

[486] O caminho dos deuses ou o céu solar e o caminho dos antepassados ou céu lunar (nota de rodapé de Consuelo Martin, 2001, p. 476).

[487] MARTÍN, 2002, p. 476, verso VI,2,15.

[488] MARTÍN, 2009, p. 171, verso VIII, 26.

[489] GAMBHIRANANDA, 1983, p. 701.

[490] MARTÍN, 2001, p. 538.

A questão que se apresenta aqui é se aquele que alcançou a verdadeira sabedoria assume outro corpo após deixar o que tinha ou não. Há uma objeção: quando a sabedoria chega à perfeição, não há lugar para se estabelecer se a libertação se produz ou não, porque ninguém para de pensar quando está pronto o alimento, quando todos os ingredientes necessários ao seu preparo se têm já em mãos. Não há dúvida de que um faminto estará satisfeito ao começar a comer. De todas as formas, o inquirir sobre isso é adequado, pois encontramos histórias e mitos nos quais alguns sábios renascem.

Diz o adepto do Vedanta: isso não é assim, porque a razão da permanência da existência corporal de Apântaratmas e outros traz consigo a missão de proteger o bem-estar dos mundos mediante ações como a promulgação dos Vêdas, os quais dependem do seu esforço. É o que sucedeu com Savitar (o Sol), quem depois de completar sua missão no universo por milhões de idades, ao final, alcançou a Libertação e não sai, nem se põe como o sol, segundo se declara na frase das Upanishads: "Quando se elevou ao mais alto como o Absoluto, nem sai nem se põe, mas que permanece só, em seu próprio Ser"[491]. É assim também naqueles seres iluminados, que tomaram consciência do Absoluto Brahmâm e, depois de experimentar os resultados da ação produzida pelo seu corpo atual, libertaram-se, de acordo com a frase: "O atraso só dura até que o corpo desaparece; logo, ele se identifica com o Absoluto"[492]. Assim, Apântaratamas e outros, sendo divinos, tiveram missões encomendadas pelo Ser Supremo e alcançam a libertação quando seu trabalho termina. Portanto, não há contradição, porque, até finalizar os trabalhos e os resultados do que começaram, mudam de corpo a outro, de acordo com a sua vontade, como se tratasse uma mudança de casa, para cumprir com os deveres do seu trabalho nesta vida particular. Enquanto mantêm a memória da sua identidade, criando novos corpos e os usam simultânea ou sucessivamente, porque têm poder sobre os materiais com os quais são feitos os corpos e os órgãos sensoriais. Ao mesmo tempo, não se pode dizer que essas pessoas, ao passar para outros corpos, simplesmente recordam suas vidas passadas e não da sua individualidade.

Pela tradição, sabe-se que: "Eles são cada um ele mesmo". Por exemplo, narra-se pela tradição que uma mulher chamada Sulabhâ que dialogava com o Absoluto disse que gostaria de ter um debate com Janaka. Para isso,

---

[491] TINOCO, 2021, verso, III, 11,1.

[492] TINOCO, 2021, verso VI, 14, 2.

deixou o seu próprio corpo e entrou no corpo de Janaka. Uma vez encerrado o debate filosófico com ele, voltou a entrar no seu próprio corpo. Se fosse o caso de que, quando as ações cujos resultados estejam operando forem consumidos, produzem-se outras ações ou karmas em um novo corpo e poderiam surgir outras ações com sementes, cujos potenciais não tenham sido destruídos. Então, poder-se-ia pensar que o tomar conhecimento do Absoluto Brahmâm pode ser ou não ser a causa da libertação final. Mas essa suspeita é inadmissível, já que se sabe pela revelação e pela tradição que o verdadeiro conhecimento do Absoluto destrói toda semente de novas ações. Pode-se ler em um texto das Upanishads o seguinte: "Os grilhões do coração são quebrados, todas as dúvidas são removidas e todo esforço cessa de produzir frutos, quando Ele é contemplado, Ele que é elevado e baixo"[493]. E os textos da tradição dizem o mesmo: "Quando a recordação da verdade permanece firme, todas as ataduras se desvanecem"[494], "O mesmo que um chamejante fogo converte as madeiras em cinzas, assim, Ó Arjuna, o fogo da sabedoria reduz à cinzas todas as obras"[495] e "Como as sementes queimadas pelo fogo não podem brotar novamente, assim o Ser não pode voltar a ser afetado pelos erros que a verdade destruiu".

Não é lógico deduzir que, quando os erros como a ignorância e outros são destruídos, os efeitos restantes das ações que são sementes de outros erros se eliminem parcialmente mantendo a força voltar a brotar, porque a semente do arroz quando se queima não vemos que possa voltar a brotar, nem ainda parcialmente. Quanto ao conjunto de efeitos da ação restante que há começado a dar os seus frutos no corpo atual, cessam no momento da morte, igual a uma flexa disparada que para ao final pela diminuição gradual do seu impulso. Isso é o que se pode ler em: "O retardo só dura até que o corpo desaparece; logo se identifica com o Absoluto"[496]. Aqui, pode-se ver que a espera dura até a destruição do corpo. Portanto, é adequado que a pessoa que tem uma missão espiritual permaneça na existência física, enquanto assim o requeira. Sem dúvida, o efeito do conhecimento verdadeiro é inevitável. De acordo com isso, o texto upanishádico mostra que a libertação final é o resultado do conhecimento da verdade em todos os casos, sem exceção: "Qualquer entre os deuses que o conhecesse, também se converteria Naquele; e o mesmo com os sábios e os homens"[497].

---

[493] TINOCO, 1996, p. 201, verso II,2,8.

[494] TINOCO,2021, p. 262, verso VIII.

[495] MARTÍN, 2009, p. 117, verso IV, 37.

[496] TINOCO, 2021, verso VI,14,2.

[497] MARTÍN, 2002, p. 99, verso I,4,10.

Poderia ser que alguns grandes sábios que se dedicaram a outros tipos de meditações inferiores visando adquirir poderes paranormais, mais tarde, ao dar-se conta do transitório resultado, concentraram-se no Ser Supremo e, com isso, alcançaram a libertação. Isso é razoável, porque a tradição diz o seguinte: "Quando a dissolução final chegou ao seu mais alto grau no âmbito da Vida (*Hiranyagarbha*), os sábios com mente pura, penetram no estado mais elevado (*nirbija samâmadhi*) junto com o mesmo Deus Brahmâ".

Como o conhecimento da verdade tem como efeito a intuição imediata, não pode haver medo de não chegar a alcançá-lo. Quanto aos resultados das ações passadas, como o mundo celestial, poderia surgir a dúvida de se conseguirão ou não, mas os efeitos do conhecimento da verdade são uma vivência direta, tal como é declarado pelas frases: "Yajnavalkya, explica-me o que é o Absoluto (Brahmâm), o qual é uma intuição imediata e uma percepção direta [...]"[498] e "Tu és isto"[499], onde se fala Dele como uma verdade já vivenciada. Essa afirmação do último texto não pode ser interpretada como: "Tu serás Isso (o Absoluto) depois que morrer", porque outra frase védica diz: o sábio Vamadeva, quando tomou consciência de ser Isso (o Absoluto), compreendeu: "Eu era Manu e o sol"[500], mostrando que o efeito do conhecimento da verdade que consiste em estar identificado com tudo e, quando se dá, ocorre a iluminação completa. Portanto, a libertação vem inevitavelmente para aquele que possui o conhecimento da verdade.

TEMA 20: CONCEPÇÕES DO IMUTÁVEL

Sutra 33: todas as concepções (expressadas com negações) do Imutável devem combinar-se, posto que o processo de apresentação é similar e o objeto tratado é o mesmo. Isso é como o caso do sacrifício Upasad, segundo foi demonstrado (por Jaimini)[501].

CONCEPÇÕES DO IMUTÁVEL

Sutra 33: todas as concepções dos atributos negativos do Imutável (ashara) devem incluir-se em todas as meditações sobre o Imutável, porque o processo de apresentação é o mesmo e é o mesmo o objeto (o Imutável

---

[498] MARTÍN, 2002, p. 261, verso III,4,1.
[499] TINOCO, 2021, verso VI,8,7.
[500] MARTÍN, 2002, p. 99, verso I,4,10.
[501] GAMBHIRANANDA, 1983, p. 705.

Absoluto). Sucede o que na cerimônia Upasad, como foi mostrado (no Pûrva-Mîmânsâ por Jaimini)[502].

Pode-se ler na Brhadaranyaka Upanishad o seguinte: "Gârgî, os que conhecem o Absoluto (Brahmâm) dizem que o imutável é isto. Não é grosso nem fino, nem curto nem longo [...]"[503]. E na Mundaka Upanishad também se diz o seguinte: "Pelo Conhecimento Superior o sábio pode observar Brahmâm em qualquer lugar. O Conhecimento Superior não pode ser medido nem ouvido, não possui mãos nem pés, é eterno, imensurável, sutil, ilimitado em Suas manifestações"[504]. Em outras frases, o Ser Supremo é descrito por eliminação de todas as características que se extinguem em todos os lugares e em outros não são mencionadas. Essas concepções que implicam na eliminação de distinções devem ser incluídas em todos os lugares ou são particulares em cada texto?

Diz o adepto do Vedanta: para resolver essa dúvida, o adversário conclui que as ideias das Upanishads devem ser tratadas separadamente, sendo os textos diferentes, nós contestamos assim: "Todas as concepções do Imutável", ou seja, as concepções referentes à negação das distinções "devem combinar-se em cada lugar", posto que o processo de apresentação e o objeto tratado são idênticos. Isso porque o processo de mostrar Brahmâm, que consiste em negar todas as distinções, é similar em cada lugar, onde se trata de explicar a Brahmâm. Então, o que se quer dizer com a frase de que as concepções em um lugar não se deveriam transferir a outro? A seguinte frase o explica assim: "Deve-se combinar a felicidade e as outras características da entidade principal, Brahmâm" (III,3, 2), mas aí se consideravam os atributos positivos e aqui, os negativos. Então, aqui se apresenta essa discussão separada para elaborar a dita distinção. De acordo com outra leitura, "Esta é a distinção e esta discussão separada se propõem elaborá-la".

A frase "como no caso do sacrifício Upasad" é uma ilustração cujo significado é: ordena-se que, em conexão com *Ahinasatra* (que dura mais de um dia), de Jamadagni, deve-se executar o sacrifício Upasad, no qual se oferecem pasteis *puradasa*. Agora, os mantras, como "*Agnerverhotam,veradhivaram*", usados durante a oferenda dos pasteis, encontram-se em sua forma original no Vêda do Udgata (ou seja, Sama Vêda, Tandya Br. XXI,10, 1); sem dúvida, os cantos dos sacerdotes Adhvaryu (do Yajur Vêda), posto

---

[502] MARTÍN, 2001, p. 541.

[503] MARTÍN, 2002,verso III,8,8, pg. 285, 2002.

[504] TINOCO, 1996, p. 195, verso I,1,5-6.

BRAHMA SUTRA (TOMO II)

que é o Advaryu (e não o Udgatha) quem oferece o *purodasa* e posto que os sacrifícios subsidiários se regulam segundo os sacrifícios principais (nos que o Advaryu faz as oferendas). Também aqui, os atributos do Imutável, que dependem do imutável, devem associar-se por todas as partes, com o imutável, apesar do lugar onde ocorram. "Isto o foi dito por Jaimini na primeira parte do Purva Mimansa", o aforismo: "Em um caso de disparidade entre o texto subsidiário (que revela o mantra pela primeira vez) e o texto principal (que revela a aplicação), o texto subsidiário de ser associado com a ordem principal, por referir-se a esta última" (III3,8).

TEMA 21: A MESMA CONCEPÇÃO NA MUNDAKA E KATHA

Sutra 34: as concepções (na Mundaka e na Svestavatara por um lado e na Katha por outro) são as mesmas, devido à menção de um limite particular[505].

A MESMA CONCEPÇÃO SE DÁ NA MUNDAKA UPANISHSAD E NA KATHA UPANISHAD

Sutra 34: as concepções são as mesmas[506], porque se menciona o limite particular[507].

Dúvida: os que estudam o Atharva Vêda e a Svetasvatara recitam os seguintes versos: "Como dois inseparáveis companheiros, dois pássaros de plumagens douradas estão empoleirados numa árvore. O primeiro representa o eu individual (ego) e o segundo representa o Eu imortal (Atman). O primeiro prova as frutas doces e amargas da árvore e o outro, apenas observa atentamente"[508] e "Dois pássaros sempre unidos e conhecidos pelo mesmo nome, juntos estão empoleirados na mesma árvore. Um deles come os frutos doces; o outro, apenas observa, sem nada comer"[509]. A Katha Upanishad tem o seguinte verso:

> Há dois seres habitando dentro do corpo, no budhi- o Jivatman (ou ser individual) e o Paramatman (o Supremo Ser).

---

[505] GAMBHIRANANDA, 1983, p. 707.

[506] O *Sutra* se refere aos conceitos sobre o Absoluto (Imutável) nas Upanishads Mundaka e Svestasvatara, por uma parte, e Katha, por outra (nota de rodapé de Consuelo Martín, 2001, p. 543).

[507] MARTÍN, 2001, p. 543.

[508] TINOCO, 1996, p. 202, verso III,1,1.

[509] TINOCO, 1996, p. 305, verso IV, 6.

> Ambos são o supremo éter residente no coração e percebem os resultados das boas ou más ações. Os conhecedores de Brahmâm descrevem ambos como luz. É algo semelhante às oblações do ritual dos Cinco Fogos, ou aqueles que realizam por três vezes o ritual Naciketas[510].

Aqui, surge a dúvida de se as concepções são iguais ou diferentes, qual deveria ser a conclusão?

Diz o adversário: as concepções são diferentes.

Por quê?

Os versos da Mundaka e da Svestasvatara representam um pássaro experimentando algo e o outro que não está envolvido, enquanto na Katha se mostra a ambos experimentando os inevitáveis resultados das ações. E como os objetos das concepções diferem, as concepções devem ser consideradas diferentes também.

Diz o adepto do Vedanta: diante disso, a resposta é que o Sutra diz que as concepções são as mesmas. Por quê? Porque, em ambos os versos, a Upanishad menciona a natureza do ser que há de conhecer como uma e com outra segunda, que não difere da primeira.

Diz o opositor: mas não foi mostrado antes a diferença de natureza?

Diz o adepto do Vedanta: não é assim, porque ambos os versos descrevem o Ser Supremo e o ser individual como segundo, mas não os descrevem como diferentes. Há uma frase na Mundaka Upanishad que diz o seguinte: "O outro observa ser comer" e se refere ao mais elevado Ser que está acima dos desejos. O mesmo Ser é o objeto de outra frase paralela, que diz: "Mas, quando ele contempla o outro, o Senhor adorado por todos em Sua glória, torna-se livre dos grilhões que o aprisionam ao mundo"[511]. O texto da Katha Upanishad mostra o mesmo Ser Supremo que transcende todo desejo junto ao ser individual que experimenta. Diz-se no referido texto: "Os dois experimentam o inevitável resultado das ações". Aqui, "experimentar" deve ser entendido da mesma maneira que quando se diz: "As pessoas que levam guarda-chuva embora só uma delas o leve". Porque, no texto da Katha Upanishad, também o Ser Supremo é o objeto geral que se associa ao Ser individual. No início, pode-se ler o seguinte: "Ó Yama, o que sabeis existir além do certo e do errado, além da causa e do efeito, além

---

[510] TINOCO, 1996, p. 164, verso I,3,1.

[511] TINOCO, 1996, p. 305, verso IV,7.

BRAHMA SUTRA (TOMO II)

do passado, do presente e do futuro?"[512] E o mesmo se apresenta no texto complementar: "e conhecemos também ao Absoluto Imortal, o supremo refúgio para aqueles que querem passar à outra margem onde não existe medo". Tudo isso foi explicado no sutra: "Os dois que entraram na caverna do coração são o ser individual e o Ser Supremo" (I,2,11). Portanto, não há diferença com relação ao Ser que há de conhecer, porque as meditações são as mesmas. Mais ainda, se examinamos com cuidado os três versos upanishádicos mencionados, observamos que se referem unicamente ao conhecimento do Ser Supremo. O ser individual se apresenta para que se revele a identidade entre eles. Com antecedência, foi estabelecido que, se intentarmos conhecer algo sobre o Ser Supremo, não se deve considerar quando aparece a diferença (com o ser individual) ou a unidade. Essa atemporalidade é empregada para expressar essa verdade. Portanto, deduzimos que os datributos adicionais terão que combinar-se com os demais textos.

TEMA 22: O SER INTERNO NA BRHADARANYAKA

Sutra 35: a concepção do Ser é a mesma na Brhadaranyaka III, 4,1 e III, 5,1, pois se declara que o próprio Ser é o mais interno de todos, como no caso do agregado dos elementos (o dado que ao próprio Ser se declara o mais interno de tudo, assim como se mostra que é o Ser de tudo na Svetasvatara VI, 11)[513].

A MEDITAÇÃO SOBRE O SER NA BRHADARANYAKA

Sutra 35: o próprio Ser se apresenta (nos ensinamentos das escrituras) como o Ser que está em todas as coisas, igual ao caso dos elementos[514].

Dúvida: os Vajasayins recitam por duas vezes, uma após outra, no curso da questão de Ushasti e Kohola, o seguinte texto: "Yajnavalkya, explica-me o que é o Absoluto (Brahmâm), o qual é uma instituição imediata e uma percepção direta, o ser que está dentro de tudo"[515], que é a pergunta de Usasti e Kohola repetida duas vezes, uma após outra. A questão que se apresenta aqui é se as duas concepções são a mesma ou se são diferentes.

Diz o opositor: as concepções devem ser diferentes.

---

[512] TINOCO, 1996, p. 162, verso I,2,14 (verso diferente).

[513] GAMBHIRANANDA, 1983, p. 709.

[514] MARTÍN, 2001, p. 544.

[515] MARTÍN, 2002, p. 261, 265, versos III,4,1 e III,5,1.

Por quê?

Porque devem ser diferentes pela repetição, já que, de outro modo, não haveria sentido o repetir duas vezes a mesma coisa sem acrescentar nem tirar nada. E assim como os ritos no Purva Mimansa são distintos quando se repetem, as concepções também devem sê-lo, ao repetir-se.

Diz o adepto do Vedanta: o Sutra responde a isso, refutando-o. A concepção é a mesma, porque ambos os textos declaram por igual que o Ser está em tudo. Em ambas as passagens, a pergunta e a resposta se referem ao próprio Ser, que é o ser que está em todas as coisas, porque não pode haver dois seres em um corpo. Se os houvesse, só um deles se poderia conceber como o interno, enquanto o outro não, inclusive no conjunto dos elementos. Como sucede com o corpo que é constituído pelos cinco elementos e o elemento água está dentro do elemento terra, o fogo dentro da água e assim sucessivamente, mas "dado elemento está dentro de tudo", diz-se em um sentido relativo, não literalmente. Isso é o que sucede aqui ou a frase: "Há um dirigente não dual, que está oculto em todos os seres. Todo penetrante Ele é o Ser interno de todas as criaturas, aquele que impele às ações, habitando todas as coisas. Ele é a Testemunha, o Animador, o Absoluto livre de formas"[516]. Nesse verso, é apresentado o próprio ser como o Ser que existe no interior de todas os seres. Sendo isso assim, é o mesmo em ambos os textos brâhmanas (da Bhradaranyaka). Portanto, ao ser idêntico o objeto sobre o qual se medita, deduzimos que a meditação é a mesma.

Sutra 36: se argumentássemos que, a menos que se admita a diferença, as declarações separadas são ilógicas, contestamos que não é assim, porque pode ser como outra instrução desse tipo[517].

Sutra 36: tem-se dito que as meditações são diferentes, de outro modo, não haveria repetição, mas nós respondemos que não, porque esse caso é análogo ao de outro ensinamento (na Ch. Up.)[518].

Temos que refutar o argumento do opositor, segundo o qual, a menos que a separatividade do conhecimento seja admitida, não se justifica a repetição das duas afirmações. Nós assinalamos que isso não é um obstáculo, já que há instruções similares em alguns lugares. Na sexta parte da Upanishad dos tândins, pode-se ler o seguinte: "Isto é o Ser. Isto és tu Svetaketo"[519].

---

[516] TINOCO, 1996, p. 312, verso VI,11.

[517] GAMBHIRANANDA, 1983, p. 710.

[518] MARTÍN, 2001, p. 545.

[519] TINOCO, 2021, verso VI, 8,7.

Isso se repete por nove vezes. Sem dúvida, o conhecimento é sempre igual. O mesmo pode suceder nesse caso.

Diz o opositor: e como sabes que o conhecimento é igual, apesar de repetir-se por nove vezes?

Diz o adepto do Vedanta: porque a introdução e a conclusão mostram que essas passagens têm o mesmo sentido e porque a demanda repetida por Svetaketo: "Senhor, explica-me isto outra vez"[520] indica que é um mesmo tema, o que se propõe uma e outra vez. Mais adiante, o ensinamento se apresenta repetidamente para aclarar novas dúvidas. No caso que tratamos, o princípio e o fim vemos que coincidem com o tema, já que a forma da pergunta é a mesma e é análoga à frase final: "Tudo o demais é perecível"[521]. Na segunda pergunta, o texto acrescenta a palavra "só" (eva) em: "Yajnavalkya, explica-me o que é o Absoluto, Brahmâm, imediato e direto [...]"[522]. Aqui, põe-se de manifesto que a segunda pergunta se refere ao mesmo tema que a primeira e determinamos que o tema das duas sessões é o mesmo, após assinalar que a primeira sessão afirma a existência do Ser Supremo, sem causa, nem efeito. Enquanto a última se refere ao Ser como Aquele que transcende todas as características da existência fenomênica, como a fome. Como a unidade de propósito se deduz logicamente, o conhecimento em ambas as sessões é o mesmo.

TEMA 23: RECIPROCIDADE DE CONCEPÇÕES

Sutra 37: deveria existir um intercâmbio recíproco, como no caso de outros aspectos; porque os leitores das escrituras as recitam distintamente[523].

INTERCÂMBIO NAS MEDITAÇÕES

Sutra 37: deve haver intercâmbio (na meditação), porque as escrituras prescrevem isso como em outros casos[524].

Dúvida: os Aitareiyns têm o seguinte texto sobre o Ser na órbita solar: "É o mesmo que eu e eu sou o mesmo que Ele" (Ai. A.II,2, 4-6). De maneira análoga, os Jabalas têm: "Ó Deidade Gloriosa, sou o que tu és e tu és o que

---

[520] TINOCO, 2021, verso VI,5, 4.

[521] MARTÍN, 2002, p. 262, 265, versos III,4,2 e III,51 (versos diferentes do original).

[522] MARTÍN, 2002, p. 264, versos III,5,1.

[523] GAMBHIRANANDA, 1983, p. 712.

[524] MARTÍN, 2001, p. 546.

eu sou". Aqui, surge a dúvida: deveriam as concepções ter duas formas que envolvem um processo de reciprocidade ou deveriam ter só uma forma?

Diz o adversário: nesse ponto, a concepção deveria ter uma única forma, posto que não há algo mais em que pensar, exceto que o próprio Ser Uno é idêntico ao Supremo. Se imaginarmos algum aspecto especial desse pensamento, ou seja, a alma que transmigra é idêntica ao Supremo e Este a ela, então, a alma que transmigra obterá mais excelência por meio da sua identidade com o Supremo, enquanto Esse se reduzirá a causa da sua identidade com a alma que transmigra. Daí, deduz-se que a concepção é unilateral e a leitura recíproca na escritura é para enfatizar a unidade do Ser.

Diz o adepto do Vedanta: essa posição é contestada pelo Sutra. "O intercâmbio" se apresenta no texto como com o propósito da prática de meditação, o mesmo que outras características do Ser e as características como "Ser o Ser de tudo" se expressam ai também para meditar, porque ambos fazem a dupla afirmação: "Eu sou tu" e "Tu és eu". E essa dupla afirmação só tem sentido se uma meditação duas vezes realizada se baseia nela, mas careceria de sentido a enunciação de duas maneiras; com uma só seria suficiente.

Diz o opositor: não temos indicado que: se imaginamos que a dupla leitura transmite um significado especial, a Deidade Suprema se fará uma com a alma que transmigra, a qual degradaria a Deidade?

Diz o adepto do Vedanta: isso não tem importância, porque durante esse processo se pensa, precisamente, na dita identidade.

Diz o opositor: assim, não ficaria confirmada essa identidade que afirma o texto?

Diz o adepto do Vedanta: nós não negamos que o texto confirme essa identidade.

Diz um objetor: o que é que pretendes, então?

Diz o adepto do Vedanta: somente queremos provar, baseando-nos na afirmação do texto, que a meditação deve ser recíproca e não unilateral e que isso confirma virtualmente a identidade[525]. Ainda que se ensine que o Ser tem certas características como a de possuir uma volição e se considere, portanto, que o Ser Supremo (Deus) com essas mesmas características, isso

---

[525] O que Shankara quer deixar claro aqui é a unidade do Ser e com ela a não dualidade da realidade (nota de rodapé de Consuelo Martín, 2001, p. 547).

se propõe para a prática unicamente da meditação[526]. E o mesmo sucede nesse caso. Portanto, esse intercâmbio se dá para a prática da meditação e esse mesmo processo deve aplicar-se a outros contextos que se refiram ao mesmo tema.

TEMA 24: SATYA-BRAHMÂM NA BRHADARANYAKA

Sutra 38: posto que em ambos os lugares (da Bhradaranyaka Upanishad) se ensina o mesmo Satya-Vidya, portanto, há que combinar os aspectos como Satya[527].

A MEDITAÇÃO NA VERDADE DA BRAHADARNYAKA UPANISHAD

Sutra 38: a mesma meditação na verdade se ensina nos dois lugares, porque a verdade é a mesma[528].

No texto que se inicia com: "Quem conhece esse grande Ser, digno de adoração, o primeiro que há nascido como Verdade Absoluta [...]"[529] percebe-se uma meditação chamada Sâtya-Vidiya junto com outra meditação nas letras da palavra verdade (Satya)[530]. O texto continua do seguinte modo: "Aquele que é verdade é este sol, o espírito que está ai na órbita solar e o espírito que está aqui no olho direito..."[531]. Aqui, aparece uma dúvida: trata-se de meditações diferentes na verdade ou é a mesma?

Diz o opositor: trata-se de duas, porque o texto afirma dois resultados diferentes: um é a passagem anterior, "Conquista esses mundos [...]"[532], e mais adiante: "Ele que conhece isto, aniquila o mal"[533]. Em relação ao tema

---

[526] Refere-se aqui, ao Deus pessoal, Deus com atributos *Saguna Brahmâ*, o qual tem vontade de criar, e não ao Absoluto que carece de atributos, porque não há dualidade Nele. O Ser supremo é um Deus pessoal com uma concessão para que meditem Nele o que não pode conceber-se de outra maneira (nota de rodapé de Consuelo Martín, 2001, p. 547).

[527] GAMBHIRANANDA, 1983, p. 713.

[528] MARTÍN, 2001, p. 547.

[529] MARTÍN, 2002, p. 435, versos V,4,1.

[530] "Este nome: Satya (literalmente, verdade), consiste de três letras: *Sa, ti, ya*. A primeira e a última letra significam verdade. No meio se fala da não verdade, a qual esta intercalada entre a verdade" (Br.Up., V,5,1) (nota de rodapé de Swami Gambhirananda, 2001, p. 172, Tomo II).

[531] MARTÍN, 2002, p. 437, versos V,5,2.

[532] MARTÍN, 2002, p. 435, versos V,4,1.

[533] MARTÍN, 2002, p. 439, versos V,5,3.

que tratamos, ou seja, à verdade[534], deve-se ao fato de que o objeto de meditação seja o mesmo nas duas meditações.

Diz o adepto do Vedanta: só há uma meditação sobre a verdade, porque a frase: "Aquele que é verdade"[535] se refere novamente ao mesmo objeto, ou seja, à verdade, de que trata a Br.Up., V,4,1.

Diz o opositor: mas não foi mostrado que essa frase pode referir-se aos dois contextos, o primeiro e o último, ainda que as duas meditações sejam diferentes pela identidade de objeto para meditar?

Diz o adepto do Vedanta: sendo essa a posição, diremos que esse Satiya-Vidiya é uno.

Como?

Porque foi apresentado o tema do primeiro e do segundo baseando-se na identidade da entidade na qual se medita: "Isso que é este Satiya" (Br.Up., V, 5,2).

Diz o adversário: foi indicado que, ainda quando as meditações possam diferir, o objeto da meditação pode ser referido na segunda, porque a identidade na qual se medita é a mesma.

Diz o adepto do Vedanta: o anterior é impossível, dado que esse pode ser o caso em que a diferença das meditações se torna óbvia, devido a outra razão evidente. Sem dúvida, como nessa conexão é possível que ambos os modos sejam justos, menciona-se o tema discutido em: "Este que é Satiya" (Br. Up., V,5,2), de onde se sabe que na segunda meditação se alude a Satiya relacionada com a primeira. Assim, fica estabelecida a unidade da meditação.

No que diz respeito ao argumento, segundo o qual a alusão a um resultado separado conduz a concluir que a segunda é uma meditação separada, a resposta é: não é um problema, posto que se menciona um resultado separado, elogiando o ensinamento sobre outras partes da meditação, afirmadas em: "Seu nome secreto é Ahar" e "Seu nome secreto é Aham"[536]. Além disso, a regra é, quando a meditação é a mesma e os resultados devem ser deduzidos das passagens corroborativas, os vários resultados mencionados em conexão com os subsidiários devem acrescentar-se à meditação principal. De maneira análoga: posto que se fala desse mesmo Satiya-Vidiya como estando associado com certos aspectos particulares, portanto, todos

---

[534] *Satya* é a verdade e a realidade (*Sat*) (nota de rodapé de Consuelo Martín, 2001, p. 548).

[535] MARTÍN, 2002, p. 437, versos V,5,2.

[536] MARTÍN, 2002, p. 438, verso V,5,3.

os aspectos, tais como Satiya, devem combinar-se na mesma aplicação, ou seja, no mesmo ato de meditação.

Alguns comentaristas são de opinião de que o Sutra anterior se refere não ao que acabamos de discutir, mas que discutem se o texto sobre o espírito na órbita solar e o olho da Brhadaranyka Upanishad e o texto similar "e esse Ser refulgente que se vê na órbita solar" (Ch.Up., I,6,1) e "o Ser que se vê no olho" (Ch.,Up., 15,1) formam uma só meditação ou não. Concluem que sim e que, por isso, a verdade e outras características mencionadas na Brhadaranyaka Upanishad devem completar-se também com o texto da Chandogya Upanishad. Mas essa interpretação do Sutra não parece adequada, porque na Chandogya Upanishad essa meditação se apresenta em conexão com uma cerimônia baseada no *udgîtha*[537]. As provas da sua relação com a cerimônia estão no princípio, no meio e ao final da meditação. Assim, lemos no começo: "A terra é o *rik* e o fogo *sâma*"[538]. No meio, pode-se ler: "O *rik* e o *sama* são as suas articulações e portanto é o *udgîtha*" (Ch. Up., I,6,8). Já no final, pode-se ler: "Ele que conhece isto, canta o canto *sama*" (Ch.Up., I, 7,9). Mas, na Brhadaranyaka Upanishad, não há nada que conecte a meditação com a cerimônia religiosa e, ao ser diferente o tema do qual se trata, é mais adequado considerá-los separadamente.

TEMA 25: COMBINAÇÃO DOS ASPECTOS NA BRHADARANYKA E NA CHANDOGYA

Sutra 39: os aspectos como (verdadeiro) desejo etc. (mencionados na Chandogya), devem agregar-se ao outro (Brhadaranyaka) e os mencionados aí há que agregá-los aqui, devido à identidade de residência etc.[539]

INTEGRAÇÃO DOS ATRIBUTOS MENCIONADOS NA BRHADARANYKA E NA CHANDOGYA UPANISHAD

Sutra 39: atributos como a capacidade de volição e outros (mencionados na Ch.Up.) devem ser integrados no outro texto da Br.Up. e vice-versa pela similitude da morada[540].

---

[537] Na Ch.Up., essa meditação se refere à repetição da sílaba Om (nota de rodapé de Consuelo Martín, 2001, p. 548).

[538] TINOCO, 2021, verso I,6,1.

[539] GAMBHIRANANDA, 1983, p. 716.

[540] MARTÍN, 2001, p. 549.

Ao começar o texto: "Agora, a pequena (dahara) morada (o coração), em forma de lótus que está dentro da cidade de Brahmâm (o corpo), onde, em seu interior existe um pequeno espaço (Brahmâm)"[541], diz-se: "este é o Ser, livre de pecado, de impureza, não está sujeito à morte, à dor, à fome nem a sede, tem o verdadeiro desejo e a vontade irresistível"[542]. E os Vajasaneiyns têm o seguinte texto: "Este Grande Ser que não nasce, que é identificado com o intelecto e está no meio dos órgãos, e jaz naquele espaço dentro do coração. É aquele que controla tudo, e é o Senhor de tudo e o regente de tudo" (Br.Up., IV, 4,22). Aqui, surge a dúvida de se é que o conhecimento é o mesmo ou não e a conclusão do adversário é que o conhecimento é idêntico.

Diz o adepto do Vedanta: com relação a isso, tem-se dito o seguinte: "Os aspectos como os desejos". O significado do termo "desejo" é um verdadeiro desejo incessante, assim como alguém chamaria um Devadata simplesmente Datta ou a Satyiabhana, simplesmente Bhana. Aos atributos como os desejos incessantes que encontramos na Chandogya Upanishad, referentes ao espaço dentro do coração, é necessário inseri-los em outro lugar (a Brhadaranyaka), o texto: "Este Grande ser que não nasce". Já os atributos como "aquele que controla tudo", encontrados na Brhadaranyaka, devem ser inseridos no texto da Chandogya: "Este é o ser, livre de pecado" etc.

Por quê?

"Pela identidade da morada", pois, em ambos os lugares, o coração é, igualmente, a residência; o Supremo é a entidade a realizar e o limite das coisas deste mundo, ou seja: para impedir a promiscuidade. Assim, encontram-se outras numerosas similitudes.

Diz o adversário: não se acham também diferenças? Pois a Chandogya associa os atributos com o espaço dentro do coração, enquanto a Brhadaranyaka com Brahmâm dentro daquele espaço.

Diz o adepto do Vedanta: não é assim, porque o aforismo: "O pequeno espaço é Brahmâm, pelas seguintes razões" (I,3, 14), se havia estabelecido que o termo Espaço significa Brahmâm, inclusive na Chandogya Upanishad, pois aqui há uma diferença. Na Chadogya Upanishad, ensina-se uma meditação em Brahmâm qualificado, dado que os desejos são mencionados como coisas a conhecer junto ao Ser, de acordo com a frase seguinte: "Então, quem

---

[541] TINOCO, 2021, verso VIII,1,1.

[542] TINOCO, 2021, verso VIII,1,5.

parte daqui sem conhecer o Ser e estes desejos incessantes"[543], enquanto, na Brhadaranyaka Upanishad, a entidade ensinada é absolutamente o Brahmâm Supremo, segundo evidencia um estudo coordenado de tais perguntas e respostas, como: "Por favor, instrua-me mais sobre acerca da Libertação" (IV, 3, 15) e "Pois, este Ser infinito está desprendido". No que se refere aos atributos como: "aquele que controla tudo", declaram-se na Brhadaranyaka Upanishad glorificando a Brahmâm não qualificado. De acordo com essa mera glorificação, elabora-se a conclusão posterior com o Brahmâm Absoluto, de acordo com a frase: "O Ser é Aquele que foi definido como 'nem isto, nem isto"[544]. Sem dúvida, devemos ter em conta que o Brahmâm sem atributos é Deus, mas isso não se faz na Brhadaranyaka Upanishad para a meditação.[545]

TEMA 26: O AGNIHOTRA PARA PRANA

Sutra 40: não é possível omitir a execução do Agnihotra para Prana, devido ao respeito mostrado na Upanishad[546].

A OFERENDA À ENERGIA VITAL

Sutra 40: não há omissão (da cerimônia do fogo oferecida à energia vital) à causa do respeito que foi mostrado na Upanishad[547].

Dúvida: com relação à meditação em Vaishvanara, a Chandogya Upanishsd diz: "Portanto, o primeiro alimento que vem é para apresentá-lo como uma oferenda. E o que faz a primeira oferenda, deveria dizer: *Savahâ*[548] à energia vital (Prana)[549]. Aí, prescrevem-se as oferendas aos cinco Pranas. Sobre isso, depois de empregar a palavra Agnihotra, de acordo com as frases "Aquele que, conhecendo isto, executa o sacrifício Agnihotra"[550]

---

[543] TINOCO, 2021, verso VIII, 1,6.

[544] MARTÍN, 2002, p. 302, verso III,9,26.

[545] A Chandogya e a Brhadaranyaka mencionam, respectivamente, os atributos para a meditação em Deus e sua glorificação. Não implica contradição alguma, a não ser que cumpre com os propósitos de assumir os ditos atributos em ambos os lugares. Enquanto na Chandogya devem ser agregados da Brhadaranyaka, neste último estão implícitos (nota de rodapé de Swami Gambhirananda, 2001, p. 176, tomo II).

[546] GAMBHIRANANDA, 1983, p. 717-718.

[547] MARTÍN, 2001, p. 550.

[548] *Svahâ* é uma exclamação habitual nas oferendas religiosas, quer dizer: que tudo resulte bem. (nota de rodapé de Consuelo Martín, 2001, p. 550).

[549] TINOCO, 2021, verso V, 19-1.

[550] TINOCO, 2021, verso V, 24, 2.

e "Como os meninos famintos esperam ao redor da sua mãe, assim, todos os seres esperam o Agnihotra, ou seja, que tal homem de conhecimento coma primeiro"[551]. No que se refere a isso, o assunto a discutir é: se o sacrifício Agnihotra oferecido ao Prana cessa ou não de existir no dia de jejum, quando não se come.

Diz o adepto do Vedanta: posto que se menciona a relação do primeiro bocado com o Agnihotra sob consideração em "aquele bocado" e como esse se refere ao comer, o Agnihotra para Prana cessa de existir, se não se come.

Diz o adversário: sendo essa a conclusão, sublinho que não cessa.

Por quê?

"Devido ao respeito mostrado". Em conexão com essa meditação em Vaishvanara, podemos encontrar o texto dos Jabalas: "Aquele que recorre a este Agnihotra para Prana, deveria comer antes que os hóspedes. Podendo executar o Agnihotra de outro, antes de executar o próprio (alimentar os hóspedes primeiro) seria similar a isto". Aqui, ao condenar a alimentação dos hóspedes, primeiro, ordena-se que o dono da casa coma primeiro, mostrando, assim, um respeito para o Agnihotra executado em honra ao Prana. E um texto que não pode tolerar a omissão do primeiro lugar para quem executa o Agnihotra pode tolerar muito menos a omissão do Agnihotra que tem tal prioridade sobre tudo.

Diz o adepto do Vedanta: posto que se menciona o primeiro bocado, portanto, se não come, não pode haver Agnihotra.

Diz o adversário: não é assim; porque isso é para prescrever algo particular. Dado que no Agnihotra comum se ordenam, regularmente, o leite etc., também aqui, do uso da palavra Agnihotra, surge a possibilidade segundo a qual o leite e o restante ali usados se devam usar, também, no Agnihotra para Prana, baseando-se na analogia do leite etc., que se utiliza no sacrifício de Kaundapayins, chamado Masagnihotra (Agnihotra por um mês), que forma parte do seu Sastra maior, porque aí a palavra Agnihotra se emprega por cortesia. Essa frase "esse bocado" ocorre para prescrever a ordem subsidiária acerca do bocado (eliminando assim, o leite etc.). Então, de acordo com o aforismo: "Ainda que se possa omitir um subsidiário, não se pode omitir o principal" (Jai. Su., X, 2,63), deduz-se que: ainda quando se omitira o subsidiário, que consiste em usar o bocado, não se pode eliminar o ato principal de executar o Agnihotra para Prana. Então, a conclusão é

---

[551] TINOCO, 2021, verso V, 24, 5.

que, ainda quando não se coma, o Agnihotra obrigatório para Prana deve ser executado por meio da água ou alguma outra coisa, de acordo com a regra sobre o uso dos substitutos.[552]

Diz o adepto do Vedanta: eis aqui a resposta do escritor do aforismo:

Sutra 41: o Agnihotra se deve executar desse alimento, quando está presente, sendo essa a declaração da Upanishad[553].

Sutra 41: quando se apresenta o alimento, deve realizar-se a cerimônia do fogo desse mesmo, conforme a declaração da Upanishad[554].

Quando chega o alimento, "desse mesmo", desse alimento que se apresenta primeiro, deve-se realizar a cerimônia oferecida à energia vital. E isso se fará em função do que a frase upanishádica declara sobre ele, porque a frase "O primeiro alimento que chega para ser oferecido como uma oferenda religiosa"[555] assinala a circunstância de que as oferendas realizadas à energia vital se façam mediante um material que tenha outro propósito, o de comer. Mas como podem ser substituídas essas oferendas sem que percam a força que lhes dá o emprego da comida? Que elemento se poderia empregar em seu lugar? E não é verdade que as características da cerimônia do fogo habitual possam aplicar-se aqui. No caso da cerimônia dos kaunda-payinis, o termo Agnihotra (ritual do fogo) aparece no texto preceptivo: "Se deve realizar a cerimônia do fogo durante um mês". E pode aceitar-se como um preceito sobre a cerimônia habitual. Assim, as outras cerimônias dependentes dela podem aplicar-se a ela. Mas, no caso presente, a palavra Agnihotra aparece em um conjunto apologético e não com o sentido preceptivo. Se admitíssemos que as características do rito habitual do fogo são válidas também para o da oferenda à energia vital, detalhes como a produção do fogo são válidos igualmente, mas isso não é possível. A produção do fogo se faz com o propósito de estabelecer um lugar para o fogo no qual se possam fazer-se as oferendas. Nesse caso, o da oferenda à energia vital, não se fazem no fogo as oferendas, porque isso anularia seu uso como comida. Ao estar em relação com coisas preparadas para comer, a oferenda tem que ser feita na boca mesma.

---

[552] Um rito obrigatório, uma vez começado, deve ser terminado. Assim, se o prescrito não está disponível, o rito deveria ser completado inclusive com os substitutos (nota de rodapé de Swami Gambhirananda, 1983, p. 719).

[553] GAMBHIRANANDA, 1983, p. 720.

[554] MARTÍN, 2001, p. 552.

[555] TINOCO, 2021, verso V,19,1.

Assim, também o texto dos jâbâlâs, "ele há de comer antes dos convidados", mostra que a realização das oferendas deve ter lugar na boca. Pela mesma razão, o texto afirma que os acessórios secundários devem estar presentes aqui só de maneira simbólica: "O peito é o altar, os cabelos a erva, o coração o fogo Gâhapatya, a mente o fogo de Anvâhâryapacana, e a sua boca o fogo Âhavanîya"[556]. A palavra "altar" aqui se refere ao local de sacrifício, porque o Agnihotra[557] propriamente dito não tem altar, os acessórios se encontram aqui unicamente para indicar a noção de superposição. Além disso, tendo em conta a conexão dessa cerimônia do fogo com o tempo fixado para comer, não é possível realizá-los no tempo fixado para a habitual cerimônia do fogo. Outras características, como as orações, também se contradizem de uma outra maneira. Pelas relações entre as repetições de orações (mantras), os objetos e as divindades e a comida, deduzimos que as cinco oblações devem ser realizadas ao comer.

Quanto à passagem que se refere ao "respeito", observamos que significa só a prioridade na comida, porque o significado de uma frase não deve ser forçada em demasia. Não se pode afirmar que a oferenda do sacrifício do fogo deva ser realizada invariavelmente. Portanto, estabelece-se que a cerimônia da energia seja omitida quando se omite a comida.

TEMA 27: AS MEDITAÇÕES RELACIONADAS COM OS RITOS NÃO SÃO OBRIGATÓRIAS

Sutra 42: não existe regra obrigatória disso (os seja: que as meditações se relacionam sempre com os ritos), sendo ele óbvio nas Upanishads, posto que uma meditação tem um resultado separado, que consiste em eliminar o que obstrui um rito[558].

AS MEDITAÇÕES RELACIONADAS COM AS CERIMÔNIAS NÃO SÃO OBRIGATÓRIAS

Sutra 42: não há nenhuma regra obrigatória referente às meditações unidas às cerimônias, porque as Upanishads mostram que as meditações têm resultados distintos, como a eliminação do impedimento[559].

---

[556] TINOCO, 2021, verso V,18, 2.

[557] Agnihotra existe só se alguém come, pois as oferendas são mera consequência do ato principal se sentar-se para comer (nota de rodapé de Swami Gambhirananda, na sua tradução do Brahma Sutra, p. 179, versão em espanhol, Tomo II).

[558] GAMBHIRANANDA, 1983, p. 772.

[559] MARTÍN, 2001, p. 553.

Dúvida: existem certas concepções ou meditações relacionadas com os acessórios dos rituais, como se pode ler na seguinte frase: "Se deveria meditar na letra *Om* como Udgitha"[560],[561]. Devemos considerar se essas meditações são os aspectos regulares dos ritos como Juhu, a grande colher do sacrifício feita de madeira de Palasa, ou são irregulares, como a panela de leite? Qual deveria ser a conclusão?

Diz o opositor: sustento que as meditações estão sempre em conexão com os atos do sacrifício, porque esses se referem à prescrição, o mesmo que os assuntos subordinados a eles, e pelos resultados que se mencionam nos próprios contextos, como "Ele chegou à plenitude dos desejos"[562]. Neles, usam-se verbos no presente do indicativo e não o imperativo, o que indica que são frases de esclarecimento e não de prescrição, como na expressão: "Ele não escuta o mal". Aí, os resultados não são o objeto principal. Por isso, em frases como "Aqueles recipientes, feitos de madeira de Palasa nunca escutam um verso pecaminoso", vemos que não estão em seu próprio contexto e, sem dúvida, conectam-se com os sacrifícios pela colher grande Juhû e se aplicam regularmente como outros acessórios lidos em seu próprio contexto. Esse pode ser o caso das meditações do *udgitha*[563].

Diz o adepto do Vedanta: diante dessa posição, a nossa resposta é a seguinte: "Não há nenhuma regra obrigatória referente às meditações unidas às cerimônias". Essa frase significa uma declaração sobre meditações nas características acessórias das cerimônias como *udgitha*. Por exemplo, que o *udgitha* não é o essencial: a fonte da qual se saciam todos os desejos (I17,8) é o sol e assim sucessivamente. Essas meditações não podem estar permanentemente em conexão com as cerimônias do mesmo modo que o estão os acessórios obrigatórios.

Por quê?

Porque é óbvio, a partir do que ensina a Upanishad, que essas meditações não são obrigatórias. Pode-se ler nos textos o seguinte: "aqueles que conhecem esta sílaba Om e os que não a conhecem, fazem as suas cerimô-

---

[560] TINOCO, 2021, verso I,1,1.

[561] Ver citação n.º 73 (III,3,6), para o significado da palavra *udgitha* (nota de rodapé de Consuelo Martín, 2002, p. 553).

[562] TINOCO, 2021, verso I,1,7.

[563] Em tais casos: Palasa, juhu etc. ajudam ao sacrifício, contribuindo, então, a origem do fruto remoto do sacrifício, assim que a menção do resultado próximo se estende de outro modo, ou seja, o resultado: "não escutar um verso malvado", se diz em tom de louvor, sendo, também louvor a realização dos desejos no caso do udgitha (nota de rodapé de Swami Gambhirananda, 1983, p. 722).

nias com o Om"[564], porque se admite que as cerimônias podem ser feitas sem estar informado anteriormente. Afirma, ainda, que, inclusive, esses sacerdotes prâstotâ e outros, apesar de ignorando as deidades do Prâstotâ, realizem seus deveres sacerdotais como se estabelece nos textos seguintes: "Prastotâ, podes cantar o Prastâva sem conhecer a deidade que o preside"[565], "Podes cantar o udigitha sem conhecer tal deidade"[566] ou "Pratihastâ, podes cantar a última parte (*Pratihâra*) sem conhecer a deidade"[567].

Portanto, na Upanishad se menciona que, para meditações dessa classe, conectadas com as cerimônias, os resultados são distintos que os dos ritos mesmos, como o eliminar certos impedimentos na realização dos efeitos do rito ou o acrescentar alguma vantagem aos frutos adicionais: "Aqueles que conhecem o Om e os que não o conhecem, praticam os seus ritos com o Om. Mas, são diferentes o conhecimento e a ignorância porque têm diferentes resultados. Se alguém atua com conhecimento, com fé e medita nas deidades, se faz mais poderoso" (Ch.,Up., I,1,10). Mas como seria isso possível se a meditação formasse parte das cerimônias obrigatórias? No último caso, uma cerimônia desprovida desse conhecimento não poderia admitir-se como poderosa, porque há um princípio que estabelece que só aquelas cerimônias que compreendem todos os elementos acessórios são efetivas. Assim, também o texto ensina resultados definidos para cada meditação no Sâman, como os mundos e outros, de acordo com a frase: "Os mundos em uma linha ascendentes e em outra descendente, são dirigidos por Ele"[568]. Devemos compreender essas declarações sobre os resultados como simples explicações do sentido (*arthavâdas*), porque aqui teriam que tornar-se como se declarara-se só uma matéria acessória. Enquanto se tomarmos como ensinamento certos resultados, podem entender-se no seu sentido direto.

O caso dos resultados que a Upanishad declara estar conectados com os rituais subordinados dos prayâjas e os demais é de natureza diferente, porque os prayâjas se referem a uma cerimônia, o Darsha-Pûrnamâsa, que, para a sua realização, depende de certos meios adequados para os ritos subordinados. É razoável que a menção dos resultados aqui se faça para dar uma aclaração. Esse também é o caso do Palâsha Juhu, que se dá

---

[564] TINOCO, 2021, verso I,1,10.

[565] TINOCO, 2021, verso I,10,9.

[566] TINOCO, 2021,verso I,10,10.

[567] TINOCO, 2021, verso I,10,11.

[568] TINOCO, 2021, verso II,2,3.

em outro contexto em que não há ritos a realizar. Quando não há atos por si mesmos, não se pode imaginar que se produzam resultados baseados em algum rito. Mas, no caso dos recipientes de leite e outros, é necessário conectar as declarações dos resultados com atos de transportar água que se necessita na cerimônia. Só nesses casos o instrumento do sacrifício deve ser feito de madeira bilva e é adequado que as prescrições sobre os resultados sejam admitidos, já que estão baseadas em coisas como essas que já estão em relação com o sacrifício. Quando se tem que fazer "com madeiras de palâsha", não há um fator conectado com um sacrifício sob discussão. Se, em último caso, os termos Juhu presentes no texto se aceitam como base para a Palasha Juhu, que se relaciona com um sacrifício pertinente e se, segundo a autoridade dessa mesma frase, aceita-se uma ordem acerca do resultado de usar Palâsha Juhu, isso implica romper a unidade de significado que toda frase deveria ter. Mas, no caso das meditações mesmas, sendo elas ações, podem ser o tema de diferentes ordens, portanto, os preceitos sobre as meditações baseadas no Udghitha não são contraditórios. Por final, como o cubo de leite ainda dependa dos sacrifícios, não estão permanentemente relacionados com eles, porque têm seus resultados separados, então, as meditações baseadas no Udgitha se deveriam julgar de maneira análoga. Essa é a precisa razão pela qual os autores do *Kalpa – Sutras* não trataram essas meditações, segundo estão incluídas nos sacrifícios.

TEMA 28: MEDITAÇÕES NO PRANA E EM VAYU

Sutra 43: as meditações em Prana e Vayu ou Ar se devem manter separadas, exatamente como o caso das oferendas, sendo isso o que Jaimini declarou[569].

AS MEDITAÇÕES NA ENERGIA VITAL (PRANA) E NO AR (VÂYU)

Sutra 43: as meditações em Prâna e Vâyu devem manter-se à parte, como no caso das oferendas. Isso foi estabelecido por Jaimini no Pûrva Mimânsâ-Sûtras[570].

---

[569] GAMBHIRANANDA, 1983, p. 725.
[570] MARTÍN, 2001, p. 555.

O texto que se inicia com "O órgão da palavra fez um voto: 'eu seguirei falando"[571] determina a energia vital como o melhor dentre os órgãos do corpo, a linguagem e outros, e o ar (*Hiraniagarbha*) como o melhor dentre os deuses, o fogo e outros. Ainda na Chandogya Upanishad, é afirmado que o ar é o lugar de onde se absorve tudo no plano divino, começando com o fogo. Sobre isso, diz o texto: "Vâyu é, verdadeiramente, o lugar de absorção"[572]. Enquanto a energia vital é considerada como o que absorve os órgãos do corpo. Diz ainda a Chandogya Upanishad: "Prana é verdadeiramente o lugar de absorção"[573]. A dúvida que é gerada aqui é se Vâyu e Prana devem conceber-se separados ou unidos ao se meditar neles.

Diz o opositor: devem conceber-se juntos, porque sua natureza essencial é a mesma e o princípio em que se há de meditar é o mesmo. Outra frase das escrituras diz também que os órgãos do corpo e as divindades não são diferentes em sua verdadeira natureza: "Transformando-se em palavra, o fogo entrou na boca"[574] e ainda: "São iguais e são infinitos"[575]. Afirma que os poderes dos deuses (devas) constituem o ser dos órgãos do corpo. Outras frases testemunham também a fundamental igualdade entre ambos. Em alguns lugares, temos inclusive uma definição direta dos dois: "O que o Prana é, isto é Vâyu". O texto com que finaliza o capítulo da Upanishad (Br.Up.,), ao qual pertence à frase da qual tratamos, faz-se referência só à energia vital: "Ele verdadeiramente amanhece na energia vital e se põe nela mesma". Assim, mostra-se o Prana como uma mesma coisa com Vâyu, mencionado antes.

Também no contexto da Brhadaranyaka Upanishad, do qual citamos anteriormente algumas frases, diz-se, nos versos conclusivos, o seguinte: "Os deuses observaram o voto daquele de onde o sol surge e no que se põe"[576], que: "o sol nasce do Prana e se põe nele" onde se revela a unidade, a conclusão do Prana mesmo[577]. Também o seguinte texto o confirma: "Portanto, um ser humano deveria observar uma única promessa: fazer as funções de Prana e Apana (exalação e inspiração), já que a conclusão se faz

---

[571] MARTÍN, 2002, p. 147, verso I,5,21.

[572] TINOCO, 2021, verso IV,3,1.

[573] TINOCO, 2021, verso, III,3 (?).

[574] TINOCO, 1996, p. 260, verso I,2,4.

[575] MARTÍN, 2002, p. 138, verso I,5,13.

[576] MARTÍN, 2002, p. 149, verso I,5,23.

[577] O parágrafo anterior termina com Vâyu (Hiraniagarbha) que nunca se põe. O verso aqui se refere a esse Vâyu. Portanto, Vâyu e Prana são unos (nota de rodapé de Swami Gambhirananda, 1983, p. 726).

aqui com a única promessa de Prana". De maneira análoga, na Chandogya Upanishad, ensina-se que o lugar de união é uno, dizendo o seguinte: "A deidade única, Prajapati (Brahmâ), que é o protetor do universo, deglutiu aos quatro grandes (o Fogo, o Sol, a Água e a Lua no plano divino e a fala, o olho e a orelha e a mente no plano corporal)"[578]. Mas esse texto não diz que o ponto de união para o grupo de quatro é uno e o do outro grupo é outro. Portanto, a meditação não é diferente.

Diz o adepto do Vedanta: tendo presente essa conclusão, diremos o seguinte: deve-se meditar separadamente no Ar e no Prana.

Por quê?

Porque se ensinam separadamente; essa instrução acerca da divisão no plano divino e corporal é para a meditação e não teria sentido se não empreendêssemos as meditações separadamente.

Diz o adversário: anteriormente, indicou-se que as meditações deveriam ser idênticas, devido a não diferença essencial das entidades.

Diz o adepto do Vedanta: isso não importa, já que ainda não existe diferença em essência, há diferença quanto ao ensinamento baseada em distintas condições. Por isso, pode haver diferenças nas meditações, segundo esses ensinamentos. Ainda que segundo a introdução se pode concluir que o ar e a energia vital não sejam diferentes, sem dúvida, têm força para induzir a separação de objetos na meditação mostrada antes. Mas ainda o texto se refere a uma comparação entre ambos que mostra que são diferentes. O ar e a energia vital se põem como exemplo, em: "Da mesma maneira que a energia vital está no corpo entre os órgãos, assim está Vâyu (o ar) (entre os deuses)"[579]. Mas isso não afeta a diferença de meditações. Isso explica também a menção do propósito (I,5,23). A palavra "único" se utiliza em: "O único propósito", significa que se estabelece a prática da energia vital com exclusão da dos órgãos da linguagem etc., com relação aos quais o texto havia declarado anteriormente: "A morte os capturou como fadiga"[580], afirma claramente que essas práticas do ar e da energia vital eram igualmente obrigatórias. Depois de dizer isso, o texto afirma: "Portanto um ser humano deve ter um único voto [...]"[581] e estabelece que o fruto dessa prática ou propósito é uma união com o ar, assim: "Através dele, se

---

[578] TINOCO, 2021,verso, IV, 3,6, 2021.

[579] MARTÍN, 2002, p. 149, verso I,5,22.

[580] MARTÍN, 2002, p. 147, verso I,5,21.

[581] MARTÍN, 2002, p. 149, verso I,5,23.

obtém a união com essa divindade ou vive no mesmo mundo com ela"[582]. Assim, mostra-se aí que a observação com relação ao ar não foi eliminada.

Por "divindade", temos que entender "ar" na frase anteriormente assinalada, pelo que se deseja obter é a identidade com o limitado. O termo se havia utilizado em um texto anterior, referindo-se ao ar, do seguinte modo: "O ar é a deidade que nunca se detém"[583]. Na Chandogya Upanishad, também se representa o ar e a energia vital, como sendo coisas diferentes, assim: "Estes são os dois lugares de absorção, o ar entre os deuses, e a energia vital entre os órgãos vitais"[584] e a conclusão do capítulo também se refere a eles como distintos, do seguinte modo: "Estes cinco e os outros cinco fazem dez. Isto é *Krita*"[585]. Por todas essas razões, o ar e a energia vital devem considerar-se diferentes. O Sutra compara o caso que tratamos como um paralelo do chamado "sacrifício Tripurodâshinî, quando diz "como no caso das oferendas". O sacrifício compreende três oferendas e se prescreve de acordo com a seguinte frase: "No Purodashas se oferece onze vasilhas ao deus Indra, ao rei Indra, que governa tudo, e se governa a si mesmo" (Tai. S., II,3,6). Poder-se-ia supor que as três oferendas devem ser oferecidas juntas, porque são dirigidas ao mesmo, a Indra, e porque a frase final diz o seguinte: "Farão as oferendas válidas para todos os deuses. O que faria infalível o resultado". Mas, como os atributos, como o de governador, diferem, as oferendas primeira e segunda, *yâjyâ* e *anuvâkyâ*[586], que são dirigidas a diferentes deidades, devem separar-se também. Isso é o que conclui Jaimini. Do mesmo modo aqui, ainda que o ar e a energia vital sejam idênticos em realidade, sem dúvida, dá-se uma diferença ao considerá-los objetos de meditação. Isso se explica no Davatâ Kânda do Purva Mimansa: "As deidades são diferentes porque se conhece assim". Mas, enquanto no caso do Purva Mimansa a diferença entre os sacrifícios se admite pela diferença das deidades, sem dúvida, não existe essa diferença nas meditações aqui, já que as declarações da introdução e a conclusão no plano divino e corporal se referem à experiencia de uma mesma meditação. Mas, ainda que essas meditações sejam iguais, as funções das meditações

---

[582] MARTÍN, 2002, p. 149, verso I,5,23.

[583] MARTÍN, 2002, p. 149, verso I,5,22.

[584] TINOCO, 2021, verso IV, 3,4.

[585] TINOCO, 2021, verso IV,3,8.

[586] O mantra que se lê logo da direção "Yaja" (sacrifício do Advaryu, o yajya e o mantra lido depois da sua direção "anubruhi" (pronúncia), é anuvakya. Nesse sacrifício, o yajya da primeira oferenda se converte em anuvakya da segunda, o anuvakya da primeira se converte em yajya da segunda (nota de rodapé de Swami Gambhirananda, 1983, p. 729. Nota obscura).

diferem, segundo o plano em que se fazem. Igual ao sacrifício do fogo que é distinto pela manhã e à noite. Tendo isso em mente, pode-se dizer: "Como no caso das oferendas no sacrifício Purodasha".

TEMA 29: OS FOGOS EM AGNI-RAHASYA NÃO SÃO PARTES DO SACRIFÍCIO

Sutra 44: os Fogos (a mente, a fala, etc., de Agni-rahasya) não são parte de algum rito, posto que há uma profusão de sinais que indicam isso, sendo mais fortes que o contexto. Também Jaimini o disse[587].

O FOGO DO AGNI- RAHASYA É UMA MEDITAÇÂO A PARTE

Sutra 44: os fogos (a mente, a linguagem, etc., do Agni-rahasya) não formam parte de nenhuma cerimônia, porque os sinais indicadores são maiores (que o tema geral do contexto). Isso foi estabelecido por Jaimini[588].

Dúvida: o "Agni- rahasya" ou ensinamento esotérico acerca dos fogos, presentes no bhrâmana dos Vasajasaniyns, começa com: "Antes da criação, tudo isso não existia nem não existia" e, falando da mente, afirma: "Essa mente viu a si mesma como 36 mil; viu os fogos adoráveis como se lhes pertencera acendidos pela mente e concebidos como se foram identificados com os modos mentais" etc. De maneira análoga, esses fogos se interpretam separadamente: "acendidos pelo órgão da fala, e pelo do olfato, pelo olho, pelo ouvido, pelas mãos e pelo órgão do tato". Quanto a esses, surge uma dúvida de se é que os ditos fogos acendidos pela mente devam usar-se em conexão com os ritos e se formam parte deles ou se são independentes, dizendo: "graças à profusão de sinais que indicam isto etc". Nesse brâhmana, encontramos copiosos sinais que indicam e apoiam os pontos de vista, segundo os quais os ditos fogos são só para meditação, por exemplo: "Sendo assim, qualquer coisa que os seres pensem por meio das suas mentes, isto é o que acende os ditos fogos" e "Apesar de que um homem de tal conhecimento esteja desperto ou dormindo, todos os seres acendem esses fogos

---

[587] GAMBHIRANANDA, 1983, p. 730.
[588] MARTÍN, 2001, p. 558.

para ele, para sempre[589]. Certamente, esses sinais de indicação têm mais autoridade que o contexto e o Purva-Mimansa o declara: "Em um caso onde a afirmação expressada, os sinais de indicação das palavras, a conexão de sínteses, o contexto, a ordem e o nome" se evidenciam em grupos, os que vêm depois são invalidados pelos anteriores, pois, os significados que os sucessivos dividem, são anulados pelos anteriores" (Já. Su., III,3,14).

Sutra 45: baseando-se no contexto, os fogos conceituais devem ser usados alternativamente para o fogo real prescrito anteriormente. Constituem algum rito como a bebida imaginária (do suco do Soma)[590].

Sutra 45: os fogos dos quais se fala no Sutra anterior são formas alternativas dos mencionados antes (os dos ritos), devido ao contexto, e podem formar parte de algum rito como é o caso da bebida imaginada (de Soma)[591,592].

Diz o opositor: eu nego que esses fogos sejam independentes e formem parte de algum ritual, pois esses fogos se encontram no contexto do primeiro fogo que está associado com ritos. Esse ensinamento nos leva a uma alternativa particular desse mesmo fogo que as sessões precedentes descrevem como rito, mas não é um ensinamento independente.

Objeção de alguém: mas não têm os sinais indicativos mais autoridade que o contexto?

Diz o opositor: sem dúvida, sinais indicadores como aqueles que aparecem na frase mencionada anteriormente não são, de alguma maneira, mais fortes que o tema geral. Portanto, ainda que esses fogos se façam como uma superposição, pela força do contexto, estarão subordinados a algum rito. São como os atos imaginários. Como os dez dias chamados *avivâkas*, o dia do sacrifício que se conhece como *Dasha-râtra*, imagina-se que o líquido do soma é o mar, a taça na qual se bebe seja a terra e Prajapati é a deidade a quem se faz a oferenda. Todos os ritos que estão em relação com essa taça, como lavá-la, colocá-la em seu lugar, oferecer o líquido nela, beber o que

---

[589] Quando se há estabelecido bem a meditação em: "Meus fogos mentais são acendidos por todos os seres", então, os fogos mentais desse meditador se acendem graças aos pensamentos de todos os seres. O primeiro texto indica que os fogos formam parte só de uma meditação e de nenhum rito posto que: "fazer alguma coisa" não pode ser parte de um rito, enquanto esse ato posterior é concebível só por uma ordem. Analogamente: o segundo texto fala das ações por parte de todos para sempre, enquanto uma ordem regula um acessório de um rito no que se refere ao seu tempo, lugar e ocasião (nota de rodapé de Swami Gambhirananda, na sua tradução do Brahma Sutra, p. 190, versão em espanhol, Tomo II)

[590] GAMBHIRANANDA, 1983, p. 731.

[591] Líquido embriagador usado em cerimônias (nota de rodapé de Consuelo Martín, 2001, p. 559).

[592] MARTÍN, 2001, p. 559.

BRAHMA SUTRA (TOMO II)

fica, os sacerdotes convidando a um e a outro a bebê-la e a bebida, todos eles não são mais que atos mentais. Mas ainda o imaginar que o soma é mental, forma parte do rito, já que se dá no contexto desse rito. O mesmo deve ser a imaginação do fogo no presente contexto.

Sutra 46: e o fato da aplicação estendida apoia essa conclusão[593].

Sutra 46: e se conclui isso pela transferência dos atributos do fogo real ou imaginário[594].

A aplicação estendida dos atributos do fogo real a esses mentais confirma o caso do seu uso nos ritos (dado que a extensão se tem feito graças à similitude com os acessórios dos ritos), segundo se pode mostrar em: "os fogos adoráveis são 36 mil e cada um deles é tão grande como o fogo do sacrifício mencionado anteriormente". Pois a extensão da aplicação se baseia na similitude e deles se deduz que: o dito texto, estendendo a aplicação do fogo aceso no altar de ladrilhos a ditos fogos mentais, indica que esses últimos servem a algum rito.

Sutra 47: melhor dito: os fogos constituem só uma meditação, pois isso é o que se determina nos Vêdas[595].

Sutra 47: os fogos, sem dúvida, só constituem uma meditação. Isso é o que determinam os Vêdas[596].

Diz o adepto do Vedanta: a expressão "sem dúvida" mostra o ponto de vista oposto. Esses fogos acesos pela mente devem constituir uma só meditação e ser independente dos ritos por não formar parte de nenhum. Isso é o que afirma expressamente os textos: "Todos esses fogos acesos só pela meditação" e "Para uma pessoa que conhece esses fogos, sem dúvida os acendem por meditação".

Sutra 48: e devido ao sinal indicatório que encontramos[597].

Sutra 48: e pelos sinais indicadores que se veem aí[598].

Há sinais indicativos que nos levam a essa mesma conclusão. Diz-se no sutra anterior: "Porque os sinais indicadores são maiores" (B.S., III,3,44).

---

[593] GAMBHIRANANDA, 1983, p. 732.
[594] MARTÍN, 2001, p. 560.
[595] GAMBHIRANANDA, 1983, p. 733.
[596] MARTÍN, 2001, p. 560.
[597] GAMBHIRANANDA, 1983, p. 733.
[598] MARTÍN, 2001, p. 560.

Diz o opositor: inclusive um sinal indicativo pode não ter autoridade quando outra coisa, no caso da meditação, não é evidente. Portanto, os sinais indicadores devem ser refutados. Deve-se concluir pela força do contexto que os fogos formam parte de um rito.

Diz o adepto do Vedanta: a essa objeção respondemos com o Sutra seguinte:

Sutra 49: além disso, o ponto de vista de que os fogos constituem uma meditação não pode fazer-se a um lado, já que a maior autoridade da declaração está explícita etc.[599]

Sutra 49: além disso, o ponto de vista de que os fogos constituem uma meditação independente não pode refutar-se, tendo em conta a maior autoridade de uma declaração expressa[600].

Baseando-se no contexto, não é adequado discernir que os fogos são parte de algum rito e, portanto, pode-se apartar sua independência dos ritos, já que a declaração expressada tem mais autoridade que o contexto. Pois a conclusão à qual se chega no aforismo acerca da declaração explícita o sinal de indicação, a conexão sintática etc., é que todas essas têm mais autoridade que o contexto (Jai. Su., III,3,14), descobrindo, assim, que elas conduzem ao ponto de vista da independência dos fogos.

Como?

Em primeiro lugar, temos a declaração direta: "Todos esses fogos devem ser acesos só pela meditação" e ao sinal indicador que se dá em: "Todos os seres acendem sempre esses fogos para ela". Há uma conexão sintática em: "Só pela meditação acendem esses fogos uma pessoa de conhecimento". A declaração expressa "Acesos só pela meditação", que se tem feito com a partícula restritiva "só" (*eva*) contradiria a opinião de que estejam conectados com os ritos.

Diz o opositor: essa restrição deve ser entendida no sentido de que não se tem que usar acessórios externos para acender os fogos.

Diz o adepto do Vedanta: a resposta é o contrário, porque se fosse assim, seria suficiente ao dizer: "Acesos pela meditação". Enquanto a afirmação da palavra "só" que é restritiva não teria finalidade. É a natureza de tais fogos a que há de estar livre de acessórios externos. Mas, ainda que os fogos sejam independentes dos meios externos, poderíamos supor a possi-

---

[599] GAMBHIRANANDA, 1983, p. 734.
[600] MARTÍN, 2001, p. 560.

bilidade de serem usados em ritos, como a bebida mental, o Soma. Portanto, a restrição é significativa, já que elimina essa possibilidade. Igualmente a continuidade e a ação indicada no texto: "Enquanto uma pessoa que sabe disso desperta ou dorme, todos os seres acendem continuamente esses fogos para ela" só seriam possíveis se esses fogos fossem independentes. O caso é análogo àquele do sacrifício Agnihotra levado a cabo com a palavra e a energia vital, mediante uma superposição mental. Com relação a isso, diz o texto: "Oferece a linguagem à energia vital" (Kau, Up., II,5). Mais adiante, acrescenta o seguinte: "Oferece essas duas oferendas imortais e sem fim constantemente na vigília e no sonho" (Kau, Up., II,5). Mas, se os fogos imaginários formaram parte dos ritos, seria impossível realizá--los continuamente, posto que a realização do sacrifício dura só um curto espaço de tempo e não é razoável alegar que se trata de um texto de louvor (*arthavada*) simplesmente.

Não podemos supor que a passagem que tenha um sinal indicador (*linga*) seja unicamente uma passagem de louvor (*arthavada*), porque, naqueles em que aparece uma inequívoca passagem de preceito, determinado como tal, pelo uso da forma optativa ou imperativa, então, podemos aceitar que se trata de uma passagem de louvor. Mas, no presente caso, observa-se que não há uma passagem de preceito claro, pelo que a aplicação da meditação se deve deduzir da declaração. Ao se deduzir só de acordo com a declaração, deve-se considerar como contínuos os fogos, já que se fala de uma realização contínua dos fogos ali. Daí, deduzimos que a construção mental desses fogos constitui uma meditação independente dos rituais. Isso se pode aplicar à frase seguinte: "Qualquer coisa que esses seres concebam nas suas mentes, é um meio para se acender os fogos". E ainda, a conexão sintática ou vakya, na frase: "Para uma pessoa que conhece", que explica que a conexão desses fogos com uma classe incomum de pessoa anula a possível conexão com o ritual. De acordo com o que foi dito, o ponto de vista da independência da meditação se torna algo mais claro.

Sutra 50: os fogos mentais, por estarem conectados à mente e por outras razões similares, são independentes, como o são outras meditações. Além disso, constata-se que os sacrifícios se tratam como independentes (apesar do contexto), tal como indicou Jaimini[601].

Sutra 50: pela conexão com a mente e por mais razões, os fogos mentais são independentes, igual a outras meditações. E se vê que, apesar

---

[601] GAMBHIRANANDA, 1983, p. 735-736.

do contexto, são tratados independentemente dos ritos, como assinala Jaimini[602].

Apesar do contexto, deve-se aceitar a independência dos fogos mentais. Por essa razão, o texto conecta os atos que dependem do ritual com as atividades da mente, de acordo com a frase seguinte:

> Se estabeleceram os fogos só com a mente, se edificaram só com a mente, e só com a mente se bebeu a taça de Soma. Com a mente se cantaram também as canções *Udgatha* e *Sâma* e se recitaram os hinos Hota. E qualquer coisa que tenha que ser feita neste sacrifício relacionada com ele, não pode ser senão, mental. Tudo o que está em relação com esses fogos, consiste em pensamentos e energias mentais.

Essa conexão com a mente conduz à conclusão de que se trata em conjunto, de meditações por superposição, e não é adequado que os acessórios que são objetos físicos se realizem com a ajuda da superposição imaginária. Nem se deve supor que, como no caso da meditação *udgitha*, essa meditação esteja conectada com os acessórios de um ato de sacrifício e, portanto, forme parte de um mesmo sacrifício, porque as afirmações do texto diferem nos dois casos. Mas, no nosso caso, a escritura nos diz que temos que tomar algum acessório de um ato ritual e superpor sobre ele, um nome ou outro; senão que toma 30 mil[603] diferentes energias da mente e as identifica com os cinco fogos, taças etc. É como quando se leva em conta que o ser humano é o próprio sacrifício (Ch. III,16)..

Referente a esse número, deve-se entender que esse, como se encontra no caso dos dias de vida do ser humano, é superposto aos estados mentais, que são independentes dos rituais, por está relacionado com a mente. Logo, transfere-se às energias mentais em relação com ele. A frase do Sutra que diz "E por mais razões" deve ser entendida com o significado de "transferência" tanto quanto seja possível. Por exemplo, o texto "Cada um deles (os fogos) é tão grande quanto o anterior" transfere a grandeza do fogo no sacrifício normal, a cada um dos fogos da meditação. Portanto, indica uma certa omissão dos ritos. Assim, não se pode argumentar que os últimos fogos mentais podem ser aceitos para substituir os anteriores (os fogos rituais), só por terem alguma relação com eles, porque os últimos, os mentais, não podem ajudar o ritual da maneira que o fazem o fogo

---

[602] MARTÍN, 2001, p. 562.

[603] O texto de Swami Gambhirananda fala em 36 mil estados mentais, enquanto o texto de Consuelo Martín fala de 30 mil (nota de Carlos Alberto Tinoco).

BRAHMA SUTRA (TOMO II)

físico com a imolação das oferendas. Quanto à afirmação do opositor (ver Sutra 46) de que a transferência confirma o seu ponto de vista, porque só é possível onde há igualdade, já está refutada, porque foi assinalado que, no nosso ponto de vista, há conexão entre ambos os fogos, já que os fogos imaginários também são fogos. A outra razão, da enunciação direta, foi aceita a favor da nossa conclusão.

De todas essas razões, deduz-se que os fogos formados mentalmente são independentes dos rituais, como o são outras meditações. Outras meditações, como a meditação Shândilya, que tem os seus respectivos objetos, são diferentes dos rituais e estão separadas de outros tipos de meditações. O mesmo ocorre com esse caso do qual tratamos. Além disso, vê-se um exemplo análogo de independência do contexto no ritual chamado Avesti incluído dentro do contexto do sacrifício Râjasûya. Esse ritual inclui uma cerimônia que deve separar-se dessa sessão, porque está indicada para as três castas superiores[604]. Enquanto o sacrifício Râjasûya só pode ser realizado pelos kshatryas. Isso foi explicado na primeira sessão do Pûrva-Mîmansa Sutra. O Sutra diz assim: "Se disse que o sacrifício Avesti forma parte do Râjasûya, nós diremos que não é assim, uma vez que o Avesti está associado com as três castas" (XI, 4,7).

Sutra 51: os fogos mentais não podem estar subordinados aos ritos, nem baseando-se na similitude, pois se nota que servem às necessidades humanas, assim como no caso da morte, pois o mundo não se converte em fogo, devido a uma similitude[605].

Sutra 51: nem sequer pela sua semelhança podem os fogos mentais ser parte dos ritos, já que foi observado que são humanamente, como no caso da morte, porque o mundo não é fogo, ainda que se assemelhe ao fogo[606].

O adversário afirmou que o presente caso é análogo àquele do líquido do Soma, mas os fogos mentais são só os substitutos do fogo empregado no sacrifício real (III,3,45). Porém, isso é refutado. Os fogos acesos pela mente não podem ser considerados como parte de um rito, nem se valendo da similitude com o Soma imaginário, porque, devido a razões como: "a declaração explícita", aduzidas anteriormente, notamos que só servem aos propósitos humanos do aspirante[607]. Isso não implica que algo não

---

[604] Brâhmanes, kshátryas e vaishyas que são os mestres ou sacerdotes, os governantes ou guerreiros e os comerciantes, respectivamente, são as três castas mencionadas aqui (nota de rodapé de Consuelo Martín, 2001, p. 563).

[605] GAMBHIRANANDA, 1983, p. 738.

[606] MARTÍN, 2001, p. 563.

[607] E não os propósitos de um sacrifício (nota de rodapé de Swami Gambhirananda, 1983, p. 738).

possa ser semelhante a algo mais, em algum respeito, o qual não anula sua distinção individual, como no caso da morte. Por isso, em frases como "Este Ser que está na órbita solar é a Morte" (Sa.B., X, 5,2.3) e "O fogo é a morte..."[608] a palavra Morte se usa, igualmente, para o fogo e o Ser no sol; sem dúvida, não se convertem em absoluto o mesmo. Novamente, como no texto "Ó Gautama, o outro mundo é seguramente fogo, e deste, o sol é o combustível"[609], o mundo não se converte em fogo, devido à analogia do combustível, então, isso se aplica nesse caso também.

Sutra 52: do seguinte texto brâhmana se sabe que a escritura tem em perspectiva essa prescrição de uma meditação; mas a conexão com o fogo ocorre devido à abundância de atributos do fogo que devemos imaginar aqui[610].

Sutra 52: a partir do seguinte texto brâhmana se deduz que a escritura tem como objetivo prescrever uma meditação e a conexão (do fogo imaginário com o físico) tem lugar, pela grande quantidade de atributos do fogo que se imagina aqui) nessa meditação[611,612].

Depois, do texto brâhmana que segue imediatamente e se inicia com a frase: "Este mundo é, seguramente, o fogo do sacrifício que é aceso" deduz-se que "a escritura se propõe a essa prescrição" e o objetivo do texto é meramente o de ordenar uma meditação, e não o de repartir uma ordem referente a alguma parte subsidiária de um ritual. Aí, há um verso que mostra esse feito, condenando os ritos e elogiando a meditação, do seguinte modo: "Eles ascendem aí, através da meditação, onde todos os desejos são derrotados. Os seres que seguem o caminho do Sul, não chegam ali, nem os ignorantes dedicados às austeridades" (Sa. B., II, 5,2.23), observa-se a predominância da meditação e não dos ritos, posto que se conclui dizendo: "Aquele que tem a Morte como o seu Ser, se torna imortal", o qual declara o resultado da meditação. O caso atual (na porção média) deve estar em comum com esses pela similitude entre eles. Devido à razão ulterior, que um bom número de atributos do fogo do ritual devem ser imaginados na dita meditação, essa é ligada com o fogo; o qual não se faz por ser uma parte de qualquer ritual. Então, fica estabelecido que os fogos acesos pela mente só constituem uma meditação.

---

[608] MARTÍN, 2002, p. 246, verso III,2,10.

[609] TINOCO, 2021, verso V, 4,1.

[610] GAMBHIRANANDA, 1983, p. 739.

[611] Sutra bastante confuso (nota de rodapé de Carlos Alberto Tinoco).

[612] MARTÍN, 2001, p. 564.

TEMA 30: O SER É DISTINTO DO CORPO

Sutra 53: alguns negam a existência da alma, porque a sua existência depende da do corpo[613].

O SER ESTÁ SEPARADO DO CORPO

Sutra 53: alguns negam a existência de um Ser separado do corpo, só porque existe quando há um corpo[614].

Provaremos a existência de um ser distinto do corpo para poder estabelecer sua capacidade de ligação e libertação, porque, se não houvesse um ser diferente do corpo, não haveria necessidade de ensinamentos sobre os resultados alcançados no outro mundo. Nesse caso, quem acreditaria que o seu ser é idêntico ao Absoluto Brahmâm?

Diz o opositor: o primeiro capítulo da escritura do Purva-Mimansa começa falando da existência da alma, que é distinta do corpo e a qual lhe corresponde gozar os frutos mencionados nas escrituras.

Diz o adepto do Vedanta: é verdade e isso o afirma o comentador, mas não há nenhum aforismo sobre a existência da alma, enquanto aqui o mesmo instrutor Sabaraswami se valeu desse aforismo, quando falou da existência da alma em relação com os métodos válidos de prova no Purva-Mimansa. Essa é a razão pela qual, quando no Purva-Mimansa se apresentou à ocasião de falar da existência desse Ser, o grande Upavarsa citou o seguinte aforismo: "Discutiremos isto no Vedanta-Sutra"[615].

Agora, aqui, durante a discussão sobre as meditações obtidas das oferendas, considera-se essa existência da alma, a fim de mostrar que esse assunto está na base de todas as escrituras. Além disso, o tema anterior tomou por garantia que algo podia considerar-se fora do seu contexto, mostrando, assim, que os fogos acesos pela mente facilitam o bem humano, por formar parte na meditação. Aqui, declara-se que a alma existe fora do corpo por ser necessário explicar quem é esse aspirante e para o bem de quem a mente capta esses fogos. Esse primeiro aforismo se apresenta com

---

[613] GAMBHIRANANDA, 1983, p. 739.

[614] MARTÍN, 2001, p. 564.

[615] Quando se devia provar a verdade do texto: "o sacrificador, armado de sacrifícios, vai ao céu", mostrando a existência da alma e não havia aforismo algum no Purva-Mimansa a respeito, Sabraawami teve que depender do aforismo presente, o qual fica demonstrado pelo que disse Uparvasa disse (nota de rodapé de Swami Gambhinananda, 1983, p. 740).

uma dúvida sobre a existência da alma, porque, quando chega a refutação depois de haver levantado a dúvida, essa produz uma convicção firme sobre o tema apresentado, que é análogo ao cravar na terra um poste.[616]

Diz o adversário: com relação a isso, sabe-se que há alguns materialistas da escola *lokayata* que identificam a alma com o corpo e não pensam que há uma alma distinta desse. Induzidos por essa crença, consideram possível que se bem não se note que a consciência sensível pertence às coisas externas, como a terra etc., tanto desde o ponto de vista individual como coletivo, ela pode pertencer aos elementos transformados nos corpos. Por isso, eles dizem que a sensibilidade é a consciência que surge dos elementos, assim como o poder da intoxicação (que existe, imperceptivelmente, nas plantas trepadoras etc.) e que o ser humano é simplesmente o corpo dotado de consciência sensível. Além disso, afirmam que, diferentemente do corpo, não existe alma capaz de alcançar o céu ou a Libertação e, o mesmo corpo, é consciência e alma, aduzindo essa razão: "a existência da alma depende da do corpo". Tem-se verificado que: tudo o que existe dependendo da existência alheia e cessa de existir quando a outra coisa já não está ai, é atribuível a essa última; por exemplo, o calor e a luz são atributos do fogo. Com referência a tais atributos, como as atividades da força vital, da consciência, da memória etc., que se consideram pertencentes à alma, segundo quem crer nela, esses se percebem também, dentro do corpo, e não fora. Portanto, posto que, além do corpo, não se pode provar substância alguma, esses atributos devem ser do corpo mesmo, motivo pelo qual a alma não é distinta do corpo.

Diz o adepto do Vedanta: sobre esse dilema, diremos o seguinte:

Sutra 54: isso não é assim, existe uma distinção entre a alma e o corpo, porque a consciência pode não existir quando o corpo existe, como ocorre no caso da percepção[617].

Sutra 54: mas isso não é assim. Há uma distinção entre o ser e o corpo, porque pode não haver consciência, inclusive enquanto existe o corpo, como no caso da consciência perceptiva[618].

O fato não é como se afirma: que a alma não é distinta do corpo, pois deve sê-lo, "dado que a consciência não existe inclusive quando o corpo

---

[616] Quando se quer cravar uma vara em um tereno mole, deve-se empurrá-la no tereno e retirá-la, repetidamente, para que possa estabelecer-se firme e profundamente (nota de rodapé Swami Gambhirananda, 1983, p. 741).

[617] GAMBHIRANANDA, 1983, p. 741.

[618] MARTÍN, 2001, p. 566.

está". Se, de fato, segundo o qual os atributos da alma existem quando o corpo existe, infere-se que esses pertencem ao corpo, então, por que não deveríamos inferir também que não são os atributos do corpo, por não existir quando o corpo está presente, sendo distintos das características do corpo? Pois os atributos como a forma, cor etc., que pertencem ao corpo, podem durar enquanto persiste o corpo, sem dúvida, e as características tais como as atividades da força vital não se manifestam depois da morte, ainda quando o corpo existe. Os atributos corporais como a forma cor etc. são percebidos por outros fora do corpo; mas não podem perceber as características da alma, como consciência, memória etc. Além disso, a existência desses atributos pode determinar-se de modo conclusivo, quando o corpo continua durante a vida humana, mas a sua inexistência não se pode determinar assim, partindo da não existência do corpo. Pois, inclusive quando esse corpo perece, é possível que que esses atributos da alma persistam, transferindo-se para algum outro corpo. Se bem que essa teoria seja pouco provável, essa dúvida pode demolir o ponto de vista oposto. Ao adversário há que se perguntar o que é, para ele, a natureza da dita consciência que deriva dos elementos, pois os materialistas não aceitam princípio algum, além dos quatro elementos (terra, ar, água e fogo).

Diz o adversário: a consciência é simplesmente a percepção dos elementos e seus derivados.

Diz o adepto do Vedanta: nesse caso, esses elementos são objetos de percepção e, portanto, a consciência não é atribuível a eles, posto que uma coisa não pode atuar sobre si mesma. O fogo, ainda que possuindo o calor, não se queima a si mesmo, nem um ator ou acrobata, por mais treinado que seja, pode montar sobre os seus próprios ombros. Portanto, é impossível que a consciência possa perceber esses elementos, se são atributos deles e dos seus derivados e, portanto, una com eles, pois as formas não percebem a forma de um indivíduo, nem os demais, enquanto a consciência percebe os elementos externos e seus derivados. Então, como se admite a existência dessa percepção dos elementos e dos seus derivados, também se deve admitir que está separada deles. Segundo pensamos, a alma é, por natureza, a mera essência da percepção mesma e, por isso, é distinta do corpo. É eterna, porque a consciência é uniforme por natureza, pois, ainda que a alma se associa com outros estados (os fatores limitantes), sem dúvida, em experiências, como: "Eu sou quem viu isto", reconhece-se sua identidade como preceptor e a dita identidade deve admitir-se para que possa sustentar-se, razoavelmente, a memória[619]. O anterior, invalida também o argumento, segundo o qual a consciência, ocorrendo no corpo, deve ser seu atributo. Além disso, se bem que a percepção tenha lugar na presença da luz e de outros acessórios, e não quando estão ausentes, ela não implica que a percepção é um atributo da luz etc. Sendo esse o caso, não implica que a consciência deveria ser um atributo do corpo só porque ocorre quando o corpo está presente, pois a utilidade do corpo pode explicar-se facilmente, já que cumpre com os propósitos de um assistente, como a luz. Além disso, nota-se que o corpo não é um fator que contribui, absolutamente, à percepção, posto que, ainda quando jaz inativo, durante um sonho, ocorrem muitas classes de percepções. Portanto, a existência da alma distinta do corpo não pode ser objeto de crítica.

TEMA 31: AS MEDITAÇÕES CONECTADAS COM OS ACESSÓRIOS DOS RITOS

Sutra 55: mas as meditações relacionadas com os acessórios dos ritos não devem circunscrever-se aos ramos dos Vêdas em que aparecem, pois há que adotá-las em todos os ramos dos Vêdas[620].

AS MEDITAÇÕES QUE ESTÃO EM RELAÇÃO COM PARTES DOS RITOS

Sutra 55: mas as meditações conectadas com os acessórios (dos ritos) não estão restringidas aos ramos particulares (dos Vêdas onde se encontram), senão que se aplicam a todos os ramos védicos[621].

Terminando o tema ocasional do ser, voltaremos ao assunto que vínhamos tratando. Nos diferentes ramos de cada Vêda, encontramos indicações de meditações que estão relacionadas com certos acessórios de ritos, como o *udgitha* e similares. Por exemplo, em: "se deve meditar nos cinco *Samas* superpondo os cinco mundos"[622] e "O que se chama 'Uktra' (um hino, não é senão o mundo" (Sa.B., X, 5,4,1) etc. Surge uma dúvida:

---

[619] Em um sonho, um ser humano não está consciente do corpo físico, sem dúvida, a autoidentidade persiste. Ainda quando se argumenta que está consciente do seu corpo de sonho, consideremos, então, o caso da memória, o desejo etc., onde estamos obrigados a admitir a identidade do preceptor e de quem recorda ou deseja (nota de rodapé de Swami Gambhirananda, 2001, p. 743).

[620] GAMBHIRANANDA, 1983, p. 744.

[621] MARTÍN, 2001, p. 567.

[622] TINOCO, 2021, verso I,1, 1.

ss meditações se indicam dentro do *udgitha* e demais, como se encontram nos respectivos ramos ou pertencem a todos os ramos védicos? Essa dúvida surge a partir do fato de que o *udghita* e os demais diferem de um ramo a outro, a causa da entonação (dos hinos).

Diz o opositor: as meditações estão em relação com o *udghita* e os demais, tais como se apresentam nos ramos particulares (a que pertencem cada meditação).

Por quê?

Pela proximidade, porque essas prescrições gerais, como: "Se deve meditar na sílaba *Om* como o *udgitha*"[623], necessitam de uma especificação. E as especificações dadas no mesmo ramo são mais próximas, pelo que não há razão para recorrer às especificações indicadas em outros ramos. Além disso, as meditações devem manter-se dentro dos ramos nas quais se encontram.

Diz o adepto do Vedanta: o Sutra responde a isso, quando diz: "Mas, as meditações conectadas com partes [...]". A palavra "mas" elimina o ponto de vista do opositor. Não hão de estar restringidas aos seus próprios ramos nos Vêdas ao qual pertencem, senão que se estenderão a todos os ramos védicos, porque as declarações diretas dos textos sobre o *udgitha* não indicam nenhuma especificação. Esses preceitos gerais como: "Se deve meditar no *udgitha*", que não indica uma aplicação específica, ficariam restringidos a um contexto particular e isso lhes prejudicaria, mas não é adequado atuar assim, porque a enunciação direta tem mais força que a proximidade. Não se pode argumentar que nenhum conceito de meditação é possível em relação a um fator geral. Portanto, embora haja diferenças na entonação, nos diferentes ramos dos Vêdas, tendo em conta que o *udgitha* é uno e ele mesmo, essa classe de meditação deve depender dele, em todos os ramos.

Sutra 56: melhor dito se deveria adotar em outros ramos, como os mantras; (e assim) não haveria contradição[624].

Sutra 56: ou não há tampouco contradição em outros ramos, como no caso dos mantras[625].

Quanto às concepções do *udgitha*, não há lugar para dúvidas, quando um ramo pode aplicar-se a outros, porque se pode demonstrar que não há

---

[623] TINOCO, 2021, verso I,1,1.
[624] GAMBHIRANANDA, 1983, p. 745.
[625] MARTÍN, 2001, p. 568.

contradição nele mesmo, como aquela que há no caso dos mantras. Podemos observar que os mantras, os atos religiosos e os seus derivados que se indicam em um ramo também se tomam em outros. Assim, por exemplo: os seguidores de Yajurveda nos apontam no seu texto o seguinte mantra: "Tu és *kutaro*", que acompanha o levantar da pedra como se semeia os grãos de arroz. O preceito para a sua aplicação começa também por: "Tu és *kutaro*" ou "Tu és o *kukkuta*, o galo" e com esse mantra se eleva a pedra. O mesmo ocorre com aqueles seguidores do ramo Maitrâyna, dos quais não há menção nas escrituras em seu próprio ramo, ou também com os ritos subordinados como o *samidh*, um preceito para esses se encontra na frase: "Os cinco Prayajas são iguais em número às cinco estações. Deve-se realizá-los no mesmo local". O texto de algum ramo não contém indicação alguma "sobre como hão de ser sacrificadas as espécies animais a Agni-Soma", começando pelo animal que haveria de sacrificar, como em: "Uma cabra macho se sacrifica a Agni-Soma". Mas, no mesmo ramo, encontra-se um mantra que contém a especificação requerida.: "Canta o hino para oferecer a gordura da cabra". Assim, os mantras indicados em um Vêda, como: "Agni fomenta o sacrifício", apresentam-se para serem aceitos por outros Vêdas. Outro exemplo da transferência de mantras se pode verificar em: "Aquele Indra que, desde que nasceu se mostrou como o mais virtuoso e inteligente" pode ser encontrado no Rig-Vêda e apareceu também adotado no Yajur-Vêda, como se pode verificar pela frase: "O mantra que começa por 'Aquele', deve aplicar-se pelo sacerdote adhivaryu".

Portanto, como os elementos pendentes dos ritos nos quais se baseia as meditações se podem adotar em todos os ramos dos Vêdas, as meditações neles também podem ser adotadas. Assim, não existe contradição.

TEMA 32: MEDITAÇÃO EM VAISHVANARA COMO UM INTEIRO

Sutra 57: a meditação no inteiro é mais importante, assim como no caso dos sacrifícios, sendo isso o que a Upanishad mostra[626].

A MEDITAÇÃO EM VAISHVANARA COMO UM TODO

Sutra 57: a meditação global é importante como no caso dos sacrifícios, porque o mostra a escritura[627].

---

[626] GAMBHIRANANDA, 1983, p. 746.

[627] MARTÍN, 2001, p. 569.

Dúvida: a meditação sobre Vaishvanara em partes e inteira se menciona na história que se inicia assim: "Prâcînashala, filho de Upamayu"[628]. No que se refere à meditação sobre os aspectos parciais, essa ocorre nas seguintes frases: "(Ashpati perguntou):Ó filho de Upamanyu, em que meditas como o Ser?' E ele disse: 'Ó venerável Rei, medito no céu mesmo, como Vaishvanara'. 'Este Ser em quem meditas é (o aspecto do) Ser Vaishvanara chamado o resplandecente"[629] e assim sucessivamente. Além disso, a meditação inteira ocorre em: "A cabeça deste Ser Vaishavanara é o céu luminoso, o olho é o sol, a força vital é o ar, o tronco do corpo é o espaço, a bexiga é a água e os pés são a terra mesma"[630]. Com relação a isso, surge a dúvida se o texto indica uma meditação Vaishvanara em cada uma das suas formas ou só na sua forma total? Qual é a conclusão?

Diz o adversário: conclui-se que as meditações devem proceder em partes, pelo uso do predicado ("tu") meditas, em conexão com cada membro, partindo do céu, e pela menção de resultados separados, como em: "Em tua linha se extrairá, bem e abundantemente, o suco do Soma (ou seja, se vai executar o ritual do Soma"[631]. A conclusão é que a meditação se fará por partes.

Diz o adepto do Vedanta: devemos supor que todas as sessões se encaminham a fazer compreender a importância de tudo isso, da meditação em Vaishvanara como um todo, que compreenda todas as suas partes, e não um número de meditações em seus membros separados. "Como no caso dos sacrifícios" se diz. Do mesmo modo que os textos védicos se referem aos sacrifícios, como Darsha-Pûrvamâsa, onde se indica só a realização do rito completo, a principal ação dele, com as suas partes, e não uma soma de partes subordinadas em particular como a realização do Prâyâja etc. Nem é a ação principal com uma parte individual. O mesmo acontece aqui. Mas por que se sabe que a "importância" é o tema proeminente o texto? Vê-se pelas escrituras.

Entendemos que a sessão completa forma uma totalidade conectada, porque, examinando as partes, encontramos o fato de que toda a sessão tem como tema a meditação em Vaishvanara. De início, o texto nos informa que os seis Rishis, de Prâcînashala a Uddalaka, sendo incapazes de alcançar um

---

[628] TINOCO, 2021, verso V,11,1.

[629] TINOCO, 2021,verso V,12, 1.

[630] TINOCO, 2021,verso V, 18, 2.

[631] TINOCO, 2021,verso V,12,1.

conhecimento completo sobre as meditações em Vaishvanara, aproximam-se de Ashvapati, rei dos Kekâyas. Então, menciona-se o objeto de meditação, o céu etc. Determina-se que o céu e os demais são só a cabeça do Vaishvanara e se diz: "isto não é mais que a cabeça do Ser"[632]. Depois, nega-se a meditação por partes, em frases do seguinte tipo: "Tua cabeça teria caído se não tivesses vindo a mim"[633]. Tendo descartado toda meditação em Vaishvanara total e afirmar que todos os resultados descansam Nele: "Ele alimenta todos os mundos através de todos os seres, neles mesmos"[634]. Quanto à menção dos resultados da meditação no céu etc., devemos considerar como partes de um todo, mas com a unidade lhes dá um fator principal. O texto mostra um verbo especial "tu meditas em" em conexão com cada membro, mas isso não significa que se indicam meditações especiais nesses membros, a não ser que se faça simplesmente para indicar a outra ideia reiteradamente da qual está falando o sábio. Porém, isso não significa que se prescreve uma meditação por partes. Portanto, a posição que considera que o texto indica só uma meditação global é a melhor nesse caso.

Alguns comentaristas defendem aqui a conclusão de que a meditação no total é a alternativa preferível, mas eles argumentam, em função do emprego do termo "importância", que a meditação nos distintos membros se aprova no Sutra. Isso é inadmissível, já que não é correto aceitar uma divisão da unidade da frase, enquanto se possa compreender com um só significado. Essa interpretação contradiz, além disso, os textos que expressamente condenam as meditações divididas em partes, como: "Tua cabeça havia caído"[635]. Como a conclusão claramente aponta uma meditação em Vaishvanara como um todo, a negação de tal meditação não pode ser sustentada do ponto de vista do opositor. A expressão "importância" usada pelo Sutra também pode explicar-se com o significado de validez da meditação global, em comparação com a parcial.

---

[632] TINOCO, 2021, verso V,12,2.

[633] TINOCO, 2021, verso V,12,2.

[634] TINOCO, 2021, verso V,18,1.

[635] TINOCO, 2021, verso V,12,2.

TEMA 33: QUANDO AS MEDITAÇÕES DIFEREM

Sutra 58: as meditações diferem, quando há uma diferença na terminologia[636].

QUANDO AS MEDITAÇÕES SÃO DIFERENTES

Sutra 58: as meditações são diferentes, quando há diferença nos termos empregados etc.[637]

Diz o opositor: no tema anterior, foi declarado que as meditações completas são melhores, apesar da menção dos resultados separados para as meditações no céu etc. Disso surge a ideia que também outras meditações, se bem que ocorram em outros textos das Upanishads, devem ser empreendidas de forma combinada. Além disso, quando a entidade na qual se medita é a mesma, as meditações não podem ser consideradas diferentes. Como os artigos e os deuses associados ao sacrifício determinam a natureza desses, assim também a entidade na qual se medita determina a natureza das meditações. Apesar de que as Upanishads difiram, os seguintes textos evidenciam que o objeto de meditação é a mesma Divindade: "Identificado com a mente e tendo o Prana como corpo"[638], "*Ka* (felicidade) é Brahmâm", "*Kha* (Espaço) é Brahmâm"[639], "Tem desejo inevitável e vontade irresistível"[640] etc. Também existe algo similar em: "Prana é uno", "Prana é o lugar da fusão"[641], "Prana é, na verdade, o primogênito e o mais importante"[642], "Prana é o pai e a mãe"[643] etc., em que deduzimos da Upanishad a unidade da meditação fruto da unidade do objeto de meditação. Desde esse ponto de vista, a diversidade das Upanishads não é inútil, enfocando-se tais textos, em declarar as diferentes características da mesma entidade envolvida na meditação. Por isso, com o fim de completar uma meditação, tem-se que combinar todas as características prescritas no próprio ramo ou em outros, com respeito ao mesmo objeto de meditação.

---

[636] GAMBHIRANANDA, 1983, p. 749.

[637] MARTÍN, 2001, p. 571.

[638] TINOCO, 2021, verso III,14,2.

[639] TINOCO, 2021, verso IV, 10, 5.

[640] TINOCO, 2021, verso VIII, 1,5.

[641] TINOCO, 2021, verso IV,3, 3.

[642] TINOCO, 2021, verso V,1,1.

[643] TINOCO, 2021, verso VII, 15,1.

Diz o adepto do Vedanta: se essa é a posição, o autor do aforismo sustenta: "As meditações são diferentes" etc. Ainda quando o objeto de meditação é o mesmo, as meditações dessa classe devem diferir.

Por quê?

Porque existem diferenças entre os termos empregados. No texto, dá-se uma diferença de terminologia, como se observa em: "Ele conhece os Vêdas", "Deve-se meditar" e em "ele formará a ideia"[644] e os demais. E se tem aceitado antes, no Purva Mimansa Sutra, II,2,1, que uma diferença de terminologia produz uma diferença nos atos religiosos: "Quando há diferença de palavras, os rituais diferem porque se considera como atos separados". Com relação ao uso de "etc", no Sutra, indica que outras características podem empregar-se nos atos, de acordo com as circunstâncias, para separá-los.

Diz o opositor: no caso de termos como "ele conhece" (os Vêdas), observa-se uma simples diferença de forma, mas não há diferença de sentido como a que encontramos em: "sacrifícios" etc., porque todas essas palavras denotam uma certa atividade da mente e não se pode encontrar nelas outro significado. Como se deduz, então, uma diferença de meditações de uma diferença de palavras?

Diz o adepto do Vedanta: a objeção é sem importância, porque, ainda que todas as palavras denotem uma certa atividade da mente, sem dúvida, a diferença de meditação pode ser resultado de diferença na conexão. Ainda que o Ser seja o único objeto de meditação no citado texto, de acordo com o seu sentido, cada passagem ensina diferentes características desse Ser e ainda que em outros textos o objeto de meditação seja a energia vital, uma das suas qualidades se há de meditar em um lugar e outra, em outro. Pelas diferenças de conexão entre os termos, deduz-se a diferença das afirmações. E daí, concluímos a diferença de meditações. E não se pode sustentar, como fez o opositor, que uma dessas afirmações é a que prescreve a meditação, enquanto as outras indicam simples características. Isso porque não há motivo para essa divisão. Como em cada texto se menciona mais de uma característica, é impossível que outros textos assinalem características que se refiram a uma meditação já estabelecida em outro lugar.

Desde o ponto de vista do adversário, não é justificável repetir a menção de tais qualidades como a possessão de "desejos inevitáveis", por-

---

[644] TINOCO, 2021, verso III,14,1.

BRAHMA SUTRA (TOMO II)

que são os mesmos. Além disso, não os podemos combinar em uma única ideia, dado que, em todo contexto, cada texto separado afirma o seguinte: "Aquele que deseja tal resultado, deveria meditar assim", o qual não deseja lacuna que encher espigando (?)[645] de outro contexto. A diferença de ordem acerca da meditação em Vaishvanara, como um inteiro, nos casos de: "a meditação em Shandylia" etc., pelo fato de que as meditações que ocorrem nos diferentes contextos poderiam converter-se em meditações subsidiárias e poderiam combinar-se, dando origem a uma ideia composta. Sem dúvida, se expressarmos tal afirmação absoluta, segundo a qual: em todos os casos de igualdade do objeto de meditação, também essa deve ser a mesma, empreender-se-ia a impossível tarefa de combinar todas as características em todas as partes. Por isso, diz-se, justamente: "As meditações são diferentes quando existe uma diferença de terminologia". Portanto, deve-se entender que o tema da unidade da ideia nas Upanishads (B.S., III, 3,1-4) procede de assumir que esse tema já existe.[646]

TEMA 34: MEDITAÇÕES ALTERNATIVAS

Sutra 59: qualquer meditação é aceitável como alternativa para outras, porque seu resultado é o mesmo[647].

ALTERNATIVA NAS MEDITAÇÕES

Sutra 59: algumas meditações podem considerar-se como uma alternativa para outras meditações, porque os resultados são os mesmos[648].

Dúvida: ao haver estabelecido que as meditações diferem, agora se considera se o aspirante tem a opção de empreendê-las coletiva ou individualmente ou se é obrigatório eleger só uma dessas alternativas.

Diz o opositor: não há motivo para se dizer pela integração obrigatória, já que está estabelecida a diferença nas meditações.

Diz ainda o opositor: observamos que, no caso dos rituais, como o Agnihotra, o de *Darsha-Purnamâsa* etc., devem integrar-se, ainda quando sejam diferentes.

---

[645] Palavra sem tradução para o português (nota de Carlos Alberto Tinoco).

[646] É lógico que o dito tema deveria encabeçar este capítulo, não obstante apareça aqui como um assunto secundário, relacionado com outros tópicos (Nota de rodapé de Swami Gambhirananda, 1983, p. 751).

[647] GAMBHIRANANDA, 1983, p. 752.

[648] MARTÍN, 2001, p. 573.

Diz o opositor ainda: isso não é um problema, sem dúvida, porque a razão para a integração obrigatória desses ritos se baseia na prescrição das escrituras, mas, com respeito a essas meditações, não há textos que prescrevam essa integração. E não pode ser uma norma e, portanto, a obrigatoriedade da integração das meditações, nem pode estabelecer-se como norma obrigatória o aceitar uma entre elas, pois uma pessoa apta para uma meditação pode não o ser para outra. Portanto, temos que concluir que se pode proceder como se deseje.

Diz o objetor: mas haveria que concluir melhor que a opção entre elas é a norma, porque os seus frutos não são diferentes. Meditações como: "Ele que está feito de consciência e seu corpo é a energia vital"[649], "O Absoluto é a plenitude e o espaço"[650] e "Aquele que tem desejos e vontade verdadeiros"[651] têm o mesmo resultado, ele chega ao Ser.

Diz o opositor: isso não afeta a nossa conclusão, porque vemos que está permitido que cada um proceda de acordo com a sua opinião, com relação a certos rituais que são meios para chegar ao céu. Assim, todos eles têm o mesmo resultado.

Diz o adepto do Vedanta: portanto, mantém-se a conclusão estabelecida, que as meditações podem realizar-se indiscriminadamente. Deve haver opções nas meditações. Não é necessário integrá-las, porque tenham o mesmo resultado, posto que o resultado de todas essas meditações é a captação direta do objeto sobre o qual se medita. Quando esse objeto, o Ser, por exemplo, tem sido percebido com conscientização (?) por uma meditação, já não teria sentido praticar uma segunda meditação. Por outro lado, seria impossível uma percepção direta por meio da integração de várias meditações, já que isso dispensaria a mente. E o resultado, a iluminação, à qual se chega por percepção direta, é mostrada em vários textos das Upanishads, como: "Aquele que tem essa intuição do Ser, e não duvida dela, chega ao Absoluto"[652], "Havendo chagado ao Supremo (Deus), se alcança a divindade"[653] e "Filho de Kunti, se nos últimos momento alguém abandona o corpo enquanto pensa em qualquer outra entidade, por havê-la tido sempre em seu pensamento, para ela se encaminha"[654]. O buscador há de escolher uma

---

[649] TINOCO, 2021, verso III,14, 2.

[650] TINOCO, 2021, verso IV,10, 5.

[651] TINOCO, 2021, verso VIII,1,5.

[652] TINOCO, 2021, verso III,14,4.

[653] MARTIN, 2002, p. 311, verso IV, 1,2 (verso diferente).

[654] MARTIN, 2009, p. 164, verso VIII, 6.

das meditações, das que têm o mesmo resultado e permanecer atento a ela até que, pela conscientização do objeto sobre qual se medita, chegue-se a alcançar o resultado.

TEMA 35: AS MEDITAÇÕES QUE PRODUZEM OS RESULTADOS MUNDANOS

Sutra 60: as meditações (baseadas nos símbolos), empreendidas para a realização dos desejos mundanos, podem combinar ou não, segundo as suas próprias opções, posto que a razão prévia (da identidade resultante) não existe[655].

MEDITAÇÕES DE RESULTADOS MUNDANOS

Sutra 60: mas as meditações relacionadas com desejos mundanos podem opcionalmente integrar-se ou não, posto que a primeira razão (a igualdade de resultado) não existe nelas[656].

Esse aforismo ilustra o oposto do que se declarou em: "porque seu resultado é o mesmo" (B.S., III, 3,59). Não há expectativa alguma de ter uma percepção direta nas meditações, mediante os símbolos que se empreendem para a prosperidade etc., como encontramos nas seguintes frases: "Aquele que sabe que o Ar é o filho das regiões, não chora a morte do seu filho"[657] e "Aquele que medita em nomes como Brahmâm, se movem livremente e chegam tão distantes quanto os nomes chegam"[658]. Quem aprecia esses ritos obtém os seus próprios frutos por meio dos resultados invisíveis potenciais. Mas não há neles expectativas de uma captação direta do Ser. Portanto, pode-se integrar ou não, "posto que a primeira razão (a igualdade de resultados) não existe". Quer dizer que não há razão para a opção que se apresenta no Sutra anterior.

---

[655] GAMBHIRANANDA, 1983, p. 753-754.

[656] MARTÍN, 2001, p. 574.

[657] TINOCO, 2021, verso III,15, 2.

[658] TINOCO, 2021, verso VIII,1,5.

TEMA 36: AS MEDITAÇÕES BASEADAS NOS SUBSIDIÁRIOS

Sutra 61: nos casos de meditações baseadas nos subsidiários (rituais), sua posição é a mesma que as suas bases[659].

MEDITAÇÕES QUE FORMAM PARTE DOS RITOS

Sutra 61: nas meditações baseadas em partes subordinadas (dos ritos), a posição é a mesma que a das bases[660].

Diz o opositor: essas meditações que prescrevem os três Vêdas[661], em relação com o *udgitha* e outros, que formam parte dos ritos, hão de integra-se ou podem escolher-se à vontade? O Sutra diz que "a posição é a mesma que as das bases". Como as bases, os hinos, por exemplo, aplicam-se em grupos, também devem agrupar-se os conceitos da meditação, posto que têm que estar determinados por aquele no qual se baseiam.

Sutra 62: as meditações devem ser combinadas, também porque assim ordenam os Vêdas[662].

Sutra 62: e devem integrar-se as meditações, porque isso é o que se prescreve nos Vêdas[663].

Diz o opositor: a grandeza da meditação no *Om* e *udgitha* se apresenta no texto a causa da unidade do *Om* do Rig Vêda com o *udgitha* (do Sama Vêda). Diz assim o texto: "O sacerdote *udgatha* (do Sama Vêda) retifica qualquer defeito que se dá em seu canto do *udgitha* mediante a prática do ato do sacerdote hotâ (do Rig Vêda)"[664]. Uma meditação mencionada em outro Vêda está relacionada com o que se menciona em outro Vêda, segundo assinala o texto. Pelo que se deduz a conclusão de que todas as meditações em partes de um ato ritual que se apresenta em qualquer Upanishad, há de integrar-se na base da sua relação.

---

[659] GAMBHIRANANDA, 1983, p. 754.

[660] MARTÍN, 2001, p. 575.

[661] Os *Vedas* são antologias de textos cuja data de criação é difícil precisar... Os sacerdotes realizavam os rituais para *as três* classes (varnas) mais altas. De fato, há quatro Vêdas, que são: Rig Vêda, Yajur Vêda, Sama Vêda e Atharva Vêda. Apenas os três primeiros eram ensinados às castas superiores. Diz Louis Renou o seguinte: "A tradição fala com frequência de 'Três Vedas' ou 'tripla ciência', porque considera o Atharva Veda estranho à alta dignidade própria 'das três Vedas" (RENOU, Louis. **O Hinduismo**. Lisboa: Publicações Europa América, 1979. p. 15), Daí Shakara se referir a três Vedas (nota de Carlos Alberto Tinoco).

[662] GAMBHIRANANDA, 1983, p. 754.

[663] MARTÍN, 2001, p. 575.

[664] TINOCO, 2021, verso I,5,5.

BRAHMA SUTRA (TOMO II)

Sutra 64: e a declaração da Upanishad de que o *Om*, sendo um acessório dos ritos védicos, é comum a todos os Vêdas (implica que as meditações baseadas nesse devem coexistir)[665].

Sutra 64: e porque a Upanishad afirma que a sílaba *Om* (aum) que forma parte dos ritos védicos é comum a todos os Vêdas[666].

Diz o opositor: ainda que a sílaba *Om* seja uma característica, uma base para meditação no *udgitha*, a Upanishad afirma que é comum a todos os Vêdas, de acordo com a seguinte frase: "Os ritos que se prescreve para os três Vêdas começam pela pronuncia da sílaba *Om*. Se cantam hinos aos deuses depois da pronunciação do *Om*. Mediante o *Om*, se reza aos deuses. Com o *Om* se canta o *udgitha*"[667]. Isso indica que, sendo a mesma base, pode-se deduzir por esses sinais de que as meditações baseadas nisso são também as mesmas.

Também se pode explicar o Sutra dessa outra maneira: se o *udgitha* e outras coisas dessa classe que constituem partes dos ritos não fossem representações de ritos, as meditações baseadas neles não iriam juntas. Mas, de fato, as passagens das escrituras do tipo prático que integram as partes de um todo estabelecem que o *udgitha* e os demais são comuns a todas as cerimônias. Por isso, a partir dessa base comum, deduzimos que as meditações baseadas nelas (nessas cerimônias) devem aplicar-se também conjuntamente.

Sutra 65: seria melhor que as meditações não se combinassem, posto que as Upanishads não o afirmam[668].

Sutra 65: as meditações sobre partes dos ritos são melhor não integrá-las, já que o texto upanishádico não menciona isso[669].

A fase "É melhor não" descarta a posição do opositor. As meditações baseadas em ritos não devem se tratar daqueles nos quais são baseadas (ver B;S., III,3, 61), porque não há nenhuma menção nas Upanishads sobre esse tratamento conjunto. Não se encontram textos védicos que apresentem juntos as meditações com as partes subordinadas e os ritos e os hinos que se prescrevem nos três Vêdas. Frases como: "Depois de tomar o vaso e levantar a colher o sacerdote canta o hino, reza a oração e diz: 'Prastotã canta a canção do Sâma-Hotâ e realiza o rito'" etc.

---

[665] GAMBHIRANANDA, 1983, p. 755.

[666] MARTÍN, 2001, p. 576.

[667] TINOCO, 2021, verso I,1,9.

[668] GAMBHIRANANDA, 1983, p. 756.

[669] MARTÍN, 2001, p. 576.

Diz o opositor: sua existência conjunta se estabelece por indicação da aplicação mesma.

Diz o adepto do Vedanta: não é assim, já que a meditação está a serviço da pessoa que medita. Enquanto os textos que citais estabelecem só que a conjunção do *udgitha* etc. está a serviço do sacrifício e as meditações no *udgitha* etc., ainda que baseada em partes acessórias dos ritos, ainda estão a serviço da pessoa, unicamente, do mesmo modo que a vasilha de leite, como se disse em: "apesar dos resultados pertencerem às meditações" (III, 3,42). Isso marca a distinção entre as instruções sobre as partes subordinadas dos ritos e as meditações baseadas nessas partes, porque as primeiras se fazem para contribuir com os ritos, enquanto as últimas se fazem com o propósito do buscador, ou seja, a purificação da mente daquele que medita. Os dois sinais indicadores, citados pelo opositor nos Sutras 63 e 64, dão-nos conta que as meditações devem se integrar, porque nenhuma declaração direta das escrituras as fundamenta. Isso não pode ser assim, porque, em cada representação do rito, integram-se as bases da meditação. Portanto, concluiremos que as meditações baseadas neles terão que integrar-se também, já que suas causas não estão naquele no qual estão baseadas. No caso em que estivessem determinadas por suas bases, podem existir, quando as bases não existem. Mas daí se deduz que se as bases vão juntas, devem ir juntas às meditações, necessariamente, e a razão disso é que não há uma declaração védica acerca da integração das meditações, de onde se deduz que essas meditações se realizam, segundo o desejo de cada um.

Sutra 66: e não é obrigatório combiná-las, posto que a Upanishad mostra o contrário[670].

Sutra 66: e não há que integrar as meditações, porque as Upanishads o dizem[671].

Além do que foi dito, a Upanishad mostra essa ausência de coexistência entre as meditações, de acordo com a seguinte frase: "O sacerdote brâhmane, que sabe disto, protege o sacrifício, o sacrificador e a todos os sacerdotes por todos os lados".[672] Se todas as meditações fossem integradas, todos os sacerdotes as conheceriam e, então, o texto não mencionaria especificamente a proteção de todos os brâhmanes que têm esse conhecimento. As meditações podem, portanto, integrar-se coletiva ou opcionalmente de acordo o desejo de cada um.

---

[670] GAMBHIRANANDA, 1983, p. 757.

[671] MARTÍN, 2001, p. 577.

[672] TINOCO, 2021, verso IV, 17,10.

CAPÍTULO IV

QUARTO PÂDA

TEMA 1: O CONHECIMENTO NÃO É UM SUBSIDIÁRIO DOS RITOS

O CONHECIMENTO DA VERDADE NÃO DEPENDE DE RITOS

Sutra 1: segundo Badarayana, a Libertação resulta desse conhecimento do Ser, tal como se apresenta nas Upanishads, porque os textos védicos o declaram[673].

Sutra 1: Bâdarâyana diz que a mais elevada meta humana se alcança, a partir desse conhecimento do Ser, segundo a declaração dos textos védicos[674].

O Sutra trata aqui de descobrir se o conhecimento do Ser que apresenta as Upanishads está em relação com os rituais por meio da pessoa encarregada de realizá-los (o sacerdote) ou conduz a mais elevada meta da Libertação, independentemente dos atos religiosos estabelecidos. Diante dessa questão, o presente Sutra estabelece uma conclusão. O mestre espiritual Badarayana opina por meio do conhecimento do Ser, "deste" se alcança a mais elevada meta humana, independentemente de outros conhecimentos, segundo ensinam as Upanishads.

E como se sabe disso? O Sutra diz que se conhece pela "declaração dos textos védicos". Os seguintes textos upanishádicos e outros mais da mesma classe falam do conhecimento do verdadeiro Ser como a única causa de Libertação. Tais textos são os seguintes: "Aquele que conhece o Ser, supera a dor"[675], "Aquele que conhece o Supremo Brahmâm verdadeiramente se torna Brahmâm"[676], "Aquele que conhece Brahmâm alcança o Supremo"[677],

---

[673] GAMBHIRANANDA, 1983, p. 758.

[674] MARTÍN, 2001, p. 579.

[675] TINOCO, 2021, versoVII,1,3.

[676] TINOCO, 1996, p. 205, verso III,2,9.

[677] TINOCO, 1996, p. 228, verso III,1.3.

"Para quem tem um mestre espiritual só há um atraso enquanto dura o corpo, então se identifica com o Absoluto"[678] E também: "Aquele que tomou consciência do Ser, está livre de faltas"[679], "Ele que tomou consciência do Ser após haver compreendido os ensinamentos do seu mestre, alcança todos os mundos, e tudo o que é desejável"[680], "Querida Maitreyî, se deve tomar consciência do Ser [...]"[681] e "Esta é, na verdade, a imortalidade [...]"[682].

O adversário se opõe a isso, com as seguintes palavras:

Sutra 2: segundo Jaimini: dado que o Ser ocupa uma posição subordinada nos ritos etc., a menção do resultado do conhecimento é para glorificar ao agente, como ocorre em outro lugar[683].

Sutra 2: Jaimini disse que os resultados do conhecimento do Ser são um simples louvor do ator em qualquer caso, já que (o Ser) está em relação complementar com os ritos[684].

Posto que o ser individual ocupa uma posição subordinada com relação aos atos religiosos, por converter-se em um executor, também o conhecimento do Ser deve formar parte dos ritos, como a purificação do arroz molhando-o com água e outros atos análogos que se tornam parte dos ritos, por meio dos objetos com os quais estão relacionados. Assim, a menção de qualquer resultado que ocorra nas Upanishads, referente a esse conhecimento, cujo propósito foi verificado ser isso, deve expressar-se por meio do louvor. Isso é o que pensa o mestre espiritual Jaimini e é análogo à menção védica dos resultados por meio do louvor, de acordo com o que se encontra nos textos seguintes: "Aquele cuja grande colher do sacrifício está feita de madeira Palasa, não ouve mal algum", "Quando um sacrificador aplica o colírio em seus olhos, cobre, assim, o mal do olho do seu inimigo" e " Os ritos subsidiários, Prayaja, Anuyaja, etc., que se executam, uma armadura para o sacrificador e o sacrifício principal, para que o inimigo do sacrificador seja derrotado".

Diz o adepto do Vedanta: dado que o conhecimento do Ser não se menciona em relação com algum outro tema (ritos), razão pela qual não se evidencia o contexto etc., para justificar sua aplicação a algum rito, como pode incluir-se em um rito?

---

[678] TINOCO, 2021, verso VI,14,1.

[679] TINOCO, 2021, verso VII,7,1.

[680] TINOCO, 2021, verso VII,7,1.

[681] MARTÍN, 2002, p. 579-580, verso IV, 5,6.

[682] MARTÍN, 2002, p. 414, verso IV,5,15.

[683] GAMBHIRANANDA, 1983, p. 757.

[684] MARTÍN, 2001, p. 580.

BRAHMA SUTRA (TOMO II)

Diz o adversário: baseando-se em um texto védico relativo ao resultado, por exemplo: "O conhecedor de Brahmâm transcende a dor", o resultado é incluído em um rito por meio do agente, ou seja: o fato de estar constituído de Palasa, o conecta com um rito por meio da colher grande, graças ao texto.

Diz o adepto do Vedanta: isso não pode ser assim, pois, dessa frase (que se refere aos resultados), não há força lógica para se concluir a aplicação do conhecimento do ser aos ritos. As coisas que o texto afirma sob o tema particular pode pensar-se que estejam conectados com o rito pela força da frase sobre os resultados. Mas isso só se sucede por meio de algum nexo intermediário, como a colher de madeira especial, que não é de ampla aplicação, variável segundo os casos, pois é comum a todos os atos tanto os cotidianos como os védicos. Portanto, o conhecimento do ser não pode provar-se que esteja conectado com os ritos por meio de um nexo intermediário, como o ator.

Diz o opositor: não é válida essa objeção, porque o conhecimento de que o ser é diferente do corpo não se emprega em nenhuma ação a mais, que nas práticas religiosas védicas. Esse conhecimento não é útil para os trabalhos cotidianos, nos quais a atividade humana está motivada por circunstâncias que levem a resultados visíveis. Sem dúvida, os atos religiosos védicos, cujos frutos se manifestam só depois da morte do corpo, baseiam a sua atividade no conhecimento do um ser separado desse corpo.

Diz o adepto do Vedanta: os ensinamentos das Upanishads mostram que, dos atributos do ser, tais como: "Estar livre de faltas"[685], deduz-se que está fora da transmigração do Samsara e não pode, portanto, ser o complemento de alguma ação.

Diz o opositor: não se aceita essa objeção, porque o que a Upanishad ensina como objeto de conhecimento é só a transmigração do ser, ao qual se refere como "..pirya.(carinhoso)."[686,687], enquanto os atributos como "estar livre de toda falta" e outros podem considerar-se unicamente como louvor.

Diz o opositor: não ficou estabelecido em mais de um local das escrituras que o Absoluto Brahmâm transcendente e eterno é a causa do universo e que esse mesmo Absoluto é a verdadeira natureza do ser que transmigra?

---

[685] TINOCO, 2021, verso VIII,7,1.

[686] MARTÍN, 2002, verso IV, 5,6.

[687] O texto da Brhadaranyka mostra que o Ser do qual se deve estar consciente é a entidade para cujo gozo tudo existe, sugerindo, assim, que não existe Ser que não seja um experimentador e, por fim, sujeito à transmigração (nota de rodapé de Swami Gambhirananda, 1983, p. 760).

193

Diz o adepto do Vedanta: é verdade, isso já foi provado, mas, para confirmar essa verdade, estabelecem-se de novo, as objeções e as réplicas centradas no tema do resultado do conhecimento do Ser ou a liberação ou a prática dos atos religiosos.

Sutra 3: isso fica confirmado, baseando-se no que foi revelado acerca do comportamento (dos que conhecem a Brahmâm)[688].

Sutra 3: porque nas escrituras se revela a conduta daqueles que tomaram consciência do Absoluto[689].

Diz o opositor: encontramos na revelação dos que conhecem o Absoluto Brahmâm relacionados aos ritos. Por exemplo, em frases como: "Janaka, imperador de Videha, realizou um sacrifício no qual, os presentes eram livremente distribuídos"[690] e "Senhores, vou realizar um sacrifício"[691]. Essas frases aparecem em outros contextos e têm outro propósito, pois mostram que os conhecedores do Absoluto Brahmâm também realizam sacrifícios, e o mesmo se pode deduzir da conduta de Uddalâka e outros. Nela, o que ensino aos seus filhos está de acordo com a vida de um pai de família. Perguntou-se o seguinte: se a Libertação só pode alcançar-se por meio do conhecimento da verdade, tiveram que realizar eles (esses pais de família) tão grandes esforços? Há um provérbio que diz: "Por que haveria a colina alguém que tem o mel à mão?".

Sutra 4: isso assim é porque a Upanishad o declara[692].

Sutra 4: isso é assim porque o declaram diretamente as escrituras[693].

No texto: "Este rito se torna mais poderoso quando se executa acompanhado pela meditação, a fé e o conhecimento secreto"[694] e se ouve dizer que o conhecimento forma parte de algum ritual e, portanto, o conhecimento, por si só, não pode ser a causa da Libertação.

Sutra 5: isso é assim porque tanto o conhecimento como o trabalho seguem ao Ser (quando transmigra)[695].

---

[688] GAMBHIRANANDA, 1983, p. 761.

[689] MARTÍN, 2001, p. 581.

[690] MARTÍN, 2002, p. 234, verso III,1,1.

[691] TINOCO, 2021, verso V,11,5.

[692] GAMBHIRANANDA, 1983, p. 761.

[693] MARTÍN, 2001, p. 582.

[694] TINOCO, 2021, verso I,1,10.

[695] GAMBHIRANANDA, 1983, p. 762.

Sutra 5: isso é assim porque os dois (o conhecimento e o ato religioso) vão juntos (ao transmigrar o ser)[696].

O conhecimento não pode ser independente, dado que, no texto "Quando ele parte, a energia vital o segue, e quando esta parte, todos os órgãos a seguem. A consciência segue ao conhecimento, a ação..."[697], os dois se encontram juntos para produzir o resultado.

Sutra 6: e isso é assim porque os ritos se ordenam para quem possui o conhecimento dos Vêdas[698].

Sutra 6: e porque a escritura propõe os atos religiosos aos que conhecem a finalidade dos Vêdas[699].

Textos upanishádicos como os seguintes mostram que aquele que conhece todas as coisas reveladas pelos Vêdas está capacitado para praticar os rituais: "Aquele que leu os Vêdas na casa do seu mestre, enquanto o servia, e ao começar sua vida de família, continua o estudo dos Vêdas em um lugar sagrado e pratica os deveres prescritos, alcança o mundo de Brahmâm"[700]. Daí, deduzimos que o conhecimento não produz esses resultados independentemente.

Objeção: nessa frase, não se menciona a compreensão do significado, senão a simples leitura ou recitação dos Vêdas: "depois da leitura".

Diz o opositor: isso não tem importância, porque a frase "leitura dos Vêdas" inclui em um sentido o entendimento do seu significado também, segundo o afirma o Purva- Mimansa, porque a leitura se faz para obter esse resultado.

Sutra 7: e isso segue dos textos restritos[701].

Sutra 7: e se deduz isso a partir das normas prescritas[702].

Nas normas que se prescrevem nas frases seguintes: "Se um homem deseja viver uma centena de anos, deveria realizar rituais por toda a sua vida"[703], deduz-se que o conhecimento faz parte dos rituais.

---

[696] MARTÍN, 2001, p. 582.

[697] MARTÍN, 2002, p. 374, verso IV,4,2 (verso diferente).

[698] GAMBHIRANANDA, 1983, p. 762.

[699] MARTÍN, 2001, p. 582.

[700] TINOCO, 2021, verso VIII,15,1.

[701] GAMBHIRANANDA, 1983, p. 763.

[702] MARTÍN, 2001, p. 582.

[703] TINOCO, 1996, p. 135, verso 2 (verso diferente).

Diz o adepto do Vedanta: essa posição é refutada pelo seguinte Sutra:

Sutra 8: sem dúvida, a posição de Badarayana fica intacta graças à instrução de que o Ser Supremo é maior inclusive que o agente; sendo essa a revelação (da Upanishad)[704].

Sutra 8: mas do ponto de vista de Badarayana é correto, porque as escrituras ensinam que o Ser Supremo está acima do ator. E isso é o que se revela (nas Upanishads)[705].

A palavra "mas" refuta a posição oposta. A afirmação feita no Sutra: "Já que o ser está em relação complementar com os ritos" (B.S., III,4, 2) não pode manter-se.

Por quê?

Porque se tem ensinado algo que está por cima disso. Se o ser transmigra habitando um corpo, então a menção upanishádica do resultado seria uma adoração como assinalou o opositor. Mas os textos védicos ensinam realmente como algo por cima do ser encarnado é o Ser Supremo, que não transmigra, o que está livre das características circunstanciais do que atua, o Ser Supremo em que não há falta. E o conhecimento desse Ser não é algo que impulsiona à ação, senão melhor o que a inibe, como declara o sutra: "O conhecimento é independente dos ritos, já que destrói as distinções entre os atos" (B.S., III,4,16).

Além disso, o ponto de vista do venerável mestre espiritual Badarayana, que se expressou por meio do Sutra: "A mais elevada meta humana, a Libertação Espiritual, se alcança a partir desse conhecimento do Ser, segundo a declaração dos textos védicos" (B.S., III,4,1), mantém-se válido e não pode ser eliminado por argumentos enganosos sobre a dependência dos conhecimentos aos ritos. Portanto, muitos textos das Upanishads revelam o Ser como algo que está por cima do ser encarnado. Por exemplo: "Quem conhece tudo e compreende todas as coisas, percebe que Dele, o imperecível Brahmâm, nascem Brahmâ, nome, forma e comida"[706], "Devido ao temor a Ele (Brahmâm), o vento sopra; por temor a Ele o sol nasce...", "Qualquer coisa localizada dentro do universo, possui vibração porque emerge de Brahmâm e cresce por causa dele. Brahmâm como um poderoso trovão,

---

[704] GAMBHIRANANDA, 1983, p. 763.

[705] MARTÍN, 2001, p. 583.

[706] TINOCO, 1996, p. 195, verso I,',9.

pode causar medo"[707], "Sob a poderosa lei do Imutável, Gargì [...]"[708] e "Que chegue a multiplicar-se, que chegue a ter diversos nascimentos. Isso criou o fogo"[709]. Existem ainda ouros textos mais.

Em algumas frases, é argumentado que o ser que transmigra assinalado pelo termo "digno de amor" se refere ao objeto do conhecimento verdadeiro, de acordo com a seguinte frase: "Querida Maitreyî, se deve tomar consciência do Ser [...]"[710], "Aquele que respira pela energia vital (Prana) é o teu ser que está dentro de tudo"[711] e a frase que começa com "O Ser Infinito que se vê no olho é o teu Ser"[712] e termina com "Te explicarei outra vez o que é este Ser"[713]. Mas essa referência ao ser encarnado deve ser compreendida como a declaração de uma diferença absoluta entre o ser individual e o Ser Supremo, pois encontramos, ao mesmo tempo, frases complementares a essas, mencionadas antes, que ensinam a existência de uma realidade superior. Por exemplo, as seguintes frases: "[...] o Rig Vêda, O Yajur Vêda, o Sama Vêda, Atharvagirasa, a história [...] são o alento do Ser"[714], "Aquele que está mais além da fome e da sede, a dor e a ilusão, a decrepitude e a morte..."[715], "Esse ser sereno sai do corpo e se une à luz suprema ao estabelecer-se na sua própria natureza"[716] e se sabe por frases como: "Este és tu"[717] e "Não há mais testemunha que Aquele"[718] que o ser encarnado na sua verdadeira natureza não é se não o Ser Supremo, ainda que o seu estado encarnado se deve às limitações referidas. Tudo isso foi demonstrado por nós, anteriormente no seu próprio contexto.

Sutra 9: mas a declaração da Upanishad (relativa à conduta) sobressai-se igualmente, em relevo, provando que o conhecimento não está subordinado aos atos religiosos[719].

---

[707] TINOCO, 1996, p. 171, verso II,3,3.

[708] MARTÍN, 2002, p. 286, verso III,8,9.

[709] TINOCO, 2021, verso VI,2,3, 2021.

[710] MARTÍN, 2002, p. 206, verso II,4,4.

[711] MARTÍN, 2002, p. 261, verso III,4,1.

[712] TINOCO, 2021, verso VIII,7,4.

[713] TINOCO, 2021, verso VIII,9,3.

[714] MARTÍN, 2002, p. 208-209, verso II,4,10.

[715] MARTÍN, 2002, verso III,5,1.

[716] TINOCO, 2021, verso VIII,12,3.

[717] TINOCO, 2021, verso VI,8,7.

[718] MARTÍN, 2002, p. 289, verso III,8,11.

[719] GAMBHIRANANDA, 1983, p. 765.

Sutra 9: mas as declarações upanishádicas sobre a conduta permitem manter os dois pontos de vista por igual[720].

Respondendo aos argumentos que, a partir da menção das Upanishads sobre a conduta da pessoa que conhece a verdade, deduz-se que o conhecimento depende dos ritos (B.S.,III,4,3), nós diremos: a menção das Upanishads sobre a conduta do ser humano que conhece a verdade mostra igualmente que o conhecimento não depende dos ritos.

Porque há textos tais como: "Ao conhecer isto, os rishis descendentes de Kâvasaya, disseram: para que necessitamos estudar os Vêdas? para que devemos realizar sacrifícios? Quando conheceram esta realidade, os antigos desejaram realizar o sacrifício do fogo" (Kau,Up., II,5), "Os brâhmanes quando conhecem o Ser, abandonam os desejos de filhos, de riquezas e dos mundos e levam uma vida mendicante"[721]. Além disso, sabe-se que Yajnavalkya e outros que eram conscientes do Absoluto Brahmâm não se dedicaram aos ritos, como lemos em textos como este "A vida eterna é assim, querida. E ao dizer isto Yajnavalkya se foi a viver no bosque"[722]. Com relação à indicação (sobre a dependência do conhecimento aos ritos), de acordo com a frase: "Senhores, vou realizar um sacrifício"[723], faremos notar que pertence a uma meditação em Vaishvanara. Portanto, pode integrar-se com os rito, já que entra no âmbito do Absoluto Brahmâm condicionado. Mas nem sequer nesse caso pode dar-se a dependência do conhecimento de Brahmâm aos atos religiosos, porque o tema principal do contexto e as outras provas para demonstrá-lo estão ausentes. Quanto ao argumento de que a Upanishad assim o declara (B.S., 4,4), a resposta é a seguinte:

Sutra 10: a declaração não é universal[724].

Sutra 10: a declaração da escritura à qual se alude no Sutra 4 não é universalmente verdadeira[725].

O seguinte texto "Qualquer coisa que se faça com o conhecimento"[726] não se refere a todos os tipos de conhecimento, por estar confinado à meditação importante que forma o tema. O tema que estamos consi-

---

[720] MARTÍN, 2001, p. 584.

[721] MARTÍN, 2002, p. 265, verso III, 5,1.

[722] MARTÍN, 2002, p. 414, verso IV, 5,15.

[723] TINOCO, 2021, verso V,11,5.

[724] GAMBHIRANANDA, 1983, p. 766.

[725] MARTÍN, 2001, p. 585.

[726] TINOCO, 2021, verso I,1,10.

derando contém a meditação no Udgitha: "Deve-se meditar na letra Om como Udgitha"[727].

Se havia dito (B;S., III, 4,5) que o seguinte texto, que fala da busca da alma por meio do conhecimento, de acordo com: "À consciência lhe segue o conhecimento, a ação e a experiência passada"[728], que se refere à trajetória do Ser, indica dependência do conhecimento. Isso é refutado na continuação.

Sutra 11: o conhecimento e a ação devem ser divididos como cem coisas[729].

Sutra 11: há divisão entre o conhecimento das obras, como no caso de cem coisas divididas entre as pessoas[730].

Deve-se notar aqui uma divisão referente a que o conhecimento a um e o trabalho a outro. Isso é parecido com a distribuição de cem coisas. Por exemplo: quando alguém diz: "Paga cem por estes dois", cem dá, dividindo em duas metades, cinquenta para um e cinquenta para outro. Aqui, o caso é similar. Além disso, esse texto referente a "quem lhe segue o conhecimento" não trata de alguém que obteve a Libertação, posto que a conclusão se refere à alma que transmigra, de acordo com a frase: "A pessoa com apegos..."[731], pois aquele que anela a Libertação é considerado separadamente, de acordo com a frase: "Mas o que não deseja nada"[732]. O conhecimento que se considera nesta frase "A consciência lhe segue o conhecimento e a experiência passada"[733] se ocupa do ser que transmigra e compreende as duas classes de conhecimento, o que manda e o que proíbe, pois não há razão para a distinção aqui entre ação prescrita e proibida. De acordo com esse ponto de vista, a partir do ser que transmigra, justifica-se o texto anterior, inclusive sem necessidade de recorrer à distribuição entre conhecimento e obras. O Sutra seguinte responde à afirmação feita em: "E porque a escritura propõe os atos religiosos aos que conhecem a finalidade dos Vêdas" (B.S., III,4,6).

---

[727] TINOCO, 2021, verso I,1,1.

[728] MARTÍN, 2002, p. 374, verso IV,4,2.

[729] GAMBHIRANANDA, 1983, p. 766.

[730] MARTÍN, 2001, p. 585.

[731] MARTÍN, 2021, verso IV,4,5.

[732] MARTÍN, 2021, verso IV,4,5.

[733] MARTÍN, 2002, p. 374, verso IV,4,2.

Sutra 12: a execução das ações religiosas se prescreve só para quem há recitado os Vêdas[734].

Sutra 12: as escrituras propõem os atos religiosos só para os que leram os Vêdas[735].

Da seguinte frase: "Aquele que regressa da casa do seu mestre, depois de haver lido devidamente os Vêdas"[736], concluímos que a prescrição dos ritos é para quem só tem recitado os Vêdas.

Diz o adversário: nesse caso, um homem pode não ter a qualificação necessária para os ritos, por causa da sua carência de conhecimentos.

Diz o adepto do Vedanta: esse fato não tem importância. Nós não negamos que a informação sobre os ritos, adquirida enquanto se recita, capacite para os ritos. O que queremos unicamente estabelecer é que o conhecimento do Ser que se adquire nas Upanishads tem um objetivo independente e não pode ser a causa da capacidade para os ritos. Devemos compreender isso da mesma maneira que entendemos que uma pessoa que está capacitada para um rito requer o conhecimento de outro rito. Foi dito anteriormente que: "e também se deduz isto, através das nomas prescritas" (B;S.,III,4,7). A réplica a isso vem a seguir.

Sutra 13: os textos restritivos não se aplicam ao homem de conhecimento, posto que a restrição se faz sem especificação[737].

Sutra 13: porque não há menção específica: a pessoa que conhece a verdade não se aplica à norma[738].

Em frases restritivas como: "Se um homem deseja viver uma centena de anos sobre a terra, deveria realizar rituais por toda a sua vida"[739], não se especifica que isso se aplique à pessoa que conhece (o Jñani)[740], só se indica a norma em seu sentido geral.

---

[734] GAMBHIRANANDA, 1983, p. 767.

[735] MARTÍN, 2001, p. 586.

[736] TINOCO, 2021, verso VIII,15,1.

[737] GAMBHIRANANDA, 1983, p. 768.

[738] MARTÍN, 2001, p. 586.

[739] TINOCO, 1996, p. 135, verso 2. Nota de Carlos Alberto Tinoco. A tradução dese verso feita por Swami Gambhirananda (1983, p. 768) é a seguinte: "Na verdade, ao produzir *karma*, se deveria desejar viver 100 anos". A tradução desse verso por Consuelo Martín (2001, p. 586) é a seguinte: "Se desejas viver cem anos, não há outro caminho para um ser humano como tu que atua sem buscar o fruto da ação".

[740] Refere-se o termo à pessoa que conhece a verdade por discernimento (*viveka*). Em particular, alude-se ao conhecedor da realidade não dual o *advaitin* ou filósofo da tradição vedanta advaita (nota de rodapé de Consuelo Martín, 2001, p. 586).

BRAHMA SUTRA (TOMO II)

Sutra 14: ou melhor dito, o consenso (outorgado) para fazer os atos religiosos é para a glorificação do conhecimento[741].

Sutra 14: ou também a permissão para praticar os atos religiosos se dá para louvar o conhecimento[742].

Referente ao texto: "Na verdade, ao produzir *karma*", é possível apresentar uma interpretação independente: ainda quando, baseando-nos no contexto, essa frase se interpreta de maneira tal que conecta o homem de conhecimento com a "produção do *karma*" (como seu agente), sem dúvida, deve-se entender que essa aprovação de gerar *karma* só se outorga como elogio do conhecimento, pois, posteriormente, afirma-se: "Ainda quando um homem de conhecimento pode executar o trabalho durante toda a sua vida, este não lhe causa obscurecimento algum devido à presença do seu conhecimento". Assim é quando se elogia o conhecimento.

Sutra 15: além disso, alguns se abstêm do trabalho (religioso), segundo a predileção pessoal[743].

Sutra 15: alguns são indiferentes aos atos religiosos, segundo sua predileção pessoal[744].

Além disso, de acordo com um texto dos Vajasaneiyns, certos homens iluminados que têm experiencia direta com o resultado do conhecimento assumem uma posição baseando-se nessa e, induzidos pela predileção pessoal, declaram que para eles não é necessário engendrar filhos, nem cumprir outros atos que são para propósitos diferentes. Há uma frase que diz: "Que vamos conseguir mediante a descendência, nós que temos chegado ao âmbito do Ser?"[745]. Além disso, temos declarado, muitas vezes, que o resultado do conhecimento é uma questão de experiência direta e imediata, a diferença do resultado do trabalho que frutifica depois de certo tempo. Essa é, também, a razão pela qual o conhecimento não pode ser subordinado aos ritos, nem pode sustentar que a menção da Upanishad sobre o resultado do conhecimento é irreal.

Sutra 16: além disso, do conhecimento procede a destruição de todo o mundo[746].

---

[741] GAMBHIRANANDA, 1983, p. 768.

[742] MARTÍN, 2001, p. 586.

[743] GAMBHIRANANDA, 1983, p. 769.

[744] MARTÍN, 2001, p. 587.

[745] MARTÍN, 2002, p. 398, verso IV,4,22.

[746] GAMBHIRANANDA, 1983, p. 769.

Sutra 16: e o conhecimento de verdade elimina todo o mundo fenomênico[747].

Mesmo assim, as escrituras declaram que todo o mundo das manifestações, que consiste em ações, instrumentos e resultados, outorgando a qualificação necessária para o trabalho e sendo criação da ignorância, é destruído integralmente, pelo conhecimento, segundo o que se afirma em: "Mas, para quem, ao ser consciente do Absoluto, todas as coisas são o Ser, o que poderia ouvir-se e mediante o que? O que poderia ver-se e com que?"[748]. Se alguém construísse sua esperança de derivar a competência necessária dos ritos do conhecimento do Ser, segundo ensinam as Upanishads, só se ficaria com a destruição de todos os ritos. E ao conhecimento verdadeiro só se chega eliminando os atos religiosos[749]. Daí, deduz-se que o conhecimento é independente dos ritos.

Sutra 17: e o conhecimento pertence aos monges, segundo dizem os Vêdas[750].

Sutra 17: e os que têm conhecimento da verdade são aqueles que levam uma vida de renúncia, segundo se menciona nos Vêdas[751].

A escritura mostra que o conhecimento verdadeiro está em relação com o estado de vida de renúncia[752], um samniasyn, onde mantêm a pureza da castidade. E ali, o conhecimento verdadeiro não pode depender de ritos, pois nessa fase de samniasyn eles não são praticados, porque os renunciantes não se dedicam a ritos védicos, como o do fogo e outros.

Surge, sem dúvida, uma objeção aqui. Essas fases da vida de pureza não se menciona nos Vêdas.

---

[747] MARTÍN, 2001, p. 587.

[748] MARTÍN, 2002, p. 215, verso II,4,14.

[749] Toda atividade fenomênica se baseia nas distinções entre o sujeito e o objeto, o que vê e o que é visto, o que ouve e o que é ouvido etc. ou a distinção entre objetos. Desde a unidade do Ser que vive o que há compreendido a verdade, o *jñani*, essas distinções carecem de realidade. O mundo fenomênico baseado em relações há de ser eliminado, ou seja, não há de ver-se como real, se não como aparente. E isso se inclui também os atos religiosos. Daí, deduzimos a indiferença ante as obras, tanto profanas quanto religiosas, de quem tem descoberto a verdade e a evidência de que o conhecimento é independente de toda ação (nota de rodapé de Consuelo Martín, 2002, p. 588).

[750] GAMBHIRANANDA, 1983, p. 770.

[751] MARTÍN, 2001, p. 588.

[752] O homem na sociedade védica passava por quatro fases na sua vida, que são as seguintes: 1. Brahmacharyn, iniciada por volta dos 8 ou 10 anos de idade; 2. Grihastha, por volta dos 28-30 anos, quando poderia se casar; 3. Vanaprastha, que se inicia por volta dos 55 anos, quando o homem saia de casa e ia morar numa floresta; 4. Samniasyn, com a chegada da velhice, passava a mendigar, usando roupas apropriadas (nota de Carlos Alberto Tinoco).

Dizem os adeptos do Vedanta: o argumento não tem base, porque nos Vêdas há textos, como: "Há três ramos do dever"[753], "Aqueles que praticam a fé e a austeridade, vivendo no bosque"[754], "Mas os homens sábios de mentes tranquilas, vivendo em florestas e pedindo esmolas, praticando penitências apropriadas às fases das suas vidas, contemplando deidades, como Hiraniagarbha, partem deste mundo livres de impurezas pelos caminhos do Sol, em direção ao local da Imortalidade"[755], "Desejando viver em seu âmbito, os monges abandonam seus lugares (casas)"[756] e "se deve entrar no estado de renunciante, desde o de discípulo (*Brahmacharyn*)" (Jabâla, 4). Em outros textos similares das Upanishads e a tradição, reconhece-se o fato da vida de renúncia, quando algumas pessoas podem entrar de imediato ou não entrar na vida de pai de família (*Grihasta*) e quando alguns têm que cumprir ou não com os seus deveres. Por essa razão, também se deduz que o conhecimento é independente dos ritos.

TEMA 2: SANNYASA (SAMNYASYN) PRESCRITO PELAS ESCRITURAS

Sutra 18: Jaimini pensa que essa é uma alusão às outras etapas e não é um mandamento, baseando-se em que as escrituras as condena[757].

A VIDA DE RENUNCIANTE (SAMNYÂSA) SE PRESCREVE NAS ESCRITURAS

Sutra 18: Jaimini considera que a alusão nos textos à vida de renunciante é uma mera referência e não uma prescrição, porque outros textos condenam esse tipo de vida[758].

Diz o opositor: os textos védicos que foram mencionados para demonstrar que as pessoas que vivem como renunciantes observam a pureza de

---

[753] Segundo o texto completo do primeiro ramo é o dos que praticam o estudo e o sacrifício, o segundo a dos que vivem austeramente buscando a verdade, e o terceiro é o que controla suas energias. Todos eles conduzem aos mundos celestiais. Só quem toma consciência do Absoluto e se mantém Nele chega à vida eterna. Aqui, põe-se de manifesto o abismo que existe entre a conduta religiosa para buscar algum objetivo e a simples tomada de consciência da verdade. E esse é um dos principais motivos pelos quais Shakara escreveu esse livro de comentários ou *bhâsya.* (nota de rodapé de Consuelo Martín, 2002, p. 588).

[754] TINOCO, 2021,verso V,10,1.

[755] TINOCO, 1996, p. 197, verso I,2,11.

[756] MARTÍN, 2002, p. 398, verso IV,4,22.

[757] GAMBHIRANANDA, 1983, p. 770.

[758] MARTÍN, 2001, p. 598.

castidade, de acordo com o que se pode ler na seguinte frase: "Há três ramos do dever"[759], não provam isso, porque o mestre espiritual Jaimini, que os textos contêm só uma referência aos estados de vida distintos do de pai de família, mas não são preceitos.

Por quê?

Porque não se expressam como um mandato, no caso imperativo, e porque cada um deles se refere a outro propósito. No texto: "Há três ramos do dever" já citado, por exemplo, é feita alusão aos distintos estados ou estágios de vida e se afirma que os seus resultados são limitados, nas frases: "A primeira é a dos que praticam o estudo, o sacrifício e a caridade; a segunda a dos que vivem com austeridade na casa de mestre, e a terceira a dos que controlam o seu corpo sutil ali"[760]. A permanência no Absoluto Brahmâm se alcança pelos seus resultados infinitos, em: "Todos eles alcançam o mundo dos virtuosos. Mas, que se estabelece no Absoluto alcança a Imortalidade"[761].

Aqui, aparece uma objeção: ainda que só se trate de uma alusão aos estados de vida, tais estados existem.

Diz o opositor: é verdade, mas seu conhecimento deriva da tradição e o uso habitual e não revelação das Upanishads. Portanto, no caso de conflito com textos védicos diretos, não se deve tomá-los em conta ou aceitá-los só para aquelas pessoas que estão desqualificadas para os atos religiosos ou por uma outra razão.

Alguém faz uma objeção: não se nomeia também junto com os estados renunciantes e o dos pais de família, na frase: "A primeira é a dos que praticam o estudo, o sacrifício, a caridade?"[762].

Diz o opositor: isso está certo, mas, ainda, nos ritos como o sacrifício do fogo, prescreve-se para o estágio de pai de família unicamente, esse estágio é um fato reconhecido pelos Vêdas. Pelo que a alusão a outros estágios se faz só como um louvor ao que busca o Absoluto Brahmâm, e não como uma prescrição. Além disso, os textos védicos diretos condenam outros estágios de vida. Por exemplo: "Ele que apaga o fogo destrói o valor dos deuses", "Tendo trazido ao mestre o presente desejado por ele, [...] a

---

[759] TINOCO, 2021, verso II,23,1.

[760] TINOCO, 2021, verso II,23,1.

[761] TINOCO, 2021, verso II,23,1.

[762] Essa objeção implica no seguinte argumento: se o estado de família é evidentemente válido e se assinala neste texto com autoridade, também serão válidos os demais estados de vida que se assinalam aí, como o do renunciante livre dos atos religiosos estabelecidos (nota de rodapé de Consuelo Martín, 2002, p. 589).

BRAHMA SUTRA (TOMO II)

linha da progenitura não será interrompida"[763], "Ele que não tem um filho, não tem um mundo futuro. Todas as criaturas são conscientes disso" etc. Igualmente, frases como "Mas os homens sábios de mentes tranquilas, vivendo em florestas e pedindo esmolas [...]"[764] ensinam "o caminho dos deuses", e não em outros estágios de vida. Além disso, pode-se ler o seguinte: "A segunda é austeridade", é duvidoso que se trate de um estágio de vida prescrito no texto. E frases como: "Anelando esse mundo, os monges mendicantes renunciam às suas casas"[765] não prescrevem uma vida de renúncia. Unicamente louva o mundo dos que vão ao Ser.

Objeção: mas não existe um texto direto nos Jâbâlas que é uma clara prescrição à vida de renúncia: "Se deve entrar na vida de renúncia desde o estágio de discípulo *Bramacharya*?".

Diz o adepto do Vedanta: sim, mas esse diálogo está se desenvolvendo sem ter em conta, o texto.

Sutra 19: Badarayana pensa que também as outras ordens da vida devem ser observadas, posto que os textos védicos falam igualmente de todas as etapas da vida[766].

Sutra 19: segundo a opinião de Badarayana, os outros estágios de vida devem seguir-se, porque os textos védicos se referem por igual aos quatro estágios de vida[767].

De acordo com o mestre espiritual Badarayana, deve-se recorrer às outras etapas da vida por estarem mencionadas nos Vêdas, pois, devido à execução do ritual Agnihotra e outros serem obrigatórios, surge um conflito ao considerar a obrigatoriedade da prática do ritual do fogo etc., com relação à vida de renunciante. E o opositor chegou à conclusão de que esse outro estágio de vida deve desejar-se só para aqueles que não estão capacitados para tais práticas, por exemplo, os cegos, os inválidos etc. Badarayana refuta esse ponto de vista, tendo em conta que deve ser admitido os demais estágios de vida igual aos pais de família.

Por quê?

Baseando-se nas declarações da escritura sobre a igualdade. É a partir da frase "Há três ramos do dever" (Ch.,Up., II,23,1) que se deduz

---

[763] TINOCO, 1996, p. 226.

[764] TINOCO, 1996, p. 197, verso I,2,11.

[765] MARTÍN, 2002, p. 489, verso IV,4,22).

[766] GAMBHIRANANDA, 1983, p. 772.

[767] MARTÍN, 2001, p. 590.

que os outros estágios de vida são iguais ao de pai de família. Deve-se levar em conta que o mesmo que o estágio de pai de família prescrito em outros textos védicos se indica aqui e se indica os outros estágios. O caso é análogo à referência que se faz ao uso do fio do sacrifício sagrado em torno pescoço ou no ombro direito. Ambos os modos estão estabelecidos em outras passagens da escritura. Na passagem, o propósito é indicar o uso do fio no ombro esquerdo[768]. O outro estágio deve, portanto, levar-se a cabo, do mesmo modo que o estágio de chefe de família. Do mesmo modo, menciona-se o último o última estágio no texto seguinte: "O anelo deste mundo (do espírito) faz que os monges renunciem às suas casas"[769] e se menciona, por sua vez, o estudo dos Vêdas etc. Na frase seguinte: "Aqueles que vivem em florestas dedicados à fé, as austeridades"[770], o estágio de vida na floresta (Vanaprastha) se relaciona com a meditação nos cinco fogos.

Além disso, tem-se declarado que é duvidoso que se ordene alguma outra etapa ou estágio de vida, de acordo com: "A segunda divisão é a austeridade"[771]. Nem isso é um problema, posto que se põe em destaque uma razão para a conclusão definida, pois no texto "Há três ramos do dever" se afirma a divisão tríplice. Além disso, as múltiplas ações virtuosas, como os sacrifícios, que têm diversas ordens de origem, não podem estar incluídas nas três divisões, a não ser que seja por meio da sua associação com os estágios da vida. Dentre essas divisões da virtude, uma é a vida do amo da casa, indicada por "sacrifícios". Na palavra Brahmacharyn, encontramos uma clara referência a uma ordem ou estágio da vida. Pela palavra austeridade, que divisão da virtude se deve aceitar, senão o estágio da vida do Vanaprastha, onde a austeridade prepondera? Baseando-se na palavra que indica a "floresta" presente em: "Os que têm a fá e a austeridade, enquanto vivem na floresta " (Ch. Up., V,10,1), os termos "fé" e "austeridade" nos fazem compreender que o significado é um estágio da vida. Portanto, ainda que só se aluda aos estágios da vida, todavia há de recorrer a eles.

Sutra 20: ou talvez seja uma ordem, como no caso de sustentar o fogo do sacrifício[772].

---

[768] O cordão sagrado em torno do pescoço como uma guirlanda é chamado *Nivita;* quando fica sobre o ombro direito, cruzando o peito e passando por baixo do braço esquerdo, é *Prachinavita;*a posição oposta desde o ombro esquerdo ao direito, dá o *Upavita* (nota de Swami Gambhirananda, na sua tradução do Braha Sutra, pg. 773).

[769] MARTÍN, 2002, p. 489, verso IV<4,22.

[770] TINOCO, 2021, verso V,10,1.

[771] TINOCO, 2021, verso II, 23,1.

[772] GAMBHIRANANDA, 1983, p. 774.

Sutra 20: ou se trata de mais de uma prescrição como a de levar o combustível do sacrifício[773].

Trata-se de uma prescrição sobre de outros estágios de vida e não uma simples referência.

Diz o opositor: se aceitarmos aqui que o texto é uma prescrição, destrói-se a unidade de coerência do texto, mas tem que manter-se essa unidade de sentido, ou seja, o que os três ramos do dever têm por consequência o mundo das virtudes — o céu —, enquanto o estar estabelecido no Absoluto Brahmâm conduz à imortalidade.

Diz o adepto do Vedanta: é verdade, mas a aparente unidade de sentido deve negar-se e aceitar a prescrição em virtude da totalidade e da ausência de alguma outra prescrição nova. Em nome da clara compreensão dos estágios da vida, não se necessita considerar uma unidade de sentido, supondo que o texto implique em uma mera proposição corroborativa de louvor, ou seja, um *gunavada.* Trata-se de um caso análogo ao de levar combustível do sacrifício. Há um texto da escritura que diz: "Se aproximará do altar do sacrifício, levando combustível do sacrifício abaixo, porque acima ele o oferece aos deuses". Ainda que esse texto se considere como uma unidade de sentido, se considerarmos o fato de "levá-lo abaixo", pode admitir-se, sem dúvida, uma prescrição considerando o "levá-lo acima", porque se trata de um único ato. Isso se explica no contexto que trata dos complementos (no Purva-Mimansa), quando se diz: "Mas, há uma prescrição em levá-lo acima, pois este fato é único"[774] (Jai. Su., III,4, 15). Da mesma maneira, deduzimos aqui que o texto que faz alusão aos outros estágios de vida é uma prescrição. Inclusive, se os outros estágios de vida fossem uma mera ilusão, por força do louvor, devemos admitir uma prescrição sobre "a permanência no Absoluto". Então, teríamos que considerar se essa permanência se refere a qualquer um que pertença a um dos quatro estágios de vida ou só a de renunciante (Samniasyn). E se, na menção desses estágios de vida, o monge está implicado no de Bramacharya, então devemos deduzir que qualquer um que pertença a um dos quatro estágios de vida pode permanecer no Absoluto, porque os quatro se apresentam como iguais e a ninguém se exclui deles. E se não se faz alusão alguma ao renunciante, a conclusão deve

---

[773] MARTÍN, 2001, p. 591.

[774] Ainda que o texto "levar o combustível acima" apareça como uma mera adoração ou adorno do anterior (levá-lo abaixo). Sem dúvida, se considerarmos um fato isolado, "o levá-lo acima" é uma prescrição nova. Shankara utiliza este exemplo para o seu argumento (nota de rodapé de Consuelo Martín, 2001, p. 592).

ser que só o renunciante pode "permanecer no Absoluto", já que só ele foi excluído da enumeração.

Algumas pessoas pensam que se alude ao renunciante com o termo "austeridade" que se refere àqueles que vagam pela floresta, chamados vaikhanasas, que é uma das quatro classes de monges da floresta Vanaprastha. Mas essa interpretação não é correta, porque, enquanto se pode dar outra explicação, não devemos deduzir que um termo que expressa uma característica específica dos ermitões que vivem na floresta compreenda aos que vagam como mendicantes. É mais adequado interpretar que o Brahmacharyn e o pai de família têm as suas características distintas e o renunciante e o Vanaprastha as têm. A austeridade é uma característica do estágio de Vanaprastha, pois a palavra "austeridade" se usa no seu uso próprio de preponderância da mortificação do corpo, mas as características dos renunciantes são o controle dos sentidos e os demais e não estão incluídas no termo "austeridade". Portanto, não é correto que os estágios de vida que se sabe serem quatro se reduzam a três. Além disso, são mencionados separadamente, como indica a frase: "Com esses três se chega aos mundos celestiais, enquanto com o outro se alcança a imortalidade". E se os ermitões e os mendicantes estão separados, há lugar para a distinção, porque não dizemos: "Devadatta e Yajñadatta são torpes, mais um deles é inteligente". O que diríamos é "mas Visnumitra é inteligente".

O sentido do texto é, portanto, este: os que pertencem aos três primeiros estágios de vida alcançam os mundos celestiais, enquanto o cai, o estágio de monge, alcança a imortalidade.

Diz o opositor: o termo *brahmsamsta* (o que permanece em Brahmâm) que se aplica aos membros de todos os estágios de vida, segundo seu estado derivado (epistemológico), como pode aplicar-se só ao estado de renunciante? E se estamos de acordo em tomar o seu significado convencional, daí se deduz que a imortalidade pode alcançar-se só por aqueles que pertencem a um estágio de vida. Portanto, o conhecimento da verdade seria inútil, segundo essa interpretação.

Diz o adepto do Vedanta: o termo *brahmasamtha* denota o estar plenamente estabelecido no Absoluto (em Brahmâm), é um estado de imersão no Absoluto com ausência de toda outra preocupação. E tal estado é impossível para as pessoas que pertencem aos três primeiros estágios e de vida, pois os Vêdas mencionam que se comete falta se se abandonam os deveres, não incorrem em faltas ao não realizá-los. Os deveres que a ele se incumbem são o controle dos sentidos e da mente e esses deveres não se opõem ao estabelecimento no Absoluto. Realmente, o único dever nesse estágio de vida é o permanecer no Absoluto e o controle dos sentidos é ajuda para eles, enquanto os sacrifícios são prescritos para outros estágios. O renunciante comete falta, se transgride seus próprios deveres, como os demais ao transgredir os seus.

De acordo com o exposto, os textos das escrituras e da tradição afirmam o seguinte: "A vida de renúncia é Brahmâm porque Brahmâm é o Ser mais elevado e o mais elevado é Brahmâm. As outras classes de austeridades são, sem dúvida, inferiores à vida de renunciante que as transcendem todas" (Nârâyana,78), "Aqueles que descobriram o objeto de conhecimento do Vedanta e purificou a sua natureza com a prática assídua do Yoga da renúncia, se libertam" (Mu. Up., III,2,6) e outros textos semelhantes. E ainda em textos da tradição, encontramos o seguinte: "Os que têm a mente em contemplação Naquele, os que identificaram Aquele como o seu Ser e se estabeleceram ali, e ao considerá-Lo sua meta suprema, eliminam com a Verdade todos os seus erros e chegam ao estado do qual não retornam"[775]. Esses textos ensinam que aquele que está estabelecido no Absoluto não tem deveres a cumprir. E daí, deduz-se também que não é válida a segunda objeção que se fez anteriormente, ou seja, que o alcançar a imortalidade do monge mendicante simplesmente por meio do estágio de vida que leva implicaria a inutilidade do conhecimento da verdade. Por isso, compreendemos que ainda haja uma referência a outros estágios de vida, aquele ao qual se refere a expressão: "permanência no Absoluto" é o estágio de renunciante.

O mestre tem começado esse diálogo sem ter em conta o texto do Jabala Upanishad que aconselha o outro estágio de vida. Mas aí está este texto que indica diretamente o outro estágio:

> [...] uma vez terminada a etapa de estudante (Brahmacharyn), chega a ser um pai de família, deve retirar-se à floresta. E após haver vivido na floresta, será um renunciante (um Samniasyn). Também pode suceder de outra maneira: se pode chegar a renunciante a partir do estágio de renunciante, ou partir do pai de família ou de quem vive na floresta (Já.Up,4).

Não se pode interpretar esse texto upanishádico como se referisse-se àqueles que não estão capacitados para cumprir com os deveres, porque se fala em termos gerais, não se pode restringir o preceito para uma classe

---

[775] MARTÍN, 2009, p. 131, verso V,17).

de pessoas e porque se faz uma prescrição separada para os que estão capacitados, no texto: "(Se pode levar uma vida de renúncia) tanto se hão feitos votos como se não, se há decidido continuar ou não, servindo ao mestre quando já se há terminado os estudos, se há despertado seu fogo, ou se não há despertado em absoluto" (Já.Up,4). Que o texto se refere aos que não estão capacitados se deduz, além disso, o fato de que a vida de monge renunciante é uma ajuda para o conhecimento da verdade sobre o Absoluto, sendo declarada a seguinte escritura: "O renunciante que vive com vestimenta sem cor, com os cabelos cortados, sem esposa, que se faz puro, inocente e se mantém mendicante, se prepara para alcançar o estado do Absoluto" (Ja., Up, 5). De tudo isso, deduz-se que os estágios de vida de pureza e castidade estão estabelecidos pela escritura e que o conhecimento da verdade do Absoluto, por estar indicado às pessoas que entram nesses estágios, é independente dos deveres que pertencem aos demais estágios.

TEMA 3: PRESCRIÇÕES NÃO ELOGIOSAS PARA A MEDITAÇÃO

Sutra 21: se argumentássemos que os textos (referentes ao Udgitha etc.) são simplesmente encomiásticos, por havê-los aceitado como subordinados aos rituais, diremos que não é assim, devido ao aspecto extraordinário (dos textos)[776].

OS PRECEITOS PARA MEDITAR NÃO SÃO DE SIMPLES LOUVOR

Sutra 21: tem-se dito que os textos como a da meditação no udgitha são simples louvores por referir-se a partes de atos rituais, diremos que não é assim a causa da novidade (do que ensinam)[777].

Dúvida: "Esse Om, chamado Udgitha, é a essência das essências; é o mais elevado, simboliza o superior e é o oitavo em número"[778], "Esta terra é Rik e o fogo Sama"[779], "Este mundo é este altar de fogos" e "Estes hinos (*uktha*) são, sem dúvida, a terra". Ao considerar esses textos védicos, surge uma dúvida: são um elogio ao Udgitha ou estão prescrevendo a meditação?

---

[776] GAMBHIRANANDA, 1983, p. 778.

[777] MARTÍN, 2001, p. 594-595.

[778] TINOCO, 2021, verso I,1,3.

[779] TINOCO, 2021, verso I,4, 1.

Diz o adversário: no caso de uma dúvida desse gênero, a posição lógica é que são um elogio, por aceitar que os textos se referem ao Udgitha etc., sendo subsidiários dos ritos e não estando no mesmo nível de frases, como: "Esta mesma terra é a colher grande (*Juhu*) do sacrifício", "o sol é uma tartaruga (a forma do altar)", " O céu é o fogo Ahavaniya" etc., nas quais expressa um elogio a *juhu* etc.

Diz o adepto do Vedanta: o mestre espiritual disse que não é lógico que o objetivo desses textos seja o simples louvor, a causa da novidade do seu conteúdo. Essa novidade fica intacta só caso trate-se de um preceito, porque seria inútil se fosse só para louvar. Há um texto que diz o seguinte: "Mas, como estão em unidade sintática com uma prescrição, deve interpretar-se como um louvor a essa prescrição" (Jai.Su., 1,2,7). O ser um louvor deriva de estar em relação complementar com frases de preceito, mas essas frases das quais tratamos não podem ter essa relação com o Udgitha que aparece em distintos lugares dos Vêdas e não teriam sentido, então, como louvor. Frases como: "Esta Terra é colher sagrada (*juhu*)", se apresentam como um preceito. Portanto, o presente texto (frase)é diferente da ilustração assinalada. E a conclusão é que os textos upanishádicos como o que aqui tratamos, tem um sentido de preceito.

Sutra 22: além disso, essas devem ser ordens, devido à presença das palavras que expressam um preceito[780].

Sutra 22: E (têm que ser preceitos estes textos) pelas palavras com sentido de preceito[781].

Além disso, são apresentadas palavras com um significado claro de preceitos, nos seguintes textos: " Se deve meditar no *udgitha*"[782] e "Se deve pensar: 'Eu sou o hino'" (Tai. Ar., II,1,2). Essas formas de mandato seriam inúteis se os textos aqui tratados só tivessem como objetivo o louvor. Vejamos o que dizem os textos da tradição dos que se dedicam a raciocinar (os que seguem a lógica Nyâya): "Em todos os Vêdas estes modos verbais são sinais invariáveis da prescrição: 'Se deve fazer', 'deve ser feito', 'tem que fazer', 'deveria ser feito". O que se quer expressar ao afirmar isso é que as terminações verbais como *lin* etc. (imperativo e potencial) têm um sentido de preceito. Além disso, em cada um dos temas aos quais nos referimos, o texto estabelece resultados específicos, como em: "Ele chega a ser um rea-

---

[780] GAMBHIRANANDA, 1983, p. 779.

[781] MARTÍN, 2001, p. 595.

[782] TINOCO, 2021, verso I,1,1.

lizador de desejos"[783], "Ele é capaz de realizar os desejos cantando a canção de Sama"[784] e "Todos os mundos, de cima e de baixo lhe pertencem"[785]. Por essa razão, os textos sobre o udgitha são para prescrever a meditação.

TEMA 4: HISTÓRIAS DAS UPANISHADS

Sutra 23: se argumentássemos que as histórias das Upanishads são para aplicação ritualista chamada Pariplava[786], diremos que não é assim, porque as histórias de Pariplava foram especificadas[787].

HISTÓRIAS UPANISHÁDICAS

Sutra 23: foi dito que as histórias upanishádicas são para a prática do rito chamado Pariplava. Diremos que não, porque essas histórias estão especificadas[788].

Dúvida: nas Upanishads, contam-se histórias, tais como as seguintes: "Então se dizia que Yajnavalkya teria duas esposas: Maitreuyî e Katyâyari"[789], "Pratardana, filho de Divodasâ foi ao amado lugar de Indra" (Kau.,Up., III,1) e "Jânashruti Pantrâyana, que era piedoso distribuidor dons, dava com generosidade e convidava à sua casa muita gente"[790]. Com relação a essas e similares histórias, surge uma dúvida: tem como proposito o ato ritual chamado Pâriplava ou se relatam para que se compreendam melhor os conhecimentos que se ensinam ali?

Diz o opositor: essas histórias das Upanishads são para o Pâriplava, porque são histórias iguais às demais e o contar histórias se faz para Pâriplava. E daí, deduz-se que os textos védicos não têm por objetivo principal o conhecimento, senão que se apresenta para aplicá-los aos ritos, o mesmo que as orações.

---

[783] TINOCO, 2021,verso I,1,7.

[784] TINOCO, 2021,verso I,7,9.

[785] TINOCO, 2021,verso II,2,3.

[786] Existe uma ordem segundo a qual, durante o sacrifício do cavalo, os sacerdotes narram os relatos ao rei que efetuava o sacrifício e a sua família e aos conselheiros. No primeiro dia, narra-se a história de Manu Vaisvasta, no segundo, de Yama Vaisvasta e no terceiro, de Varuna e Surya (nota de rodapé de Swami Gambhirananda, 1983, p. 780).

[787] GAMBHIRANANDA, 1983, p. 780.

[788] MARTÍN, 2001, p. 596.

[789] MARTÍN, 2002, p. 410, verso IV, 5,1.

[790] TINOCO, 2021,verso IV, 1,1.

Diz o adepto do Vedanta: isso não está certo, porque certas histórias se especificam para as práticas ritualísticas. Sob o título: "O sacerdote relatará as histórias", especificam-se certas histórias concretas, tais como a de: "Manu, um descendente de Vivasvân". E se todas as histórias se usaram para um mesmo fim, só por serem histórias, essa especificação seria inútil. Portanto, as histórias das Upanishads não são para serem recitadas no ritual Pâriplava.

Sutra 24: dado que as histórias se conectam (com as meditações), por terem uma unidade de ideia, então, são para iluminar o conhecimento próximo[791].

Sutra 24: e porque as histórias estão integradas com as meditações em uma unidade coerente[792].

Se as histórias não são para praticar o Pâriplava, é lógico que se deem para ajudar a compreensão do conhecimento das meditações, porque, com elas, formam uma unidade de sentido. Portanto, em cada contexto, conecta-se com uma meditação próxima, respectivamente, mediante uma unidade coerente entre elas, pelo interesse que criam pelo conhecimento das meditações e porque facilitam a compreensão deles. Por exemplo, no Maitreyî Brahmana da Brhadaranuaka Upanishad, encontra-se formando um sentido único com o conhecimento contido no texto: "Querida Maitreyî, se deve tomar consciência do Ser [...]"[793]. E no relato de Pratardana também se pode encontrar a unidade de sentido com a energia vital, assim: "O Ser que é consciência" (Kau.Up., III,2), é evidente. A história que começa com: "O ar é verdadeiramente, o lugar de dissolução de tudo"[794]. É o mesmo caso das histórias que aparecem na parte dos Vêdas dedicada a um ritual. Por exemplo, "Cortou a sua própria membrana" etc., que se propõem enfatizar os preceitos próximos. Os relatos aos quais estamos nos referindo não são, portanto, para a prática do ritual Pariplava.

---

[791] GAMBHIRANANDA, 1983, p. 781.

[792] MARTÍN, 2001, p. 597.

[793] MARTÍN, 2002, p. 411, verso IV,5,6.

[794] TINOCO, 2021, verso IV,3,1.

TEMA 5: OS SAMNIASYNS ESTÃO ISENTOS DE RITUAIS

Sutra 25: por essa mesma razão, o Samniasyin não necessita "acender um fogo", nem realizar outros ritos[795].

OS RENUNCIANTES (SAMNIASIYNS) ESTÃO LIVRES DE RITUAIS

Sutra 25: por essa mesma razão, os que renunciaram os Samniasiyns não necessitam "acender o fogo", nem nenhum outro rito[796].

A expressão "por essa mesma razão" é uma referência ao Sutra (B. S., III,4,1), porque, desse modo, estabelece-se o sentido correto. Por essa mesma razão, porque o conhecimento conduz a mais elevada meta humana, a Libertação Espiritual, como disse o Sutra, o acender o fogo do sacrifício e outros atos semelhantes que se impõem em diferentes ordens ou estágios de vida não são necessários para o que tem o conhecimento, pois ele só leva como resultado a mais alta meta.

TEMA 6: OS RITUAIS ETC. NECESSÁRIOS PARA O CONHECIMENTO

Sutra 26: a aprovação das Upanishsads no caso dos sacrifícios etc. implica que também todas as atividades religiosas são necessárias. O mesmo ocorre no caso do cavalo (em relação à sua idoneidade)[797].

USAM-SE ALGUNS RITUAIS DAS ESCRITURAS DE MODO INDIRETO PARA O CONHECIMENTO

Sutra 26: necessitam-se também os deveres religiosos que as escrituras upanishádicas prescrevem, para chegar ao conhecimento da verdade, ainda que sejam necessários para alcançar seu resultado, a libertação, como no caso do cavalo[798].

Agora, vamos considerar a questão de se o conhecimento deriva ou não de benefício algum dos deveres prescritos nos diferentes estágios da

---

[795] GAMBHIRANANDA, 1983, p. 782.

[796] MARTÍN, 2001, p. 597.

[797] GAMBHIRANANDA, 1983, p. 782.

[798] MARTÍN, 2001, p. 598.

vida. Dado o aforismo anterior, concluiu-se o seguinte: "Por esta mesma razão o Samniasyn não necessita acender um fogo etc.", esse conhecimento não depende dos diferentes estágios de vida para produzir seu próprio resultado (a Libertação), daí a resposta: "Também todas as atividades são necessárias". Na verdade, o conhecimento necessita da ajuda de todos os deveres dos vários estágios da vida e não é correto que não se dependa, absolutamente, deles, para a purificação do coração.

Diz o opositor: mas não se contradizem assim os dois Sutras?

Dizem os adeptos do Vedanta: não, não existe contradição, porque, uma vez que surgiu o conhecimento da verdade, não depende já de nada para produzir seus próprios resultados de Libertação, mas, se depender de alguns fatores, que surja esse conhecimento.

Por que é assim? É assim pelas declarações das escrituras que prescrevem ritos: é o que se percebe pela frase seguinte: "Os brâhmanes tratam de conhecê-Lo mediante o estudo dos Vêdas, as cerimônias, a caridade e a austeridade que consistem em experimentar os objetos sensoriais desapegadamente"[799], que mostram a ajuda dos atos religiosos para chegar ao conhecimento verdadeiro. Além disso, no texto, está uma relação com o ato de tratar de conhecer pelo que são também uma ajuda para que esse conhecimento verdadeiro surja. E no texto: "O que se chama sacrifício, isso é verdadeiramente o estágio de estudante, Brahmacharya"[800], encontramos que ao estudante que aspira o conhecimento verdadeiro se compara como louvor com os sacrifícios, o que nos indica que os sacrifícios são válidos para alcançar esse conhecimento. E textos das Upanishads, como: "Yama: O objetivo último, o propósito dos Vêdas, o objetivo final do ascetismo, a aspiração de homem ao levar vida de continência, é a sílaba Om"[801], indicam que os deveres dos distintos estágios de vida são uma ajuda para a aquisição do conhecimento da verdade. Os textos também dizem o mesmo, por exemplo: "Os deveres têm como resultado, o purificar o que não é puro, mas a meta suprema vem com o conhecimento verdadeiro. Quando as impurezas são eliminadas, o conhecimento da verdade aparece". A frase "Como no caso dos cavalos" se usa para pôr um exemplo do que é adequado. O mesmo que o cavalo, por sua natureza, emprega-se para arrastar arados, se não para conduzir carros e assim, os deveres dos diferentes estágios de

---

[799] MARTÍN, 2002, p. 398, verso IV,2,22.
[800] TINOCO, 2021,verso VIII,5,1.
[801] TINOCO, 1996, p. 162, verso I,2,15.

vida são necessários, não para obter os resultados do conhecimento, se não para que esse conhecimento se produza.

Sutra 27: ainda quando não há ordem acerca dos sacrifícios etc., deve-se ter autocontrole e outras coisas pelo estilo; já que esses se prescrevem como subsidiários do conhecimento, portanto, devem praticar-se[802].

Sutra 27: mas, embora isso seja assim, embora não haja obrigação de fazer atos religiosos para adquirir o conhecimento verdadeiro, é necessário possuir serenidade, controle dos sentidos e alegria, pois essas atitudes se prescrevem como ajuda do conhecimento da verdade e, portanto, devem-se praticar[803].

Poderia alguém pensar que os atos religiosos não são propriamente meios para chegar ao conhecimento verdadeiro, porque não há nenhum preceito para tal efeito. Isso porque, em uma frase como: "Através do sacrifício buscam o conhecimento verdadeiro", é um simples voltar a apresentar ao que já se conhecia e se emprega para elogiar o conhecimento da verdade e não como um mandato de praticar ritos. O significado é o seguinte: "Tão admirável é o conhecimento da verdade que se busca sua aquisição através de grandes sacrifícios".

Aos adeptos do Vedanta, respondemos: ainda que isso fosse assim, o buscador do conhecimento verdadeiro deve possuir uma mente serena e o controle do corpo físico, porque isso se indica como meio para a aquisição desse conhecimento, de acordo com a seguinte frase: "Portanto, ele que há compreendido isto se torna sereno, controlado, interiorizado, paciente, concentrado, já que vê o Ser em seu próprio ser"[804]. O que se prescreve nas escrituras se há de realizar.

Diz o opositor: mas aqui não há prescrição alguma, a não ser uma declaração em tempo presente do que sucede.

Os adeptos do Vedanta respondem: que isso não é assim, já que a ideia de prescrição se vê claramente pelo uso da expressão "portanto". No texto dos Mâdhyardinas, pode-se ler o seguinte: "deve ver" em lugar de "vê". Portanto, ainda que os ritos não sejam necessários, o controle dos sentidos e a mente são necessários. De fato, os atos religiosos também se necessitam de alguma maneira, porque os textos upanishádicos assim o dizem.

---

[802] GAMBHIRANANDA, 1983, p. 784.

[803] MARTÍN, 2001, p. 599.

[804] MARTÍN, 2002, p. 406, verso IV, 4,23 (comentário de Shakara).

Interroga o opositor: não foi dito antes que no texto "Tratam de conhecê-lo mediante atos religiosos"[805] não se prescreve nenhuma prescrição?

Diz o adepto do Vedanta: é certo. Sem dúvida, devemos entender o texto como uma prescrição, porque a conexão da busca do conhecimento com atos religiosos é algo novo, algo que não está estabelecido por outro texto. Por isso, a passagem à qual nos referimos não pode ser um simples elogio (*anuvâda*) sobre o conhecimento verdadeiro.

O caso é análogo a frases, como: "O *pûshan* recebe uma porção de alimento bem moído, como oferenda porque ele não tem dentes", na qual nem há um preceito enunciado diretamente. Mas, como o tema da frase é novo, entendemos que há um preceito aqui e que os grãos para *pûshan* devem ser moídos: "Em todos os casos de sacrifícios derivados" (Jai. Su., III,3,34), como é explicado no Purva-Mimansa. Uma conclusão análoga podemos encontrar em: "Ou se trata mais de uma prescrição, como a de levar o combustível do sacrifício" (B.S., III, 4,20). Na Bhagavad Guitâ e outros livros da tradução, explica-se que se os sacrifícios e outros atos similares se praticam sem buscar os resultados dessa ação, são válidos para que se chegue ao conhecimento verdadeiro, o que busca a Libertação Espiritual. Além disso, os sacrifícios e os demais atos, por uma parte, e a quietude da mente, por outra, deveres dos respectivos estágios de vida, servem todos como meios para que o conhecimento da verdade surja. E alguns desses meios, como a serenidade mental, que se adquire pelo controle dos sentidos, que está em relação com o conhecimento verdadeiro, pela frase seguinte: "[...] e há compreendido isto [...]"[806], está próximo desse conhecimento, enquanto outros, como os sacrifícios, são superficiais, pois são meios indiretos e deve-se relacioná-los com a frase seguinte: "Os brâhmanes tratam de conhecê-lo [...]"[807]. É assim que se deve entender.

TEMA 7: AS RESTRIÇÕES REFERENTES À COMIDA

Sutra 28: permite-se consumir toda classe de alimento só quando a vida está em perigo; sendo isso o que se há revelado[808].

---

[805] MARTÍN, 2002, p. 398, verso IV,4,22.

[806] MARTÍN, 2002, p. 406, verso IV,4,23.

[807] MARTÍN, 2002, p. 398, verso IV,4,22.

[808] GAMBHIRANANDA, 1983, p. 786.

RESTRIÇÕES SOBRE A COMIDA

Sutra 28: somente quando a vida está em perigo, há permissão para a comida indiscriminada, porque é o que a escritura tem revelado[809].

Na anedota da energia vital (Prana), tal como se narra na revisão dos chandogyas, pode-se ler o seguinte: "Para quem conhece a energia vital, tudo é alimento".[810] E o texto dos vâgasaneuiyn diz: "Nada é comido por ele". Surge aqui uma dúvida sobre se o texto permite comer qualquer coisa, como uma ajuda para o conhecimento verdadeiro, como o que é a serenidade mental ou se menciona com o propósito de um simples louvor.

Diz o opositor: quando surge essa dúvida, a conclusão à qual se deve chegar é que se trata de um preceito, porque só assim teremos uma instrução para atuar de uma maneira determinada. O que ensina o texto, portanto, é uma eliminação de uma norma sobre a comida, por formar parte da meditação na energia vital e tendo em conta sua proximidade com o ensinado.

Objeção: essa interpretação implica a contradição das normas da escritura acerca da distinção entre a comida permitida e não permitida.

Diz o opositor: isso não é problema. Essa contradição é possível, porque o presente caso é uma exceção à regra geral. Encontramos também outro exemplo: a proibição de causar dano a qualquer criatura vivente se contradiz com o mandato de matar um animal no sacrifício. A divisão geral entre as mulheres com as quais se pode tratar e aquelas com as quais não deve haver comunicação se contradiz com a frase seguinte: "Seu voto é que não deve depreciar nenhuma mulher"[811], na qual se aconselha não negar a nenhuma mulher, segundo lemos com relação à meditação *vâmadeva*. Também a frase que se refere à energia vital, que indica que se pode tomar todo tipo de comida, contradiz-se com a norma geral sobre a comida permitida e não permitida.

Diz o adepto do Vedanta: a permissão para comer qualquer comida não é um processo, posto que as frases citadas não contêm nenhuma palavra impositiva. A frase "Para o que conhece a energia vital, tudo é alimento"[812] está no tempo presente e indica que algo sucede. Quando não há preceito visível, não se pode imaginar alguém pelo simples desejo de que produza

---

[809] MARTÍN, 2001, p. 600.

[810] TINOCO, 2021, verso V,2,1.

[811] TINOCO, 2021, verso II,13,2.

[812] TINOCO, 2021, verso V,2,1.

certa classe de conduta. Além disso, o texto diz que "para o que conhece isto, não há nada que não seja alimento", depois de haver dito que todas as coisas, até os cachorros, são alimento para a energia vital (Prana). Mas certa classe de comida, como cachorros etc., não pode ser alimento de um corpo humano, ainda que tudo possa considerar-se alimento da energia vital.

Daí, deduz-se que o texto é um simples elogio que se faz para louvar o conhecimento do alimento da energia vital e não se trata de um preceito que permita toda classe de comida. Isso é o que indica o Sutra, com as seguintes palavras: "Quando a vida está em perigo, há permissão para comidas indiscriminada". Isso significa que, só em casos da mais extrema necessidade, permite-se comer qualquer tipo de comida, porque na escritura se declara assim. A Upanishad mostra, no início dos brâhmanas, o seguinte: "Quando as colheitas haviam sido destroçadas pelo granito no campo dos Koros"[813], que o sábio Câkrayana se viu obrigado a comer alimentos proibidos sob circunstâncias de extrema calamidade. Esse sábio contraiu uma forte enfermidade e teve que alimentar-se com feijões, uma parte dos quais havia sido comido por elefante condutor. Sem dúvida, depois de havê-los comido, recusou a água que se lhe oferecia com a escusa de que já o homem havia bebido dela. E o sábio deu a seguinte razão para sua conduta: "Não haveria podido sobreviver se não houvesse comido feijões. Mas, posso beber água quando assim desejo"[814]. No dia seguinte, comeu os mesmos feijões deixados, depois de haver comido o mesmo e outros.

A escritura mostra que, ao comer as sobras deixadas por outro, indica o princípio revelado pela Upanishad de, quando se trata de preservar a vida em perigo de morte, pode-se comer, inclusive, alimentos proibidos. Com a negação de beber água, ensina-se que não deve fazê-lo em circunstâncias normais, ninguém, nem sequer uma pessoa que conhece a verdade, ou seja, um sábio. Deduzimos daí que o texto "Para o que conhece a energia vital [...]"[815] é um texto de louvor.

Sutra 29: e essa deveria ser a interpretação que as escrituras referentes ao alimento permissível e proibido não sejam contrárias[816].

Sutra 29: e por isso as escrituras se contradizem (quanto ao alimento permitido e proibido)[817].

---

[813] TINOCO, 2021,verso I,10,1.

[814] TINOCO, 2021,verso I,10, 4.

[815] TINOCO, 2021,verso V,2, 1.

[816] GAMBHIRANANDA, 1983, p. 788.

[817] MARTÍN, 2001, p. 602.

Se aceitarmos tal interpretação, não se contradiriam os textos: "Quando o alimento é puro, a mente se torna pura"[818] e outros textos que fazem uma divisão entre o que é comestível e o que não o é.

Sutra 30: além disso, os Smritis sustentam esse ponto de vista[819].

Sutra 30: além disso, a tradição mantém o mesmo[820].

Os textos da tradição também afirmam que, quando acontecem casos de extrema necessidade, pode-se comer indiscriminadamente todos os tipos de alimentos, tanto pessoas que conhecem a verdade, como as que não a conhecem. Assim, por exemplo: "Como uma folha de lótus não é tocada pela água, assim é a pessoa que, em perigo de morte, come qualquer tipo de alimento, não é afetada pela sua impureza" e outros textos da tradição ensinam, sem dúvida, que o alimento não permitido deve evitar-se, como: "O brahmâne deve evitar sempre, as bebidas alcoólicas. Os bêbados se transformam em vermes por beber bebidas proibidas".

Sutra 31: daí, procedem os textos das escrituras que proíbem a libertinagem[821].

Sutra 31: e por isso os textos da escritura proíbem o vício[822].

No samhita dos kathas, encontra-se um texto que proíbe o consumo de alimentos incomestíveis e se propõe deter as ações libertinas, de acordo com a seguinte frase: "Portanto um brâhmane não deveria beber licores". Essa frase se torna mais lógica se a expressão "Para um indivíduo que conhece o Prana assim"[823] for um elogio. Portanto, essas classes de textos são louvores e não ordens.

---

[818] TINOCO, 2021,verso VII, 26,2.

[819] GAMBHIRANANDA, 1983, p. 788.

[820] MARTÍN, 2001, p. 602.

[821] GAMBHIRANANDA, 1983, p. 789.

[822] MARTÍN, 2001, p. 603.

[823] TINOCO, 2021, verso V,2,1.

TEMA 8: OS DEVERES DE CADA ESTÁGIO DE VIDA DEVEM SER CUMPRIDOS

OS DEVERES DOS ESTÁGIOS DE VIDA DEVEM SER CUMPRIDOS POR TODOS

Sutra 32: ao mesmo tempo, os deveres das ordens de vida devem ser realizados (por alguém que não quer a Libertação), posto que têm sido prescritos[824].

Sutra 32: e os deveres dos distintos estágios de vida devem cumprir-se inclusive por aqueles que não desejam a Libertação, porque assim o prescreve as escrituras[825].

Provou-se no Sutra "Se necessitam também dos deveres religiosos que as escrituras prescrevem: "B;S., III,4,26) que os deveres dos distintos estágios de vida conduzem ao conhecimento da verdade. Agora, consideramos se esses seres deverão ser cumpridos por aqueles que não deseja a Libertação Final e vivem em seu estágio sem nenhum desejo de conhecer a verdade.

Diz o opositor: os deveres dos estágios de vida se prescrevem como meios para chegar ao verdadeiro conhecimento, como se pode verificar pela frase: "Os brâhmanes tratam de conhecê-Lo mediante o estudo dos Vêdas"[826]. Portanto, os deveres obrigatórios não hão de cumpri-los os que não desejam o conhecimento da verdade, senão outro resultado, porque se fossem obrigatórios também para ele, para ele que não deseja outro resultado, então esses deveres não levariam ao conhecimento verdadeiro, pois seria contraditório relacioná-los e não relacioná-los, por sua vez, aos deveres com o conhecimento verdadeiro.

Diz o adepto do Vedanta: a resposta a isso é a do Sutra presente. Os deveres obrigatórios, segundo se indica ai, devem ser cumpridos inclusive pelos que buscam a Libertação Espiritual e se limitam a viver esse estágio de vida. Isso porque esses deveres se impõem, de acordo com a frase: "Se deve praticar o sacrifício do fogo enquanto durar a vida". Desde esse ponto de vista, não se deve analisar muito se os textos védicos têm demasiados propósitos. O seguinte texto responde à objeção que se fez anteriormente,

---

[824] GAMBHIRANANDA, 1983, p. 789.

[825] MARTÍN, 2001, p. 603.

[826] MARTÍN, 2002, p. 398, verso IV, 4,22.

sobre se os deveres religiosos não conduzem nesse caso, ao conhecimento verdadeiro.

Sutra 33: e esses deveres devem executar-se por haver sido ordenados, sendo, em seu conjunto, os geradores do conhecimento[827].

Sutra 33: e esses deveres devem cumprir-se, porque podem conduzir a que se origine o conhecimento da verdade[828].

Esses deveres também estão relacionados com o verdadeiro conhecimento, porque se prescreve assim, como no texto: "Os brâhmanes tratam de conhecê-Lo mediante o estudo dos Vêdas"[829]. Isso foi explicado no Sutra: "e há necessidade de todos os deveres" (B.S.,III,4,26). Não se deve interpretar que os textos afirmam a relação entre os deveres dos estágios de vida e o conhecimento verdadeiro, refiram-se ao resultado desse conhecimento, como no caso do Prâyâja etc., porque o conhecimento verdadeiro não pode ser considerado objeto de preceitos e o seu fruto não é um resultado que se obtém por meio de uns meios[830]. Esses meios são preceitos como o sacrifício Darsha-Pûrnamâsa, que tem por objetivo obter alguns resultados, como o mundo celestial, com a ajuda de certos meios. Mas o conhecimento não é assim. Por isso, diz o Sutra: "Por esta razão, os que renunciaram, não necessitam acender o fogo' nem nenhum outro rito" (B.S, III,4,25. Os textos que afirmam a dependência dos atos religiosos do conhecimento verdadeiro devem interpretar-se compreendendo que esses atos são meios de para o surgimento do conhecimento e não tem que temer que se apresente uma contradição entre o que é obrigatório sempre e o que só o é ocasionalmente, porque pode haver diferença na conexão de obrigatoriedade, ainda que os deveres sejam os mesmos e porque é diferente a conexão de obrigatoriedade que se depreende de textos sobre a duração da vida e outros semelhantes, já que não surge daí o conhecimento verdadeiro como resultado.

Novamente: ocasional é a outra classe de associação, segundo se infere da frase "Os brâhmanes buscam conhecê-Lo através do estudo dos Vêdas"[831]. Isso tem o conhecimento como seu resultado é como um poste do ritual feito de madeira Khandira, que, devido à sua associação obrigatória com

---

[827] GAMBHIRANANDA, 1983, p. 790.

[828] MARTÍN, 2001, p. 604.

[829] MARTÍN, 2002, p. 398, verso IV,4,22.

[830] O descubrimento da verdade absoluta, do Ser absoluto, está mais além da causalidade. Não é, portanto, efeito de nenhuma causa. Não se fala aqui de um conhecimento mecânico senão, criativo (nota de rodapé de Consuelo Martín, 2001, p. 604).

[831] MARTÍN, 2002, p. 398, verso IV,4, 22.

o sacrifício, serve aos seus propósitos, sem dúvida, por meio da associação ocasional, serve aos propósitos do sacrificador[832].

Sutra 34: os mesmos deveres religiosos, se considerarmos de uma forma ou de outra, são para que se realizem, devido aos traços indicadores de ambos os tipos[833].

Sutra 34: em qualquer caso, os mesmos deveres religiosos devem ser cumpridos, porque há sinais das duas classes que o indicam[834].

Considerados de uma ou outra forma: já sejam os deveres normais das diferentes estágios de vida dos cooperadores para adquirir o conhecimento, esses atos religiosos, como o Agnihotra e os demais, devem ser levados a cabo.

Então, o que é o que o instrutor descarta ao sublinhar "esses mesmos deveres"?

Nós diremos que exclui a concepção errônea segundo a qual esses são diferentes dos ritos usuais. Na escritura de Kundapayin, ordena-se a realização do Agnihotra, diferente daquele executado diariamente: "Se executa o sacrifício Agnihotra por um mês". A diferença disso esses são distintos aqui. Essa é a ideia.

Por quê?

Devido aos dois sinais indicadores, aos dois sinais das escrituras védicas e as da tradição. Os dois sinais indicadores védicos se dão no texto seguinte: "Os brâhmanes tratam de conhecê-Lo através do estudo dos Vêdas"[835], que mostram a aplicabilidade desses mesmos deveres religiosos, tal como existem com suas formas bem determinadas, e não prescrevem uma forma extraordinária, para ajudar ao surgimento do conhecimento verdadeira. Os sinais indicadores na tradição aparecem em: "Aquele que realiza seus deveres religiosos com independência do resultado dos seus atos, é um renunciante [...]"[836]. Isso mostra como os rituais já praticados como obrigatórios podem conduzir ao conhecimento verdadeiro. E textos como: "Aquele que está capacitado pelas sua quarenta e oito purificações"

---

[832] Para que o poste sirva aos propósitos do sacrifício se deve fazer, segundo a ordem, de madeira de Bilva, Khadira ou Palasa. Essa é a regra geral. Sem dúvida, para um sacrificador que quer o valor, o poste deve ser de Khadira. Essa é uma regra especial. As duas regras não se contradizem, senão que têm seus campos de aplicação particulares (nota de rodapé de Swami Ghambhirananda, 1983, p. 791).

[833] GAMBHIRANANDA, 1983, p. 791.

[834] MARTÍN, 2001, p. 605.

[835] MARTÍN, 2002, p. 398, verso IV,4,22.

[836] MARTÍN, 2009, p. 140, verso VI, 1.

se referem à purificação que produzem atos religiosos e ao fato de que o conhecimento se pode dar a uma pessoa que foi purificada por eles. Vemos assim que a ênfase na não diferenciação dos deveres é adequada e a presença de sinais indicadores nos conduzem a ver os rituais, como ajudas do conhecimento verdadeiro.

Sutra 35: os Vêdas mostram, também, que quem pratica Brahmacharya não é subjugado[837].

Sutra 35: a escritura védica também declara que aquele que tem se purificado com a prática do estado de Brahmacharya não é vencido pela paixão[838].

O Sutra anterior mostra um sinal indicador mais para se chegar à conclusão de que os atos religiosos ajudam ao conhecimento verdadeiro. A escritura afirma também que aquele que praticou o estado de Brahmacharya não é vencido pelas tormentas da paixão. Dessa forma, vejamos a seguinte frase: "O Ser não decai quando se chega a Ele, mediante Brahmacharya"[839]. Assim, chega-se à conclusão de que os atos religiosos não são só deveres próprios dos estágios de vida, mas também ajudas para que apareça o conhecimento da verdade.

TEMA 9: O CONHECIMENTO PARA AS PESSOAS FORA DOS ESTÁGIOS DE VIDA

O CONHECIMENTO VERDADEIRO PARA AQUELES QUE NÂO PERTENCEM AOS ESTÁGIOS DE VIDA

Sutra 36: na realidade, uma pessoa que se encontra entre dois estágios de vida também tem o direito, posto que nas Upanishads há casos assim[840].

Sutra 36: e as pessoas que se encontram entre os dois estágios (de vida) estão também capacitadas para o conhecimento da verdade, porque assim diz a escritura upanishádica[841].

---

[837] GAMBHIRANANDA, 1983, p. 792.

[838] MARTÍN, 2001, p. 605.

[839] TINOCO, 2021, verso VIII, 5,3.

[840] GAMBHIRANANDA, 1983, p. 793.

[841] MARTÍN, 2001, p. 606.

Surge uma dúvida: de se os viúvos e outros que não estão afiliados com algum estágio de vida têm alguma competência para o conhecimento ou não, posto que carecem dos requisitos, como a riqueza e outros recursos.

Diz o adversário: no caso dessa dúvida, teríamos que concluir que não têm competência alguma, por haver sublinhado que os deveres dos estágios de vida contribuem para fazer nascer o conhecimento e, portanto, esses indivíduos não podem executar dever algum que os sábios prescrevem.

Diz o adepto do Vedanta: a resposta a isso se encontra no Sutra seguinte: "E as pessoas que se encontram entre dois estágios de vida, estão também incapacitadas [...]", inclusive a que se encontra em um estágio intermediário, a ponto de deixar um estágio ou outro, está capacitada também para o conhecimento da verdade.

Por quê?

"Porque assim o dizem as escrituras (upanishádicas)". Nós encontramos passagens das escrituras que declaram que pessoas nesse estágio, como Raikva, na Chandogya Upanishad (IV, 1-3) e Vâcaknavî, na Brahadaranyaka Upanishad (III, 6,1) e outros que se encontram nas mesmas condições tiveram o Conhecimento do Absoluto.

Sutra 37: além disso, também os Srutis mencionam esse fato[842].

Sutra 37: isso também afirma a tradição[843].

Nas histórias, menciona-se que Samvarta e outros eram grandes yogues, se bem que nada teriam o que ver com os deveres dos estágios de vida, como o andar nus etc.

Diz o adversário: esses são meros sinais que encontramos nos Vêdas e nos Smritis que foram citados aqui.

Qual é o resultado nítido derivado deles?

Diz o adepto do Vedanta: isso é declarado no Sutra a seguir:

Sutra 38: e no caso desses indivíduos, pode dar-se devido ao favor de fatores especiais (como japa etc)[844].

Sutra 38: nesse caso, chega-se ao conhecimento da verdade, por meio de atos especiais[845].

---

[842] GAMBHIRANANDA, 1983, p. 793.

[843] MARTÍN, 2001, p. 606.

[844] GAMBHIRANANDA, 1983, p. 794.

[845] MARTÍN, 2001, p. 607.

Em casos específicos como o dos viúvos, é possível chegar ao conhecimento verdadeiro por meio dos atos religiosos, tais como a oração, o jejum, a devoção, que podem ser realizados por qualquer pessoa em geral e que não interferem no fato de estar fora dos estágios de vida. Sobre isso, diz a tradição: "Não há dúvida de que o brâhmane se aperfeiçoa pela simples oração (canto). Pode ser que não cumpra com outros deveres, fora este. Mas, aquele que tem bom coração é considerado brâhmane, ainda que não faça nada mais"[846]. Essa frase mostra que, ainda que os deveres dos estágios de vida não sejam possíveis, a oração prepara para o aparecimento do conhecimento da verdade. Mais ainda, o conhecimento verdadeiro pode ter ajudado pelos atos religiosos realizados em nascimentos anteriores.

A tradição diz sobre o assunto o seguinte: "Quando um yogue que pratica com constância se purifica de toda culpa e se aperfeiçoa através de muitos nascimentos, atinge a mais alta meta"[847]. Isso nos ensina que as impressões mentais adquiridas em vidas passadas também podem ajudar para se chegar ao conhecimento verdadeiro. Esse conhecimento produz o resultado direto, ou seja, o desaparecimento da ignorância e, por isso, capacita ao que deseje aprender por meio da mera ausência de obstáculos. Portanto, não há nada que impeça aceitar que os viúvos e outros que não tenham um estágio determinado estão capacitados para seguir a senda que leva ao conhecimento verdadeiro.

Sutra 39: sem dúvida, em comparação com isso, o outro é melhor, como se indica na Upanishad e nos Smrtis[848].

Sutra 39: mas o outro estágio de vida é melhor que esse, pelos sinais que o indicam nas Upanishads e na tradição[849].

Em comparação com isso, ou seja, em comparação com o fato de continuar nos estágios de vida intermediários, "o outro", o outro estágio de pertencer a alguma etapa (estágio) de vida, é "melhor" como meio de fazer surgir o conhecimento, segundo os sinais que encontramos na Upanishad: "E qualquer conhecedor de Brahmâm que tenha realizado boas obras e esteja identificado com a Suprema Luz, se encontrará nesse caminho"[850] e os sinais da tradição o indicam: "Um 'nascido duas vezes' de casta superior,

---

[846] DONIGER, Wendy; SMITH, Brian K. **The Laws of Manu**. London: Pengin Books, 1991. Cap. 2, p. 26-27, verso 87.

[847] MARTÍN, 2009, p. 151, verso VI,45.

[848] GAMBHIRANANDA, 1983, p. 795.

[849] MARTÍN, 2001, p. 607.

[850] MARTÍN, 2002, p. 390, verso IV,4,9.

BRAHMA SUTRA (TOMO II)

não deve viver fora do estágio de vida nem sequer por um dia" e "se alguém está fora do estágio de vida por um ano, deve realizar penitências por isso".

TEMA 10: O ABANDONO DA VIDA MONACAL

NÃO SE DEVE VOLTAR AO ESTÁGIO DE VIDA ANTERIOR

Sutra 40: sem dúvida, para quem se tem convertido nisso, não pode haver regressão, devido à restrição, à ausência de texto que sancione a reversão e à ausência de um bom precedente. Tal é também o ponto de vista de Jaimni[851].

Sutra 40: aquele que chegou a isso, ao mais elevado estágio de vida (o renunciante), não deve voltar (ao anterior estágio), pois se proíbe esse retrocesso (nas escrituras) e não há precedente a favor. Essa é a opinião de Jaimini também[852].

Aqui, surge uma dúvida: ficou estabelecido estágios de vida nos quais a pureza da castidade é obrigatória. Aquele que viveu neles pode, por uma ou outra razão, retroceder a outro estágio ou não?

Diz o opositor: não há uma razão determinada para que alguém que deseje realizar os deveres de um estágio de vida ou que esteja influenciado pela paixão não possa descender a um estágio inferior.

Por que é assim?

Diz o adepto do Vedanta: a resposta está dada no Sutra, porque há uma norma restritiva e ausência nos textos desse retrocesso como precedente a favor. Em primeiro lugar, existem normas restritivas que declaram que não haver o descenso. Por exemplo: "Ele que dedica a sua vida à prática da austeridade na casa de um mestre espiritual"[853], "O caminho indicado pelas escrituras é o de que se retira da floresta e tem por objetivo o não retornar...", "Ao ser despedido pelo seu mestre, segue os deveres de um dos quatro estágios de vida até que o corpo perece" e outras frases mais. Em segundo lugar, alguns textos ensinam o ascenso aos mais elevados estados, como: "Após terminar o estágio de Brahmacharyn de vida pode fazer-se um pai de família" (Ja. Up.,4) e "Se pode chegar à vida de renunciante desde o

---

[851] GAMBHIRANANDA, 1983, p. 795.
[852] MARTÍN, 2001, p. 608.
[853] TINOCO, 2021, verso II,23,1.

mesmo estágio de Brahmacharyn" (Ja. Up.,4). Não há frases que se refiram ao retrocesso a estágios inferiores. Em terceiro lugar, existe precedente para o descenso a estágios inferiores. Sobre isso, dizem as escrituras: "É preferível cumprir o próprio dever ainda com defeitos, que cumprir bem o dever alheio"[854]. Existe um princípio lógico que diz que qualquer coisa que seja de responsabilidade de certa pessoa esse é o seu dever, e não outra coisa distinta que essa pessoa possa fazer bem, porque todo dever tem um preceito base. Nem está permitido o retrocesso por influência da paixão, porque as normas restritivas têm maior peso que a paixão. Por meio da palavra "também", o Sutra indica o acordo entre Jaimini e Badarayana nesse ponto e isso confirma a nossa posição.

TEMA 11: EXPIAÇÃO OU TRANSGRESSÃO DO CELIBATO

EXPIAÇÃO PELA TRANSGRESSÃO DO CELIBATO

Sutra 41: ele tampouco tem, à sua disposição, uma expiação, pois o Smiriti ensina que a sua queda é irreparável e ele não tem conexão alguma com ela[855].

Sutra 41: e não pode haver (expiação), como a que se menciona no capítulo dedicado à capacitação (no Purva-Mimansa), porque essa falta se considera irremediável na tradição e porque seria ineficaz a expiação assinalada nesse caso[856].

Se um estudante Brahmacharya que tem um voto de castidade o rompe por falta de atenção, deve realizar sacrifícios expiatório que prescreve "Um estudante Brahmacharya que rompeu o voto de castidade, sacrificará um asno a Nirrti" ou não?

Diz o opositor: não, porque, ainda no capítulo que trata da capacitação (no Purva-Mimansa Su., VI, 8,21), é mencionada a expiação, de acordo com a seguinte frase: "Oferecer um animal por um estudante que rompeu seus votos, deve-se fazer como no sacrifício Upanayama, de acordo com o fogo ordinário, pois ainda não está maduro para o fogo especial do matrimônio Âhavanya" (Jai., Su., 8,21). Sem dúvida, essas cerimônias não podem aplicar-se ao que é Brahmacharyn durante toda a sua vida.

---

[854] MARTÍN, 2009, p. 92, verso III,35.

[855] GAMBHIRANANDA, 1983, p. 797.

[856] MARTÍN, 2001, p. 609.

BRAHMA SUTRA (TOMO II)

Qual é a razão disso?

De acordo com a tradição, a razão é que essas faltas não podem ser expiadas, o mesmo que quando se cortou uma cabeça de um corpo não pode ser restaurada. "O que depois de entrar na vida de celibato (*nathika*) a abandona, cai no erro, pois quem há humilhado ao seu próprio ser, já não pode ser purificado". Sem dúvida, é possível a expiação no que é um estudante por um tempo, o *upakurvama Brahmacharyn*, que, ao finalizar os seus estudos, casar-se-á, porque, nesse caso, não há declaração específica da tradição.

Sutra 42: sem dúvida, alguns consideram que esse é um pecado menor e se lhe concede a expiação como no caso em que se come um alimento proibido. Assim o explica Jaimini[857].

Sutra 42: mas alguns consideram essa falta menor e, portanto, reclamam a expiação como no caso de comer alimentos proibidos. Isso foi explicado no Purva Mimansa[858].

Alguns mestres espirituais, sem dúvida, são de opinião de que a transgressão é menor. Se uma pessoa fez voto de castidade por toda a vida e o rompe por distração, não é uma falta grave, exceto no caso de que se refira à esposa do seu mestre espiritual. E eles reclamam uma cerimônia expiatória que seja válida tanto para aquele que fez voto de castidade, como para aquele que só o fez temporariamente. Sendo eles estudantes puros, ou seja, sendo Brahmacharyns e tendo cometido a mesma falta, deve-se considerá-los igualmente. O caso é análogo ao do alimento. O mesmo que os Brahmacharyns, em geral, que romperam seus votos após haver comido carne, beber vinho ou algo semelhante, podem purificar-se por meio de uma cerimônia aqui também. A razão para essa decisão é que não se encontra nenhuma frase escritural que sirva de apoio ao ponto de vista daqueles que negam a expiação aos que romperam o celibato. Enquanto aqueles que admitem a expiação possam basear seu ponto de vista na frase citada anteriormente, que é a seguinte: "Um estudante que rompeu o voto, deve sacrificar um asno...", que não faz distinção entre os dois tipos de celibato. Por isso, é adequado aqui aceitar a validade da cerimônia de expiação também para os que fizeram votos permanentes. O princípio no qual se baseia essa decisão foi explicado já no capítulo que trata dos meios do conhecimento correto: "Nos dois casos se deve aplicar igualmente" (Jai., Su., I,3,8).

---

[857] GAMBHIRANANDA, 1983, p. 797.

[858] MARTÍN, 2001, p. 609.

Com relação a isso, a tradição declara que: "Se deve explicar segundo o que está estabelecido nas escrituras, porque os atos religiosos se determinam dessa maneira" (Ja.Su.,I,3,9). Assim, a ausência de expiação na tradição deve explicar-se no sentido de induzir a um esforço de vontade no que fez o voto para cumpri-lo e o mesmo sucede no caso dos monges mendicantes e dos ermitões das florestas, de acordo com: "Se um ermitão da floresta rompe seu voto de estágio de vida, deve fazer penitência por doze dias, e logo cultivar a terra para que nasçam plantas" e "Se um monge mendicante rompe seus votos, deve proceder como o anterior, cultivará planta de *soma* e praticará as cerimônias de purificação que correspondam segundo o ramo dos Vêdas ao qual pertença".

TEMA 12: ELES DEVERIAM SER EXCOMUNGADOS

A EXPULSÃO DA COMUNIDADE

Sutra 43: que a sua transgressão seja um pecado menor ou maior, há que expulsá-los em ambos os casos, segundo os textos Smritis e o comportamento de boa gente[859].

Sutra 43: mas tanto se considera-se uma falta maior como se considera-se menor, devem manter-se fora seguindo a tradição e os bons costumes[860].

Tanto se as faltas aos respectivos estágios de vida que comentem os que têm feito votos de castidade se consideram faltas graves como se se consideram leves, devem ser expulsos da sociedade pelas pessoas honradas, porque a tradição se refere a eles em termos de forte censura, como o que estão nas frases: "Não pode haver expiação para aquele que havendo que tendo vivido em celibato permanente, sai dele, pois quem há humilhado seu próprio ser já não pode purificar-se" e "Aquele que toca um brâhamane que rompeu seu voto e caiu do seu elevado estágio de vida, expulsado da sua própria sociedade, ou alguém que há morto um condenado ou roído por vermes, deve realizar a cerimônia Kândrâyana de expiação". Os bons costumes também o condenam, porque as pessoas decentes não praticam sacrifícios, nem estudam, nem vão às bodas com tais pessoas.

---

[859] GAMBHIRANANDA, 1983, p. 799.
[860] MARTÍN, 2001, p. 610.

TEMA 13: AS MEDITAÇÕES RELACIONADAS COM OS RITOS

MEDITAÇÕES RELACIONADAS COM OS RITOS

Sutra 44: o mestre espiritual Atreya pensa que a função do agente para as meditações pertence ao mestre do sacrifício, posto que as Upanishads mencionam seus resultados[861].

Sutra 44: o mestre espiritual Atreya pensa que o ator das meditações deve ser o que dirige o sacrifício, porque as Upanishads mencionam seus resultados[862].

Com relação às meditações que estão em relação com as diferentes partes de um sacrifício, podemos perguntar: devem ser realizadas pelo que faz o sacrifício ou pelos sacerdotes oficiantes?

Atreya disse: devem ser realizadas pelo que faz o sacrifício, porque as escrituras mencionam seus resultados. Esses resultados se encontram em textos como o que seguinte: "Há chuva para aquele que sabe meditar nas cinco classes de *Sâma* como chuva. E pode ele trazer chuva também para os outros"[863]. Logicamente esse resultado pertence ao que dirige o sacrifício, porque ele é quem faz a representação do sacrifício como um todo ou com as suas partes e tais meditações caem dentro do âmbito daquele para o qual está capacitado. Além disso, sabemos pela Upanishad que o resultado da meditação pertence aos meditadores, de acordo com: "Há chuva para aquele que medita"[864].

Aqui, aparece uma objeção: a escritura também se refere ao resultado do sacerdote em: "Qualquer desejo que tenha tanto para ele como para o que faz o sacrifício, o obtêm mediante os seus cantos" (Br. Up., I,3,28).

Responde Atrêya: não, porque o resultado se adjudica aí, ao sacerdote para dar ênfase ao texto[865] (e é um caso especial). Portanto, o mestre mesmo do rito, o que faz o sacrifício, é o ator dessas meditações que têm um resultado.

---

[861] GAMBHIRANANDA, 1983, p. 799-800.

[862] MARTÍN, 2001, p. 611.

[863] TINOCO, 2021,verso II,3,2.

[864] TINOCO, 2021,verso II,3,2.

[865] Esse texto afirma uma exceção à regra geral, sem refutá-la (nota de rodapé de Swami Gambhirarananda, 1983, p. 800).

Sutra 45: o mestre Audulomi disse que é o dever do sacerdote empreender tais meditações, pois se lhe contrata para isso[866].

Sutra 45: o mestre Audulomi diz que é dever do sacerdote realizar todo o sacrifício com suas meditações, porque se lhe retribui por ele[867].

Segundo o mestre Audulomi, não existe regra que o sacrificador deve executar as meditações, sendo o sacerdote o que a empreende.

Qual é a razão?

Pois o sacrificador é quem contrata o sacerdote para a execução do rito e das suas partes, então tais meditações, como o Udgitha, estão incluídas nessa execução, posto que a competência para a execução das partes deriva daqueles do rito principal. Por isso, o sacerdote deve executar as meditações baseando-se na analogia da regulação para ordenhar uma vaca (por parte do sacerdote para seu proprietário). Assim, é como a Upanishad mostra, de acordo com o Udgitha (o sacerdote que canta o Sama), deve empreender a meditação: "Baka, filho de Dalbha, conhecia o Udgitha, convertendo-se no Udgatha as pessoas na floresta Naimisa"[868]. No que se refere à afirmação segundo a qual constatamos que na Upanishad o resultado madura para o sacrificador, isso não é um problema, posto que os sacerdotes atuam para os demais e os frutos não podem amadurecer para eles, ao não ser que um texto assim o diga explicitamente (tal como uma exceção).

Sutra 46: isso fica confirmado também nos textos védicos[869].

Sutra 46: e os textos védicos também o confirmam[870].

"Ele disse: 'qualquer bendição pela qual os sacerdotes pedem em sacrifício, oram em favor só do sacrificador" (Sa. B., I,1, 28). "Portanto, um Udgatha que possui esses conhecimentos, perguntará: "Que desejos queres que eu realize cantando?"[871]. Tais textos mostram que o resultado da meditação empreendida pelos sacerdotes frutifica em favor do sacrificador. Daí, conclui-se que: as meditações como partes e um ato sacrificial devem ser realizadas pelos sacerdotes.

---

[866] GAMBHIRANANDA, 1983, p. 800-801.

[867] MARTÍN, 2001, p. 611.

[868] TINOCO, 2021, verso II,2,13.

[869] GAMBHIRANANDA, 1983, p. 801.

[870] MARTÍN, 2001, p. 612.

[871] TINOCO, 2021, verso I, 7, 8-9,.

TEMA 14: UM MANDATO ACERCA DO ESTADO MEDITATIVO

PRECEITOS ACERCA DO ESTADO MEDITATIVO

Sutra 47: no caso de uma aplicação parcial ao conhecimento, por quem possui saber (imperfeito), uma ordem está implícita em outro auxiliar, que é o terceiro, este é como a ordem principal que se há aplicado aos atos subsidiários[872].

Sutra 47: o conhecimento meditativo é a prescrição de outro auxiliar (ao conhecimento) um terceiro (além dos prescritos expressamente), como alternativa para quem, apesar de ter um conhecimento verdadeiro, não há eliminado ainda, a ilusão de dualidade, como no caso de outros preceitos baseados no principal[873].

Na Brhadaranyaka Upanishad, encontramos o texto:

> Aquele que há descoberto o Absoluto Brahmâm depois de um período de estudos e aprendizagem, deve tratar de viver desde essa força que vem do conhecimento da verdade. Ao conhecer tudo sobre a força do conhecimento da verdade e seu estudo, se faz contemplativo. E quando conhece já tudo sobre o conhecimento contemplativo e seu oposto, chega a ser um sábio brâhmane[874].

Ante esse texto, surge uma dúvida, que é a seguinte: se prescreve o estado meditativo (*muni*) ou não?

Diz o opositor: porque o preceito indica: "Deve tratar de viver desde esta força que vem da verdade". A determinação verbal não denota um mandato; "Se faz meditativo (*muni*)". Pelo que haverá de se considerar como um reconhecimento de um ato já conhecido.

Surge uma objeção: como se chegou à conclusão de que isso é assim?

Diz o opositor: porque os termos "estado meditativo" e "estado de aprendizagem" denotam conhecimento e se refere ao texto ao estado meditativo, em: "Quando conhece já tudo sobre o estado meditativo e seu oposto, chaga a ser um sábio brâhmane"[875], não prescreve a condição de brâhmane, pois

---

[872] GAMBHIRANANDA, 1983, p. 803.

[873] MARTÍN, 2001, p. 612.

[874] MARTÍN, 2002, p. 265, verso II,5,1.

[875] MARTÍN, 2002, p. 265, verso II,5,1.

esse estágio está previamente estabelecido. Logo, essa frase "chega a ser um brâhmane" se utiliza com o sentido de simples louvor. O estado meditativo que conduz à iluminação tem que se considerar junto à aprendizagem e à força da verdade por ser algo novo.

Diz o opositor: mas não foi dito que o estado meditativo está implícito na palavra aprendizagem?

Diz o adepto do Vedanta: isso não é um problema, porque o termo "sábio silencioso (*muni*)" já implica um grande conhecimento da verdade e a palavra tem um sentido de "aquele que contempla". Além disso, esse sentido se encontra em: "Dos sábios sou Vyasa e dos poetas o preclaro Ushana"[876].

Diz o opositor: a palavra *muni* parece referir-se ao mais elevado estágio de vida, no texto: "O pai de família, a vida em casa do mestre, a vida de um *muni*, e a vida na floresta".

Diz o adepto do Vedanta: não é assim, poque existe um significado diferente nos textos: "Valmiki, o grande sábio *muni*". No texto assinalado pelo opositor, a palavra *muni* deve entender-se como o mais elevado estado por mencionar-se outros, porque a vida monástica falta por mencionar e porque esse elevado estado se distingue pelo conhecimento verdadeiro. Portanto, concluímos que no texto do qual tratamos o estado meditativo, cuja marca característica é a preeminência do conhecimento verdadeiro, prescreve-se como um terceiro fator, a partir do estado de força da verdade e da aprendizagem. E contra a objeção de que o preceito termina com esse estado, assinalamos que se deve considerar o estado meditativo também como um preceito, porque se trata de algo novo, único: "Alguém chega a ser um meditador silencioso". Teremos que levar em conta que o estado meditativo é algo que se deve adquirir. Por isso, deduzimos que a prescrição desse estado se deve aceitar o mesmo que a do estado de força da verdade e a do estado de aprendizagem. A frase "Para ele que é assim" deve entender-se para o monge (samniasyn) que tem o conhecimento da verdade.

Pergunta o opositor: como sabemos o que significa isso?

Diz o adepto do Vedanta: o fato de que o tema da frase é o monge que tem conhecimento da verdade, como podemos ver na frase anterior: "Tendo conhecido o mesmo Ser, os brahâmanes não desejam filhos, saúde ou mundos e vivem como monges mendicantes" (Br. A., III,5,1).

---

[876] MARTÍN, 2009, p. 191, verso X,37.

Diz o opositor: mas, se o monge tem o conhecimento do Ser e a importância desse conhecimento se há estabelecido já, para que se necessita do preceito de meditar?

Diz o adepto do Vedanta: sobre isso, responde o Sutra: "como alternativa para quem...". Significa que o preceito se estabelece para quem não chegou ao conhecimento perfeito da verdade do Ser a causa da persistência das ideias errôneas de dualidade. E deve-se entender o parágrafo seguinte: "Como no caso de outros preceitos baseados no principal" dessa maneira. Com relação aos mais importante em textos como o que se refere aos sacrifícios: "Aquele que está desejoso do mundo celestial deve oferecer o sacrifício Darsha – Pûrnamasa", inclui-se nos atos acessórios, como acender o fogo para ajudar no sacrifício principal. Do mesmo modo, devemos entender esse texto cujo tema é o conhecimento verdadeiro. Aqui, o estado meditativo se prescreve como algo que ajuda a esse conhecimento, nada mais.

Diz o opositor: o estágio de vida do renunciante que se caracteriza pela força derivada do conhecimento verdadeiro está menosprezado pela escritura. Por isso, na Chandogya Upanishad, prefere-se a vida do pai de família que conhece o Ser[877]. Ao chegar a essa conclusão, a Upanishad manifesta uma preferência por esse estágio.

Sutra 48: mas a Chandogya Upanishad conclui com o amo de casa (pai de família), porque ele tem uma vida todo inclusiva[878].

Sutra 48: sem dúvida, conclui-se com o estágio de pai de família (na Ch. Up.), porque esse é um estágio que inclui os deveres de todos[879].

A palavra "mas" se emprega para fazer distinção, pois o aspecto que distingue o pai de família é sua vida oniabarcante (?). Então, as escrituras têm ordenado muitos deveres no seu estágio de vida, tais como os sacrifícios que implicam em um grande esforço; além disso, deve praticar o mais possível os deveres virtuosos de outros estágios, como não molestar nenhuma criatura viva, o controle dos sentidos etc. Por isso, não é contraditório na Upanishad finalizar o parágrafo com o chefe de família.

Sutra 49: posto que há um mandamento, tanto acerca dos outros estágios, como da etapa meditativa[880].

---

[877] TINOCO, 2021, verso VIII,15,1.

[878] GAMBHIRANANDA, 1983, p. 805.

[879] MARTÍN, 2001, p. 614.

[880] GAMBHIRANANDA, 1983, p. 805.

Sutra 49: porque se dá um preceito para os outros estágios de vida, o mesmo se dá com o estado meditativo[881].

Os Vêdas aprovam tanto os estágios de vida referentes ao estado meditativo ou monástico, como a vida conjugal, o mesmo vale para os outros dois: a vida na floresta e na casa do mestre. O texto importante foi assinalado anteriormente: "A austeridade é o segundo estágio de vida, e o terceiro é o de Brahmacharya que vive na casa do mestre"[882]. Portanto, como os quatro estágios de vida ordenam igualmente, há uma opção de pertencer a cada um deles individualmente ou a todos sucessivamente. O Plural (melhor que o número dual), no termo "outras" ("outros") estágios de vida, indicando os dois estágios de vida, ocorre devido à variedade das subdivisões ou à multiplicidade dos seus aderentes. É assim que se deve entender o texto.

TEMA 15: O ESTAGIO DE MENINO

O ESTADO DE INOCÊNCIA

Sutra 50: a palavra "balya" na Brhadarnyaka Upanishad significa que um iluminado deveria comportar-se como um menino, sem mostrar suas partes, pois isso não se encaixa no contexto[883].

Sutra 50: a conduta "como de um menino" significa sem manifestar-se com ostentação, segundo a relação com o contexto[884].

Surge uma dúvida no seguinte texto: "Um brâhmane depois de haver aprendido (*pânditya*) deve desejar viver como um menino"[885]. O infantil (*balaya*) aparece como algo que se deve seguir. Essa palavra deriva de menino (*bâla*) com sufixo, pelo que o termo significa ou bem o fato de ser um menino ou ter só certa idade, não se pode adquirir depois. Pelo que a frase "Viver como um menino" deve significar comportar-se como tal, responder aos chamados da natureza como responde um menino, com as qualidades de inocência, sem astúcia, sem arrogância e sem paixões físicas.

---

[881] MARTÍN, 2001, p. 615.

[882] TINOCO, 2021, verso II, 23,1.

[883] GAMBHIRANANDA, 1983, p. 806.

[884] MARTÍN, 2001, p. 615.

[885] MARTÍN, 2002, p. 265, verso III,5,1 (verso diferente)

Diz o opositor: o significado da expressão "como meninos" (*balaya*) se conhece habitualmente como uma forma de conduta que consiste em falar, comer seguindo seu próprio gosto, respondendo às chamadas da natureza tal como veem. Por isso, é lógico que o interpretemos assim, nesse texto.

Há uma objeção a isso: essa classe de conduta impulsiva é inadequada, porque a consequência dela seria a depravação, a degradação de alguém mesmo.

Diz o opositor: não é assim, porque o monge que conhece a verdade está livre de toda imoralidade, como assinalam explicitamente as escrituras. É quando se diz que o sacrificante está livre de culpas, ao matar um animal para o sacrifício.

Diz o adepto do Vedanta: a resposta ante isso é que não pode ser assim, pois o texto tem outro sentido. Enquanto seja possível outra interpretação da palavra *bâlya*, não devemos adotar uma interpretação que implique em um preceito que resulta inútil. Além disso, um assunto se prescreve para ajudar ao tema principal e o tema principal aqui é a decisão de continuar no conhecimento verdadeiro que os monges devem levar a cabo. E se aceitarmos a conduta de um menino, tal como se há assinalado aqui, não seria possível que, por meio desse tipo de comportamento, fomentasse-se o conhecimento da verdade. Portanto, entendemos a expressão "como um menino" como o estado interior de quem não chegou à culminação na astúcia funcional e paixão. Isso é o que expressa o Sutra, dizendo: "Sem manifestar-se como algo separado". É como dizer que não demonstra seu saber, sua erudição e sua virtude, que está livre da soberba, de ostentação. Como um menino cujos sentidos não se desenvolveram, todavia não tratam de fazer ostentação ante ao demais.

Dessa maneira, a passagem upanishádica tem um sentido lógico em harmonia com o tema principal. Com respeito a isso, os autores da tradição disseram o seguinte:

> Aquele que ninguém reconhece como nobre ou não nobre, como instruído ou não instruído, como de conduta decente, é um verdadeiro brâhmane. É uma pessoa que conhece a verdade, de comportamento sensível, que cumpre suas práticas espirituais em segredo. O sábio passará desconhecido pela vida como se fosse cego, inconsciente ou sortudo [...] passará desapercebida sua maneira de ser e sua conduta.

TEMA 16: O TEMPO DA FRUTIFICAÇÃO DO CONHECIMENTO

O MOMENTO EM QUE SURGE O CONHECIMENTO DA VERDADE

Sutra 51: a geração do conhecimento ocorre inclusive nesta vida, se não se obstruem os meios adotados. Sendo isso o que as Upanishads o revelam[886].

Sutra 51: a aparição do conhecimento da verdade tem lugar inclusive nesta vida, se não há obstrução (aos meios adotados), porque isso é o que se revela nas Upanishads[887].

Apresenta-se uma dúvida: os meios de conhecimento da verdade, os mais elevados e os menos foram tratados no Sutra: "Se necessitam também dos deveres religiosos que as escrituras upanishádicas prescrevem para conhecimento da verdade" (B.S., III,4,26). Consideremos, agora, se o conhecimento verdadeiro e o resultado ao qual se chega com esses meios aparecem em uma mesma vida ou depois em outra. A que conclusão chegaremos?

Diz o opositor: aqui mesmo.

Mas alguém pergunta:

Por qual razão?

Diz o opositor: porque a esse conhecimento lhe precede o estudo das escrituras e ninguém se dedicaria por si mesmo a esse estudo pensando que o fruto do conhecimento o teria com o próximo mundo. O que se observa é que as pessoas começam a estudar para que apareça a compreensão da verdade nesta mesma vida e os atos religiosos ajudam a surgir do conhecimento unicamente por meio do estudo, pois só surge com os meios adequados para a compreensão da verdade. Portanto, a iluminação do conhecimento deve se dar unicamente nesta mesma vida.

Diz o adepto do Vedanta: diante dessa posição, a nossa resposta é a seguinte: "A aparição do conhecimento da verdade tem lugar inclusive nesta vida se não há obstrução dos meios adotados". Isso significa o seguinte que, quando o meio de conhecer operativo não é obstruído por algum resultado pelas obras do passado que dão frutos nesse momento, o conhecimento é possível inclusive nesta vida, mas, quando essa obstrução aparece, então se

---

[886] GAMBHIRANANDA, 1983, p. 808.

[887] MARTÍN, 2001, p. 616-617.

dá na vida seguinte. Mesmo que em um ato passado chegue a dar seu fruto, depende da concorrência do tempo, lugar e causa que se apresente. Não há nenhuma norma obrigatória pela qual o mesmo lugar, tempo e causa que fazem surgir uma ação podem fazer surgir também outra, porque há obras cujos frutos são opostos uns aos outros. A escritura só mostra qual é o fruto de cada obra sem ensinar as condições especiais do lugar, tempo e causa. De fato, devido à força específica dos meios empregados, alguns poderes paranormais ou extrassensoriais de um ato se manifestam por si mesmos, enquanto o poder de outros se mantém imobilizado por sua influência. Não há nenhuma razão para que o conhecimento verdadeiro apareça em um momento ou em outro, pois a intensão de tê-lo nesta vida ou em outra não o condiciona. Ainda que surgisse o conhecimento a partir do estudo, surgiria só quando os impedimentos fossem eliminados. Por isso, a Upanishad mostra que o Ser é inescrutável, de acordo com a seguinte frase: "[...] raros também são os que experimentam o Atman, mesmo com o auxílio de um preceptor espiritual"[888]. Quando a Upanishad diz que Vamadeva "chegou a ser o Absoluto na mesma matriz da sua mãe" (Ai. Up., II,1,5), só mostra que o conhecimento da verdade última pode surgir em um nascimento posterior como resultado de práticas espirituais realizadas na vida anterior. Porque um menino na matriz (útero) mesma não pode fazer nenhuma prática como se estivesse neste mundo.

Na tradição, vê-se também que Arjuna pergunta a Krishna: "O que sucede àquele que, ainda tendo fé, por sua pouca vontade e porque a sua mente está desviada do caminho, não chega à perfeição no Yoga?"[889] e a resposta de Krishna é que "Uma pessoa como essa não chega à perdição nem neste mundo nem no mais além. Porque ele que atua bem nunca encontra um mal fim, filho meu"[890]. Em seguida, declara que aquele irá a um mundo celestial e, mais adiante, nascerá em uma boa família. Finalmente, afirma no início da passagem: "Então, volta a encontrar a sabedoria que havia adquirido em seu corpo anterior"[891] e termina assim: " E aperfeiçoado através de muitos nascimentos, alcança a mais elevada meta"[892]. Revela-se aqui o mesmo fato. A conclusão, portanto, confirma que o conhecimento da verdade surge nesta vida ou em outra posterior. Dependendo disso, se dá a eliminação dos impedimentos.

---

[888] TINOCO, 1996, p. 161, verso I,2,7.

[889] MARTÍN, 2009, p. 150, verso VI, 37.

[890] MARTÍN, 2009, p. 150, verso VI, 40.

[891] MARTÍN, 2009, p. 151, verso 43.

[892] MARTÍN, 2009, p. 151, versos 43-45.

TEMA 17: A LIBERTAÇÃO É UNIFORME EM TODAS AS PARTES

NÃO HÁ DIFERENÇAS COM RESPEITO À LIBERTAÇÃO

Sutra 52: não existe uma regra desse tipo referente ao resultado chamado liberação, porque tem há determinado, definitivamente, que esse estado é o mesmo[893].

Sutra 52: a respeito da liberação, o resultado do conhecimento da verdade não tem regras, porque esse estado se tem determinado definitivamente como imutável[894].

Temos visto que, no caso de um aspirante, a liberação que segue os meios do conhecimento verdadeiro tem uma regra que se aplica individualmente. Apresenta-se uma diferença definitiva de resultados que podem levar ao surgimento do conhecimento nesta vida ou em outra posterior. Essa diferença se deve ao grau de força e persistência nas práticas, mas, agora, encontramo-nos com uma dúvida. Poder-se-ia supor que existe uma diferença similar definitiva com respeito ao fruto da liberação, segundo a superioridade ou inferioridade do conhecimento mesmo.

Diz o adepto do Vedanta: ao ver essa dúvida "a respeito da liberação, resultado do conhecimento da verdade, não há regras". Isso significa que não devemos supor que no resultado da liberação existe uma regra análoga ou diferente.

Por quê?

Porque "esse estado se há determinado definitivamente como imutável". Em todas as Upanishads o estado de liberação se determina como imutável em sua natureza, já que não é mais que o Absoluto e o Absoluto não pode ter diferentes formas, pois se caracteriza, segundo se tem declarado por Ser único: "Não é nem grosso nem fino, nem curto nem longo, nem vermelho nem fluido..."[895], "O ser é Aquele que se há definido como 'Nem isso, nem isso'"[896], "Ali onde não se vê mais nada"[897], "Este imortal Brahmâm existe antes de qualquer coisa, este Brahmâm está além de tudo,

---

[893] GAMBHIRANANDA, 1983, p. 810.

[894] MARTÍN, 2001, p. 618.

[895] MARTÍN, 2002, p. 285, verso III, 8,8.

[896] MARTÍN, 2002, p. 302, verso III,9,26.

[897] TINOCO, 2021, verso VII, 24,1.

este Brahmâm é o direito e o esquerdo; todas as coisas acima e abaixo são penetradas por Brahmâm; este universo é o próprio Brahmâm"[898], "Tudo isto é o Ser" (Br.Ar,II,4,4), "E é o grande Ser sem origem, sem deterioração, imortal, imperecível, e absoluto"[899] e "Mas quando para ele que conhece o Absoluto todas as coisas são o Ser, então, o que haveria o que ver e com que, o que haveria de ver e com que, o que haveria de falar e com que?"[900]. Além disso, os meios de conhecimento poderiam, de acordo com a sua eficiência particular, dar maior ou menor importância ao mesmo conhecimento verdadeiro, que é o seu resultado. Mas isso não pode suceder com relação à liberação que é o resultado desse conhecimento verdadeiro, porque, como explicamos mais uma vez, a liberação não é algo que se pode produzir, mas algo eternamente presente em si mesma.

A causa disso é que não há superioridade ou inferioridade no conhecimento da verdade. Portanto, o conhecimento só pode distinguir-se enquanto surge, antes ou depois, mas, na liberação, não cabe a superioridade. Ainda que existam diferenças quanto aos resultados do conhecimento da verdade, não tem distinções, posto que as têm no conhecimento em si mesmo. Por isso, apesar das distinções que se dão nos resultados dos atos passados, no conhecimento verdadeiro como meio de liberação, não há distinções. Sem dúvida, nas meditações em Brahmâm condicionado ou Saguna Brahmâm, dão-se essas distinções, como em: "Aquele que está feito de consciência, cujo corpo é a energia vital" (Ch. Up., III, 14, 2), devido à adição ou omissão de atributos. Portanto, tem que haver diferença também nos resultados respectivos, o mesmo que há nos resultados das ações passadas.

De acordo com isso, deve-se ressaltar uma indicação que se faz no seguinte texto: "Ele que medita se transforma Naquele no qual medita" e o mesmo se diz da tradição, na frase seguinte: "Não existe uma meta elevada para aquele que tomou consciência do Absoluto. Porque só se pode falar de distinções quando há qualidades a obter". No texto se repetiu a frase: "Porque esse estado se há determinado definitivamente" para indicar que aqui germina o capítulo (*adhiaya*).

---

[898] TINOCO, 1996, p. 201, verso II,2,11.

[899] MARTÍN, 2002, p. 408, verso IV,4,25.

[900] MARTÍN, 2002, p. 414, verso IV,5,15.

PHALA – RESULTADO

QUARTO ADHYÂYA

O RESULTADO DAS MEDITAÇÕES E DO CONHECIMENTO

Capítulo VI

PRIMEIRO PÂDA

TEMA 1: REPETIÇÃO DA MEDITAÇÃO ETC.

A REPETIÇÃO DOS ATOS MENTAIS COMO MEIOS PARA O CONHECIMENTO VERDADEIRO

No terceiro capítulo, enfocou-se, principalmente, em uma discussão das práticas relacionadas com as concepções (*vidyas*) de Brahmâm qualificado e absoluto. Este quarto capítulo considerará os resultados e outros temas procedentes do mesmo tema. Vamos começar seguindo, por algumas sessões, umas quantas considerações particulares referentes às práticas em si.

Há uma dúvida: nas Upanishads, encontramos o seguinte: "Querida Maitreyi, se deve tomar consciência do Ser, escutar sobre Ele, refletir sobre Ele, meditar Nele"[901], "O aspirante inteligente apenas ao compreender o Absoluto deve chegar à sabedoria"[902] e "Se lhe deve buscar, se deve desejar conhecê-Lo"[903]. Com relação a esses textos e outros semelhantes, perguntamo-nos se o ato mental ao qual se referem deve praticar-se uma vez ou repetidas vezes.

Diz o opositor: só uma vez. Como no caso da realização do sacrifício Pryajâ, o ato mental se efetua uma só vez. Para isso, aconselha-se unicamente as escrituras. Enquanto praticá-lo repetidas vezes, seria não seguir as instruções das escrituras.

Intervém o objetor: mas foi mencionado frases nas quais se ensina a repetição: "[...] se deve escutar sobre Ele, meditar Nele..."[904].

Diz o opositor: apesar disso, deve-se repetir só o que a escritura disse. E isso tem que dizer que se escuta ao falar Dele, uma vez que se reflexione

---

[901] MARTÍN, 2002, p. 411, verso IV,5,6.

[902] MARTÍN, 2002, p. 623, verso IV, 4, 21.

[903] TINOCO, 2021, verso VIII, 7,1.

[904] MARTÍN, 2002, p. 411, verso IV,5,6.

sobre Ele uma vez e não mais, mas onde a instrução da escritura se faz uma só vez, como em "Se deve conhecer" e "se deve meditar", não se deve repetir.

Sutra 1: a repetição é necessária, já que as Upanishads dividem a instrução repetidamente[905].

Sutra 1: a repetição de reflexionar e meditar sobre o Ser é necessária, pois as escrituras o indicam mais de uma vez[906].

Os atos mentais devem repetir-se.

Por quê?

Porque a instrução na escritura se dá repetidas vezes. Essa instrução repetida de textos como "Se deve ouvir falar sobre Ele [...]" indica uma reiteração dos atos mentais aconselhados.

Diz o opositor: não foi assinalado antes que a repetição tem que ser feita tantas vezes quanto a escritura o peça e não mais?

Diz o adepto do Vedanta: não, isso é um erro, porque todas as atividades mentais têm por fim a tomada de consciência do Absoluto. E o escutar e demais, quando se repetem, produzem um resultado, a compreensão direta. É igual a quando os grãos de arroz se soltam da casca, mediante a ação repetida de golpear. Termos como "Recordação constante" e "meditação profunda" implicam em atos mentais nos quais a repetição está implícita. Por isso, diz-se que na vida cotidiana que alguém segue a seu mestre com constância e devoção e isso se expressa assim: "adora ao seu mestre" ou também se diz de um rei "adora ao rei" e de uma esposa cujo marido está viajando, diremos que lhe adora porque constantemente pensa nele e lhe adora. Os verbos "conhecer" (*vid*) e "meditar" (*upâs*) se usam nas Upanishads indistintamente. Algumas vezes, o texto começa com "conhecer" e termina com "meditar", como no texto: "Ele que conhece o que ele conhece, é como Ele"[907], no qual depois encontramos "Instrui-me, venerável senhor, acerca do Supremo no qual medito"[908]. Algumas vezes também se começa com a meditação e se conclui com o conhecimento da verdade, como em: "Se deve meditar na mente como o Absoluto"[909] e "Ele que conhece isso, brilha por sua forma, seu poder e porque compreende com clareza os estudos védi-

---

[905] GAMBHIRANANDA, 1983, p. 813.

[906] MARTÍN, 2001, p. 624.

[907] TINOCO, 2021, verso IV,1,4.

[908] TINOCO, 2021, verso IV,2,2.

[909] TINOCO, 2021, verso III,28, 1.

cos"[910]. De tudo isso, deduz-se que a repetição se deve praticar também ali, onde o texto dá instrução uma só vez e onde se dá uma instrução repetida dos atos mentais e que é evidente.

Sutra 2: e isso é assim, porque os sinais o indicam[911].

Sutra 2: e isso é assim pelo sinal indicador[912].

Uma marca indicativa também nos mostra que se requer a repetição. Porque uma frase que trata da meditação sobre o Udgitha, o texto nega esta meditação do Udgitha como o sol, por ser produto de um hino particular. E na frase: "Meditas repetidas vezes no Udgitha como o sol e seus raios"[913] o texto prescreve meditar várias vezes na multiplicidade dos seus raios, formando muitos hinos. Portanto, o texto indica que a repetição de um ato mental é um fato estabelecido. E por analogia com ele, deduzimos que a repetição deve ser uma norma em todos os casos de atos mentais.

Diz o opositor: Com relação a estes atos mentais, cujos resultados são algo que se pode conseguir por repetição, vemos que é positivo fazê-lo repetidas vezes. Mas, que finalidade pode ter a repetição quando se medita no Absoluto Supremo, que é eternamente puro, inteligente e livre e que, além disso, é uno com o nosso próprio Ser?

Objeção: Se deve permitir a repetição já que a tomada de consciência da identidade entre o Absoluto e o Ser, não surgirá por haver ouvido algo sobre Ele, uma só vez.

Diz o opositor: não, porque nesse caso nem surgiria, ainda que se repetisse insistentemente. Porque se uma frase como: "Tu és Isto" (Ch. Up., VI,8,7) não produz o efeito da consciência de identidade com o Absoluto, quando se ouve uma só vez, que esperança cabe a se produzir nesse resultado desejado pela sua repetição? Poder-se-ia argumentar que uma só frase não é capaz de provocar a visão direta de algo. Enquanto a mesma frase ajudada por um raciocínio pode induzir a tomada de consciência da identidade do Absoluto com o Ser, mas inclusive nesse caso a repetição não teria utilidade, já que esse raciocínio pode conduzir à intuição desejada, inclusive após aplicá-lo uma só vez.

Objeção: poder-se-ia dizer que a frase e o raciocínio juntos só produzem a intuição geral do objeto, mas não no caráter específico. Quando

---

[910] TINOCO, 2021, verso III,28, 3.

[911] GAMBHIRANANDA, 1983, p. 814.

[912] MARTÍN, 2001, p. 624.

[913] TINOCO, 2021, verso I,5,11.

alguém diz: "Tenho uma dor no coração" e, além disso, tem os sintomas característicos, como tremores no corpo, outra pessoa pode deduzir, de um modo geral, que há uma dor, tal como a tem aquele que sofre. Como a ignorância não se elimina se não com uma tomada de consciência dessa natureza, é necessária a repetição.

Diz o opositor: isso não é assim, porque, ainda que se fizesse uma repetição considerável, essa conscientização específica não surgiria. Quando um aspecto específico não se capta a partir das escrituras e do raciocínio desde o primeiro momento, não pode ser compreendido, ainda que se repita sua aplicação inúmeras vezes. E se essa compreensão íntima ou a compreensão geral se produzisse pelas escrituras e o raciocínio, em ambos os casos o resultado seria o mesmo, ainda que atuem uma só vez. Portanto, a repetição não é necessária. Nem se pode, tampouco, fazer uma norma geral do fato de que ninguém tem essa compreensão íntima desde o primeiro momento, porque o efeito dependerá, sobretudo, dos distintos níveis de inteligência daqueles que desejam aprender. Além disso, certo uso da repetição se pode admitir nas coisas mundanas que constam de várias partes e possuem uma característica genérica e uma diferença individual, porque o que aprende pode captar só uma parte do objeto em um momento e outro em momentos sucessivos. Por exemplo, quando se trata de estudar amplos capítulos. Mas não é lógico que se necessite da repetição para compreender o Absoluto que é consciência pura, sem características genéricas, nem específicas.

Dizem os adeptos do Vedanta: a repetição não teria verdadeiramente utilidade para quem fosse capaz de tomar consciência do Ser do Absoluto, após escutar uma só vez o seguinte: "Tu és isto", mas, para aquele que não é capaz deles, a repetição é útil. Por essa razão, o mestre espiritual Uddalaka na Chandogya Upanishad ensina ao seu filho, dizendo-lhe: "Tu és Isto, Svetaketo"[914]. Quando uma outra vez o filho lhe pede: "Senhor, explica-me outra vez"[915], ele, o mestre, elimina as causas das suas dúvidas (de Svetaketo) e uma outra vez repete o ensinamento, dizendo-lhe mais uma vez: "Tu és Isto". Foi dada uma explicação análoga do seguinte texto: "[...] se deve tomar consciência do Ser, escutar sobre Ele, refletir sobre Ele, meditar Nele"[916].

Diz o opositor: não ficou estabelecido, já que a frase "Tu és Isto" não produz o resultado desejado, nem se chegará a captar seu significado, quando se repete várias vezes?

---

[914] TINOCO, 2021, verso VI,8,7.

[915] TINOCO, 2021, verso VI,8,7.

[916] MARTÍN, 2002, p. 411, verso IV,5,6.

Diz o adepto do Vedanta: essa dificuldade não existe, porque essa pretendida impossibilidade não está confirmada pela observação. Observamos que as pessoas, após repetir uma frase que compreenderam imperfeitamente, uma vez ou outra, pouco a pouco, vão eliminando os erros, chegam a uma compreensão completa do verdadeiro sentido daquela frase. Além disso, a frase "Tu és Isto" ensina que o que significa o termo "tu" é idêntico ao que significa o termo "Isto". O significado do último termo é o Absoluto do qual tratamos que é a origem de toda existência, a Testemunha de tudo e a causa do nascimento do universo. Isso é o que evidenciam os textos: "Aquele que conhece Brahmâm, que é a realidade, a Sabedoria e o Infinito..."[917], "Consciência e plenitude é o Absoluto"[918], "Não há mais testemunha que Aquele, nem mais ouvinte que Aquele, nem mais pensador que Aquele, nem mais conhecedor que Aquele"[919], "O grande Ser sem origem, sem deterioração, imperecível, livre e absoluto. Ele que lhe conhece assim, chega a ser o Absoluto livre de temor"[920], "O grande Ser sem origem, sem deterioração, imortal..."[921], "Nem grosso nem fino, nem curto nem longo [...]"[922] etc. Nesses textos, termos como "sem nascimento" negam a diferentes fases da existência e termos como "grosso" negam as distintas propriedades da matéria.

Com a palavra "conhecimento" se declara que o Absoluto é consciência luminosa. Essa entidade a qual se chama Absoluto livre de todas as características particulares da existência transmigratória, cuja natureza é consciência, é conhecida pela palavra "Isso" entre os estudantes da filosofia Vedanta e é conhecida por ele a palavra "Tu" com relação ao Ser interior daquele que busca o que aprende e, por sua vez, o ser que habita todas as coisas, desde o mais denso, o corpo físico, e se descobre também como consciência pura. Naquelas pessoas para quem o significado desses dois termos está fechado pela ignorância, a dúvida e a confusão, a frase: "Tu és Isto" não produzirá uma compreensão direta do seu sentido pela incompreensão do verdadeiro sentido das palavras. Portanto, para essa classe de pessoas, é desejável a repetição das escrituras e o raciocínio que conduzem a classificar os conceitos. Ainda que o Ser que tem que ser compreendido não

---

[917] TINOCO, 1996, p. 228, verso II,1,3.

[918] MARTÍN, 2002, p. 304, verso III,9,28 (verso não encontrado. Talvez, trate-se de uma referência errada. Nota de Carlos Alberto Tinoco).

[919] MARTÍN, 2002, p. 289, verso III, 8,11.

[920] MARTÍN, 2002, p. 408, verso IV, 4,25.

[921] MARTÍN, 2002, p. 625, verso IV,4,25.

[922] MARTÍN, 2002, p. 285, verso III, 8,8.

tem partes, sem dúvida, superpõe-se a ele por erros muitos constituintes, como o corpo, os sentidos, a mente, a razão, a percepção dos objetos etc. Tendo isso em conta, podemos eliminar esses falsos constituintes com um ato de atenção, um a um. De tal modo que pode dar-se uma compreensão progressiva. Mas isso não é mais que o antecedente da verdadeira conscientização do Ser. Nela, não pode haver etapas sucessivas. Aqueles de mente lúcida onde o sentido verdadeiro não está obstruído pela ignorância, a dúvida e a confusão, tomam consciência imediatamente, do significado da frase: "Tu és Isto", inclusive a primeira vez que o escutam. Eles, portanto, não requerem a repetição, porque, uma vez que tenha aparecido o conhecimento da verdade do Ser, toda a ignorância fica eliminada. E não há aí, nenhum processo progressivo de compreensão.

Diz o opositor: isso seria assim, se qualquer pessoa pudesse ter essa compreensão imediata, mas, de fato, a crença de que é ele quem sofre, é tão forte que ninguém pode tomar consciência da ausência do sofrimento.

Diz o adepto do Vedanta: não é assim, porque se pode chegar à conclusão de que a identificação com o sofrimento não é real, como não o é a identificação com o corpo. Observa-se na experiência que, quando o corpo se corta ou se queima, surge a falsa identificação "está me cortando", "estão me queimando". O mesmo observamos quando objetos externos como filhos ou amigos sofrem. Superpõe-se esse sofrimento a alguém mesmo e se diz: "estou sofrendo". A identificação do Ser com o sofrimento é igual, porque, o mesmo que o corpo, a condição de sofrer se percebe como algo externo à consciência que o percebe. Isso também se vê porque não continua o sofrimento nos estados como o de sonho e o sono profundo. Sem dúvida, a consciência está presente inclusive no estado de sono profundo, de acordo com o que declara a escritura, assim: "Não se vê (nesse estado de sono profundo) ainda sem ver, na verdade está vendo porque a visão da testemunha, é indestrutível. E não existe nada separado dele (do Ser) que possa ver".[923] Portanto, o tomar consciência do Ser é se dar conta de que: "Sou o Ser, que é uno, que está feito de consciência e está livre da dor".

Para quem descobriu a verdade do Ser, não há mais deveres a serem cumpridos. Por isso, o texto upanishádico diz: "O que vamos conseguir mediante a descendência, nós que chegamos ao âmago do Ser?"[924], mos-

---

[923] MARTÍN, 2002, p. 360, verso IV,3,23 (versão de Consuelo Martín é diferente da de Shakara. Nota de Carlos Albert Tinoco).

[924] MARTÍN, 2002, p. 398, verso IV,4,23.

trando que não há deveres para quem conhece a verdade do Ser. A tradição também diz o seguinte: "Sem dúvida, não há nenhum dever que realize para ele que se satisfaz só com o Ser e desfruta e se alegra no Ser, unicamente"[925]. Sem dúvida, o que não chega a essa compreensão imediatamente necessita da repetição para ter acesso a ela. Ainda que, inclusive nesse caso, não há de ser conduzido à repetição se essa lhe faz perder o verdadeiro sentido do ensinamento: "Tu és Isto", porque ninguém casa a sua filha com o noivo para matá-lo. Na medida em que os atos de uma pessoa são impostos, podem aparecer ao repeti-los pensamentos opostos ao conhecimento verdadeiro do Absoluto, como: "Estou capacitado para isso, sou o que atua, e tenho que fazer isto". Mas, se um estudante torpe de mente vá negar o sentido da frase, porque tem evidência dele, admite-se, nesse caso, que, para fortalecer sua capacidade de compreender, estude por meio de um processo repetitivo. Aqui, chegaremos à conclusão de que, inclusive quando se trata do conhecimento da verdade do Absoluto Supremo, requer-se algumas vezes uma repetição da instrução que leve à compreensão verdadeira.

TEMA 2: IDENTIDADE DO SER COM BRAHMÂM

A IDENTIDADE ENTRE O SER E O ABSOLUTO

Sutra 3: mas as Upanishads reconhecem a Brahmâm como o Ser e fazem que assim se entenda[926].

Sutra 3: mas os textos upanishádicos reconhecem o Absoluto como o Ser e inclusive o ensinam assim[927].

O Sutra trata aqui da questão de se o Supremo Ser, cujas características mostram a escritura, deve-se compreender como idêntico a um mesmo ou como diferente.

Diz o opositor: como pode haver dúvida aqui, se a escritura upanishádica com o termo Ser" se refira ao Ser interno?

Sem dúvida, há uma dúvida e essa dúvida se coloca assim: o termo "Ser" só se pode entender no seu sentido primário direto, se o ser individual

---

[925] MARTÍN, 2009, p. 88, verso III,17.

[926] GAMBHIRANANDA, 1983, p. 818.

[927] MARTÍN, 2001, p. 628.

e o Ser Supremo são idênticos; de outra maneira haveria que entendê-los em sentido secundário ou metafórico. Assim, é como o considera o Sutra.

Diz o opositor: o termo "Ser" deve ser considerado diferente do "eu" de alguém, porque a entidade que possui qualidades como a de estar livre de todo mal não pode ter características opostas. Por outro lado, essa entidade que tem características opostas não pode ter a qualidade de estar livre de todo mal e o Ser Supremo possui esses últimos atributos, enquanto o ser encarnado possui os opostos. Além disso, se o ser que transmigra fosse idêntico ao Ser, o Ser Supremo deixaria de existir como transcendente. Assim, as escrituras não teriam utilidade. Efetivamente, se o ser fosse o Ser Supremo, ninguém teria que seguir o que indicam as escrituras e, então, perderiam a sua utilidade. Isso contradiz os métodos de prova da validade do conhecimento e da experiência.

Objeção: ainda que sejam diferentes, o ser individual e o Ser Supremo, devem-se contemplar como idênticos, seguindo as escrituras. O mesmo que se pensa em Vishnu e outras divindades por meio de imagens.

Diz o opositor: poderia ser assim, mas, daí, não devemos concluir que o Ser supremo é o Ser que transmigra, no sentido primário.

Diante disso, dizem os adeptos do Vedanta: o Ser Supremo deve ser entendido como o próprio Ser, sem dúvida alguma. Por isso, em uma frase que trata do Ser Supremo, os jâbalâs o reconhecem como idêntico ao ser individual, de acordo com: "Tu verdadeiramente sois eu, sagrada divindade e eu sou, verdadeiramente, Tu". E outros textos devem ser entendidos da mesma maneira, como "Eu sou o Absoluto"[928], já que apresentam a identidade do Ser com o Absoluto. De fato, os textos védicos nos ensinam que o Ser Supremo é nosso mesmo Ser, como se pode observar em: "Isto é o Ser que está dentro de tudo"[929], "[...] o que controla a terra desde dentro, é o diretor interno, o Ser Imortal"[930] e ainda "Esta é a Verdade, é o Ser, e tu és Isto"[931].

Nós, os adeptos do Vedanta, não podemos admitir o argumento apresentado antes: a analogia com a contemplação de Vishnu em uma imagem e a contemplação do Ser na imagem do eu, porque isso implicaria que os textos tratam esse tema da identidade não foram entendidos no seu sentido primário a não ser em sentido figurado. E é incorreto, além disso,

---

[928] MARTÍN, 2002, p. 99, verso I,4,10.

[929] MARTÍN, 2002, p. 261, verso III,4,1.

[930] MARTÍN, 2002, p. 279, verso III,7,3.

[931] TINOCO, 2021, verso VI,8, 7.

pensar isso, já que a forma sintática das frases são diferentes, porque onde a escritura intenta que uma ideia se transmita por meio de um símbolo mostra seu significado com uma frase unilateral, por exemplo: "A mente é o Absoluto"[932]. Mas aqui a Upanishad diz: "Eu sou Tu e Tu és eu". Como a forma de expressão difere nesses textos da que a escritura ensina para contemplar os símbolos, deve-se entender o sentido de identidade. Além disso, isso se deduz da expressa condenação do ponto de vista dualista, em: "Enquanto o que adora algum deus, pensado: 'Ele é uno e eu sou outro, não compreendeu'"[933] e em "Os seres abandonam a quem lhes vê como diferente do Ser"[934]. Existem muitos textos upanishádicos dessa classe que condenam as concepções dualista.

Tem-se argumentado que dois casos com características opostas não podem ser idênticos. Esse não é um problema, posto que a posição lógica é que a oposição de características é irreal. Além disso, é um falso argumento dizer que o Supremo cessa de ser tal, porque se deve aceitar a autoridade das escrituras e porque não mantemos essa posição, pois não admitimos que as escrituras falam do Supremo Mesmo, como alma que transmigra.

O que admitem, então?

Sustentamos que as escrituras se propõem a estabelecer a identidade da alma que transmigra com o Supremo Mesmo, quitando da alma, todo vestígio de transmigração. Desse o ponto de vista, fica afirmado que o Supremo possui as características de ser impermeável aos pecados etc. e que as características opostas da alma são irreais. Também é infundada a crítica segundo a qual não ficará ninguém que pratique a senda do Vedanta e que a percepção direta etc. serão frustradas. Pois o estado de transmigração é admitido antes da iluminação e as atividades, como a percepção etc., estão circunscritas só dentro daquele estado, posto que o seguinte texto indica a ausência de percepção no estado de iluminação: "Mas, para quem, ao ser consciente do Absoluto, todas as coisas são o Ser, o que poderia cheirar, e mediante o que?"[935], afirmando a ausência de percepção nesse estado de compreensão da verdade.

Diz o opositor: na ausência de percepção, também os Vêdas deixarão de existir.

---

[932] TINOCO, 2021, verso III, 18,1.

[933] MARTÍN, 2002, p. 100, verso I,4,10.

[934] MARTÍN, 2002, p. 412, verso IV,5,11.

[935] MARTÍN, 2002, p. 215, verso II,4,14.

Diz o adepto do Vedanta: esse não é um problema, já que admitimos essa posição, reconhecendo a ausência dos Vêdas no estado de iluminação, de acordo com as seguintes frases: "Nesse estado, um pai não é pai, uma mãe não é mãe [...]"[936] e "[...] os Vêdas são os Vêdas". Inclusive, admitimos a ausência dos Vêdas no estado de iluminação.

Diz o opositor: e quem é, então, o que não há compreendido?

Diz o adepto do Vedanta: tu mesmo que pergunta isso.

Diz o opositor: não ficou estabelecido, de acordo com as Upanishads, que eu sou o Ser Supremo?

Diz o adepto do Vedanta: se não fosse assim, tu serias já um sábio conhecedor da verdade. Então, ninguém seria ignorante e se refuta a opinião de algumas pessoas que dizem que o Ser está unido a uma segunda entidade, cuja natureza é a ignorância. Essa classe de não dualismo é inadmissível.[937]

TEMA 3: NENHUMA AUTO IDENTIDADE COM OS SÍMBOLOS

DISTINÇÃO ENTRE O SER E OS SÌMBOLOS

Sutra 4: o aspirante não deve identificar-se com um símbolo, por não poder pensar neste como si mesmo[938].

Sutra 4: o que contempla não vê o ser em um símbolo, porque não compreende que ele é isso[939].

Dúvida: algumas meditações baseadas em símbolos se apresentam assim: "se deve meditar na mente como o Absoluto se refere ao plano físico, corporal. Se deve meditar no espaço como o Absoluto. Aqui, é feita uma referência ao plano sutil, dos devas e dos anjos"[940] e ainda "O sol é o Absoluto. Este é o ensinamento"[941]. No que diz respeito a essas meditações e outras semelhantes, com a ajuda de símbolos, surge a dúvida de se a identificação com o Ser está compreendida nelas ou não.

---

[936] MARTÍN, 2002, p. 356, verso IV,3,22.

[937] Aqui, Shankara faz uma referência a uma teoria que, para salvar a unidade entre o ser Supremo e o ser, sendo este último ignorante, identifica o Ser com a ignorância. O Vedanta assinala que esta não é a verdadeira não dualidade que se compreende ao ver que a ignorância não é real e só é real, o Ser (nota de rodapé de Consuelo Martín, 2001, p. 631).

[938] GAMBHIRANANDA, 1983, p. 822.

[939] MARTÍN, 2001, p. 631.

[940] TINOCO, 2021, verso III, 18,8.

[941] TINOCO, 2021, verso VII, 1,5.

Diz o opositor: é correto identificar o Ser com esses símbolos. Isso porque o Absoluto se conhece por meio das Upanishads, como o Ser e os símbolos são também formas do Absoluto. Como esses símbolos são modificações do absoluto, estão feitos da Sua mesma natureza. Portanto, é lógico que eles, os símbolos, também sejam o Ser.

Diz o adepto do Vedanta: não se deve contemplar a ideia do Ser como os símbolos, porque aquele que contempla não pode pensar que os símbolos como formas do Absoluto sejam o Absoluto e, portanto, sejam idênticos ao Ser, chegaríamos a não existência de todos os tipos de símbolos. Porque unicamente quando os nomes e as formas deixam de ser o que são[942], nesse estado, chegam a identificar-se com o Absoluto, que é a sua essência, mas, quando os nomes e as formas se dissolvem dessa maneira, como se lhes poderia já considerar símbolos e como poderia haver uma identidade do ser com eles? Não se pode deduzir a partir da consideração do Absoluto como o Ser que se possa contemplar, o Ser seguindo os textos que ensinam a meditar no Absoluto; porque nessas meditações a ideia do que atua permanece intacta. Tem-se ensinado que o Absoluto é o ser individual, mas só depois de haver eliminado todas as características da existência transmigratória, como o atuar.

Por outro lado, prescrevem-se meditações quando ainda não se forem eliminadas essas características. E não podemos deduzir do fato de que o que medita e os símbolos sejam igualmente entidades limitadas que se podem chegar à identificação com o Ser. Porque os ornamentos de ouro e as figuras de ouro não são idênticas entre si, a não ser unicamente enquanto são essencialmente ouro. Então, como já temos demonstrado, surgiria a dificuldade de que deixariam de existir símbolos como tais. Por todas essas razões, não é possível contemplar o próprio Ser com símbolos.

TEMA 4: SUPERPOSIÇÃO DO SUPERIOR NO INFERIOR

SUPERPOSIÇÃO DO MAIS ELEVADO AO MAIS BAIXO

Com relação a essas ilustrações, surge outra dúvida: as ideias do sol etc. deveriam ser superpostas à ideia de Brahmâm e a ideia de Brahmâm deveria ser superposta à do sol?

---

[942] Quando se vê a realidade diversificada em nomes e formas, não se compreende o estado de unidade (o Absoluto). Só ao cessar "as limitações referidas" ao Ser, explicaria Shakara, a realidade deixa de ser relativa (nota de rodapé de Consuelo Martín, 2001, p. 631).

Por que deveria nascer a dúvida?

Porque não existe razão discernível para que essas se coloquem em aposição[943] (com a mesma desinência). Aqui, a palavra Brahmâm está em aposição com os termos sol; a mesma desinência se emprega nos textos: "*Adityio Brahmâm*", "*Prano Brahmâm*", "*Vidyud Brahmâm*" etc. Sem dúvida, nessa aposição não encaixa aqui a causa dos significados divergentes das palavras *aditya* (sol), *Brahmâm* etc. Pois não pode haver tal aposição entre uma vaca e um cavalo, como estaria implicado na seguinte frase: "A vaca é um cavalo (ou seja), a vaca que é um cavalo".

Objeção: como a argila e um prato podem estar coordenados pela relação que há entre uma substância e seus efeitos, assim pode situar-se ao Absoluto com o sol e os demais como uma substância causal com suas modificações.

Responde-se: isso não pode ser assim, porque, nessa aposição que expressa identidade com a substância causal, as modificações perderiam sua individualidade e isso equivaleria à eliminação de símbolos, os quais haviam chegado antes. Além disso, os textos das escrituras seriam, então, meras declarações sobre o Ser Supremo e a capacitação para as meditações ficariam anuladas. Inclusive, não teria sentido que a Upanishad tivesse mencionado um número limitado de modificações do Absoluto. Trata-se de um caso de superposição de uma coisa em outra, o mesmo que em frases como: "O Brahmâm é o fogo Vaishvanara" e por isso surge a dúvida de qual das duas coisas tem que superpor-se à outra.

Diz o opositor: não existe uma norma fixa aí, porque não temos textos escriturais que estabeleçam qual dever era a decisão nesse caso. Ao aceitarmos isso ou bem se decide que as ideias de sol etc. deverão contemplar-se sobre o Absoluto, porque, desse modo, medita-se no Absoluto contemplando-O, como se fosse o sol e os demais. A conclusão das escrituras é que produzem resultados as meditações no Absoluto. Portanto, o sol e as demais ideias não devem colocar-se no lugar do Absoluto, se não como o oposto.

Diz o adepto do Vedanta: a conclusão se encontra no Sutra a seguir:

Sutra 5: o sol e o restante devem considerar-se como Brahmâm por exaltação consequente[944].

---

[943] Construção na qual um substantivo ou grupo nominal segue imediatamente, com autonomia tonal, a outro elemento desta mesma classe para explicar algo relativo a ele; por exemplo: Madrid capital da Espanha, está no centro da península; ela, enfermeira de profissão, fez-lhe a primeira cura (nota de rodapé de Swami Gambhirananda, na sua tradução para o Castelhano do Brahma Sutra, Tomo II, p. 283, 2011).

[944] GAMBHIRANANDA, 1983, p. 824.

BRAHMA SUTRA (TOMO II)

Sutra 5: o símbolo deve contemplar-se como o Absoluto (e não o contrário), tendo em conta a elevação (do símbolo)[945].

A ideia do mesmo Brahmâm deve sobrepor-se ao sol e ao restante. Por quê?

Devido à elevação, pois o sol e as outras coisas subirão de nível por serem superpostos a uma ideia excelsa. Assim, tributar-se-ão louvores ao costume da vida ordinária, segundo a qual o inferior deve ser imaginado como superior, vejam-se os louvores prestados ao cocheiro de um rei como se fosse o rei mesmo, pois não seria positivo se baixássemos a estima que se sente pelo rei, considerando-o como o cocheiro. Isso deveria ser o método de estudo aqui também, dado que um enfoque distinto levaria ao mal.

Diz o adversário: aqui, não deveríamos considerar a possibilidade de mal algum, posto que teremos o apoio da escritura e os pontos de vista dela não podem ser regulados pelas normas da vida ordinária.

Diz o adepto do Vedanta: isso seria assim, se o sentido da escritura estivesse totalmente esclarecido, mas, como há uma inclinação à dúvida, não existe inconveniente em recorrer a uma norma da vida diária como ajuda para se chegar a uma decisão. Se, de acordo com essa norma, dissermos que o que a escritura quer significar é a superposição da contemplação do mais elevado, e não do inferior, incorreríamos em prejuízo ao colocar o baixo sobre o alto. Tendo em conta que nos textos que tratamos as expressões como "o sol" aparecem primeiro, deve-se aceitar em um sentido primário, já que isso não cria nenhuma contradição. Mas, enquanto o nosso pensamento se mantenha ocupado com as palavras no seu sentido direto, a palavra "Absoluto" ou "Brahmâm", que aparece mais adiante, não pode estar unida em aposição com elas, se compreendêssemos em seu sentido direto, literal. Daí, deduz-se que o propósito dessas frases escriturais é prescrever a contemplação do Absoluto por meio da superposição de símbolos, como o sol. No mesmo sentido, deduz-se da circunstância que o termo "Absoluto", em todos os textos que tratamos, está seguido pelo termo "como" (*iti*) etc. (como vemos em *âdityam brahma iti upâsita*). As palavras como "o sol" se apresentam no texto, sem dúvida, sem nenhuma adição. Por isso, essas passagens são análogas a frases, como: "Ele ver a nácar como se fosse prata", na qual a palavra "nácar" mostra o material da nácar puro e simples, enquanto a palavra "prata" mostra por implicação a aparência da prata. Do mesmo modo, os textos, como: "Ele há de contemplar ao sol, como o Absoluto",

---

[945] MARTÍN, 2001, p. 633.

devem ser entendidos como que o deve contemplar-se é o Absoluto. Os textos como: "Quem sabe disso, medita no sol como o Absoluto"[946] e "Quem medita (na) palavra vontade como o Absoluto"[947] mostram que a palavra "o sol", no caso acusativo, portanto, apresentam-se como os complementos diretos da ação de meditar.

Quanto à afirmação de que todos os casos citados têm que meditar no Absoluto para se obter um resultado dessa meditação, nós, os adeptos do Vedanta, dizemos que, a partir da demonstração racional anterior, deduzimos que o sol e os demais símbolos são objetos de meditação, e não o Absoluto[948]. Mas o resultado da meditação estará dirigido pelo Absoluto, como no caso da atenção mostrada aos convidados, porque o Absoluto dirige todas as coisas. Isso é apresentado em: "Para Ele, são os frutos da ação, porque isto é lógico" (B.S.,III,2,28). O ato de superpor a ideia do Absoluto aos símbolos se faz como devoção, como se imagina a Vishnu por meio das suas imagens.

TEMA 5: AS PARTES SUBODINADAS DOS RITOS COMO O SOL ETC.

A IDEIA DA DIVINDADE SE SUPERPÕE ÀS PARTES DO RITO

Lemos as frases: "Medita no sol como Udgitha"[949], "Medita nos mundos como *Sâma* de cinco formas"[950] e "Esta terra é o *Rik,* o fogo é *Sâma*"[951] e outros. Com relação a essa ou similares meditações que estão em relação com partes do rito, surge uma dúvida: o texto se refere à ideia do Udgitha superposta ao sol etc. ou vice-versa?

Diz o opositor: temos que concluir que nenhuma das duas coisas pode fazer-se indiscriminadamente, pois não há nenhuma norma para dizer-se em favor de uma ou de outra. Ninguém pode entender aqui que se trata de uma elevação especial como a do Absoluto. Pode-se compreender que o Absoluto é mais valioso que o sol, já que é a origem do universo inteiro

---

[946] TINOCO, 2021, verso III, 19, 4.

[947] TINOCO, 2021, verso VII, 4,3.

[948] O Absoluto não pode ser nunca objeto. Toda meditação que parta da dualidade sujeito-objeto cai na relatividade distante do Absoluto (nota de rodapé de Consuelo Martín, 2001, p. 634).

[949] TINOCO, 2021, verso I,3,1.

[950] TINOCO, 2021, verso II,2,1.

[951] TINOCO, 2021, verso II,8,1.

e está livre de todo o mal. Mas, como o sol, o Udgitha e outras coisas mais são modificações do Absoluto, não se pode atribuir a alguém maior elevação que aos demais.

Ou poderia ser que ideias do Udgitha e outras tenham sempre que superpor-se às do sol etc., porque as primeiras são constituintes dos ritos e porque os ritos, como se sabe, são meios para se obter resultados. Se meditássemos no sol etc., vendo-os como Udgitha e os demais, esses objetos chegariam a formar parte dos ritos e, assim, produziriam resultados também. Além disso, a frase: "Esta terra é *Rik*[952], o fogo é Sama" [953] que continua com a frase complementar: "Este *Sama* está estabelecido neste *Rik*" a terra é o termo *Rik* e o fogo, é o termo *Sama*". Isso que chamamos assim só é possível se o significado do texto é que a terra e o fogo fossem considerados como *Rik* e *Sama*. Mas não que o *Rik* e o *Sama* devem ser vistos como terra e fogo, porque o termo "rei" se aplica metaforicamente ao "cocheiro" e não ao "rei, já que o cocheiro e não o termo "cocheiro" pode ver-se como rei, mas o inverso. Na frase: "Medita no *Sama* de cinco formas como existindo entre os mundos"[954], é evidente que o *Sama* há de superpor-se aos mundos como seu lugar de existência, porque se usa o caso locativo em "os mundos". Isso se demonstra também na frase: "O *Gâyatra Sama* está estabelecido entre as energias vitais"[955]. Além disso, como foi demonstrado em textos como "O sol é o Absoluto, esse é o ensinamento"[956], o Absoluto que se menciona ao final está superposto ao sol, que se menciona antes e o *Hinkâra*[957] depois na frase: "A terra é o *Hinkâra*"[958]. Portanto, as ideias das partes auxiliares dos ritos devem se superpor ao sol e os demais, que não são essas partes.

Diz o adepto do Vedanta: sobre isso, contestamos do seguinte modo:

Sutra 6: e as ideias do sol etc. seguramente deverão ser superpostas nas partes subsidiárias dos ritos, sendo isso razoável[959].

---

[952] É um verso do Rig-Vêda. Utiliza-se como objeto de meditação (nota de rodapé de Consuelo Martín, 2001, p. 635).

[953] TINOCO, 2021, verso I,6,1.

[954] TINOCO, 2021, verso II,2,1.

[955] TINOCO, 2021, verso II,11,1.

[956] TINOCO, 2021, verso III,19,1.

[957] Hinkara ou Himkaraé é um verso ou mantra que se emprega para meditar (nota de rodapé de Consuelo Martín, 2001, p. 636).

[958] TINOCO, 2021, verso II,2,1.

[959] GAMBHIRANANDA, 1983, p. 827.

Sutra 5: e as ideias do sol etc. devem superpor-se)nas partes auxiliares (dos ritos), porque só assim resulta coerente a afirmação das escrituras[960].

A contemplação do mesmo Absoluto deve superpor-se à ideia do sol etc.

Por quê?

Devido à elevação, porque, assim, o sol e as demais coisas se consideram elevados pela contemplação da algo mais elevado que eles. Por isso, nós valoramos o costume da vida diária, segundo a qual consideramos ao cocheiro do rei como se fosse o rei mesmo. Essa norma tem de ser seguida aos problemas cotidianos, pois atuar ao revés não é produtivo, porque se considerarmos a um rei como o cocheiro, rebaixaríamos o nível do rei e isso não seria vantajoso, mas prejudicial.

Diz o opositor: não se pode pensar em algo prejudicial, quando se trará de seguir a autoridade das escrituras e a meditação que ensinam as escrituras não se baseia nas normas comuns da vida diária.

Diz o adepto do Vedanta: isso não seria assim se o sentido da escritura estivesse totalmente esclarecido, mas não é inconveniente em recorrer a uma norma da vida diária como ajuda para chegar a uma decisão. Se, de acordo com essa norma, dissermos que o a escritura quer significar é a superposição da contemplação do mais elevado no inferior, incorreríamos em prejuízo ao colocar o baixo sobre o alto. Tendo em conta que em textos de que tratamos as palavras "o sol" etc. aparecem primeiro, devemos aceitar no sentido primário, já que isso não cria nenhuma contradição, mas enquanto nosso pensamento se mantenha ocupado com essas palavras no seu sentido direto, a palavra "Absoluto", que aparece mais adiante, não pode estar unida em aposição com elas, entende-se em seu sentido direto, literal. Disso se deduz que o propósito dessas frases escriturais é prescrever a contemplação do Absoluto em todos os textos que tratamos está seguido pelo termo "como" (como vemos em *âdityam brahmam iti upâsita*). As palavras como "o sol" se apresentam no texto, sem dúvida, sem nenhuma adição. Por isso, essas passagens são análogas a frases como: "Ele vê a nácar como prata", na qual a palavra "nácar" mostra o material do nácar puro e simples, enquanto a palavra "prata" mostra por implicação a aparência da prata. Do mesmo modo, nos textos como: "Ele que se há de contemplar ao sol como o Absoluto" deve ser entendido como o que se deve contemplar é o

---

[960] MARTÍN, 2001, p. 636.

"Absoluto"[961]. Os textos: "Quem sabe disto, medita no sol, como o Absoluto" e "Quem medita na palavra como o Absoluto"[962] mostram que a palavra "o sol" no caso acusativo, portanto, apresenta-se como os complementos diretos da ação de meditar.

Quanto à afirmação de que em todos os casos mencionados se há de meditar no Absoluto, diretamente, para obter um resultado dessa meditação, nós diremos que, a partir da demonstração racional anterior, deduzimos que o sol e os demais símbolos são objetos de meditação, e não só no Absoluto[963]. Mas o resultado da meditação estará dirigido pelo Absoluto, como no caso da atenção mostrada aos convidados, porque o Absoluto dirige todas as coisas. Isso já foi apresentado em "Para Ele, são frutos da ação porque isto é lógico" (B.S., III, 2,38). O ato de superpor a ideia do Absoluto a símbolos se faz como devoção, como se imagina a Vishnu por meio da sua imagem.

TEMA 6: A MEDITAÇÃO ESTANDO SENTADO

MEDITAR SENTADO

Sutra 7: dever-se-ia adorar mentalmente estando sentado, sendo isso possível, só assim[964].

Sutra 7: se há praticado a meditação sentado, porque só dessa maneira é possível[965].

Para meditações (*upâsana*) relacionadas com as partes integrantes de uma cerimônia, não surge a questão de se tem que praticar sentado ou não, porque essas meditações estão reguladas pelas mesmas cerimônias e nem é necessário ter em conta isso no âmbito da compreensão perfeita em um ser humano liberto, porque a compreensão surge diretamente da mesma realidade. Mas, com relação as demais classes de práticas *upâsana*, deve-se levar em conta se devemos meditar sentado, de pé ou encostado, como se quer, ou só sentado.

---

[961] TINOCO, 2021, verso III, 19, 4.

[962] TINOCO, 2021, verso VII, 4,3.

[963] O Absoluto não pode ser nunca objeto. Toda meditação que parta da dualidade sujeito-objeto cai na relatividade distante do Absoluto (nota de rodapé de Consuelo Martín, 2001, p. 634).

[964] GAMBHIRANANDA, 1983, p. 830.

[965] MARTÍN, 2001, p. 637.

Diz o opositor: como a prática da meditação é um ato mental, não deve haver regras quanto à postura do corpo.

Diz o adepto do Vedanta: não. O autor dos Sutras afirma que se deve meditar unicamente na posição sentado. A prática da meditação consiste em sentar-se e observar o fluir dos pensamentos. E isso é possível fazê-lo enquanto se caminha ou corre, já que o movimento do corpo tende a distrair a mente. A mente de uma pessoa de pé está ocupada em manter o corpo erguido e, por isso, é incapaz de perceber algo sutil. Uma pessoa encostada facilmente cai no sono de improviso. Mas a pessoa que pratica sentada evitará muitos problemas dessa classe e poderá, portanto, meditar melhor.

Sutra 8: e devido a que é possível a concentração dessa maneira[966].

Sutra 8: e pelo sentido da concentração (na meditação)[967].

O significado da palavra "concentração" se refere a permanecer sentado ante o fluir dos pensamentos. O verbo "concentra-se" se aplica em um sentido geral a quem tem seus membros relaxados, fixa o olhar e a mente atenta em um só objeto. Diz-se, por exemplo: "A garça tem a sua mente concentrada", "A mulher cujo amante está ausente tem a mente concentrada nele". Isso sucede com facilidade naquele que está sentado. Portanto, concluímos que a prática da meditação deve ser feita sentado.

Sutra 9: o estado meditativo se atribui desde o ponto de vista da imobilidade[968].

Sutra 9: e a causa da sua imobilidade, a escritura atribui a atitude meditativa à terra[969].

Além disso, em frases como "A terra é como se estivesse em meditação"[970], afirma-se a meditação da terra só desde o ponto de vista da imobilidade. Também essa é um sinal de que *upasana* deve ser feita sentado.

Sutra 10: além disso, eles não mencionam os Smritis[971].

Sutra 10: os textos da tradição também mencionam isso mesmo[972].

Pessoas de autoridade também ensinam o mesmo nos textos da tradição, como: "Em lugar limpo não muito alto nem muito baixo, feito de

---

[966] GAMBHIRANANDA, 1983, p. 831.

[967] MARTÍN, 2001, p. 638.

[968] GAMBHIRANANDA, 1983, p. 831.

[969] MARTÍN, 2001, p. 638.

[970] TINOCO, 2021, verso VII,6,1.

[971] GAMBHIRANANDA, 1983, p. 832.

[972] MARTÍN, 2001, p. 639.

erva kusha"[973], "uma pele de cervo e um tecido colocado sobre um outro, se sentará firme"[974]. E por isso, os livros de Yoga (Yoga Sastra) ensinam posturas sentadas, como a do lótus (*padmâsana*).

TEMA 7: NÃO HÁ RESTRIÇÕES DE LUGAR

NÃO HÁ UM LUGAR ESPECÍFICO PARA A MEDITAÇÃO

Sutra 11: a meditação deve ser empreendida em qualquer lugar que a mente esteja concentrada, posto que não há especificações[975].

Sutra 11: a meditação se pode praticar em qualquer lugar onde a mente esteja concentrada, porque não há especificações a respeito[976].

Apresentam-se dúvidas sobre a direção, o lugar e o tempo e se duvida também se há ou não normas que as regulem. Algumas pessoas podem pensar que o mesmo que nos ritos védicos estão determinados a direção, o lugar e o tempo, também aqui devem estar também.

Diz o adepto do Vedanta: as normas referentes à direção, ao lugar e ao tempo dependem unicamente do propósito ou objetivo da meditação. Pode-se meditar em qualquer direção, em qualquer lugar e em qualquer momento em que se concentre a mente com facilidade. Ainda que se esteja prescrito a direção do leste (onde nasce o sol), a madrugada, um lugar situado olhando para o leste etc., com respeito aos atos religiosos, não há nenhuma prescrição para meditar nas Upanishads. A única coisa que se necessita é ter a mente concentrada e isso se pode fazer em qualquer lugar.

Diz o opositor: sem dúvida, algumas Upanishads prescrevem normas ou regras específicas, como se pode observar no seguinte texto: "O Yoga deve praticado dentro de uma caverna, protegendo-se dos ventos fortes, em um local puro, plano, sem seixos e fogo, sem perturbações de barulho, seco, não agressivo e prazeroso aos olhos"[977,978].

---

[973] Trata-se de uma erva sagrada que se utiliza em cerimônias, porque se pensava que teria efeitos purificadores. Seu nome científico é *Pea cynosuroides* (nota de rodapé de Consuelo Martín, 2001, p. 144).

[974] MARTÍN, 2009, p. 144, verso, VI, 11.

[975] GAMBHIRANANDA, 1983, p. 832.

[976] MARTÍN, 2001, p. 639.

[977] TINOCO, 1996, p. 300, verso II, 10.

[978] Há outras Upanishads que fazem referência à prática do Yoga e da meditação, como a Khatha Upanishad e outras (nota de Carlos Alberto Tinoco).

Diz o adepto do Vedanta: é verdade. Há algumas normas, mas, ante elas, o Sutra adverte amistosamente que não há regras rígidas quanto aos detalhes desses assuntos. E a frase: "Agradável à mente" da citação anterior (Sv. Up) só indica que qualquer local será sempre adequado, sempre que se consiga a concentração da mente.

TEMA 8: A MEDITAÇÃO NO MOMENTO DA MORTE

A MEDITAÇÃO NO INSTANTE DA MORTE

Sutra 12: a meditação deve ser repetida no momento da morte, pois na escritura se nota que deve ser feita, inclusive, nesse momento[979].

Sutra 12: No momento da morte (se deve meditar) porque as escrituras indicam que se faça inclusive (nesse momento) então[980].

No primeiro tema ou primeira parte do presente Adhyâya, ficou estabelecido que se deve praticar a repetição em todos os casos de contemplação. Agora, faz-se uma distinção. Aquelas meditações cujos objetivos é a perfeita compreensão têm um limite em seu repetir. É o mesmo que bater os grãos de arroz. Chega-se um momento em que os grãos se separam das cascas. Quando o efeito é produzido, a compreensão total, não é solicitado mais esforços, porque um ser humano vais mais além dos ensinamentos das escrituras, quando toma consciência da unidade do seu Ser com o Absoluto. Mas, agora, surge uma dúvida com relação às meditações que são feitas para se conseguir um resultado particular, como uma vida de conforto e riqueza. Deve-se deixar de praticar essa meditação depois de um tempo de manter a ideia na mente ou se deve repetir durante toda a vida?

Diz o opositor: essas meditações se devem abandonar depois de um tempo de manter a ideia na mente, porque isso é o que demandam os textos védicos que falam da prática repetida da meditação.

Diz o adepto do Vedanta: a resposta a isso é a seguinte: deve-se contemplar nessa ideia repetidas vezes até o momento da morte, porque o resultado do potencial invisível extrassensorial de tais meditações se alcança por meio da prática da meditação até o final e porque, quando os efeitos das ações passadas destinados a produzir um resultado no nascimento seguinte, sur-

---

[979] GAMBHIRANANDA, 1983, p. 833.
[980] MARTÍN, 2001, p. 640.

gem no momento da morte os pensamentos criativos na consciência podem transformá-los de acordo com os seus conteúdos. Isso pode ser verificado em textos upanishádicos, como "O ser tem uma consciência particular e vai ao corpo que está relacionado com essa consciência"[981] e "O pensamento do homem no momento da sua morte é que o unirá ao Prana. Este, por outro lado, ao se unir a Udana com o Atman, conduzirá o homem a renascer no mundo por ele desejado"[982]. Isso também se deduz da comparação com o lagarto de hortaliças. Sobre isso ver: "Como um lagarto quando chega à borda de uma folha que o sustenta e salta a outra que se contrai sobre si mesma, assim é ser quando abandona o corpo e o deixa inconsciente, salta a outro corpo e se concentra sobre si mesmo"[983]. Mas as meditações das quais tratamos não requerem no momento da morte nenhum pensamento criativo, a não ser o repeti-las tal como elas são. Portanto, devem manter-se na mente até a morte, já que não há nada o que buscar nelas, a não ser a contemplação mesma do que se deseja alcançar.

Os textos da literatura védica apontam para a repetição do pensamento criativo até o momento da morte, de acordo com a seguinte frase: "Se decide com aquele que partiu deste mundo" (S.B., X, 6,3-1). Em outro texto da tradição do hinduísmo, pode-se ler o seguinte: "Filho de Kunti, se nos últimos momentos alguém abandona o corpo enquanto pensa em qualquer outra entidade, por havê-la tido sempre e seu pensamento, até ela se encaminhará"[984]. A frase posterior diz: "Pensará nesses três no momento da morte"[985] mostra o último dever que permanece por fazer no momento da morte.

---

[981] MARTÍN, 2002, p. 374, verso IV, 4,2.

[982] TINOCO, 1996, p. 185, verso III,10.

[983] MARTÍN, 2002, p. 377, verso IV,4,3 (o texto do Brahma Sutra comentado por Shankara não cita todo o verso, apenas faz a devida citação. Nota de Carlos Alberto Tinoco).

[984] MARTÍN, 2009, p. 164, verso VIII,6.

[985] TINOCO, 2021, verso III,17, 6.

TEMA 9: O CONHECIMENTO DESTROI TODOS OS RESULTADOS DAS AÇÕES

O CONHECIMENTO DO ABSOLUTO DESTROI OS RESULTADOS DAS AÇÕES

Foram concluídos os temas que restavam abordar do terceiro capítulo ou terceiro Adhyaya. Agora, aparece certa consideração referente ao resultado do conhecimento de Brahmâm.. A dúvida que se apresenta aqui é se, ao se obter o conhecimento de Brahmâm, as culpas cometidas por erros do passado, são eliminadas ou não?

Qual é a conclusão?

Diz o adversário: posto que o trabalho se faz com algum resultado em perspectiva, não podem ser aniquiladas as culpas sem produzir seu resultado, pois dos Vêdas se deduz que a ação tem o poder inato de produzir seu resultado. Se o trabalho fica destruído antes que se experimente seu fruto, os Vêdas perderiam a sua validade. Também nos Smritis, temos o seguinte: "Porque os resultados dos trabalhos não são destruídos".

Aqui, apresenta-se uma objeção: nesse caso, a prescrição para a expiação das culpas é inútil.

Diz o opositor: isso não é um problema, porque aos atos de penitência são classificados junto aos ritos ocasionais[986], como os sacrifícios ocasionados quando se incendeia a própria casa. Além disso, posto que os atos de expiação se ordenam por se haver cometido algo indevido, isso também pode levar a eliminar essa culpa, mas o conhecimento do Absoluto não se ordena assim.

Objeção: mas, se admitíssemos que os resultados das ações cometidas em vidas passadas não se extinguem para o que conhece Brahmâm, deverá experimentar os resultados dessas ações, necessariamente. Por isso, não alcançará a Libertação Espiritual.

Diz o opositor: a resposta é uma negativa, porque, assim como os resultados dos atos, também a Libertação sobrevém de uma combinação adequada de lugar, tempo e causalidade. Por essas razões, uma pessoa não elimina as culpas dos seus erros, ao adquirir o conhecimento de Brahmâm.

---

[986] Então, uma expiação não absorve um ser humano dos seus pecados (nota de rodapé de Swami Gambhirananda, na sua tradução do Brahma Sutra, p. 835).

Diz o adepto do Vedanta: sobre o que foi dito, apresentamos a seguinte contestação:

Sutra 13: ao estar consciente Daquele, ocorre o não apego (desapego) e a destruição respectivamente dos seguintes pecados e prévios, sendo isso o que se há declarado[987].

Sutra 13: ao se alcançar Aquele (ao tomar consciência do Absoluto), sobrevêm o desapego e a destruição das últimas e as culpas anteriores, porque isso é o que se há declarado (nas escrituras)[988].

Diz o adepto do Vedanta: com o entendimento e a compreensão Daquele, ou seja, de Brahmâm, vem o desapego do sujeito às suas últimas culpas e a anulação das anteriores.

Por quê?

"Porque isso é o que foi declarado" pelas escrituras. Em um debate sobre o conhecimento do Absoluto, a escritura declara expressamente que as culpas futuras que se esperam que aconteçam de maneira habitual não apareçam na pessoa que tem o conhecimento verdadeiro. Assim, pode-se ler na frase: "Assim como a água não molha uma folha de lótus, assim, a culpa não toca ao que conhece a verdade"[989]. Também se afirma a destruição das culpas acumuladas no passado, na frase: "Como as fibras de junco quando são atiradas ao fogo, se queimam completamente, assim se queimas as culpas"[990]. A destruição dos resultados das ações é apresentada em: "Os grilhões do coração são quebrados, todas as dúvidas são removidas todo esforço cessa de produzir frutos, quando Ele é contemplado. Ele é elevado e baixo"[991].

Tem-se argumentado que a suposição, segundo a qual os resultados das obras ficam destruídos antes de ser experimentados, distorce o significado da escritura. Isso não é um problema, pois não negamos que o poder que as obras têm de produzir seus resultados. Esse fica tal como é, mas nós afirmamos que esse poder é detido por outros fatores, como o conhecimento. A escritura confirma a existência do poder das obras, mas não a existência de fatores contrastantes. Além disso, a frase do texto Smriti, "porque os resultados das obras não são destruídos", é só uma regra geral,

---

[987] GAMBHIRANANDA, 1983, p. 835.

[988] MARTÍN, 2001, p. 642.

[989] TINOCO, 2021, verso IV,14, 3.

[990] TINOCO, 2021, verso V,24,3.

[991] TINOCO, 1996, p. 201, verso II,2,8.

posto que o resultado potencial do trabalho não fica destruído, exceto por meio da experiência, dado que é para isso. Na verdade, deseja-se que o pecado possa ser dissipado pela expiação, segundo afirmam os seguintes textos védicos e o Smrti: "Ele supera todos os pecados", e "Quem executa o ritual Ashvamedha[992] como quem possui este conhecimento, supera o pecado de matar um brâhamane" (Tai. Ar. V, III, 12,').

Além disso, foi dito antes que os ritos expiatórios deveriam ser classificados com ocasionais, produzidos em certas circunstâncias, e não podem dissolver os pecados, mas isso é errôneo. Dado que os ritos expiatórios se ordenam de conformidade com certas ações, é possível que seus efeitos provoquem a destruição dos pecados resultantes e, por isso, é inapropriado inferir alguma potência invisível para eles, como é o caso dos ritos ocasionais. Por outro lado, tem-se argumentado que a diferença dos ritos expiatórios não se ordena o conhecimento para dissipar os pecados.

Contra a objeção de que há diferença entre as cerimônia expiatórias, o verdadeiro conhecimento não tem por objetivo dissipar as culpas, faremos o seguinte comentário: com relação às meditações em Brahmâm condicionado (*Saguna Brahmâm*), dá-se esse preceito, evidentemente. As frases correspondentes declaram que aquele que possui tal conhecimento obtém poderes paranormais e a cessação e toda culpa, mas nada indica que esses resultados não sejam o objetivo dessas passagens. Pode-se interpretar que essas meditações conduzem à aquisição de poderes, depois da eliminação das culpas. A contemplação do Absoluto incondicionado (*Nirguma Brahmâm*) é algo diferente, uma vez que já não existe essa classe de preceito. Sem dúvida, pode-se concluir que a destruição dos resultados das *karmas* passados é uma consequência de que o Ser incondicionado está livre de todas as ações.

No Sutra, o termo "desapego" implica que o que conhece o Absoluto não é ator de nenhuma das ações futuras. Quando às ações passadas, deve-se ter em conta que, ainda que a pessoa que conhece a verdade pareça que está em relação com seus atos passados, segundo a ignorância, sem dúvida, ao cessar o erro oriundo da ignorância pelo poder da verdade, esses atos são eliminados. Isso é o que quer dizer o termo "destruição".

O conhecedor da verdade do Absoluto se descreve a si mesmo, assim: "Sou o Absoluto, o oposto ao sujeito conhecido antes como ator e experimentador. Minha natureza está isenta de ação e de experimentação

---

[992] Ritual do cavalo também citado na Brhadarayaka Upanishad. Ver: Tinoco (2013, p. 58).

nos três períodos de tempo. Nunca fui ator nem experimentador no passado, não o sou no presente nem o serei no futuro". Unicamente a partir desse ponto de vista, é possível a Libertação, porque, de outro modo, se as cadeias das ações que se terão formado desde o princípio dos tempos, não puderam ser cortadas, a Libertação não poderia acontecer. Nem pode depender a Libertação do lugar, do tempo e da causalidade, como ocorre com os resultados das ações, porque se poderia deduzir que o efeito do conhecimento verdadeiro é ilógico[993]. Portanto, a conclusão é que a culpa desaparece quando se conhece o Absoluto Brahmâm.

TEMA 10: NEM SEQUER PERMANECE A VIRTUDE

PELO CONHECIMENTO DO ABSOLUTO SE DESTROEM TAMBÉM OS MÉRITOS

Sutra 14: de maneira análoga, não há apego para com o oposto (a virtude). A Libertação deve ocorrer tão pronto como o corpo cai[994].

Sutra 14: não há apego aos outros (aos méritos), senão que, ao morrer, sobrevém a Libertação[995].

O tema anterior, baseado na autoridade da escrituras, averiguou-se que, quando o conhecimento aparece, causa o apego e a destruição de todos os resultados potenciais das obras que estão calculadas, naturalmente, para causar apego. Sem dúvida, poderia surgir a dúvida de que as ações virtuosas não são conflitivas com o conhecimento oriundo das escrituras, dado que as referidas ações provêm da mesma fonte. Considerando essa dúvida, aqui se estende o raciocínio do tema anterior.

Em frases das Upanishads, pode-se ler o seguinte: "Ele supera ambos" (Br. Up., IV,4,22), destrói tanto o mérito quanto a culpa. A eliminação das obras depende da tomada de consciência do Ser que não é ator e se produz o mesmo que no caso das obras boas e más. Existe uma frase na qual se fala da destruição de toda obra, sem exceção, que é a seguinte: "E todas as suas obras se extinguem" (Mu..Up.,II,2,8). Inclusive quando se

---

[993] O conhecimento do verdadeiro é o descobrimento da consciência absoluta. Não seria lógico que dependesse da relatividade do tempo, do espaço e da causalidade. É imediato porque é atemporal (nota de rodapé de Consuelo Martín, 2001, p. 643).

[994] GAMBHIRANANDA, 1983, p. 838.

[995] MARTÍN, 2001, p. 644.

usa a expressão "más ações", deve-se entender que aí se incluem as boas, porque os resultados dessas últimas são também inferiores ao resultado do conhecimento da verdade. Além disso, a mesma escritura upanishádica aplica o termo "más ações" às boas. Assim, por exemplo: "O dia e a noite não atravessam essa barreira (a do Ser)"[996], mencionam-se os bons e os maus atos juntos. Tem-se dito o seguinte: " Toda culpa se retira ante o Aquele (Ser Absoluto)"[997]. Portanto, a palavra "culpa" inclui o sentido da palavra "mérito", sem distinção. Por exemplo, em "Mas, é a aniquilação" (*pâte tu*) a palavra tu, "mas" se emprega para dar ênfase à frase. O texto enfatiza o fato de que tanto os atos meritórios como os culpáveis geram apego, enquanto a força da compreensão da verdade produz a destruição desse apego. A Libertação chega, por fim, ao ser humano que compreendeu a verdade ao morrer seu corpo.

TEMA 11: OS RESULTADOS PASSADOS QUE SE TÊM ACUMULADOS SÃO DESTRUIDOS

O RESULTADO DAS OBRAS ACUMULADAS NO PASSADO SE DESTROEM

Sutra 15: mas ficam destruídas só essas coisas passadas (virtude e vício), que não começaram a frutificar, posto que a morte se estabelece como limite de espera para a Libertação[998].

Sutra 15: mas só as obras do passado que ainda não deram seus frutos se destroem pelo conhecimento verdadeiro, porque a morte é o limite (para esperar a Libertação)[999].

Depois da aquisição do conhecimento, só se destroem essas virtudes e vícios que não começaram a frutificar e que se haviam acumulado em vidas anteriores ou inclusive nesta, antes que o conhecimento surgisse. Mas não ficam destruídos aqueles cujos resultados foram parcialmente gozados e mediante os quais começou esta vida em que aflora o conhecimento do Absoluto.

Como se sabe disso?

---

[996] TINOCO, 2021, verso VIII,4,1.
[997] TINOCO, 2021, verso VIII,4,1.
[998] GAMBHIRANANDA, 1983, p. 839.
[999] MARTÍN, 2001, p. 645.

Porque o texto "Ele permanece até que não tenha se emancipado do corpo, quando então, está livre"[1000] indica que a Libertação é posta até a morte corporal. Se não fosse assim, o texto não teria mencionado a espera até a morte física, porque se obteria a Libertação imediatamente depois de haver adquirido o conhecimento, dado que, não haveria razão alguma para o continuar no corpo, depois de que o conhecimento havia aniquilado todas as obras.

Diz o opositor: pode-se objetar que se refere a todos os atos, sem distinção, qualquer ato deve considerar-se incluído nessa destruição, já que há frases upanishádicas, como "Ele supera a ambos" (Br. Up., Iv, 4, 22), nas quais não se especifica se a destruição se produz indiscriminadamente, a todos.

Diz o adepto do Vedanta: diante dessa objeção, a nossa resposta é a seguinte: "Mas, só as obras do passado que ainda não deram frutos", como disse o Sutra. Depois de adquirir o conhecimento da verdade, os atos bons e maus que não produziram seus efeitos e estão acumulados desde vidas anteriores ou na mesma vida presente, ao surgir o conhecimento verdadeiro, ficam destruídos. Mas aqueles que cujos resultados forem experimentados apenas em parte e não produziram seus frutos na vida presente, onde o conhecimento do Absoluto tem aparecido, não se destruirão com esse conhecimento.

Mas como se sabe disso?

Pelo texto: "O atraso durará só até a Libertação do corpo, e então, ele se libertará"[1001]. Nessa frase, determina-se a morte do corpo como o final da espera da Libertação. Caso não fosse assim, o texto não se referiria à espera da Libertação até a morte do corpo, porque, se obtivéssemos a Libertação imediata, por meio do conhecimento da verdade do Absoluto, não haveria motivo para continuar no corpo depois de que todas as obras fossem aniquiladas por esse conhecimento.

Diz o opositor: se o conhecimento do Ser, que não é um ator, destrói com a sua força intrínseca as obras, como é possível que só algumas se destruam e outras se mantenham? Não podemos aceitar que, quando o fogo e as sementes entrem em contato, só se destruam o poder germinativo de algumas, enquanto as outras não sejam afetadas.

Diz o adepto do Vedanta: o verdadeiro conhecimento não pode surgir sem a ajuda de alguns resíduos de resultados das obras que têm começado a dar seus frutos.

[1000] TINOCO, 2021, verso VI, 13, 2.
[1001] TINOCO, 2021, verso VI,14,2.

Quando essa relação de causalidade tem começado já, o mesmo que no caso do ceramista, devemos esperar até que aquele movimento de causa e efeito finalize e não há nada que possa interferir nesse período intermediário. O verdadeiro conhecimento do nosso Ser não atua pelo que desfaz os resultados das obras que se fizeram a partir do conhecimento errôneo. Mas esse conhecimento errôneo do passado, como a visão dupla da lua, dura por algum tempo, ainda que depois de se haver destruído pela compreensão. Além disso, não se deve discutir se o corpo do que tem chegado ao conhecimento do Absoluto continua existindo ou não, durante um tempo, porque, quando alguém sente no seu coração que compreendeu a verdade do Absoluto e se mantém sua existência física, como poderia algum outro negá-lo? Esse fato se explica nas Upanishads e na tradição, nas quais se descrevem as características "do ser humano que está estabelecido na sabedoria". A conclusão há de ser, portanto, que o conhecimento verdadeiro destrói as obras boas ou más que não começaram ainda a operar como efeitos.

TEMA 12: AGNIHOTRA ETC.

OS DEVERES RELIGIOSOS PRESCRITOS

Sutra 16: mas o Agnihotra etc. conduzem ao mesmo resultado, sendo esse o que as Upanishads revelam[1002].

Sutra 16: mas os deveres religiosos, como o sacrifício Agnihotra, conduzem ao mesmo resultado. Isso é o que a escritura revela[1003].

No caso do homem de conhecimento, a conclusão sobre o não apego e a destruição do pecado se estendeu, também, ao não apego e à destruição da virtude. A não ser que essa extensão abranja toda classe de virtude, fica refutada pelo aforismo seguinte: "Mas o Agnihotra diário etc". A palavra "mas" refuta a ideia errônea. Os deveres diários obrigatórios como o Agnihotra, apontado pelos Vêdas, são para o mesmo resultado. A ideia é que seu resultado é igual ao do conhecimento.

Mas como pode ser isso possível?

[1002] GAMBHIRANANDA, 1983, p. 841.
[1003] MARTÍN, 2001, p. 646.

Devido à seguinte frase das Upanishads: "Os brâhmanes tratam de conhecê-Lo por meio do estudo dos Vêdas, dos rituais, da caridade e da austeridade [...]"[1004].

Diz o opositor: mas, se o conhecimento verdadeiro e os atos religiosos têm diferentes efeitos, é ilógico considerar que produzem diferentes resultados.

Diz o adepto do Vedanta: não há nenhum problema nisso, porque, como o leite azedo e o veneno, cujos efeitos são a febre e a morte, respectivamente, podem ser benéficos ao corpo, se misturados ao açúcar e se recita uma oração, do mesmo modo, os deveres religiosos unidos ao conhecimento verdadeiro podem produzir a Libertação Espiritual.

Diz o opositor: como podemos afirmar que a Libertação Espiritual é um efeito das obras, se a referida Libertação não tem origem?

Diz o adepto do Vedanta: essa objeção é insustentável, posto que o trabalho contribui a distância indiretamente, à produção de resultados. Como o trabalho conduz, gradualmente, ao conhecimento, diz-se, por cortesia, que leva à Libertação. De modo análogo, a declaração, segundo a qual o conhecimento e o trabalho produzem os mesmos resultados, refere-se ao trabalho que antecedeu ao conhecimento, posto que o conhecimento de Brahmâm não pode realizar tal rito, como o Agnihotra etc., depois da Iluminação, porque, ao estar consciente da unidade do Ser com o Absoluto, o qual não pode ser objeto de ordem alguma, o iluminado transcende o campo das escrituras. Com relação à meditação em Brahmâm qualificado, é possível uma execução seguinte do Agnihotra etc., posto que o agente de tal meditador permanece intacto. Ainda assim, quando esses se executam sem motivo e por onde não têm resultado separado, podem se associar com a meditação.

Diz o adversário: então, a que atos se refere a declaração sobre o desapego e a destruição dos resultados das ações? E a que atos se referem também as indicações escriturais sobre a aplicação das obras que se encontram em certo ramo dos Vêdas: "Seus filhos tomam posse da sua herança, seus amigos adquirem os méritos e seus inimigos, as culpas" (Kau. Up., I,4)?.

A essa pergunta se responde com o seguinte Sutra:

[1004] MARTÍN, 2002, p. 398, verso IV,4,22.

Sutra 17: o texto da Upanishad, "o que seja feito com conhecimento", seguramente indica isso[1005].

Sutra 17: exceto esses (os deveres religiosos), há outra classe de boas obras e, a respeito do destino dessas obras, estão de acordo ambos (o mestre Jaimini e Badarayana)[1006].

Existem outras obras boas distintas dos deveres obrigatórios, como o Agnihotra. São aqueles que se efetuam com um motivo, para se obter um certo resultado. A frase mencionada anteriormente de certo ramo dos Vêdas ensina a aplicação dessas obras, em: "seus amigos adquirem os méritos". E o Sutra diz: "Nem há apego aos outros (os méritos)" (B.S., IV, 1, 14). Afirma-se aqui o desapego e a destruição dessas obras também. Ambos os mestres espirituais, Jaimini e Badarayana, estão de acordo que essas ações que se efetuam para conseguir a realização de um desejo não contribuem para o nascimento do verdadeiro conhecimento.

TEMA 13: RITOS NÃO ACOMPANHADOS PELA MEDITAÇÃO

OS ATOS RELIGIOSOS QUE NÃO ESTÃO ASSOCIADOS À MEDITAÇÃO

Sutra 18: o texto da Upanishad, "o que seja feito com conhecimento", seguramente indica isso[1007].

Sutra 18: porque a afirmação upanishádica, "Qualquer coisa que se faça desde o conhecimento da verdade", indica isso[1008,1009].

Sobre o tema que acabamos de tratar, ficou estabelecido a seguinte conclusão: os deveres obrigatórios, como o Agnihotra, têm o objetivo de conduzir à Libertação da pessoa que a ela aspire e podem ocasionar a extinção das culpas acumuladas no passado, pelo que são um meio de purificação da mente. Portanto, contribuem à tomada de consciência do Absoluto, que conduz à Libertação. Teremos o mesmo resultado, portanto, que o conhecimento mesmo do Absoluto. O ritual Agnihotra e demais obras semelhantes podem praticar-se junto com as meditações baseadas em

---

[1005] GAMBHIRANANDA, 1983, p. 842.

[1006] MARTÍN, 2001, p. 648.

[1007] GAMBHIRANANDA, 1983, p. 844.

[1008] Sutra muito confuso e complexo (nota de Carlos Alberto Tinoco).

[1009] MARTÍN, 2001, p. 648.

BRAHMA SUTRA (TOMO II)

partes das cerimônias ou sem elas. A essa conclusão chegamos baseando-
-se nas seguintes frases: "Ele que conhece isto, faz um sacrifício", "Ele que
conhece isto, recita um hino", "Ele que conhece isto, canta", "Portanto se
deve selecionar a um homem que tenha este conhecimento como sacerdote
de Brahmâm, e não a quem não o conhece"[1010] e "Com a sílaba *Om* ambos
efetuam as cerimônias, o que conhece isto e o que não o conhece"[1011]. A
questão que se deve considerar é: as cerimônias como o Agnihotra e as
demais, não por elas mesmas, senão pela sua associação com a meditação,
são a causa do conhecimento verdadeiro para um aspirante à Libertação
e produzem, portanto, os mesmos resultados que o conhecimento ou, ao
contrário, as cerimônias são as mesmas e não há distinção entre elas sobre
o conhecimento verdadeiro?

"Por que surge essa dúvida?", pergunta-se. A dúvida com relação
a isso surge a partir de textos das escrituras, como: "Tratam de conhecer
Aquele mediante o sacrifício"[1012]. Neles, apresenta-se ao sacrifício e outros
ritos, como o Agnihotra sem nenhuma diferença como causas do conhecimento do Ser, e se observa que, quando ritos como o Agnihotra estão
associados à meditação, adquirem uma superioridade. A qual conclusão
podemos chegar, aqui?

Diz o opositor: unicamente os atos religiosos que estão associados à
meditação podem ajudar para o conhecimento do Ser, porque se sabe pelas
escrituras que quem conhece o Ser é superior ao que não O conhece, de
acordo com o seguinte: "Ele que conhece estas maneiras de superar a morte,
no mesmo dia, faz esta oferenda"[1013]. Nos textos da tradição, pode-se ler o
seguinte: "Te tenho ensinado já, a sabedoria que conduz à descoberta do
Ser. Agora escuta a sabedoria do Yoga da ação mediante a qual te libertarás,
filho de Pârtha, dos teus apegos"[1014] e "Na verdade, toda ação é inferior ao
caminho da sabedoria. Refugia-te nela, Dhananjâya. Dignos de lástima são
os que obram por recompensa"[1015].

Diz o adepto do Vedanta: o Sutra dá a explicação a isso, com a frase:
"Qualquer coisa que se faça desde o conhecimento da verdade". É certo
que os rituais, como o Agnihotra, devem ser feitos com o conhecimento

---

[1010] TINOCO, 2021, verso IV,7,10.

[1011] TINOCO, 2021, verso I,1, 10.

[1012] MARTÍN, 2002, p. 398, verso IV,4, 22 (verso longo).

[1013] MARTÍN, 2002, p. 127, verso I,5,2 (verso muito longo).

[1014] MARTÍN, 2009, p. 66, verso II,39.

[1015] MARTÍN, 2009, p. 69, verso II,49.

superior. E um brâhmane que se tem compreendido é superior ao que não compreende o que faz. Sem dúvida, atos de sacrifício, como o Agnihotra, e outros resultam de todo inúteis ainda que se efetuem sem compreensão.

Por quê?

Porque algumas frases das Upanishads afirmam que não vai fazer diferença, quanto ao seu significado. Por exemplo, a frase: "Tratam de compreender através do sacrifício"[1016].

Diz o opositor: mas entendemos pela escritura que os atos religiosos, como o Agnihotra, são superiores se estão unidos à meditação. Devemos supor, então, que, se não estão acompanhados pela meditação, são inúteis para o conhecimento do Ser.

Diz o adepto do Vedanta: não é assim. O que deve-se pensar é que esses atos como o Agnihotra adquirem certa distinção, se vão acompanhados por uma meditação. Pela presença da meditação adquirem sua eficácia para o conhecimento. Enquanto o simples sacrifício Agnihotra e outros semelhantes, sem essa presença, não possuem essa capacidade. Sem dúvida, não podemos concluir que o sacrifício Agnihotra e outros semelhantes, aos quais a escritura se refere sem distinção, referem-se em textos como: "Qualquer coisa que se faça com compreensão, fé e meditação, é mais eficaz"[1017], porque fala da maior eficácia que tem os atos sacrificiais para produzir seus resultados, quando estão unidos às meditações. Mostra-se desse modo que o simples ato por si mesmo possui alguma eficácia, ainda que para produzir seus próprios resultados, independentemente da meditação. A eficácia do ato sacrificial consiste em efetuar o seu próprio propósito.

A conclusão é esta: os atos religiosos obrigatórios, como o Agnihotra, tanto os que estão unidos a meditações como os que não estão, que tenham sido realizados antes da aparição do conhecimento da verdade, seja nesta vida ou em outra anterior para obter a Libertação, todos eles têm capacidade para destruir as culpas acumuladas que obstruem o caminho da consciência do Absoluto. Por isso, podem ser causa da tomada de consciência do Absoluto e podem sê-lo porque servem de ajuda a outras causas mais próximas, como escutar a verdade, refletir sobre ela, manter a fé, meditar e orar. Têm, portanto, o mesmo efeito que o conhecimento do Absoluto.

[1016] MARTÍN, 2002, p. 398, verso IV,4,22 (verso muito longo).

[1017] TINOCO, 2021, verso I,1,10.

TEMA 14: EXPERIÊNCIA DO MÉRITO E DO DEMÉRITO ATIVOS

A EXPERIMENTAÇÃO DAS OBRAS BOAS E MÁS

Sutra 19: o iluminado se funde em Brahmâm depois de haver esgotado os outros dois (mérito e demérito que hão começado a frutificar), experimentando seus resultados na vida presente[1018].

Sutra 19: mas, uma vez extinguidas pela experimentação as duas classes de obras (as boas e as más), o ser humano liberado se unifica com o Absoluto[1019].

Foi dito anteriormente que todas as obras boas e más, cujos efeitos não começaram, extinguem-se pela força do conhecimento verdadeiro. Mas as obras que já começaram a dar seus frutos são eliminadas por meio da experimentação dos seus resultados antes da união com o Absoluto. Isso aparece em textos das Upanishads, como "O atraso durará só até a libertação do corpo, e então, ele se libertará"[1020] e "Ao ser só o Absoluto, no Absoluto se integra"[1021].

O opositor tem uma objeção a fazer: não poderia ser que, inclusive quando há surgido já o conhecimento verdadeiro e havendo morto o corpo, persistirá a visão dual (errônea), o mesmo que continua a aparência de duas luas depois de corrigido o erro visual?

Diz o adepto do Vedanta: não, não há razão para isso. Depois da morte do corpo, não existe nenhuma causa para essa persistência. Antes da morte, sim, já que a visão dual se percebe pela necessidade de eliminar os restos das obras por meio da experimentação.

Diz o opositor: e não pode o conjunto de obras boas e más produzir novas experiências?

Diz o adepto do Vedanta: não, porque aquelas sementes foram aniquiladas já. O que a morte do corpo poderia originar um novo corpo após a morte do presente são os resultados das obras ocasionadas pela ignorância, mas esse erro de entendimento tem sido aniquilado pela força da visão da verdade. Portanto, quando o efeito produzido foi destruído, o ser humano que compreendeu chega, inevitavelmente, ao estado de Libertação Espiritual.

[1018] GAMBHIRANANDA, 1983, p. 845.

[1019] MARTÍN, 2001, p. 650.

[1020] TINOCO, 2021, verso VI,14, 2.

[1021] MARTÍN, 2002, p. 381, verso IV,4,6.

CAPÍTULO VII

SEGUNDO PADA

TEMA 1: NO MOMENTO DA MORTE OS ÓRGÃOS SE FUNDEM NA MENTE

AO MORRER, OS ÓRGÃOS SE INTEGRAM COM A MENTE

Sutra 1: a função do órgão da linguagem se funde na mente (no momento da morte), sendo isso o que se vê e o que se diz na Upanishad[1022].

Sutra 2: a linguagem se integra com a mente, porque para isso foi criada. Isso é o que afirmam as Upanishads[1023].

Antes de introduzir o cominho dos deuses, cujo objetivo é o de chegar ao resultado das meditações inferiores (no Brahmâm qualificado), o autor do aforismo fala da ordem relativa ao deixar o corpo, segundo ensinam as escrituras. Posteriormente, dirá que a saída do corpo é análoga para quem tem o conhecimento[1024] do Brahmâm qualificado e para quem não o tem. Eis aqui um texto acerca da morte: "Oh Ser amável quando este homem está por morrer, seu pensamento se retira da mente, a mente na força vital, a força vital no fogo e o fogo na Deidade Suprema"[1025].

Diz o opositor: a linguagem em si mesma é o que se submerge na mente, se considerarmos o que se afirma o texto sagrado. Literalmente, se não se considera assim, haveria que entender o texto no sentido figurado, mas o sentido literal é o que aceita-se. E assim, chegar-se-á à conclusão de que o órgão da linguagem é o que vai à mente.

[1022] GAMBHIRANANDA, 1983, p. 845.

[1023] MARTÍN, 2001, p. 653.

[1024] Ainda que o texto fale de "vidvan", Anandagiri o interpreta como um meditador em Brahmâm qualificado, enquanto Ratnaprabha usa o termo "upasaka, meditador", como seu sinônimo (nota de rodapé de Swami Gambhirananda, 1983, p. 847).

[1025] TINOCO, 2021, verso VI, 8,6.

Diz o adepto do Vedanta: somente as funções da linguagem se submergem na mente.

Diz o opositor: mas como pode manter-se essa interpretação, considerando que o mestre no Sutra disse expressamente "a linguagem vai até a mente"?

Diz o adepto do Vedanta: é verdade, mas depois disse: "Não há distinção com o Absoluto dessas partes ou órgãos que se absorvem Nele), segundo a declaração das escrituras." (B.S., IV, 2,16). Por isso, entendemos que o que significa isso é a cessação das funções. Tendo em conta que em qualquer situação o órgão se integra na linguagem, essa identificação é a mesma, tanto para o Liberto como para o ignorante. Por que, então, faz o Sutra uma menção a parte do caso liberado ao falar da identificação? (B.S., IV, 2,16). O que se trata de explicar aqui com a cessação dos órgãos da linguagem é que as funções desse órgão se eliminam, enquanto as funções da mente continuam. A eliminação do órgão da linguagem junto com as suas funções não se pode ver.

Diz o opositor: da força do texto védico, pode-se deduzir que o que se trata aqui é da função do órgão da linguagem dentro da mente.

Diz o adepto do Vedanta: não, porque não é isso uma causa material. Uma coisa pode integrar-se naquele que é a sua causa material. Assim, por exemplo, um prato de cerâmica na terra. Mas não há prova validada que demonstra que o órgão da linguagem se origine da mente. De qualquer modo, o encadeamento das funções em atividade ou o seu desencadeamento se sabe que se baseia em algo que pode não ser a causa material. Por exemplo, a atividade do fogo cuja natureza é a luz e o calor pode se originar do carburante que é a terra por natureza e se pode extinguir na água.

Diz o opositor: com essa interpretação, como se pode entender os textos das Upanishads que dizem que a linguagem desaparece na mente (Ch.Up,VI,8,6) a partir disso?

Diz o adepto do Vedanta: por isso, o Sutra diz o seguinte: "Isto é o que afirmam as Upanishads", em sentido figurado que não contradiz a razão. O texto upanishsádico encaixa com essa interpretação, tendo em conta que o órgão e as suas funções são idênticas em sentido figurado.

Sutra 2: e pela mesma razão as funções de todos os órgãos se fundem na mente[1026].

[1026] GAMBHIRANANDA, 1983, p. 849.

Sutra 2: e pela mesma razão funções e órgãos seguem a mente[1027].

No texto: "Verdadeiramente, aquele cujo fogo vital se extingue, é conduzido ao renascimento, tendo os sentidos absorvidos pela mente"[1028], encontramos a entrada de todos os órgãos na mente, sem exceção. Aqui, como no Sutra seguinte, observa-se igualmente que, no caso da linguagem, o olho e os demais órgãos paralisam suas funções enquanto a mente e as suas funções persistem. Como os órgãos não podem ser integrados e levando em conta que o texto admite essa interpretação, concluímos que os diferentes órgãos desaparecem e a mente permanece só com as suas funções. Como todas as funções dos órgãos, sem distinção, integram-se na mente, a menção especial que se faz da linguagem no Sutra, primeiro, deve-se considerar tendo em conta o exemplo especial referido nas escrituras "A linguagem se integra na mente" (Ch.Up., VI,8,6).

TEMA 2: A MENTE SE FUNDE NO PRANA

A MENTE SE INTEGRA NA ENERGIA VITAL

Sutra 3: essa mente se funde na força vital segundo se revela nos textos seguintes[1029].

Sutra 3: a mente se integra na energia vital como se revela no seguinte texto[1030].

Sabe-se que que o texto anterior (Ch.Up, VI,8,6) trata de explicar que o que se integra são as funções. Com este novo texto: "A mente se integra na energia vital" (Ch.Up.,VI,6,6), alude-se à eliminação do possuidor das funções?

Diz o opositor: diante dessa dúvida, devemos manter que é a eliminação do possuidor das funções o que se declara aqui, já que o texto upanidshádico diz isto: "A mente deriva do alimento, o alimento deriva da água" (Ch. Up., VI, 5,4), onde as escrituras mencionam a mente como originada do alimento e este da água. Aparece também o texto da Chadogya Upanishad seguinte: "E a água criou o alimento"[1031]

[1027] MARTÍN, 2001, p. 654.

[1028] TINOCO, 1996, p. 185, verso III,9.

[1029] GAMBHIRANANDA, 1983, p. 845.

[1030] MARTÍN, 2001, p. 655.

[1031] TINOCO, 2021.

Diz o adepto do Vedanta: diante dessa posição, foi dito o seguinte: "A mente se integra na energia vital como se revela no seguinte texto". Daqui, devemos deduzir que, quando a mente se integra na energia vital, o faz por meio da absorção das mesmas funções dos órgãos externos — os sentidos —, que se dissolve nela a energia vital. Por isso, quando uma pessoa quer dormir ou está próxima da morte, as atividades da mente cessam, como se vê, inclusive quando as funções da energia vital, suas vibrações — a respiração —, ainda persistem. Fora isso, a mente definida assim não pode fundir-se na energia vital, porque não é causa material.

TEMA 3: PRANA SE FUNDE NA ALMA

A ENERGIA VITAL SE ABSORVE NO SER

Sutra 4: sabe-se que essa (a força vital) se retira no governador (o Ser individual), segundo os fatos, como: no momento da morte se acerca desse Ser[1032].

Sutra 4: sabe-se que a energia vital)se absorve no que dirige (o Ser individual) pelas declarações da partida do ser individual (no momento da morte)[1033].

Ficou estabelecido antes que algo que se origina de outra coisa não se funde com ela, a não ser por meio das suas funções. Aqui, surge uma dúvida em relação ao texto seguinte: "A energia vital no fogo"[1034], a função da energia vital se absorve o fogo, como disse o texto literalmente ou no ser que dirige o corpo e os sentidos?

Diz o opositor: a energia vital se absorve no fogo, já que o texto upanishádico não se presta a dúvidas e, assim, resulta inadequado imaginar algo não derivado das escrituras.

Diz o adepto do Vedanta: respondo a isso, aludindo ao Sutra. A energia vital, da qual se trata, permanece no "o que dirige", no Ser inteligente, ou seja, no ser individual, o que tem a ignorância, atos passados e recordações como as limitações referidas. Por isso, as atividades da energia vital têm ao ser como o seu substrato. Como se sabe disso? "Pelas declarações da partida

---

[1032] GAMBHIRANANDA, 1983, p. 851.

[1033] MARTÍN, 2001, p. 656.

[1034] TINOCO, 2021, verso VI, 8,6.

do ser, no momento da morte". Outro texto upanishádico apresenta de uma maneira geral como todos os órgãos — os Pranas —, sem exceção, vão ao que dirige o Ser: "[...] os órgãos sensoriais e mentais se aproximam do ser humano que parte no momento da morte, quando a respiração está chegando ao fim"[1035]. No texto "Quando ele parte, a energia vital lhe segue..."[1036], mostra-se especificamente que a energia vital, com as suas cinco funções, segue ao que dirige o Ser. Já no texto: "Quando a energia vital sai, todos os órgãos (Pranas) a seguem"[1037], ensina-se que os outros órgãos seguem a energia vital. E se afirma no texto: "O Ser é constituído pelos órgãos do conhecimento"[1038], o que dirige tem uma essência consciente pelo que tem mais claridade que a energia vital, já que os órgãos sensoriais que se fundem nele permanecem no ser.

Diz o opositor: tendo em conta que a Upanishad declara: "A energia vital submerge no fogo"[1039], como se pode manter a opinião errônea de que a energia vital desemboca no ser individual?

Diz o adepto do Vedanta: isso não é um problema, porque, nas atividades do processo de partida do corpo, o ser individual joga um papel dominante. Temos que considerar, além disso, as especificas declarações que se fazem em outra Upanishad.

Diz o opositor: então, como explicar os textos upanishádicos, no quais a energia vital se absorve no fogo?

Diz o adepto do Vedanta: a isso respondemos com o Sutra:

Sutra 5: a alma chega a ficar entre os elementos, sendo isso o que as Upanishads declaram[1040]. "

Sutra 5: o ser individual e os órgãos se dissolvem nos elementos, como se sabe pelas Upanishads[1041].

O ser unido à energia vital mora nos elementos sutis que acompanham o fogo e constituem a semente do corpo. Assim, tem que se entender o texto: "A energia vital se submerge no fogo".

[1035] MARTÍN, 2002, p. 373, verso IV, 3,38.

[1036] MARTÍN, 2002, p. 374, verso IV,4,2.

[1037] MARTÍN, 2002, p. 374, verso IV,4,2.

[1038] MARTÍN, 2002, p. 374, verso IV,4,2.

[1039] TINOCO, 2021, verso IV,8,6.

[1040] GAMBHIRANANDA, 1983, p. 852.

[1041] MARTÍN, 2001, p. 657.

BRAHMA SUTRA (TOMO II)

Diz o opositor: mas o que o texto afirma é a existência do que dirige o ser, acompanhando-o no fogo.

Diz o adepto do Vedanta: isso não é uma objeção, porque o Sutra "Aquele que se dissolve no que dirige (o ser)" aclara que o ser tem que o ver, tal como a Upanishad o declara, entre a energia vital e o fogo. O ser humano que viaja primeiramente desde Shuruina a Mathúra e de Mathúra a Pataliputra, pode dizer-se diretamente que vai desde Shuruina a Pataliputra. Assim, o texto: "a energia vital se dissolve no fogo" significará que o ser, junto com os órgãos, mora nos elementos associados como fogo.

Diz o opositor: se unicamente o fogo se menciona no texto: "A energia vital se dissolve no fogo", como se pode deduzir daí que o ser mora nos elementos entre os que se encontram no fogo?

Sutra 6: a alma não chega a ficar entre um único elemento, posto que tanto as Upanishads como os Smritis mostram que não é assim[1042].

Sutra 6: ser individual e os órgãos se dissolvem nos elementos, como se sabe pelas Upanishads[1043].

No momento de se passar para outro corpo, o ser individual que mora unicamente no elemento fogo, já como vimos, o novo corpo está constituído por vários elementos. Isso se declara na pergunta e a resposta acerca das águas chamadas ser humano: " Sabes como a água chega a ser chamada ser humano, ao praticar a quinta purificação?", em todos os elementos, mas como a água de três componentes se menciona pela sua preponderância (B.S., III,1,2). Os textos upanishádicos e a tradição chegam também a essa conclusão. Os textos védicos relevantes afirmam: "O ser é realmente o Absoluto, que se identifica com a consciência, o pensamento, a energia vital, os olhos e ou ouvidos [...] o fogo.."[1044]. O texto da tradição é: "Todo o universo surge em sucessão dos cinco elementos sutis que são imperecíveis" (Manu, I 21).

Diz o opositor: com relação ao tempo em que alma tarda a adquirir um novo corpo, depois de que os órgãos da fala etc., retiraram-se, há uma frase das Upanishads que diz o seguinte: "[...] onde se encontra o ser humano?"[1045] e se decide que, então, o ser habita nos resultados das ações passadas

---

[1042] GAMBHIRANANDA, 1983, p. 853.

[1043] MARTÍN, 2001, p. 657.

[1044] MARTÍN, 2002, p. 658, verso IV, 4,5.

[1045] MARTÍN, 2002, p. 249, verso III,2,13.

(*karma*), no texto: "O que mencionam ali, era o Karma unicamente, e o elogiavam ali também"[1046].

Diz o adepto do-Vedanta: esse texto descreve o apego constituído pelos sentidos e seus objetos, chamados *grahas* ou os que percebem e *antigrahas* ou objetos percebidos, que estão determinados pelas ações do passado. Nesse sentido, diz-se que o ser individual habita nas ações ou *karmas*, mas o assunto que se trata aqui é a criação de um novo corpo material com os elementos. A expressão "elogiaram" no texto da Brhadaranyaka Upanishad (III,2, 13) só significa que as ações passadas ou *karmas* ocupam um lugar proeminente no processo e não exclui outro lugar. Não há, portanto, contradição entre os dois textos.

TEMA 4: A PARTIDA (FALECIMENTO) DO ILUMINADO E DO NÃO ILUMINADO

A SAIDA DO SER DO QUE CONHECE A BRAHMÂM CONDICIONADO E A DO IGNORANTE

Sutra 7: a maneira de partir (no momento da morte) é a mesma (para aquele que conhece Brahmâm qualificado e o ignorante), até o início do caminho (dos deuses); a imortalidade mencionada é a que se obtém sem dissipar a ignorância[1047].

Sutra 7: a saída (do ser no momento da morte) é a mesma (para o que conhece Brahmâm condicionado e para o ignorante), ao começar o caminho ascendente. E a imortalidade (do conhecedor de Brahmâm condicionado é só relativa) é aquela à qual se chega quando ainda se há destruído a ignorância[1048].

A questão aqui é a seguinte: a saída do ser é o mesmo para o que conhece e para o que não conhece, há alguma diferença?

Diz o opositor: há uma diferença, porque a saída se produz em conjunção com os elementos sutis e esses elementos são necessários para um novo nascimento, mas aquele que tem conhecimento não pode voltar a nascer, posto que a Upanishad declara que: "Aquele que tem conhecimento

---

[1046] MARTÍN, 2002, p. 249, verso III,2,13.

[1047] GAMBHIRANANDA, 1983, p. 855.

[1048] MARTÍN, 2001, p. 568.

BRAHMA SUTRA (TOMO II)

verdadeiro alcança a imortalidade". Portanto, essa saída do ser que se descreve no texto se refere só ao ignorante.

Objeção: como a saída do ser se refere nos textos que tratam do conhecimento, só podem aplicar-se a pessoas com conhecimento.

Diz o opositor: não, porque a saída do ser se refere os textos a algo estabelecido já, o mesmo que ocorre com o sonho. No contexto referido ao conhecimento, inclusive, o sonho e se dá em todas as criaturas, como em: "Quando se conhece que o ser humano está dormindo"[1049], " Quando se conhece que tem fome"[1050] e "Quando se conhece que tem sede"[1051]. E isso se dá para ajudar a compressão do tema explicado, mas não para descobrir o possuidor do conhecimento dessas distinções. Do mesmo modo, a saída do ser, que é comum ao ser humano em geral, descreve-se para estabelecer que a divindade suprema na qual o ser humano falecido se integra no Ser, Aquele se descreve ao qual se refere em: "Tu és isto". Além disso, essa saída do ser se nega no caso de uma pessoa com conhecimento, de acordo com a frase: "Não necessita que seus órgãos se distanciem dele" (Br. Up., IV, 4,6). Portanto, essa saída do ser é só a da pessoa ignorante.

Diz o adepto do Vedanta: antes, a essa posição, a nossa resposta é a seguinte: a saída do ser descrita pela frase "A linguagem se absorve na mente" (Ch.Up., VI, 8.6) é a mesma" para o que conhece e para o ignorante, até o momento em que começa seus respectivos caminhos separados, porque nas escrituras se fala dele sem nenhuma distinção. O ser do ignorante avança com os elementos sutis que constituam a semente de um novo corpo, sob o impulso das suas ações passadas e isso é feito para adquirir novas experiências em um novo corpo, mas o ser que tem conhecimento das escrituras[1052] que é a porta para a Libertação. Isso é o que afirma Sutra, na frase: "Ao começar o caminho ascendente", ou seja, o caminho dos deuses.

[1049]   TINOCO, 2021, verso IV, 8,1.

[1050]   TINOCO, 2021, VI, 8,3.

[1051]   TINOCO, 2021, verso VI,8,5.

[1052]   As escrituras descrevem a saída do ser do que compreende, pela Nadi central da cabeça (Sushumna), enquanto do ser ignorante seria por meio das demais Nadis. Ver-se-á mais adiante neste mesmo capítulo (nota de rodapé de Consuelo Martín, 2001, p. 659).

NOTA SOBRE OS CANAIS SUTIS OU NADIS POR CARLOS ALBERTO TINOCO

Na figura a seguir, no desenho dos principais canais do corpo sutil (Linga Sharira) ou nadis, pode-se ver a nadi central (Sushumna e as demais, além dos Chakras principais).

Figura 1 – Principais canais do corpo sutil

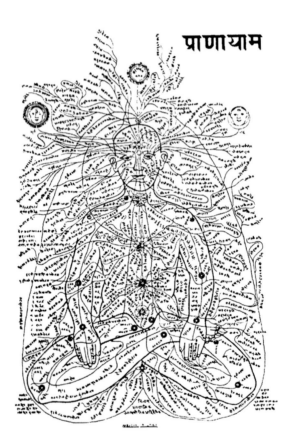

Fonte: Kalyama[1053]

[1053] KALYAMA, Acharya. **Yoga, repensado a Tradição.** São Paulo: Editora Ibrasa, 2003. p. 195.

Diz o opositor: mas aquele que conhece a verdade alcança a imortalidade e a imortalidade não depende de ir de um lugar para outro. Portanto, por que o ser teria que habitar nos elementos ou seguir um caminho?

Diz o adepto do Vedanta: essa imortalidade é relativa, é apenas para aquele cuja ignorância não foi totalmente eliminada. É "aquela à qual se alcança quando ainda não se há destruído a ignorância". O que chega a essa imortalidade pelo seu conhecimento do Brahmâm com atributos ou condicionado ainda não destruiu a ignorância e as suas consequências. Nesse caso, a união com os elementos e o início de um caminho são possíveis. Isso porque, sem um substrato imóvel, os órgãos dos sentidos não se movem e, assim, não há, portanto, nenhum erro nele.

TEMA 5: UMA FUSÃO RELATIVA DO FOGO ETC.

A ABSORÇÃO NO FOGO E OS DEMAIS ELEMENTOS É RELATIVA

Sutra 8: esse grupo de elementos (contando desde o fogo) continua até a completa Liberação, pois se declara a continuação do estado transmigratório até então[1054].

Sutra 8: esse conjunto de elementos (a partir do fogo) continua até a Liberação total, porque há uma declaração (nas escrituras) acerca do estado transmigratório[1055].

Deduziu-se de acordo com o contexto que o significado da frase: "O fogo se absorve na divindade suprema" (Ch. Up., VI, 8,6) é que o fogo da pessoa que vem a falecer, à qual nos referimos, é absorvido pela divindade suprema juntamente com o ser individual, a energia vital, o conjunto dos órgãos sensoriais e outros elementos. Agora, consideraremos o que é realmente, essa absorção.

Diz o opositor: mantenho que se trata de uma absorção absoluta, onde se absorvem as coisas mesmas, porque essa é a posição razoável, se temos em conta que a divindade é a causa material de tudo o que foi criado. Portanto, essa entrada no estado de identificação é absoluta e completa.

[1054] GAMBHIRANANDA, 1983, p. 857.

[1055] MARTÍN, 2001, p. 660.

Diante disso, contesta o adepto do Vedanta, diremos o seguinte: esses elementos sutis, a partir do fogo, que constituem a base do sentido da audição e os demais órgãos "continuam até a Libertação Final". Permanecem até a libertação do estado transmigratório, conhecido por Samsara, em consequência do conhecimento da verdade. Esse estado pode ser descrito como: " Alguns seres penetram na matriz (útero) para adquirir corpos e outros seguem a matéria inanimada, segundo suas ações passadas e de acordo com a sua compreensão da verdade" (Kau. Up., II, 2,7). A partir do ponto de vista contrário, as ligações referidas de cada ser seriam absorvidas no momento da morte e o ser entraria em uma identificação total com o Absoluto. Nesse caso, os preceitos escriturais seriam inúteis e ainda o seriam os que ensinam o conhecimento da verdade. Além disso, o apego que se origina da ignorância não pode ser eliminado por nada que não seja a compreensão da verdade. Por isso, ainda que o Absoluto seja a substância causal do universo, sem dúvida, a dissolução dessa substância no momento da morte é produzida de tal maneira que continua a existência dos órgãos em estado latente, como no sono profundo e na dissolução final do universo.

Sutra 9: esse fogo (como também os outros elementos) é diminuto em sua natureza e tamanho, sendo isso o que se nota[1056].

Sutra 9: esse corpo de calor é sutil por natureza e tamanho, porque assim se observa na experiência[1057].

Esse fogo, em união com os outros elementos que constituem um meio ambiente para que a alma surja do seu corpo presente, deve ser sutil em natureza e medida. Então, da declaração da Upanishad, segundo a qual ele sai por meio das nadis (canais), deduz-se que o fogo é um elemento sutil e os outros elementos. É possível que se mova pelas nadis, sendo diminuto e não encontra obstáculos pela sua natureza sutil. Essa é a razão pela qual as pessoas não o percebem quando deixam o corpo.

Sutra 10: por essa razão, o corpo sutil não é destruído, ainda que o físico o seja[1058].

Sutra 10: por isso, o corpo sutil não se destrói, ao destruir-se o corpo denso[1059].

[1056] GAMBHIRANANDA, 1983, p. 857.

[1057] MARTÍN, 2001, p. 661.

[1058] GAMBHIRANANDA, 1983, p. 858.

[1059] MARTÍN, 2001, p. 661.

"Por essa razão": sendo sutil, o outro corpo, "o corpo sutil" "não é destruído, ainda quando o corpo físico o é" por meio da cremação etc.

Sutra 11: seguramente, esse calor pertence ao corpo sutil, sendo isso lógico[1060].

Sutra 11: e essa sensação cálida pertence unicamente ao corpo sutil, como se pode comprovar[1061].

Ao corpo sutil "pertence unicamente a sensação de calor", que se percebe no corpo vivente quando é tocado. Essa sensação cálida não se sente já no corpo após a morte, enquanto as características de forma, cor, calor e as demais persistem, só se percebem enquanto o corpo vive. Por isso, deduzimos que esse calor reside em algo diferente do corpo, tal como o conhecemos. Um certo texto védico afirma o mesmo: "É cálido enquanto vive e frio ao morrer o corpo (físico) ".

TEMA 6: NÃO HÁ PARTIDA PARA UM CONHECEDOR DE BRAHMÂM

A SAÍDA DO SER DE UMA PESSOA QUE CONHECE O ABSOLUTO

Sutra 12: se arguíssemos que os órgãos do homem de conhecimento abandonam o corpo, porque a escritura o nega, então, segundo o opositor, não é assim, posto que a negação se refere ao abandono da alma individual[1062].

Sutra 12: tem-se dito que os órgãos daqueles que conhecem o Absoluto não saem do corpo, porque se encontra essa negação nas escrituras, mas isso não é assim, porque o que negam as escrituras é a saída dos órgãos, desde o ser e não desde o corpo[1063].

Considerando a reserva expressada pelo aforismo: "E a imortalidade da qual se fala é a que se obtém sem queimar a ignorância" (B. S., IV,2,7), admite-se que na imortalidade absoluta não há caminho a seguir, nem o abandono do corpo. Além disso, por medo de que haja apreensão da partida, devido a uma razão ou outra, isso fica negado pelo texto: "Mas o que não

---

[1060] GAMBHIRANANDA, 1983, p. 858.

[1061] MARTÍN, 2001, p. 661.

[1062] GAMBHIRANANDA, 1983, p. 859.

[1063] MARTÍN, 2001, p. 661.

deseja nada porque está livre do desejar, aquele para quem todos os objetos e desejo não são o Ser, não necessita de órgãos, se distancia dele"[1064]. A partir dessa negação expressa, dentro do contexto do conhecimento mais elevado, pode-se deduzir que os órgãos vitais ou Pranas não saem do corpo daquele ser humano que está consciente do Absoluto.

Diz o opositor: nego. Essa conclusão não é assim, posto que essa negação se refere à saída dos órgãos, desde a pessoa encarnada e não desde o corpo.

Objeção: como se sabe que saem da entidade individual e não do corpo?

Diz o opositor: porque em outro ramo ou Madhyandina se usa a desinência do quinto caso (em *tasmat*, desde ele). Posto que a desinência do sexto caso (em *tasya* dele) na versão Kanva, usapara-se designar as relações em geral, pode-se limitar a uma relação particular baseando-se no ablativo ou quinta desinência (em tasmat), de outra versão Madhyandina. A palavra *tasmat* (desde ele) se refere à alma encarnada, que está qualificada para a prosperidade secular ou a Libertação, sendo o tema principal do contexto e, portanto, não se refere ao corpo. A ideia implícita é a seguinte: os órgãos não saem "Dele", a alma individual que está por abandonar o corpo físico, porque fica na sua companhia. Quando a alma parte, sai do corpo em união com os órgãos.

Diz o adepto do Vedanta: essa posição é refutada no Sutra seguinte:

Sutra 13: isso não é assim, pois, no caso de quem segue uma versão, essa nega de maneira clara a saída da alma[1065].

Sutra 13: isso não é assim, porque (nos textos de algum ramo das escrituras) há uma clara negação (da saída do ser)[1066].

Tem-se afirmado que quem conhece Brahmâm pode deixar o corpo, portanto, o que se nega é a partida dos órgãos desde a alma encarnada, mas isso não é correto, porque, em uma versão particular, nega-se a partida dos órgãos do corpo. Então, a resposta à pergunta de Artabhaga, "Quando o corpo de um ser liberto, morre, os órgãos deste ascendem ou não?", baseia-se no ponto de vista da saída desse corpo. E a resposta à pergunta de Artabhaga foi a seguinte: "Não, respondeu Yajnavalkya"[1067]. Então, posto que pode surgir a ideia errônea segundo a qual, em tal caso, esse não morre, porque os órgãos não o deixam, afirma-se a fusão dos órgãos, ao dizer: "eles

---

[1064] MARTÍN, 2002, p. 381, verso IV,4,6.

[1065] GAMBHIRANANDA, 1983, p. 860.

[1066] MARTÍN, 2001, p. 662.

[1067] MARTÍN, 2002, p. 247, verso III, 2,11.

se fundem só neste". Objetivando estabelecer tal feito, diz-se: "Este incha, este infla e neste estado, jaz morto"; aqui se afirma a inchação etc. acerca de algo chamado "este" (sah) que está sob discussão e forma a base da qual a saída pode ocorrer. Tais descrições se adaptam ao corpo e não à alma encarnada[1068]. De conformidade com o que foi dito antes, o significado do texto elaborado com uma desinência do quinto caso, "Os órgãos não saem deste" (Versão Madhyandina), deve ser interpretar-se assim: ainda que o pronome "este" se refira, primariamente, à alma encarnada, sem dúvida, a negação alude à partida deste corpo; ao qual se identifica, figurativamente, com a alma encarnada. Sem dúvida, no caso de quem segue a versão Kanva e tem a expressão "deste" com a desinência do sexto caso, a saída se nega em relação ao homem de conhecimento, então, a negação da frase se refere à saída muito conhecida no mundo, a qual é a partida deste corpo e não desde a alma incorporada. Portanto, isso que se nega é a partida dos órgãos desde o corpo. Além disso, o texto descreve, com riqueza de detalhes, como o ignorante sai do corpo no seu curso de transmigração, de acordo com: "E por este brilhante cimo, sai o ser, ou também através dos olhos, pela cabeça ou por alguma outra parte do corpo. Quando ele parte, a energia vital parte dos órgãos e lhe segue"[1069].

Esse tema sobre a pessoa ignorante termina com: "Isto sucede ao homem de desejos"[1070]. Esse texto menciona a pessoa que tem conhecimento da verdade, como "aquele que não tem desejos"[1071]. Essa citação seria desnecessária, caso o texto pretendesse estabelecer a saída para esse tipo de pessoa também. Portanto, deve-se entender esse texto como uma negação da saída e o caminho transmigratório daquele que conhece a verdade, ainda que seja natural para quem não a conhece. Além disso, não é lógico que quem tomou consciência do Absoluto e se identificou com o Absoluto onipresente, quem tem eliminado os seus desejos e os resultados dos seus atos, deve sair ou seguir algum caminho, porque é impossível e não haja ocasião para isso. Em textos, como: "[...] e chega ao Absoluto nesse mesmo corpo"[1072], indicam-se a ausência de partida e de caminho.

[1068] Ainda quando a palavra usada seja Purusha (homem), significa o corpo, dado que a alma não pode inchar-se etc., segundo é a ele atribuído, quando se indica como "este" (nota de rodapé de Swami Gambhirananda, 1983, p. 861)

[1069] MARTÍN, 2002, p. 374, verso IV,4,2.

[1070] MARTÍN, 2002, p. 381, verso IV,4,6.

[1071] MARTÍN, 2002, p. 381, verso IV,4,6.

[1072] MARTÍN, 2002, p. 387, verso IV,4,7.

Sutra 14: também o Smiriti o diz[1073].

Sutra 14: a tradição também afirma isso[1074].

No Mahabharata[1075], também se diz que aqueles que conhecem a verdade não partem, nem caminham após a morte: "Até mesmo os deuses ficam perplexos ao encontrar-se com aquele que não tem caminho, aquele que se fez uno com o Ser de todos os seres, aquele que compreendeu que todos os seres não são, realmente mais que o Ser, o que não tem já, nenhum estado a buscar"

Diz o opositor: mas a tradição menciona também um caminho que atravessam os conhecedores do Absoluto: "Uma vez, Shuka, o filho de Vyasa, estava desejoso da Libertação e viajou à esfera solar. Quando seu pai lhe perguntou quem lhe seguia, ele respondeu dizendo 'Senhor'".

Diz o adepto do Vedanta: não é assim, porque se deve compreender que Shuka alcançou uma região particular por meio do seu poder de Yoga, enquanto estava no seu corpo, libertando-se dele. Isso é mencionado porque lhe vieram todos os seres. Mas ninguém pode ver a um ser que se move sem corpo. A conclusão dessa história não deixa claro: "Mas Shuka atravessando o ar mais rápido que o vento, e mostrando o seu próprio poder, foi conhecido por todos os seres". Portanto, o que tomou consciência do Absoluto não sai desse corpo, nem tem um caminho a que seguir. Será explicado mais adiante o que os textos das Upanishads afirmam sobre os caminhos transmigratórios.

TEMA 7: OS ÓRGÃOS DO CONHECEDOR SE FUNDEM EM BRAHMÂM

OS ÓRGÃOS VITAIS DAQUELE QUE COMPREENDEU A VERDADE SE INTEGRAM NO ABSOLUTO

Sutra 15: esses órgãos se fundem em Brahmâm Supremo, sendo isso o que declara a Upanishad[1076].

[1073] GAMBHIRANANDA, 1983, p. 862.

[1074] MARTÍN, 2001, p. 663.

[1075] O Mahabharata é o maior poema épico do mundo, contendo 100 mil versos duplos, e integra a vasta literatura sagrada da antiga Índia ou Bharatha (nota de Carlos Alberto Tinoco).

[1076] GAMBHIRANANDA, 1983, p. 862.

Sutra 15: aqueles órgãos se integram no Absoluto Supremo, porque isso é o que afirma (a Upanishad)[1077].

Esses órgãos vitais referidos anteriormente, pelo termo Prana, e os elementos sutis do conhecedor da verdade de Brahmâm Supremo se integram no mesmo Ser.

E por que é assim?

Porque "isso é o que afirmam as Upanishads", em: "Portanto, quando os dezesseis elementos criados por Purusha retornam e desaparecem Nele, perdendo as suas identidades como coisas separadas, então, se pode falar apenas sobre Purusha"[1078].

Diz o opositor: Outro texto das Upanishads que fala do ser humano que conhece a verdade, ensina que "as partes" se absorvem em outro lugar distinto do Ser Supremo: " Os quinze aspectos do Atman, retornam às suas causas e todos os sentidos às suas respectivas deidades ou fontes cósmicas onde foram gerados; as ações que não produzem frutos e o Atman, refletidos pelo intelecto (Budhi), tornam-se unos com o elevado e imperecível Brahmâm, que é o Ser Interior de todas as coisas"[1079].

Diz o adepto do Vedanta: não, porque esse texto se refere ao ponto de vista fenomênico, segundo o qual as partes do corpo que estão feitas dos elementos terra etc. se absorvem em sua própria origem material. Mas outro texto da Prasna Upanishad apresenta o ponto de vista do ser humano que conhece a verdade, para o qual o conjunto dessas partes constituintes do corpo se absorve no Absoluto Supremo. Não há, por isso, contradição.

Sutra 16: a distinção absoluta com Brahmâm ocorre segundo a autoridade da declaração da escritura[1080].

Sutra 16: não há distinção com o Absoluto dessas partes (ou órgãos que se absorvem Nele), segundo a declaração das escrituras[1081].

Dúvida: se as partes constituintes do corpo de uma pessoa que compreendeu a verdade são absorvidas no Absoluto deixando um resíduo, como se sucedem com as demais pessoas ou não deixam nenhum resíduo?

[1077] MARTÍN, 2001, p. 664.

[1078] TINOCO, 1996, p. 189, verso VI, 5.

[1079] TINOCO, 1996, p. 204, verso III,2, 7.

[1080] GAMBHIRANANDA, 1983, p. 863.

[1081] MARTÍN, 2001, p. 665.

Diz o opositor: seu potencial deve permanecer intacto, posto que se trata de uma absorção geral.

Diz o adepto do Vedanta: o Sutra ensina isso, ou seja, ensina expressamente que os elementos que constituem a pessoa que conhece a verdade se unificam totalmente com o Absoluto Brahmâm. Mas como é isso? Porque as escrituras assim o declaram. Depois de haver explicado a dissolução das partes constituintes, o texto continua, dizendo o seguinte: "Quando forem destruídos os nomes e as formas e se os chama somente de espírito. Essa pessoa não tem elementos constituintes e é imortal" (Pr. Up., VI, 5). E quando os elementos constituintes devidos à ignorância se dissolveram por meio do conhecimento da verdade, não é possível que reste mais nada. Assim, chega-se, então, a uma identificação absoluta com o Absoluto Brahmâm.

TEMA 8: A SAÍDA DE QUEM CONHECE BRAHMÂM QUALIFICADO

A SAÍDA DO SER DAQUELE QUE CONHECE BRAHMÂM QUALIFICADO

Sutra 17: quando a alma de quem está consciente de Brahmâm qualificado está para se ir, ocorre uma iluminação do topo do coração. Essa luz ilumina a dita porta, então, a alma, sob o favor Dele, que reside no coração, vai-se pela centésima primeira nadi, devido à eficácia do conhecimento e ao adequado do pensamento constante do curso que é parte daquele conhecimento[1082].

Sutra 17: quando o ser de um conhecedor de Brahmâm condicionado está prestes a sair do corpo, produz-se uma iluminação no mais alto ponto do coração. Iluminado ao passar por aquela luz, sai o ser ajudado por Aquele que reside no coração, por meio da nadi que está mais além dos cem nervos (Sushumna), e ajudado também pela eficácia do conhecimento verdadeiro e o adequado da meditação constante sobre o caminho que forma parte desse conhecimento[1083].

Depois de haver tratado do tema mais elevado do Absoluto Brahmâm ou Nirguna Brahmâm, vamos continuar agora com o estudo do conhe-

---

[1082] GAMBHIRANANDA, 1983, p. 789. 864.

[1083] MARTÍN, 2001, p. 665.

cimento inferior, de Saguna Brahmâmam ou Brahmâm condicionado. Estabeleceu-se que o processo de saída do corpo é o mesmo para a pessoa que conhece Brahmâm condicionado e para aquela que não o conhece, até o ponto em que começa o caminho dos deuses. Agora, o presente Sutra descreve a entrada desse ser nesse caminho. Quando o ser identificado com a mente, com todos os órgãos, a linguagem e os demais dentro de si mesmo está a ponto de deixar o corpo, o coração é a morada. Isso é o que diz o texto: "Recolhe por completo essas partículas de luz e entra no coração"[1084]. A Iluminação do mais alto ponto da cabeça e a saída do ser começa pelos olhos ou algum outro lugar, de acordo com o seguinte texto: "O ponto do seu coração se ilumina. E por essa luz sai o Ser através dos olhos, da cabeça ou de outra parte do corpo"[1085]. A questão que aqui se coloca é a mesma para o que conhece a verdade e o que não a conhece ou se há distinção no caso da pessoa que compreendeu.

Diz o opositor: diante dessa dúvida, pode-se concluir que não há distinção, porque as escrituras não apresentam diferenças.

Diz o adepto do Vedanta: o Sutra diz respeito a esse tema que, ainda que topo do coração se ilumine tanto para que ele que há compreendido como compreende a verdade, saia pela cabeça, enquanto os demais saem por outros lugares.

Por que é assim? Pelo poder que tem o conhecimento da verdade. Se a pessoa que compreendeu saísse de qualquer lugar do corpo, indiscriminadamente, igual aos demais, não chegaria a um mundo mais elevado (um mundo superior) e, portanto, o verdadeiro conhecimento seria inútil e isso é assim, além disso, pelo "adequado da meditação constante sobre o caminho que forma parte desse conhecimento". Significa que, em certas meditações, pode-se experimentar a viajem do ser em relação à nadi do topo da cabeça. Esse caminho forma parte do conhecimento dessas meditações. Portanto, é lógico concluir em função disso que quem medita nesse caminho, após a morte, seguirá por ele. Portanto, aquele que conhece a verdade está sob a proteção de Brahmâm que mora no coração daquele que meditou[1086]. Ao sair pelo topo da cabeça, passando pela nadi que está mais além das cem

---

[1084] MARTÍN, 2002, p. 373, verso IV,4,1.

[1085] MARTÍN, 2002, p. 374, verso IV,4,2.

[1086] Em algumas Upanishads, há referências ao fato de Brahmâm ou o Atman estarem localizados do coração de todas as criaturas. Por exemplo, na Svestavatara Upanishad, no verso V,5, pode-se ler o seguinte: "O Ser Interno, menor que a menor coisa, maior que a maior coisa, está oculto no coração das criaturas" (Nota de Carlos Alberto Tinoco)

nadis (Sushumna), identifica-se com Brahmâm condicionado. Isso é o que ensinam as escrituras a respeito da meditação no coração: "Existem cento uma artérias (nadis) que partem do coração, uma das quais conduz ao topo do crânio"[1087].

TEMA 9: A ALMA SEGUE OS RAIOS DO SOL

O SER SEGUE OS RAIOS DO SOL

Sutra 18: a alma do homem de conhecimento procede seguindo os raios do sol[1088].

Sutra 18: o ser de uma pessoa que conhece a verdade segue os raios do sol[1089].

É apresentada uma meditação no coração começando com a frase: "Agora, existe um palácio de Brahmâm sob a forma de um pequeno lótus no coração que está dentro do corpo; nesse, existe O Brahmâm chamado 'o pequeno palácio interno'"[1090]. No curso de descrever essa meditação, começa-se com a frase: "Agora, essas nadis do coração"[1091]; logo se mostra uma elaborada conexão entre as nadis (nervos) do coração e os raios de sol, na frase: "Então, quando ele deixa este corpo assim, ascende ao longo desses raios"[1092] e, depois, declara: "Ao ascender através dessas nadis, se alcança a imortalidade"[1093]. Disso se sabe que a alma, enquanto emerge pela nadi centésima primeira, sai ao longo dos raios (de sol).

Dúvida: aqui, surge uma dúvida de se é que a alma segue os raios (de sol) igualmente, apesar de que o indivíduo morra de dia ou de noite, ou se seguem só durante o dia.

Diz o adepto do Vedanta: sendo essa a dúvida, o autor do aforismo declara que a alma caminha ao longo dos raios, independentemente do horário da morte, dado que a Upanisad fala em termos gerais.

Sutra 19: se argumentássemos que a alma parte à noite, não pode progredir ao longo dos raios, isso não é assim, posto que a conexão entre

---

[1087] TINOCO, 1996, p. 173, verso II, 3,16; Ch. Up., VIII, 6,6.

[1088] GAMBHIRANANDA, 1983, p. 866.

[1089] MARTÍN, 2001, p. 667.

[1090] TINOCO, 2021, verso VIII, 1,1.

[1091] TINOCO, 2021, verso VIII, 6,1.

[1092] TINOCO, 2021, verso VIII, 6,5.

[1093] TINOCO, 2021, verso VIII, 6,6.

as nadis e os raios continua, enquanto o corpo dure; isso é o que revela a Upanishad[1094].

Sutra 19: e se disséssemos que o ser não segue os raios de sol à noite, diremos que não é assim, porque a conexão (entre as nadis e os raios) continua, enquanto dura o corpo. Isso é o revela a Upanishad[1095].

Diz o adversário: a nadi (nervo) e os raios de sol permanecem relacionados durante o dia. Assim que alguém que morre de dia, pode seguir os raios em um curso ascendente, mas isso não é possível para quem morre à noite, porque naquele, então, a conexão entre as nadis e os raios se interrompe.

Diz o adepto do Vedanta: não é assim, porque a relação entre as nadis e os raios dura tanto quanto o corpo, pois as nadis e os raios continuam a sua associação ao longo da duração do estado encarnado. Essa conexão é interrompida à noite. É isso o que revela a Upanishad, na seguinte frase: "Os raios, estendendo-se da órbita solar, entra nas nadis e, apartando-se delas, entram na órbita solar"[1096]. Durante o verão, a presença dos raios pode ser percebida, inclusive, à noite, pela sua produção de calor. Se é difícil percebê-los à noite em outras estações é porque a sua presença é muito reduzida, assim como nos dias de inverno nublados. O texto "O sol faz disso um dia, inclusive à noite" revela esse fato. Se um ser humano que morre à noite pudesse ascender, ainda que sem seguir os raios, seria inútil buscá-los. A Upanishad não menciona separadamente que quem morre de dia ascende seguindo os raios, enquanto aquele morre à noite ascende sem depender deles. Ao contrário, se supuséssemos que inclusive um homem de conhecimento não pode ascender por haver morrido à noite, então o fruto do conhecimento se faria incerto e os seres humanos não teriam interesse nele, posto que não é possível regular o momento da própria morte. Nem pode ser que uma alma, que tenha se desvinculado do corpo à noite, deva esperar até o alvorecer, pois, quando surge o dia, é possível que seu corpo entre em contato com os raios solares por haver sido cremado. E o seguinte texto mostra que não se deve aguardar o alvorecer: "Durante o breve lapso que tarda a mente para viajar de um objeto a outro, o homem de conhecimento alcança o sol"[1097]. Portanto, a busca que a alma empreende dos raios é a mesma, seja à noite ou de dia.

[1094] GAMBHIRANANDA, 1983, p. 867.

[1095] MARTÍN, 2001, p. 667.

[1096] TINOCO, 2021, verso VIII, 6,2.

[1097] TINOCO, 2021, verso VIII,6,5.

TEMA 10: A VIAGEM DA ALMA DURANTE O CURSO MERIDIONAL DO SOL

Sutra 20: por essa mesma razão, a alma recebe o resultado do conhecimento, inclusive quando parte durante o curso meridional do sol[1098].

Sutra 20: pela mesma razão, o ser segue os raios solares, inclusive durante o caminho sul do sol[1099].

Dado que não é necessário esperar e dado que o resultado do conhecimento não é incerto e o momento da morte é imprevisível, se um homem de conhecimento morresse durante o curso meridional do sol, obteria igualmente o resultado do seu conhecimento. Mediante esse aforismo, seu autor demole a ideia errônea referente à necessidade de esperar até que o sol comece o seu curso setentrional. Tal ideia poderia surgir dos fatos muito conhecidos referente à santidade do curso setentrional e, por isso, Bhisma o esperou e a Upanishad disse: "Da quinzena brilhante, ele vai aos seis meses durante os quais o sol se move na direção norte"[1100]. A santidade muito conhecida é um fato relacionado com os homens ignorantes e, quanto a Bhisma que esperou transitar durante o curso setentrional (do sol), essa era uma maneira de respeito ao sentimento popular, demonstrando a validade do presente do seu pai que lhe concedia morrer, quando assim o desejasse. Com relação ao texto da Upanishad, esse se explica pelo aforismo seguinte: "Agora te revelarei, ó príncipe da dinastia dos Bharatas, no momento em que partem deste mundo, os yogues que já não retornam e em que momento o fazem os que ainda regressam"[1101]. E ali o momento especial de morrer, como ser o dia, determina-se e leva à cessação do nascimento. Então, como o que morre à noite durante o caminho sul do sol está livre de voltar a nascer?

Diz o adepto do Vedanta: a resposta a isso se encontra no Sutra seguinte.

Sutra 21: o Smriti menciona esses tempos para os yogues e esses caminhos Samkhya e Yoga se mencionam nos Smritis e nos Vêdas[1102].

[1098] GAMBHIRANANDA, 1983, p. 868.

[1099] MARTÍN, 2001, p. 668.

[1100] TINOCO, 2021, verso IV,15, 5.

[1101] MARTÍN, 2009, p. 170, verso VIII,23.

[1102] GAMBHIRANANDA, 1983, p. 869.

BRAHMA SUTRA (TOMO II)

Sutra 21: esses detalhes se mencionam na tradição a respeito aos yogues, mas tanto o caminho dos yogues como o dos seguidores do Samkhya são só tradições (não revelação védica)[1103].

Essas limitações de tempo etc. que conduzem à cessação dos renascimentos são mencionadas nos Smritis para os yogues. Esse caminho do Yoga e do Samkhya[1104] pertencem aos Smritis e não aos Vêdas. Portanto, devido a uma diferença de temas e qualificações especiais das pessoas que os seguem, o tempo estabelecido os Smritis não é aplicável ao contexto da Upanishad.

Diz o adversário: os caminhos dos deuses e dos manes[1105], tais como estão apresentados nas Upanishsads, podem ser reconhecidos em seus relatos nos Smritis, do seguinte modo: "Os que conhecem o Supremo, vão a ele ao abandonar o corpo, seguindo o caminho do fogo, da luz, do momento do dia, a quinzena da lua crescente solistício setentrional"[1106].

Diz o adepto do Vedanta: uma promessa acerca do momento da morte se faz pela tradição: "Agora te revelarei, Ó príncipe da dinastia Bharata, em que momento partem deste mundo os yogues que já não retornam e em que momento o fazem os que ainda regressam"[1107]. Por isso, o sutra aponta uma contradição e mostra como pode ser resolvida. Na realidade, não existe tal contradição, já que na tradição também aparecem os deuses que conduzem o ser e se simbolizam por aqueles termos, o fogo, a chama etc.

[1103] MARTÍN, 2001, p. 669.

[1104] Yoga significa a execução dos deveres obrigatórios diários, veja-se o Agnihotra como oferenda ao Supremo; Sankhya significa sentir que se é o agente de obra alguma (Gitâ). Ambos são distintos da meditação da Upanishad (nota de rodapé de Swami Ganbhirananda, na sua tradução do Brshma Sutra, p. 869).

[1105] Espíritos dos mortos (nota de Carlos Alberto Tinoco).

[1106] MARTÍN, 2009, p. 170, verso VIII,24.

[1107] MARTÍN, 2009, p. 170, verso VIII,23.

CAPÍTULO VIII

TERCEIRO PADA

TEMA 1: UM ÚNICO CAMINHO PARA O MUNDO DE BRAHMÂM

O CAMINHO ÚNICO NO MUNDO DE BRAHMÂM (BRAMA-LOKA)

Dúvida: foi declarado que a ordem em que se abandona o corpo é similar, até onde começa o caminho dos deuses. Sem dúvida, as várias Upanishads o descrevem de diferentes maneiras. Um curso começa desde a associação das nadis e os raios, como se pode verificar no seguinte texto: "Ascendem unicamente por esses raios"[1108]. Outro pela chama: "Eles alcançam a deidade identificada com a chama, desde a chama, ao dia desde do dia"[1109]. Existe outro curso: "Ao alcançar o caminho dos deuses, ele chega ao mundo do Fogo" (Kau. Up., I,3). Outro diz o seguinte: " Quando uma pessoa se vai deste mundo, vai ao ar"[1110] e outro "[...] contemplando deidades como Hiranyagarbha, partem deste mundo livre de impurezas pelo Caminho do Sol, em direção ao local da Imortalidade"[1111]. Agora, surge uma dúvida: são esses caminhos diferentes um do outro ou são os mesmos com múltiplos aspectos?

Diz o opositor: há diferentes caminhos, porque se trata de diferentes contextos e se apresentam como diferentes meditações. Além disso, há uma afirmação categórica, que diz: "Ascende apenas pelos raios"[1112], o que contradiz com o texto sobre a chama (Br.Up., VI, 2, 15) também interfere. Portanto, os caminhos devem ser diferentes.

[1108] TINOCO, 2021, verso VIII,6,5.

[1109] MARTÍN, 2002, p. 472, verso VI,2,15 (verso diferente).

[1110] MARTÍN, 2002, p. 441, verso V,10,1.

[1111] TINOCO, 1996, p. 197, verso I,2,11.

[1112] TINOCO, 2021, verso VIII,6,5.

BRAHMA SUTRA (TOMO II)

Diz o adepto do Vedanta: diante disso, o Sutra responde: "O caminho que começa pela chama". Nós afirmamos que todo aquele que queira chegar a Brahmâm, tem que ir pelo caminho que começa pela chama. Por quê? Porque "isso se sabe pelas escrituras". Esse caminho é conhecido por toda pessoa com sabedoria. Por isso, o texto: "Aqueles que sabem disso assim e os que meditam com fé na verdade absoluta (*Satya Brahmâm*) na floresta chegam à divindade da chama..."[1113] aparece em um contexto que se refere à meditação nos cinco fogos e expressa a ascensão pelo caminho que começa pela chama, inclusive no caso dos que praticam outros tipos de meditações.

Diz o opositor: poderia ser que no caso dessas meditações, nas quais não se menciona um caminho, este que começa com a chama, encontre seu alcance. Sem dúvida, nos casos em que se menciona outros caminhos, por que se deveria recorrer a esse que começa pela chama?

Diz o adepto do Vedanta: essa objeção não é verdadeira, se as distintas vias fossem completamente diferentes, mas o fato é o mesmo caminho que conduz ao mundo de Brahâm, com diferentes características. Esse caminho se indica em um lugar com uns qualificativos e no outro com outros. É o que mantemos, em todas as descrições, as distintas partes do caminho se reconhecem como diferentes aspectos dele. Portanto, podem incluir-se as diferentes características do caminho em um único conceito, considerando-as interrelacionadas em distintas séries de atributos e substantivos. O mesmo que a meditação que se apresenta em diferentes contextos deve reunir-se em um só tema que a englobe, assim as características do caminho devem integrar-se. Ainda que as meditações difiram, o caminho pode ser o mesmo, porque se reconhece cada uma delas como um aspecto do mesmo caminho, que se apresenta em um caso particular. A meta que se busca é a mesma em todos os casos. Por isso, as seguintes frases apresentam o mesmo resultado, a consecução do mundo de Brahmâm: "E ali habita por anos, por anos eternos"[1114], "[...] a mesma vitória e a mesma grandeza que Brahmâm" (Kau. Up., I,4) e "Só encontra o mundo de Brahmâm pela disciplina e o estudo como forma de vida (*Brahmacharya*)"[1115].

Enquanto a palavra "unicamente" indica que não se pode estabelecer os raios e descartar a chama. Deve-se compreender que aqui se enfatiza unicamente a conexão com os raios e o texto sobre da rapidez (Ch.Up.,VIII,

---

[1113] MARTÍN, 2002, p. 472, verso VI,2,15.

[1114] MARTÍN, 2002, p. 441, verso V,10,1.

[1115] TINOCO, 2021, verso VIII, 4,3.

4,3) não contradiz a ideia de que o caminho comece pela chama, porque o que implica seu significado é que o mundo de Brahmâm se alcança mais rapidamente que as outras metas. Além disso, o texto: "Eles, os que não cumpriram os deveres religiosos, não vão por nenhum desses caminhos"[1116] enumera um terceiro estágio. Mostra que, ainda que à parte do caminho dos antepassados só há outro caminho, o dos deuses, esse se divide em vários estados, o da chama e outros. O texto sobre a chama menciona um grande número estados, enquanto outros textos só nomeiam uns poucos. É razoável pensar que os menos numerosos se expliquem com os mais numerosos. Por isso, o Sutra: "Pelo caminho que começa pela chama. Porque é bem conhecida".

TEMA 2: A ALMA QUE PARTE ALCANÇA O AR DEPOIS DO ANO

O SER QUE SAI DO CORPO CHEGA AO ANO DO AR

Sutra 2: a alma de quem conhece Brahmâm qualificado passa do ano ao ar, devido à ausência e à presença de especificações[1117].

Sutra 2: ao sair do corpo, o ser de um conhecedor de Brahmâm com atributos vai do ano ao ar, segundo a ausência ou presença de especificações[1118].

Novamente, que ordem definida se deveria relacionar as diferentes apresentações do progresso da alma ao longo do caminho dos deuses, uma cadeia de atributos e substantivos? Esse elo não proporciona ao mestre que atua como um amigo. A versão dos Kaushitakins acerca do seu caminho dos deuses diz: "Ao alcançar esse caminho dos deuses, ele chega ao mundo do Fogo, do Ar, de Varuna, de Indra, de Prajapati (Virat), de Brahmâ (Hiranyagharba)" (Kau. Up., I,3). Ai, a expressão "mundo do Fogo" é sinônimo de chama (Br.Up., VI,2,15), pois ambos indicam a ação de queimar, assim não há que esforçar-se por estabelecer uma ordem com relação a isso. Sem dúvida, como não se ouve falar da deidade do ar, no caminho que começa da deidade da chama na Chadogya Upanishad, onde deveríamos colocá-la? O texto da resposta é quando diz: "Ele alcança a deidade da chama, desta a deidade do dia, do dia a deidade de quinzena brilhante, da quinzena bri-

---

[1116]   TINOCO, 2021, verso V,10, 8.

[1117]   GAMBHIRANANDA, 1983, p. 872.

[1118]   MARTÍN, 2001, p. 673.

lhante a deidade dos seis meses durante os quais, o sol se dirige ao norte, dos seis meses a deidade de um ano, até a deidade do sol".

Por que deveria ser assim?

Devido à ausência e à presença da especificação. Então, constatamos que o ar, que não se localiza definitivamente no texto: "Ele chega ao mundo do Ar" (Kau.Up, I,3), em que menciona de modo preciso em outra Upanishad: "Quando uma pessoa parte deste mundo, vai ao ar, que abre espaço para ela como um oco da roda de um carro. Por ela, se vai para cima e se chega ao sol..."[1119]. Tendo em conta que o ar se situa nesse texto antes que o sol, vemos que o lugar está entre o ano e o sol.

Pergunta o opositor: mas por que, se não especifica que o ar esteja antes do fogo, em Kau. Up., I,3, não o situamos antes da chama?

Diz o adepto do Vedanta: é porque não se especifica.

Mas um texto das Upanishads cita: "Ao alcançar o caminho dos deuses, chega ao mundo do ar" (Kau. Up., I,3).

Diz o adepto do Vedanta: a resposta é que aqui a afirmação desfaz das coisas uma atrás da outra e não aponta uma ordem em série. Os objetos aos quais se chega simplesmente se enumeram, sem que se vá a tal ou qual região. Enquanto em outro texto da Brhadaranyaka Upanishad foi estabelecido uma ordem de sucessão. É explicado que se ascende a um espaço tão grande como o oco de uma roda de carro para se chegar ao sol. Outro sutra diz: "Do mundo dos deuses ao Sol" (Br.Up., VI,2,15). De acordo com esse texto, o ser chega ao ar desde o mundo dos deuses e, em seguida, chega ao sol. Mas como o Sutra diz que o ser ao ar desde o ano deve ter em conta o texto da Chadogya Upanishad (V,10,1). Entre a Chandogya e a Brhadaranyaka Upanishad, vemos que alguém omite o mundo dos deuses e o outro, o do tempo. Ambos os textos têm autoridade e, fazendo-os assim, encontramos que o ano, que está conectado com os meses, deve situar-se antes e o mundo deuses, depois.

[1119] MARTÍN, 2002, p. 441, verso V,10,1.

TEMA 3: A ALMA PROCEDE, DESDE O RELÂMPAGO, A VARUNA

O SER VAI DO RESPLENDOR A VARUNA

Sutra 3: deve-se colocar Varuna depois do relâmpago, pela conexão que (esses dois) têm com a água (nuvem)[1120].

Sutra 3: o deus da água (Varuna) se situa depois do resplendor pela conexão (que existe entre eles)[1121].

No texto: "Vai do sol à lua, da lua ao relâmpago"[1122], a Varuna se deve colocar depois do relâmpago, segundo a autoridade do texto: "Ele chega ao mundo de Varuna" (Kau. Up.;I,3), pois o relâmpago e Varuna (deus da chuva) estão relacionados. Com grandes relâmpagos dançam nas entranhas da chuva com ribombantes ruídos de trovão, descendo a chuva, fato que inclusive o texto do brâhmana observou assim: "O relâmpago brilha e o trovão ruge; seguramente vai chover"[1123]. Dos Vêdas aos Smritis, aprende-se que Varuna é o deus das águas. Depois de Varuna, colocam-se Indra e Prajapati, sendo isso o que diz a Kaushitaki Upanishad, e não há outra posição para eles. Varuna e os demais se regalam até o final, por serem novos participantes, sem uma posição assinalada em chama, e termina com o relâmpago.

TEMA 4: AS DEIDADES GUIAS

AS DEIDADES IDENTIFICADAS COM A CHAMA

Sutra 4: a chama etc. são deidades guias, devido ao sinal que indica isso[1124].

Sutra 4: essas deidades são condutoras (do Ser), como tem sido indicado[1125].

Surge uma dúvida com relação àquelas deidades que começam com a chama: são sinas no caminho ou lugares de experiência ou condutoras dos seres que viajam?

[1120] GAMBHIRANANDA, 1983, p. 874.

[1121] MARTÍN, 2001, p. 674.

[1122] TINOCO, 2021, verso IV,15, 5.

[1123] TINOCO, 2021, verso VII,9,1.

[1124] GAMBHIRANANDA, 1983, p. 876.

[1125] MARTÍN, 2001, p. 675.

Diz o opositor: deve-se chegar à conclusão que indica o primeiro ponto. São simples sinais no caminho, porque a instrução que se dá se refere a esses sinais. Como se sucede na experiência comum, quando um homem quer ir a um povoado ou uma cidade, indica-se: "Vá desde aqui à colina, dali à árvore de plátanos, e logo a um rio. E então, chegará ao povoado". O mesmo se diz neste texto: "Desde a chama ao dia, desde o dia à meia noite, etc" ou poderia ser também que fosse a lugares de experiência, porque os textos relacionam o fogo com a palavras "mundo". Por exemplo: "Vem ao mundo do fogo" (Kau.Up., I,3). O termo "mundo" se usa em linguagem comum com relação a lugares onde os seres experimentam o resultado das suas ações. Por exemplo: "[...] o mundo dos homens, o mundo dos antepassados (manes), o mundo dos deuses"[1126]. Um texto dos brâhmanas diz também: "Eles estão apegados ao mundo dos dias e noites" (S.B., X, 2,6,8). Portanto, a chama e os demais não são deidades condutoras. Além disso, não podem conduzir, porque não têm inteligência, pois, na experiência comum, é uma pessoa inteligente a quem encarrega o rei conduzir aos que viajam por caminhos difíceis.

Diz o adepto do Vedanta: diante disso, a nossa resposta é que é mais razoável que sejam deidades condutoras, porque lemos: "Depois da lua chega ao dia luminoso. Uma pessoa que não é humana[1127] lhes conduz ao mundo de Brahmâm"[1128]. Esse texto revela que essa atividade de servir de guia é um fato estabelecido.

Diz o opositor: essa frase não pode se referir verdadeiros estados.

Diz o adepto do Vedanta: não é assim, pois o atributo de não ser humano só significa que nega que seja um ser humano. Isso pode ser um fato. A mesma qualificação que se faz a esses seres tem por objetivo eliminar os guias humanos e isso só se justifica se conhecermos já seres inteligentes como guias na chama etc. Deve-se entender que esses seres estão dentro da criação de Manu.

Diz opositor: sem dúvida, um simples sinal indicativo não tem força, se não se prova que eles devem ser condutores de pessoas.

Diz o adepto do Vedanta: não há problema, como veremos no Sutra seguinte.

[1126] MARTÍN, 2002, p. 141, verso I,5,16.

[1127] O texto diz: "que não pertence às leis de Manu". Manu tem um sentido literal de "humano". Na tradição, há uma sucessão de Manus legisladores. Em geral, simboliza o ser humano racional que está sujeito a leis universais (nota de rodapé de Consuelo Martín, 2001, p. 675).

[1128] TINOCO, 2021, verso IV, 15,5.

Sutra 5: porque isso fica estabelecido, sendo tanto o viajante como o caminhante inconscientes[1129].

Sutra 5: eles são condutores de pessoas, porque se estabeleceu que ambos (o viajante e o caminho) são inconscientes[1130].

Aqueles que vão pelo caminho da chama e as demais têm seus sentidos e as suas mentes fechadas por estarem separados dos seus corpos. Por isso, são incapazes de atuar por si mesmos. A chama não é independente, porque é inconsciente. Portanto, deduzimos que certas deidades conscientes que representam a chama estão encarregadas de guiar. Também na experiência comum, quando alguém está inconsciente ou embriagado e tem os sentidos aturdidos, segue um caminho ajudado por outros. A chama não pode ter sinais indicativos do caminho, porque se apresenta com clareza. Uma pessoa que morre à noite não pode chegar ao dia no seu aspecto físico e não pode esperar o dia, como foi explicado antes (B.S., IV, 2,19), mas essa objeção não se aplica aos deuses "chama" etc., porque representam isso. E o texto: "Da chama ao dia" (Ch.Up., IV,15,5 e V,1) não conflitivo, ainda que aceitemos que as divindades são iguais. O sentido então é: mediante a divindade da chama, chegam a elas a deidade do dia à meia noite.

Em linguagem comum, ensina-se sobre os guias do caminho, do seguinte modo: "Desde aqui, vê a Balvarman, dali a Jayasimba e logo a Krishnagupta". Além disso, a declaração começa do seguinte modo: "Eles alcançam a chama", o que nos diz simplesmente que há uma relação geral, mas não específica de tipo. Ao final, quando diz: "Ele os acompanham a Brahmâm"[1131], expressa-se uma relação especial entre o que conduz e o que é conduzido. Por isso, deduzimos que a mesma relação também se dá desde o começo, mas, tendo em conta que os sentidos estão obnubilados, nenhuma experiência é possível ai. A palavra "mundo" ou lugar de experiência, literalmente, pode-se utilizar para se referir a seres que só atravessam o caminho sem ter nele nenhuma experiência, porque se refere à experiência dos que habitam ali. Portanto, uma pessoa que chega ao mundo representado pela deidade do fogo é guiada pelo fogo. E a pessoa que chega ao mundo que representa o ar será guiada pelo ar. Assim, é como se há de reconstruir-se a passagem.

[1129] GAMBHIRANANDA, 1983, p. 876.

[1130] MARTÍN, 2001, p. 676.

[1131] TINOCO, 2021, verso VI,15,6.

Diz o opositor: supondo que as deidades sejam condutoras, como poderia esse ponto de vista aplicar-se ao caso de Varuna e os outros estão situados depois do relâmpago. Mas as escrituras afirmam que, do relâmpago até Brahmâm, aparece um ser que ajuda e que não é humano.

A essa resposta a essa dúvida apresenta-se no seguinte Sutra:

Sutra 6: daí, o mesmo ser que vem os guia ao relâmpago, pois a Upanishad fala dele[1132].

Sutra 6: desde ali, são conduzidos pelo mesmo ser que vem do relâmpago, porque é o que diz a Upanishad[1133].

"Desde ali", depois de chegar ao relâmpago, vão ao mundo de Brahmâm e são ajudados nos mundos de Varuna e outros por um ser que não é humano, que está mais além do relâmpago, porque esse ser é mencionado como guia, de acordo com a seguinte frase: "Um ser sobre humano vem e lhes conduz ao mundo de Brahmâm"[1134]. Podemos entender que Varuna e os demais deuses contribuem com a tarefa desse ser sobre-humano, não se opondo e com uma ajuda positiva. Por isso, foi dito que a chama e os demais são deuses que atuam como condutores.

TEMA 5: O CAMINHO QUE CONDUZ AO BRAHMÂM CONDICIONADO

OS SERES CHEGAM A BRAHMÂM CONDICIONADO

Sutra 7: Badari pensa que as almas são conduzidas ao Brahmâm condicionado, sendo lógico que só esse seja a meta[1135].

Sutra 7: Badari pensa que os seres são conduzidos ao Brahmâm condicionado (Saguna Brahmâm), porque essa é a única meta razoável[1136].

Há uma dúvida a respeito da frase: "Ele os conduz ao mundo de Brahmâm"[1137] Essa deidade lhes conduz a Brahmâm inferior condicionado ou ao Absoluto incondicionado. Por que surge essa dúvida? Pelo uso da

---

[1132] GAMBHIRANANDA, 1983, p. 878.

[1133] MARTÍN, 2001, p. 677.

[1134] TINOCO, 2021, verso IV,15,5.

[1135] GAMBHIRANANDA, 1983, p. 879.

[1136] MARTÍN, 2001, p. 677.

[1137] TINOCO, 2021, verso IV,15,5.

palavra Brahmâm[1138] e porque a Upanishad menciona o "progresso". Bâdari diz que o ser que não é humano lhe conduz unicamente ao inferior e condicionado Brahmâm com atributos, porque "essa é a única meta razoável". O Brahmâm condicionado pode ser a meta a ser alcançada, já que é um lugar. Sem dúvida, o Absoluto não está em relação com o avanço, nem com a meta, nem com o progresso até ela. O Absoluto está presente em todos os lugares e é o Ser de todos.

Sutra 8: e o Brahmâm condicionado deve ser a meta, porque se menciona de modo específico[1139].

Sutra 8: e o Brahmâm condicionado é a meta, porque há uma menção específica a isso[1140].

Compreende-se que o caminho se relaciona só com o Brahmâm condicionado, porque, em outra Upanishad, encontramos esta declaração específica: "Então, um ser criado desde a mente de Brahmâm vai conduzi-los ao mundo Brahmâm. Alcança a perfeição e vivem nesses mundos indefinidamente" (Br. Ar., IV, 2,15)[1141]. Portanto, devemos compreender que se trata do caminho de Brahmâm condicionado, porque seria impossível referir-se ao Absoluto ao falar no plural "de mundos", já que o plural se aplica a Brahmâm inferior, que pode habitar em diferentes condições ou estados. Inclusive, a Upanishad utiliza o termo "mundo" como um lugar para experimentar com seus múltiplos aspectos dirigidos por uma entidade condicionada. Enquanto, no outro caso, o do Absoluto, a palavra "mundo" só pode ser utilizada em sentido figurado, de acordo com o seguinte texto: "O Absoluto é este mundo" (Br.Up., IV,23). Além disso, ao falar da habitação e de quem a habita, como em: "esses são os mundos de Brahmâm", não se pode entender que se refere diretamente ao Absoluto. Por essas razões, as descrições da guia dos seres se referem ao Brahmâm condicionado unicamente.

Diz o opositor: a palavra "Brahmâm" não pode ser utilizada nem sequer para o Brahmâm condicionado, porque se provou já que o Brahmâm é a origem do universo inteiro (B.S., I,1,1).

[1138] Ainda que a palavra seja a mesma para o Absoluto e para Deus, o Absoluto é Brahmâm incondicionado, sem atributos (Nirguna Brahmâm) e Deus manifestado, condicionado ou com tributos (Saguna Brahmâm) (nota de rodapé de Consuelo Martín, 2001, p. 677).

[1139] GAMBHIRANANDA, 1983, p. 879.

[1140] MARTÍN, 2001, p. 678.

[1141] Referência errada (nota de Carlos Alberto Tinoco).

BRAHMA SUTRA (TOMO II)

Diz o adepto do Vedanta: no que se refere a isso, contestamos com o Sutra a seguir.

Sutra 9: mas o Brahmâm condicionado tem essa designação por estar próximo ao Brahmâm Absoluto[1142].

Sutra 9: mas ao Brahmâm condicionado se lhe designa assim, pela sua proximidade (com o Absoluto)[1143].

A palavra "mas" se usa para eliminar a objeção. Não há problema ao utilizar a palavra Brahmâm para se referir ao criador, já que o Brahmâm inferior está próximo do Absoluto. Na prática, foi estabelecido que se chame Brahmâm inferior ao Absoluto, quando está condicionado pelas limitações referidas e possui atributos que lhes conferem o estar identificado com a mente e outros aspectos da criação. Isso se faz assim, em certas circunstâncias com alguns aspirantes e para meditar.

Diz o opositor: supondo que os aspirantes cheguem ao Brahmâm condicionado, não regressam, segundo indica a Upanishad. Sem dúvida, não há nada eterno fora do Absoluto. E a Upanishad mostra que, quando um aspirante vai pelo caminho dos deuses, não regressa; "Aqueles que vão por esse caminho, nunca regressam ao ciclo humano de nascimentos e mortes"[1144], "Para eles não há regresso aqui"[1145] e "[...] saindo do corpo, alcança a imortalidade"[1146] (Ch.Up., VIII, 6,6).

Diz o adepto do Vedanta: a resposta vem em continuação.

Sutra 10: durante a dissolução final do mundo de Brahmâm condicionado, eles alcançam, em união com o senhor do mundo, isso que é superior a esse Brahmâm condicionado, segundo se aprende da declaração da Upanishad[1147].

Sutra 10: na dissolução final do mundo de Brahmâm condicionado, os seres chegam, levados pelo deus do mundo àquele que é o mais elevado que isso (o Absoluto). Sabe-se que é assim pela declaração upanishádica[1148].

A ideia é que, quando o tempo para a dissolução final do mundo de Brahamâm inferior é eminente, os aspirantes que alcançam um estado de

---

[1142] GAMBHIRANANDA, 1983, p. 880.

[1143] MARTÍN, 2001, p. 678.

[1144] MARTÍN, 2002, verso IV, 15,5.

[1145] MARTÍN, 2002, p. 191, verso VI,2,15.

[1146] TINOCO, 1996, p. 173, verso II,316.

[1147] GAMBHIRANANDA, 1983, p. 881.

[1148] MARTÍN, 2001, p. 679.

plena consciência ai, em união com Hiranyagarbha, o regente daquele mundo, vão ao estado supremo de Vishnu, que é absolutamente puro. Essa liberação gradual se admite, baseando-se nos texto das Upanishads que falam de um novo retorno, pois anteriormente se estabeleceu que é incompreensível que o Brahmâm Supremo seja alcançável por algum processo evolutivo.

Sutra 11: isso o confirma também os Smritis[1149].

Sutra 11: e isso o confirma também a tradição[1150].

Os Smritis confirmam esse ponto de vista: "Quando chega o momento da dissolução final, ao concluir-se a vida de Hiranyagarbha, todos eles, com a Iluminação já obtida, entram no estado supremo junto com Hiranyagarbha" (Kurma Purana, Purva-bhaga, XII, 269).

Dúvida: qual era a objeção de fundo à qual se há contestado, apresentando a conclusão dos aforismos que começam com: "Badari pensa que eles são conduzidos ao Brahmâm condicionado etc. (IV,15,7)?

Agora, os mesmos aforismos mostram essa objeção.

Sutra 12: Jaimini pensa que eles são conduzidos ao Brahmâm Supremo, sendo esse o significado primário da palavra Brahmâm[1151].

Sutra 12: Jaimini pensa que os seres são conduzidos pelo caminho dos deuses ao Absoluto, segundo o sentido direto da palavra Brahmâm[1152].

O mestre espiritual Jaimini opina que a passagem "Os dirige a Brahmâm" (Ch. Up., IV, 15,6) se refere ao Absoluto incondicionado, porque "o Absoluto" é o sentido direto da palavra Brahmâm e só no sentido indireto faz referência ao Brahmâm inferior. Deve-se ter em conta que, quando se apresenta a possibilidade dos sentidos, deve-se preferir o direto.

Sutra 13: isso é assim, porque a Upanishad revela esse fato[1153].

Sutra 13: e isso é assim, porque a Upanishad o revela[1154].

O texto "Existem cento e uma nadis que partem do coração, uma das quais conduz ao topo do crânio. Na morte o Ser Interno do homem caminha através dela, saído do corpo, alcançando a imortalidade"[1155] mostra

---

[1149] GAMBHIRANANDA, 1983, p. 881.

[1150] MARTÍN, 2001, p. 679.

[1151] GAMBHIRANANDA, 1983, p. 882.

[1152] MARTÍN, 2001, p. 679.

[1153] GAMBHIRANANDA, 1983, p. 882.

[1154] MARTÍN, 2001, p. 680.

[1155] TINOCO,1996, p. 173, verso II, 3,16; Ch.Up., VIII, 6.6.

que a imortalidade vai precedida pela evolução e a imortalidade é possível unicamente no Absoluto, não no Brahmâm condicionado, que está sujeito à destruição. Por isso, as escrituras dizem: "Quando se vê algo mais (um objeto) isso é limitado, é mortal"[1156]. Segundo a Chandogya Upanishad, o tema do ser está em conexão com o do Absoluto, porque só se trata nesse contexto do tema do Absoluto. Pode-se ler o seguinte: "Ó Yama, o que sabeis existir além do certo e do errado, além da causa e do efeito, além do passado, do presente e do futuro"[1157].

Sutra 14: além disso, a firme determinação acerca do alcance não se relaciona com Brahmâm condicionado[1158].

Sutra 14: e a firme resolução de chegar ao Absoluto não pode referir-se a Brahmâm condicionado[1159].

Além disso, "a firme resolução de chegar" que se encontra no texto: "Que entre eu na sala de assembleia do palácio da vida (*Prajapati ou Hiranyagarbha*)"[1160] não se dirige até Brahmâm condicionado, porque o Absoluto que se distingue do condicionado pela sua natureza, é o tema geral, como mostra o texto: "Ele que conhece como o espaço é o que se manifesta em nomes e formas. E o Absoluto é aquele em quem está incluído os dois"[1161]. Isso mesmo se evidencia no texto: "Que tenha eu a glória dos brâhmanes"[1162] que apresenta o Absoluto como o Ser de tudo, porque com o texto: "Ninguém pode segurá-Lo, conduzi-Lo para cima ou no meio. Nada é semelhante a Ele. Seu nome é a Grande Glória (Mahad Yashah)"[1163] se sabe que o Absoluto é o único chamado (Grande Glória). Essa chegada ao palácio que deve ser precedida pelo movimento se descreve em relação com a meditação sobre o coração, no texto: "Existe um palácio de Brahmâm, o inconquistável e ali está o altar dourado construído pelo mesmo Deus"[1164]. A necessidade de seguir algum caminho se deduz pelo uso do verbo *pad* que denota movimento. O ponto de vista contrário supõe que as passagens acerca do ser fazem referência ao Supremo Absoluto.

[1156] TINOCO, 2021, verso VII, 24,1.

[1157] TINOCO, 1996, p. 162, verso I,2,14.

[1158] GAMBHIRANANDA, 1983, p. 883.

[1159] MARTÍN, 2001, p. 680.

[1160] TINOCO, 2021, verso VIII, 14,1.

[1161] TINOCO, 2021, verso VIII, 14,1.

[1162] TINOCO, 2021, verso VIII, 14,1.

[1163] TINOCO, 1996, p. 307, verso IV,19.

[1164] TINOCO, 2021, verso VIII,5,3.

Diz o adepto do Vedanta: esses dois pontos de vista foram apresentados pelo mestre Vyasa nos Sutras, o primeiro dos Sutras (IV, 3,7-11) e o segundo (IV, 3,12-14). Desses dois grupos de Sutras, o que diz: "Porque essa é a única meta razoável" prova a falsidade do outro grupo que diz: "segundo o sentido direto da palavra Brahmâm" e não vice-versa. O primeiro ponto de vista foi explicado como a posição que se deve aceitar, enquanto o segundo é o que mantém os oponentes à filosofia Vedanta, porque ninguém pode obrigar-nos a aceitar o sentido primário de uma palavra, como a palavra "Absoluto", quando resulta inaceitável. Ainda quando encontramos um capítulo que trata do mais elevado conhecimento referindo-se ao caminho que leva até Brahmâm inferior, para o qual se requer outra classe de conhecimento, isso se explica como uma glorificação do mais elevado conhecimento e não quer dizer que esse caminho é o resultado do elevado conhecimento. Vejamos o texto: "As outras nadis que têm diferentes direções, são a causa da morte"[1165] e a respeito da passagem: "Penetre eu no palácio de Prajapati"[1166] não há razão para não o tratar separadamente do anterior e referido à resolução de entrar em Brahmâm condicionado. Fala-se de Brahmâm com atributos ou condicionado como o Ser de todas as coisas, como se mostra em: "O que tem todas atividades, tem todos os desejos"[1167]. Portanto, os textos das Upanishads sobre o movimento se referem ao conhecimento inferior de Brahmâm condicionado.

Segundo a prática usual, alguns estudiosos consideram que os primeiros Sutras são do opositor, e os últimos, deles mesmos. De acordo com isso, sustentam que os textos sobre o ser em movimento entram dentro da esfera do mais elevado conhecimento, o supremo Absoluto, mas isso é impossível, porque o Absoluto não é logicamente uma meta a ser alcançada. O Supremo Absoluto não pode nunca ser uma meta à qual se chega, porque está presente em todas as coisas, está dentro de cada coisa, já que é o Ser de tudo. E as suas características são indicadas nas Upanishads: "Onipresente e eterno como o espaço. O Absoluto direta e indiretamente é o Ser de tudo"[1168], "Tudo isso é o mesmo Ser"[1169] e "Este imortal Brahmâm existe antes de qualquer coisa, este Brahmâm está além de tudo, este Brahmâm é o direito e o esquerdo, todas as coisas acima e abaixo são penetradas por Brahmâm;

[1165] TINOCO, 2021, verso VIII,6,6.

[1166] TINOCO, 2021, verso VIII,14,1.

[1167] TINOCO, 2021, verso III.14,2 e 4.

[1168] MARTÍN, 2002, p. 261, verso III,4, 1.

[1169] TINOCO, 2021, verso VII, 25,2.

este universo é o próprio Brahmâm"[1170]. E não se pode alcançar, como meta, o que já se é. É do conhecimento comum que uma coisa a alcança alguém distinto dessa coisa.

Diz o opositor: mas se observa na vida diária que algo que já se há alcançado pode, sem dúvida, voltar a conseguir-se a causa de mudança de lugar. Uma pessoa que vive na terra pode ir até a terra no sentido de que vá a outro lugar da terra. Do mesmo modo, vemos que um rapaz continua sendo o mesmo, ainda que avance até a idade adulta. Assim, o Absoluto Brahmâm também pode ser a meta até que se avance, na medida em que possui todo tipo de poder.

Diz o adepto do Vedanta: não é assim, porque as escrituras ensinam que há que eliminar toda classe de distinções ou atributos no Absoluto, como se pode ler em: "Somente quando um homem conseguir rolar no espaço como uma pele ou tecido, pode ele considerar que suas misérias chegaram ao fim"[1171], "Não é grosso nem fino, nem curto nem longo...."[1172], "Ele é o auto luminoso Purusha, sem forma, incriado. Ele é vazio de Prana, vazio de mente, puro, tão imperecível quanto o imperecível Brahmâm"[1173], "Esse grande Ser sem origem, sem deterioração, imortal, livre é o Absoluto"[1174] e em "O Ser é Aquele que foi definido como 'Nem isto, nem isto"[1175]. De acordo com isso, o Ser supremo não tem nada que ver com o tempo ou o espaço nem com nada, já que se deduz pela revelação, a tradição e o raciocínio. Portanto, não pode ser a meta de nenhum caminho. O exemplo dos distintos lugares da terra e das diferentes idades de uma pessoa não é análogo ao trema aqui tratado, porque neles há diferenças de espaço e tempo pelo que se pode alcançar diferentes lugares ou períodos.

Diz o opositor: mas o Absoluto Brahmâm pode ter diferentes poderes, já que as Upanishads declararam que é a causa da origem, a manutenção e a dissolução do universo.

Diz o adepto do Vedanta: Não! Não se podem interpretar de outra maneira, posto que os textos upanishádicos negam os distintos atributos.

[1170] TINOCO, 1996, p. 201, verso II,2,11 (verso diferente).

[1171] TINOCO, 1996, p. 313, verso VI, 19 (verso diferente).

[1172] MARTÍN, 2002, p. 285, verso III, 8,8.

[1173] TINOCO, 1996, p. 198, verso II,1,2.

[1174] MARTÍN, 2002, p. 408, verso IV,4,25.

[1175] MARTÍN, 2002, p. 302, verso III,9, 26.

Diz o opositor: nem os textos que falam da origem podem interpretar-se de outra maneira.

Diz o adepto do Vedanta: não é assim, porque seu objetivo é estabelecer a unidade do Absoluto. As escrituras apresentam a realidade do Absoluto como unicamente "sem segundo". Isso demonstra a irrealidade de todas as diferenças. Com os exemplos do ladrilho de argila se explica que só o Absoluto é verdade, enquanto os efeitos manifestados não o são. Não é a origem do mundo o que ensina.

Diz o opositor: mas por que os textos sobre a origem do mundo hão de ser subordinados aos textos que negam todas as distinções e não o contrário?

Diz o adepto do Vedanta: isso é assim porque os textos que negam a distinção a uma compreensão conduzem a uma compreensão que é completa em si mesma. Quando se descobre que o Ser é uno, puro, não há mais curiosidade que satisfazer, porque se tem, então, a convicção de que há chegado s mais alta meta humana. Vejamos os seguintes textos das Upanishads: "Qual ilusão, qual mágua pode existir para eles, que estão permanentemente estabelecidos nessa grande unidade com o Atman?"[1176], "Hás alcançado aquele que está livre do medo, Janaka"[1177], "Ele que está iluminado não teme nada. E não se aflige pensando: 'Porque faço o que é mau?" e "Porque faço o que é bom?" (Tai. Up., III,9, !). Isso se deduz da observação da alegria que tem aquele que está iluminado e da comprovação de que as escrituras assinalam a falsa noção da realidade dos efeitos, vejamos em "Quem vê alguma diferença vai de morte em morte" (Kau.Up., II, 1,10). Os textos que negam toda diferença não devem, portanto, considerar-se subordinados a outros textos. Enquanto os textos sobre a origem do mundo não têm o mesmo poder de proporcionar uma compreensão completa de si mesmo. Ao mesmo tempo, é evidente que tenham outro sentido distinto do literal, porque o texto que começa: "Amigo, compreende que esse broto (o corpo) saiu de algo. Porque não pode existir sem uma raiz"[1178]. Depois, diz a Upanishad que o Ser que é a raiz do mundo deve ser conhecido. "Com a ajuda desse broto, trata de encontrar a raiz do que é"[1179]. Também no texto "Aquele de onde se originam todas as criaturas, onde se mantém após seu nascimento, até o que se dirigem e no qual se dissolvem. Este é o Absolu-

---

[1176] TINOCO, 1996, p. 136, verso 7.

[1177] MARTÍN, 2002, p. 319, verso IV, 2,4.

[1178] TINOCO, 2021, verso VI,8,3.

[1179] TINOCO, 2021, verso VI, 8,6, 2021.

BRAHMA SUTRA (TOMO II)

to"[1180] a realidade que há que descobrir é unicamente o Absoluto. Como as passagens acerca da origem têm por finalidade explicar a unidade do ser, o Absoluto não pode ser concebido como possuidor de muitos poderes e nem pode ser a meta que se deve alcançar. Nega-se qualquer caminho até o Absoluto, no texto: "[...] suas energias se vão. Ao ser só o Absoluto, no Absoluto se integra"[1181]. Esse fato foi explicado no Sutra: "Porque para os seguidores de algum ramo das escrituras, não há saída para o ser" (IV, 2,13). Além disso, supondo que existisse esse caminho, o ser que viaja deveria ser ou uma parte do Absoluto ou algo diferente Dele, porque, sendo idênticos, não seria possível o caminho[1182].

Diz o opositor: e se isso fosse assim, o que sucede então?

Diz o adepto do Vedanta: a resposta é que se o ser é uma parte do Absoluto não pode ir até Ele, porque o todo sempre é atingido pela parte. Além disso, a hipótese do todo e da parte não pode ser aplicada ao Absoluto, pois, como se sabe, carece de partes, e não é adequado imaginá-Lo partido. A mesma objeção se pode fazer à hipótese do ser como efeito do Absoluto, posto que o efeito está sempre presente no material de que esse é feito. Uma jarra feita de argila não existe separada da argila que constitui seu ser, porque, se não estivesse identificada, com ela deixaria de existir e, sob as duas hipóteses sendo o ser uma parte ou efeito do Absoluto, como o Absoluto ao qual pertence a parte ou o efeito, permanece imutável, não poderia haver possibilidade de que o ser entrara no estado transmigratório ou samsara.

Se o ser, em terceiro lugar, fosse diferente do Absoluto, teria que ser tão pequeno como um átomo, infinito para penetrá-lo todo ou de um tamanho intermediário. Se fosse de tamanho intermediário, seria impermanente e, se fosse atômico, não poderia explicar-se a extensão da sensação por todo o corpo. Os pontos de vista de atômica e média extensão foram referidos previamente no Sutra (II,3,29). Se o ser fosse considerado diferente do Supremo Absoluto, seriam inúteis textos como: "Tu és Isto" (Ch. Up.,Vi,8,7). Essa objeção pode ser aplicada também à teoria do ser como efeito do Absoluto.

[1180] TINOCO, 1996, p. 235, verso III,1,1.

[1181] MARTÍN, 2002, p. 381, verso IV,4,6.

[1182] Onde não há dualidade não existe caminho, já que não se pode traçar distâncias espaciais (nota de rodapé de Consuelo Martín, 2001, p. 683).

Diz o opositor: não há dificuldade para aceitar os dois pontos de vista, tendo em conta que a origem e os efeitos ou partes dele são os mesmos.

Diz o adepto do Vedanta: não, porque, se fosse assim, a unidade em sentido primário seria impossível. Desde os três pontos de vista, deduz-se que que o ser não poderia alcançar a Libertação Espiritual, porque o estado transmigratório do samsara nunca termina, ou ainda, se essa condição cessasse, o ser perderia a sua inata natureza ao submergir no Absoluto, já que sua identidade com o Absoluto foi negada. Algumas pessoas argumentam assim: os ritos obrigatórios e ocasionais são feitos para eliminar o mal, os ritos opcionais e os proibidos são feitos para evitar o céu e ou inferno e os resultados das obras que se fazem para experimentar no corpo atual ficam esgotados ao serem experimentados. Por isso, quando o corpo atual morre e não há causa para originar um novo corpo, esse ser humano alcança a Libertação Espiritual que consiste em manter-se em sua verdadeira natureza, ainda que não haja tomado consciência da unidade do ser individual com o Absoluto. Isso é inadmissível, porque não há nenhuma evidência dele. As escrituras não ensinam em nenhum lugar que quem espera libertar-se atua desse modo. Se pensa assim, que se o estado transmigratório depende das obras ou dos ritos, cessará na ausência dessas obras, mas essa maneira de raciocinar é arbitrária. Além disso, esse raciocínio fala o porquê a ausência das causas do estado transmigratório é algo que não se pode determinar.

Deve haver muitos resultados de obras acumuladas em vidas passadas por cada ser humano, com bons ou maus resultados, mas, ao não poder ser experimentados simultaneamente, seus resultados se contradizem uns com os outros. Alguns deles têm a oportunidade de manifestar-se nesta vida, enquanto os outros esperam o espaço e o tempo adequados. Como esses últimos resultados ficam sem se esgotarem pelas experiências da vida presente, não se pode afirmar que, por trás da morte do corpo, um ser humano se libertará das causas que produzem um novo corpo, ainda que tenha seguido o caminho descrito antes, pelo opositor. Prova-se com a autoridade das Upanishads e da tradição que os resultados das obras passadas persistem, inclusive depois da morte, de acordo com textos, como "Aqueles que praticam atos bons aqui"[1183] e "com os resultados que restam deles [desses atos]".

Diz o opositor: então, os deveres religiosos obrigatórios ou ocasionais os anulam (aos das obras que restam).

[1183] TINOCO, 2021, verso V, 10,7.

Diz o adepto do Vedanta: não é assim, porque são de natureza contrária. Só quando há contradição pode algo anular algo, mas as boas obras acumuladas nas vidas passadas não são opostas aos deveres obrigatórios e ocasionais, já que ambos têm o mesmo sentido de purificação. Quanto às más obras, podem anular-se, porque são opostas aos deveres ao serem por natureza impuras. Porém, isso não prova a ausência de causas para renascer, porque as obras boas poderiam ser essa causas e porque as obras más não se pode saber se seriam eliminadas. Não existe prova, portanto, que demonstre que a prática dos deveres obrigatórios e ocasionais produzam outros resultados, além de evitar que surjam o mal.

Um textos da tradição espiritual Âpasbamba, diz o seguinte: "Quando se planta uma árvore da mangueira para se obter suas frutas, ela além disso, produz sombra e fragrância, assim ocorrem vantagens ocasionais quando se praticam os deveres religiosos". Até que não se chegue a uma perfeita compreensão, ninguém pode estar seguro de haver ficado completamente livre dos deveres religiosos durante o período que vai do nascimento à morte. Porque se apresentam erros sutis até nas pessoas mais honestas. Tudo isso poderia ocasionar dúvidas. Mas, porque o que é certo, é que a ausência de causas para uma nova existência não se pode conhecer com segurança. E se a unidade com o Ser Absoluto, que se realiza pelo conhecimento verdadeiro, não é reconhecida, o ser, cuja essência é atuar e experimentar, não pode desejar a liberdade de plenitude. Porque um ser não pode separar-se da sua verdadeira essência, o mesmo que o fogo não pode deixar de ser quente.

Diz o opositor: poderia ser que o atuar e experimentar fossem um mal para o ser, mas não o poder mesmo para a ação e a experiência. Assim, a libertação pode chegar quando a experiência desse poder das ações se acaba, enquanto o potencial latente permanece.

Diz o adepto do Vedanta: isso também é um erro, porque, na medida em que a potencialidade se mantém, a manifestação do poder é irresistível.

Diz o opositor: nesse caso, poderia ser que o poder por si mesmo não realizaria nada sem a ajuda de outras causas. Então, esse poder potencial só não conduziria ao mal.

Diz o adepto do Vedanta: isso é um equívoco, porque as outras causas também estão conectadas de modo permanente com o ser que atua e experimenta. Portanto, não pode haver esperança de libertação, enquanto se mantenha um ser sendo, por natureza, ator e experimentador; a não ser que pelo conhecimento da verdade descubra, por sua vez, que é idêntico ao

Absoluto. E a Upanishad nega que exista outro caminho que leve à liberação que não seja o conhecimento da verdade, de acordo com: " Não há outro caminho para a Suprema Meta"[1184].

Diz o opositor: mas, se o ser não é diferente do Ser Supremo, ficaria anulada toda motivação da existência humana, até o estudo das escrituras, porque os meios para um conhecimento válido, como a percepção e outros, não teria nenhuma aplicação.

Diz o adepto do Vedanta: não é assim. As motivações da vida humana se mantêm antes da iluminação, como a conduta de um sonho antes do despertar. As escrituras falam do uso da percepção e os demais dentro do âmbito de quem não há chegado ao conhecimento verdadeiro, de acordo com o seguinte texto: "Porque onde há dualidade, parece que ouve algo, se vê algo, se ouve algo, se fala algo..."[1185]. Aponta a ausência desse meios de conhecimento, no caso de uma pessoa iluminada pela Verdade, de acordo com: "Mas, quando todas as coisas chegam a ser o Ser, que poderia haver e através de que?"[1186]. Para aquele que descobriu o Absoluto Supremo, toda ideia de conhecer algo é eliminada e, em nenhum caso, pode-se afirmar esse movimento que implica dualidade.

Diz o opositor: em que esfera poderíamos, então, situar os textos das escrituras que tratam desse movimento do ser?

Diz o adepto do Vedanta: a resposta é que estariam dentro da esfera as meditações com atributos. O caminho que percorre o ser é mencionado no capítulo que trata da meditação dos cinco fogos, no que trata de meditação em Brahmâm ou em Vaishvanara. Também se fala do caminho percorrido em relação com o Absoluto, como se pode ver em "A energia vital é o Absoluto, o espaço é o Absoluto"[1187] e em "O lótus do coração que está situado em um lugar da cidade do corpo"[1188]. Há também um movimento de conserto do ser (?), porque no que medita é em Brahmâm com atributos, o possuidor de todas as qualidades do ser, "o que dirige os resultados das ações", "o que move vontades verdadeiras". Mas em nenhum lugar se indica nenhum movimento do ser, em relação ao Absoluto Supremo. Sem dúvida, esse movimento se nega especialmente em textos, como: "Suas

---

[1184] TINOCO, 1996, p. 302, verso III,8.

[1185] MARTÍN, 2002, p. 215, versos II, 4,14.

[1186] MARTÍN, 2002, p. 215, versos II, 4,14.

[1187] TINOCO, 2021, verso IV,10,4.

[1188] TINOCO, 2021, verso VIII,1,1.

energias não saem"[1189] e "Aquele que conhece Brahmâm, que é a Realidade, a Sabedoria e infinito, oculto na cavidade do coração [...] (?)"[1190], em que o verbo "chegar" implica movimento. Mas, como foi explicado antes que alcançar um lugar, é impossível, se chegar denota unicamente o tomar posse da sua verdadeira natureza. Isso que sucede quando, mediante o conhecimento da verdade, o universo de nomes e formas superposto por ignorância se dissolve. Esses textos têm que entender-se no mesmo sentido que este: "Ao ser só o Absoluto, no Absoluto se integra"[1191] e outros textos semelhantes. Além disso, se explicássemos o movimento do ser em relação ao Supremo Absoluto, seria com o objetivo de animar o aspirante ou de meditar, mas aqui não pode infundir-se ânimos ao falar do movimento do ser que já é consciente do Absoluto, posto que é um fato realizado para ele, ao haver-se estabelecido já no seu próprio Ser. Tem-se chegado a ele, pelo conhecimento da verdade do Absoluto, que é evidente por si mesmo. Por outro lado, não se pode demonstrar que a meditação sobre do caminho que segue o ser ajude a ser consciente do Absoluto, que não produz nenhum resultado por ser eterno e perfeito. A partir dele, apresenta-se a Libertação como um fato consumado.

Por todas essas razões, o caminho do ser individual pertence ao âmbito do conhecimento inferior. Deduzimos que unicamente por não distinguir entre Brahmâm superior e inferior, as declarações sobre o caminho do ser que se aplica a Brahmâm inferior foram relacionados erroneamente, com o Brahmâm Superior, ou seja, o Absoluto.

Diz o opositor: mas há, verdadeiramente, dois Brahmâms, um superior e outro inferior?

Diz o adepto do Vedanta: sem dúvida, há dois, certamente, porque as escrituras expressam isso, em textos como: "Ó Satyakama, a sílaba Om (um) é o Supremo Brahmâm (Nirguna) e também o outro Brahmâm (Saguna)"[1192].

Diz o opositor: qual é o superior e o inferior?

Diz o adepto do Vedanta: o Brahmâm Superior ou o Absoluto é aquele ao qual se referem os textos que negam todas as distinções baseadas nos nomes e formas, como "nem grande nem pequeno". Essas distinções se devem à ignorância. Com um objetivo devocional nas meditações, os textos

---

[1189] MARTÍN, 2002, p. 381, verso IV,4,6 (verso não encontrado).

[1190] TINOCO, 1996, p. 228, verso II,1,1.

[1191] MARTÍN, 2002, p. 381, verso IV,4, 6.

[1192] TINOCO, 1996, p. 187, verso V,2.

falam de Brahmâm com atributos e que depende das distinções de nomes e formas, então, trata-se do inferior e se empregam termos, como: "Idêntico à mente seu corpo é a energia vital, e sua forma é o esplendor"[1193].

Diz o opositor: nesse caso, a distinção não contradiz a não dualidade nos textos?

Diz o adepto do Vedanta: não é assim, porque essa objeção só poderia ser feita desde o ponto de vista das limitações referidas, criadas pelo nome e forma que brotam da ignorância. Em textos como: "Se desejam o mundo dos antepassados (manes), verão a ele por sua vontade"[1194], mostra-se uma proximidade à meditação em Brahmâm inferior e indicam os resultados dessa meditação são poderes divinos sobre os mundos. Todo ele entra dentro do estado transmigratório do samsara, onde a ignorância ainda não foi eliminada. E como esse resultado tem uma localização especial, não há contradição ao se considerar que o ser tem uma trajetória para chegar a ele. "Tendo em conta que a sua essência são atributos da consciência" (B.S.,II, 3,29), que se percebe em movimento quando as limitações referidas como o intelecto se movem. Assim como o espaço parece que se move quando os recipientes que o contêm se movem.

TEMA 6: ADORAÇÃO COM E SEM SÍIMBOLOS

A DEVOÇÃO SEM SÍMBOLOS

Sutra 15: Badarayna disse que que o ser sobre humano conduz a Brahmâm só a quem não usa os símbolos (na sua meditação), posto que essa divisão dupla não causa contradição e um indivíduo se converte nisso que ele determina ser[1195].

Sutra 15: Bâdarayana disse que o ser sobre humano conduz ao mundo de Brahmâm aos que não usam símbolos (em suas meditações). Assim não há contradição nessa visão dual e (se é) o que se decide ser[1196].

Segundo o mestre espiritual Bâdarayana: omitindo a quem medita com a ajuda dos símbolos, o ser sobre humano conduz ao mundo de Brah-

---

[1193] TINOCO, 2021, verso III,14,2.

[1194] TINOCO, 2021, verso VIII, 2,1.

[1195] GAMBHIRANANDA, 1983, p. 893.

[1196] MARTÍN, 2001, p. 668.

mâm a todos os outros que meditam em Brahmâm condicionado. Não é contraditório admitir essa divisão dupla, posto que o raciocínio citado anteriormente (B.S., III,3, 31) se aplica a todos as meditações que não estejam baseadas nos símbolos. A frase "a resolução para isso" expressa uma razão que confirma essa divisão dupla, sendo lógico que: quem determina ser Brahmâm obterá as glórias divinas de Brahmâm, de acordo com o texto: "um indivíduo se converte Nele". Mas não é possível crer que somos uno com Brahmâm, se meditarmos servindo-se dos símbolos, pois, em tal meditação, o símbolo predomina.

Diz o opositor: a Upanishad menciona que, inclusive, se uma determinação sobre Brahmâm é possível alcançá-Lo, de acordo com o texto: "Ele os conduz a Brahmâm"[1197], que se ouviu mencionar em relação com a meditação nos cinco fogos e não em Brahmâm.

Diz o adepto do Vedanta: que isso seja assim, onde se encontra uma declaração específica do contrário. Sem dúvida, segundo o escritor do aforismo: conforme a lógica de converter-se nisso que alguém quer ser, a regra geral é que, se falta alguma declaração específica, só alcança Brahmâm quem medita Nele com certa determinação.

Sutra 16: e a Upanishad revela uma especialidade sobre os resultados (das meditações com símbolos)[1198].

Sutra 16: e a Upanishad assinala uma diferença entre as meditações com símbolo[1199].

A Upanishad aponta com respeito às meditações baseadas em símbolos, nomes, etc., que as seguintes têm diferentes resultados em relação às anteriores, de acordo com: "Quem medita no nome de Brahmâm, alcança a mesma independência que implica no nome"[1200], "Alcança a mesma independência que tem um nome"[1201] e outros textos além desses. A distinção dos resultados é possível, porque as meditações dependem dos símbolos. Enquanto se baseassem em Brahmâm, como poderíamos encontrar distinções se Brahmâm é indiferenciado? Por isso, as meditações que são realizadas mediante o uso de símbolos não têm o mesmo resultado que aquelas que se baseiam em Brahmâm.

[1197] TINOCO, 2021, verso IV,15,5.
[1198] GAMBHIRANANDA, 1983, p. 894.
[1199] MARTÍN, 2001, p. 689.
[1200] TINOCO, 2021, verso VII,5,1.
[1201] TINOCO, 2021, verso VII,2,2.

CAPÍTULO IX

QUARTO PÂDA

TEMA 1: A NATUREZA DA LIBERDADE

A NATUREZA DA LIBERDADE

Dúvida: na Upanishad, encontramos o seguinte texto: "Na verdade, é assim como se esse ser sereno e feliz se manifesta (ou se estabelece) na sua forma real (Ser ou natureza) depois de haver se elevado deste corpo e haver alcançado a Luz Suprema"[1202]. Com relação a isso, nasce uma dúvida: esse ser se manifesta com alguma distinção adventícia, tal como sucede em alguma região do prazer, por exemplo, o céu, ou se estabelece só como o Ser? Qual seria a conclusão?

Diz o adversário: essa manifestação deve estar em alguma forma nova, também como em outras regiões, pois se sabe que a Libertação é um resultado e a expressão "se manifesta" é sinônimo de "há nascido". Se esse fosse um simples estabelecer-se na sua própria forma ou natureza, então, como a própria natureza não fica eliminada inclusive em nas etapas precoces de estar sob outros aspectos, essa natureza deveria ter se manifestado inclusive ai. Portanto, o "ser" se manifesta como algo distinto.

Diz o adepto do Vedanta: sendo essa a posição, dizemos:

Sutra 1: ao haver alcançado a "Luz Suprema", a alma se manifesta em sua própria natureza real, porque a Upanishad usa a expressão: "em sua própria"[1203].

Sutra 1: ao alcançar o mais elevado estado, o ser se manifesta em sua própria natureza, como deduzimos pelo termo "própria"[1204].

[1202] TINOCO, 2021, verso VII,12,3.

[1203] GAMBHIRANANDA, 1983, p. 895.

[1204] MARTÍN, 2001, p. 691.

O ser se manifesta tal como é, sem nenhum atributo. Mas como pode ser assim? Porque a palavra "própria" aparece em "se manifesta em sua própria natureza" e, de outro modo, não teria sentido essa palavra.

Diz o opositor: a palavra "própria" deve ser interpretada com o sentido de uma forma "que pertence" àquele que se manifesta por si mesmo.

Diz o adepto do Vedanta: não é assim e a réplica é a seguinte.

Sutra 2: então, a alma alcança a Libertação, sendo essa a declaração da Upanishad[1205].

Sutra 2: o Ser que manifesta sua verdadeira natureza é livre, como se sabe pela promessa (da Upanishad)[1206].

O ser, ao qual se refere o texto, dizendo que se manifesta em seu Ser, é livre das formas que o encandeiam e permanece em seu próprio Ser. Enquanto no primeiro estado, "parece estar encadeado" (Ch. Up., VIII,9,1), "parece estar chorando" (Ch.Up., VIII, 10,2) e "parece ter experimentado a destruição" (Ch.,Up., VIII,11,1). E isso é assim porque o ser estava passando pelos três estados, que são: vigília, sono com sonho e sono profundo. Essa é a diferença.

Diz o opositor: e como se sabe que o ser se liberta?

Diz o adepto do Vedanta: o Sutra disse: "Pela promessa". No texto: "Eu te explicarei outra vez" (Ch.Up., VIII, 9,3), faz-se a promessa de explicar o Ser, livre das limitações dos três estados, assim: "O Ser que está livre do corpo, não é afetado pelo prazer e dor"[1207] e conclui assim: "Permanecer em seu próprio Ser. Este é o estado mais elevado"[1208]. Inclusive, no início do relato, o texto: "O Ser que está livre de culpas" (Ch., VIII,7,1) declara unicamente ser livre. A Libertação vem a ser considerada simplesmente como fruto da cessação do apego à forma, e não pela produção de algum resultado novo. Ainda que o termo "manifestado" queira dizer "nascido", emprega-se em contraste com o primeiro estado. O mesmo que quando dizemos que uma pessoa está sã quando a sua enfermidade se foi. Portanto, não há possibilidade de objeção aqui.

Sutra 3: a Luz é o Ser, como é obvio no contexto[1209].

[1205] GAMBHIRANANDA, 1983, p. 896.

[1206] MARTÍN, 2001, p. 692.

[1207] TINOCO, 2021, verso VIII,12,1.

[1208] TINOCO, 2021, verso VIII, 12,3.

[1209] GAMBHIRANANDA, 1983, p. 897.

Sutra 3: a luz é o Ser, como se vê pelo contexto[1210].

Diz o opositor: como se pode dizer que o ser está liberado, de acordo com o texto: "Tem penetrado na mais elevada luz"[1211] descrito como dentro da criação mesma? Porque a palavra "luz" se usa no sentido de luz física e quem não tem ido mais além da esfera das coisas criadas não pode estar livre, já que todas as coisas são, como se sabe, causa do sofrimento.

Essa objeção não possui bases ou firmeza, já que é evidente pelo contexto que o mesmo Ser se apresenta sob a palavra "luz". E como o tema do Ser Supremo é o primeiro na frase: "O Ser que está mais além da culpa, livre de decadência e morte"[1212], não é possível introduzir aqui a luz física, porque, ao fazê-lo, incorrer-se-á no efeito de abandonar o tema principal do qual se está tratando e introduzir alguém estranho. A palavra "Luz" se usa também para referir-se ao Ser, como se pode verificar em: "Os deuses meditam no imortal na luz de todas as luzes, ante a que gira o ano com seus dias"[1213]. Isso foi tratado no Sutra (I,3,40) no tema: "A luz é o Absoluto".

TEMA 2: A ALMA LIBERADA É INSEPARÁVEL DE BRAHMÂM

O SER LIBERADO É INSEPARÁVEL DO ABSOLUTO

Sutra 4: na Libertação, a alma existe em um estado de inseparabilidade do Ser Supremo, sendo isso o que se nota na Upanishad[1214].

Sutra 4: não há separação entre o ser liberado e o Absoluto, tal como afirmam as Upanishads[1215].

Qualquer pessoa deveria gostar de saber se a identidade que se estabelece em seu próprio Ser, depois de haver alcançado a Luz Superior, permanece separada do Ser Supremo ou continua em um estado identificação. Agora, ao encontrar-se nesse estado de ânimo investigativo, poder-se-ia concluir que o ser existe separadamente, porque o texto "Ele se move aí" (Ch.Up., VIII,12,3) fala de algo que sustenta algo mais em si; e o texto: "ao haver alcançado a Luz" menciona um sujeito e um objeto separadamente.

[1210] MARTÍN, 2001, p. 692.

[1211] TINOCO, 2021, verso VIII,12,3.

[1212] TINOCO, 2021, verso VIII,7,1.

[1213] MARTÍN, 2002, p. 395, verso IV, 4, 16.

[1214] GAMBHIRANANDA, 1983, p. 898.

[1215] MARTÍN, 2001, p. 693.

O autor do aforismo explica àquele que que tem dúvida que a alma liberada fica identificada com o Ser Supremo.

Por quê?

Porque sol é o que aparece nas Upanidhads. Em frases como: "Tu é Isto" (Ch;Up., Vi,8,7), "Eu sou o Absoluto"[1216] e "Onde não se vê nada" (Ch. Up.,VII,24,1) e ainda: "E não existe nada separado dele (o Ser) que se possa ver"[1217] etc. mostram que o Ser Supremo não se diferencia do ser. Pela lógica, o resultado (a liberdade) depende da compreensão tal como foi explicado em IV, 3,15. Inclusive, passagens como: "Assim como a água pura vertida no rio cristalino, torna-se uma com ele, a mente do sábio ao encontrar Brahmâm, Ó Gautama, torna-se uma com Ele"[1218] e outros textos descrevem a natureza do ser liberado, como do rio e do mar (Mu.Up., 2,8) revelam unicamente que não há separação. As passagens que denotam diferença devem entender-se em sentido figurado dentro do mesmo sentido de não separação. Por exemplo: "Em que permanece o Infinito? Em sua própria glória"[1219] e "Te deleitas no Ser, te moves no Ser"[1220].

TEMA 3: CARACTERÍSTICAS DA ALMA LIBERADA

CARACTERÍSTICAS DO SER LIBERADO

Sutra 5: Jaimini disse que, segundo as referências etc. (nas Upanishsds), fica evidente que a alma liberada se estabelece nos atributos que têm Brahmâm[1221].

Sutra 5: é evidente que o ser liberado possui atributos do Absoluto, como disse Jaimini, seguindo as referências (das Upanishads)[1222].

Ficou estabelecido já que a frase "Em sua própria natureza" (Ch. Up., VII, 12, 3) significa que permanece o ser em seu próprio Ser e não com características circunstanciais. Mas, agora, se queremos analisar os detalhes específicos, o Sutra apresenta a opinião do mestre espiritual Jaimini. Segundo

---

[1216] MARTÍN, 2002, p. 99, verso I. 4,10.

[1217] MARTÍN, 2002, p. 360, verso IV,3,23.

[1218] TINOCO, 1996, p. 169, verso II,1,15.

[1219] TINOCO, 2021, verso VII, 24,1.

[1220] TINOCO, 2021, verso VII, 25,2.

[1221] GAMBHIRANANDA, 1983, p. 899.

[1222] MARTÍN, 2001, p. 693.

ele, a natureza própria do ser é a mesma que a do Absoluto. E possui todas as características começando pela liberdade de todo o mal e terminando pela vontade verdadeira (Ch. Up., VIII, 7,1) e inclusive a onisciência e a onipotência. E por que se manifesta dessa forma? Porque é a sua própria natureza. Isso é o que o mestre Jaimini pensa e o sabe com evidências pelas referências das Upanishads e por outras razões. No texto: "O Ser que está mais além do mal" etc., que termina com: "Que tem uma vontade verdadeira e inevitável" a Upanishad dá a entender que o ser individual é idêntico ao Ser Supremo que tem esses atributos. O mesmo se vê pelos textos "Ali se move, come, joga e se deleita"[1223] e "Está livre de movimento em todos os mundos" (Ch.Up., VII, 25, 2). Apresenta-se sua forma em toda sua glória. A partir daqui, deduzem-se os atributos de "onisciência" e "onipotência".

Sutra 6: Audulomi diz que a alma liberada se estabelece na consciência como consciência mesma, sendo essa sua verdadeira natureza[1224].

Sutra 6: o ser liberado é pura consciência. A consciência é a sua verdadeira natureza, segundo disse Audulomi[1225].

Ainda que o texto enumere diferentes características como a de estar livre do mal, essa diferenças se baseiam em falsas interpretações devido às palavras. Todo ele deve entender-se como simples negação do mal[1226]. A verdadeira natureza do Ser é pura consciência. Por isso, o ser liberado permanece em sua verdadeira natureza. Essa conclusão está de acordo com outros textos das Upanishads, como: "Um torrão de sal não tem exterior nem interior, todo ele é puro sal em sabor, assim também o Ser sem interior nem exterior é só pura consciência"[1227]. Qualidades como "uma vontade verdadeira" se mencionam como atributos positivos só no sentido figurado, porque, realmente, essas qualidades dependem da associação com as limitações referidas ao Ser. Não constituem a verdadeira natureza do Ser que é só consciência. Dele, não se pode afirmar distintas formas o mesmo que sucede com o Absoluto. É o temos visto no Sutra (III,2,11). Por essa mesma razão o que se menciona sobre o alimento em (Ch. Up., VIIII, 12,3) significa só a ausência de sofrimento em geral. É o mesmo significado da frase: "Se deleita em seu próprio Ser" (Ch.Up., VII, 25,2), porque o deleite e

---

[1223] TINOCO, 2021, verso VII,12, 3.

[1224] GAMBHIRANANDA, 1983, p. 900.

[1225] MARTÍN, 2001, p. 694.

[1226] Os únicos atributos que podem aplicar-se ao Ser não negativos. Só podem dizer-se em rigor o que não é, não o é. (Nota de rodapé de Consuelo Martín na sua tradução do Brahma Sutra, pg. 94.

[1227] MARTÍN, 2002, p. 413, verso IV,4, 13.

BRAHMA SUTRA (TOMO II)

o jogo podem aplicar-se na ação do Ser, já que isso suporia um segundo[1228]. Por isso, o mestre Audulomi pensa que o ser livre se manifesta em sua verdadeira natureza como consciência, livre da experiência fenomênica, pura consciência, serena, mas além de toda descrição.

Sutra 7: Badarayana diz que, ainda assim, não existe contradição, porque a natureza prévia existe segundo a referência da Upanishad[1229].

Sutra 7: Badarayana diz que inclusive assim se o ser liberado é pura consciência, tendo em conta sua natureza original, não há contradição[1230].

Por isso, ainda que o ser se manifeste em sua verdadeira natureza como consciência pura, sem dúvida, a grandeza divina do Absoluto manifestado, não se nega desde o ponto de vista da existência empírica, seguindo as referências das Upanishads. Portanto, não há contradição.

TEMA 4: A REALIZAÇÃO DO DESEJO ATRAVÉS DA VONTADE

SÓ PELA VONTADE

Sutra 8: os pais, os manes e outros veem como resultado só da vontade, sendo isso o que diz a Upanishad[1231].

Sutra 8: mas o ser liberado consegue seu propósito, pela vontade unicamente, porque o afirma a Upanishad[1232].

A meditação sobre o Absoluto situado no coração se lê nas Upanishads: "Se se deseja o mundo dos antepassados, se chega só pela vontade" (Ch. Up VIII, 2,1). É apresentada aqui uma dúvida: só a vontade é a causa da aparição do mundo dos antepassados ou há outras causas?

Diz o opositor: Ainda que as Upanishads o afirmem "por vontade unicamente", sem dúvida, na experiência habitual, dão-se outros fatores. Assim como no mundo estamos em contato com os pais e outros antepassados como resultado do cumprimento dos nossos desejos e outros motivos mais, o mesmo deve suceder com a pessoa que atingiu a Libertação. Não

---

[1228] O Ser á "um sem segundo", de acordo com a célebre frase advaita. Qualquer atividade implica relação de portanto, dualidade. Quando se encontram estas expressões nos textos upanishádicos se entendem no sentido figurado. (Nota de rodapé de Consuelo Martín, na sua tradução do Brahma Sutra, pg. 695).

[1229] GAMBHIRANANDA, 1983, p. 901.

[1230] MARTÍN, 2001, p. 695.

[1231] GAMBHIRANANDA, 1983, p. 902.

[1232] MARTÍN, 2001, p. 695.

devemos aceitar nada que seja contrário à nossa observação. Quando o texto diz: "por vontade unicamente", implica também em todas as causas instrumentais que se requer para o cumprimento do desejo, como no de um rei. Além disso, os pais e demais antepassados que seguem os ditames dos seus próprios desejos serão inconstantes como a representação imaginária de objetos desejados. Dessa maneira, poderão procurar uma experiência sólida.

Diz o adepto do Vedanta: Diante disso, a nossa resposta é que o contato com os antepassados sobrevém só com a vontade. Por quê? Porque a Upanishad assim o afirma. Se necessitássemos de algumas causas mais, estariam em contradição com o texto "pela vontade unicamente" (Ch.Up., VIII, 2,1), e se admitirmos outros fatores que acompanham o ato de vontade, não há motivo para que se realizem com esforço. Porque, nesse caso, a volição ficaria sem efeito até que aparecessem outros fatores. Além disso, em um assunto que é conhecido pelas Upanishads, o argumento baseado na experiência não tem valor. A vontade de um ser liberado é diferente de qualquer vontade ordinária. Por isso, o poder de realizar algo, manter-se-á, enquanto o propósito assim o requeira e isso só se faz mediante a vontade.

Sutra 9: por essa razão, um homem de saber não tem a outro senhor que o governe[1233].

Sutra 9: e por essa razão (ao ser humano com sabedoria) não lhe governa ninguém[1234].

"Por essa razão", porque sua vontade não pode ser infrutífera, o homem de saber não tem um regente, ou seja: ninguém pode governá-lo, pois, inclusive um ser ordinário que deseja algo, não quer que alguém o domine, enquanto não possa evitá-lo. O texto da Upanishad também revela isso, em: "Novamente quem deseja este mundo depois de haver tomado consciência do Ser e desses verdadeiros desejos, se movem livremente em todos os mundos"[1235]

[1233] GAMBHIRANANDA, 1983, p. 902.

[1234] MARTÍN, 2001, p. 696.

[1235] TINOCO, 2021, verso VIII, 1,6.

TEMA 5: O CORPO DEPOIS DE HAVER ALCANÇADO BRAHMA-LOKA

O CORPO APÓS ALCANÇAR O MUNDO DE BRAHMÂM

Sutra 10: Badari afirma a ausência do corpo e dos órgãos (para quem alcança Brahma-Loka, o mundo de Brahmâm), pois isso é o que diz a Upanishad[1236].

Sutra 10: Badari afirma a ausência de corpo e órgãos naquele que alcança o mudo de Brahmâm, porque o diz a Upanishad[1237].

O texto "Os manes se associam com ele, ao desejá-lo" (Ch.Up.,VIII,2,1) estabelece que a mente existe, ao menos como instrumento do desejo, inclusive depois de estar consciente do Brahmâm qualificado. Agora, examinar-se-á se o corpo e os órgãos sensórios também existem ou não, para quem obtém os poderes divinos. No que se refere a isso, o mestre espiritual Badari pensa que o corpo e os sentidos não existem para o homem de saber que se elevou.

Como isso é possível?

Porque a escritura disse: "Ele se regozija ao ver, mentalmente, através desses divinos olhos mentais, o desejável que existe no mundo de Brahmâm"[1238]. Se fosse certo que vagava com a sua mente, seu corpo e órgãos sensórios, então, a menção específica de "mentalmente" não teria ocorrido. Portanto, o corpo e os órgãos sensórios estão ausentes depois da Libertação.

Sutra 11: Jaimini afirma a existência do corpo e dos órgãos sensórios (depois de estar consciente de Brahmâm qualificado), posto que a Upanishad fala de opção[1239].

Sutra 11: Jaimini considera que o ser liberado possui corpo e órgãos sensoriais, porque as Upanishads falam de assumir diversas formas[1240].

O mestre espiritual Jaimini pensa que, na pessoa liberada, dão-se corpos e órgãos sensoriais que existem para o homem liberado, dado que,

---

[1236] GAMBHIRANANDA, 1983, p. 903.

[1237] MARTÍN, 2001, p. 696.

[1238] TINOCO, 2021, verso VIII,12, 5.

[1239] GAMBHIRANANDA, 1983, p. 903.

[1240] MARTÍN, 2001, p. 697.

no texto: "Ele permanece uno, se torna tríplice, quíntuplo" etc.[1241], a Upanishad menciona que ele tem a opção de mudar seu estado variadamente. A diversificação, sem uma diferença de corpos, não é fácil de levar a cabo. Ainda que na Upanishad se faça essa diversificação como um assunto de opção, no contexto do conhecimento de Brahmâm, absoluto e infinito, sem dúvida, apresenta-se em um contexto para elogiar o conhecimento do Infinito, porque esse poder Divino aumenta, de verdade, no contexto do conhecimento de Brahmâm qualificado. Portanto, esse resultado surge em relação com a meditação em Brahmâm qualificado.

Sutra 12: por isso, Badarayana considera que as almas liberadas são de duas classes: com corpos e sentidos ou sem eles, assim como no caso do sacrifício Dvadasha (de doze dias)[1242].

Sutra 12: por isso, Badarayana considera que o ser liberado pode ser de duas classes (com corpos e sem corpos) como o caso do sacrifício de doze dias[1243].

O mestre espiritual Badarayana pensa que, como as escrituras upanishádicas contêm indicações de dois tipos diferentes, são validas as condições para um ser liberado. Quando deseja ter um corpo, aparece com um. Quando deseja manter-se sem corpo, não o tem, porque seus desejos são variados e sua vontade se realiza. Acontece o mesmo em que o sacrifício se prepara em 12 dias (*Dvâdashaha*) que pode ser uma oferenda e uma petição de descendência porque os Vêdas dão indicações para ambas as coisas.

Sutra 13: na ausência de um corpo, a realização dos desejos é razoavelmente possível como ocorre nos sonhos[1244].

Sutra 13: quando não há corpo, a realização dos desejos tem lugar como no estado de sonho[1245].

Quando não existe corpo, nem órgãos sensoriais, o processo no estado de liberação é análogo ao do estado de sonho, quando os objetos desejados, como pais etc., têm uma presença mental, somente enquanto os objetos corporais, não existem.

[1241] TINOCO, 2021, verso VII, 26,2.

[1242] GAMBHIRANANDA, 1983, p. 904.

[1243] MARTÍN, 2001, p. 697.

[1244] GAMBHIRANANDA, 1983, p. 905.

[1245] MARTÍN, 2001, p. 697.

BRAHMA SUTRA (TOMO II)

Sutra 14: quando um corpo existe, a realização dos desejos é razoavelmente possível como ocorre no estado de vigília[1246].

Sutra 14: quando há corpo, essa realização se dá como no estado de vigília[1247].

Por outro lado, a pessoa liberada tem corpo, os objetos de seu desejos, os pais e outros se realizam com a presença real, como no estado de vigília.

TEMA 6: ENTRADA EM MUITOS CORPOS

VÁRIOS CORPOS PARA UM SER

Sutra 15: a alma liberada pode animar muitos corpos como uma lâmpada, sendo isso o que mostra a escritura[1248].

Sutra 15: o ser liberado que atua em vários corpos é como a chama de uma lâmpada, assim o declaram as escrituras[1249].

Como uma lâmpada pode parecer ser muitas por meio do seu poder de transformação ao acender muitas outras, assim o sábio, mesmo sendo único, pode, graças ao seu poder divino, converter-se muitos, entrado em todos os corpos para animá-los.

Como é isso?

Porque as escrituras mostram que um indivíduo pode converter-se em muitos, de acordo com: "Ele permanece uno, se torna triplo, quíntuplo" etc. (Ch.Up., VII, 16,1). Isso seria impossível se aceitássemos a ilustração das marionetes de madeira e nem o seria se as entendêssemos como se estivessem animadas por outras mentes. Os corpos, sem almas, seriam imóveis. Nem é um problema o argumento de que, como a mente e a alma não podem estar separados, não é possível para a alma associar-se com muitos corpos. Pois ele, estando dotado de vontade inevitável, criará corpos equipados com mentes que atuam de acordo com uma só mente. Quando esses são criados, a mesma alma pode aparecer como suas regentes separadas, segundo as diferenças nas vestimentas limitantes. Esse é o

---

[1246] GAMBHIRANANDA, 1983, p. 905.
[1247] MARTÍN, 2001, p. 698.
[1248] GAMBHIRANANDA, 1983, p. 906.
[1249] MARTÍN, 2001, p. 698.

processo descrito pelas escrituras do Yoga em união com a assunção de muitos corpos por parte dos yogues.

Diz o adversário: como é possível admitir que um homem liberado pode ter tais poderes divinos como o de entrar em muitos corpos, quando os seguintes textos e outros dessa classe negam a existência do conhecimento particularizado? "Então, o que se poderia conhecer e mediante o que? Mediante o que é possível conhecer isto, graças ao qual se conhece tudo?" (Br.Up., IV,5,15) e ainda: "Se faz transparente como a água: uno, o testemunho é o um sem segundo" (Br.Up., IV, 3, 32).

Diz o adepto do Vedanta: daqui, procede a resposta do escritor do aforismo.

Sutra 16: a declaração da ausência do conhecimento particularizado se expressa de ambos os pontos de vista; sono profundo e união absoluta; sendo isso o que a Upanishsd esclarece[1250].

Sutra 16: o que as escrituras declaram sobre a ausência de conhecimento particularizado se refere a um dos estados, o de sono profundo e o de união com o Absoluto, porque isso é o que aclaram os textos upanishádicos[1251].

Svapyaya é uma palavra que significa "fundir-se em alguém", ou seja, sono profundo, segundo indica o seguinte texto da Upanishad: "É o sono profundo", que significa "Estar no Ser"[1252]. E *sampatti* literalmente "o alcance de um estado" significa Libertação como mostra a Upanishad: "Surge desses elementos e se destrói com eles"[1253], "[...] ao ser consciente do Absoluto, todas as coisas são o Ser"[1254] e "[...] aquele que se dirige a este estado e que, dormindo, não tem nenhum desejo, não vê nenhum sonho"[1255]. Sem dúvida, os seres divinos que se dão em um estágio diferente como o celestial sobrevêm como consequência da maturação pela meditação no Supremo (Brahmâm com atributos). Não há, portanto, contradição alguma.

[1250] GAMBHIRANANDA, 1983, p. 907.

[1251] MARTÍN, 2001, p. 699.

[1252] TINOCO, 2021, verso VI,8,1.

[1253] MARTÍN, 2002, p. 212, verso II,4,12.

[1254] MARTÍN, 2002, p. 215, verso II,4,14.

[1255] MARTÍN, 2002, p. 351, verso IV,3,19.

TEMA 7: AQUISIÇÃO DOS PODERES DIVINOS

Sutra 7: a alma liberada obtém todos os poderes divinos, exceto aquele de governar o universo (com sua criação, continuação e dissolução), segundo se aprende do contexto (que trata de Deus) e pela proximidade (da alma individual)[1256].

O SER E OS PODERES DIVINOS

Sutra 17: o ser liberado tem todos os poderes divinos, exceto o poder de criação, tendo em conta a declaração das escrituras que assinalam ao Deus criador (nos textos que se referem a esse tema, enquanto o ser liberado não se menciona (na criação)[1257].

É apropriado que as almas liberadas tenham todos ou outros poderes divinos, como ao de fazer-se diminuta etc., exceto o poder da criação etc. do universo, pertencendo esse só ao Supremo que existe eternamente.

Por que deveria ser assim?

Porque o Supremo é o tema considerado e não as almas liberadas. Unicamente o Senhor Supremo é competente para as atividades relativas à criação etc., do universo, posto que essas se ensinam só em relação com Ele. As Upanishads mencionam que as almas liberadas obtêm os poderes de converter-se em um tamanho atômico etc., devido ao seu anelo por conhecer Deus. Portanto, colocam-se distantes das atividades relacionadas com a criação do universo. Além disso, as almas liberadas, estando dotadas de mentes, não podem ter unanimidade, por isso, uma vez algumas podem querer que o universo continue, enquanto outras querem sua destruição. Portanto, de quando em quando, podem opor-se umas contra outras. Se logo uma buscara uma reconciliação, subordinando todas as outras vontades a uma só, o reconciliador deveria chegar, forçosamente, à conclusão segundo a qual todas as outras vontades dependem, unicamente, da vontade de Deus.

Sutra 18: se sustenta-se que os poderes da alma liberada são ilimitados, devido à declaração direta das escrituras, diremos que não é assim, porque o universo fala do que compete a Deus designar aos outros como senhores das esferas, e Ele reside nelas.[1258]

[1256] GAMBHIRANANDA, 1983, p. 908.

[1257] MARTÍN, 2001, p. 700.

[1258] GAMBHIRANANDA, 1983, p. 909.

Sutra 18: e se diz-se que o ser liberado alcança poderes absolutos, segundo os ensinamentos diretos das escrituras, diremos que não, porque nelas se declara (que os que alcançam Aquele) que encomenda a direção dos mundos como o sol etc. a outros e reside nessas esferas[1259].

Fica por refutar a proposição que foi feita ao opositor. Baseando-se no texto: "Ele tem o domínio por si mesmo" (Ta.Uo., I,6,2), pode-se concluir que os seres libertos aquirem poderes divinos absolutos. Isso é o que nega o Sutra. As escrituras declaram que o exercer o domínio por parte dos seres sempre depende do Supremo, que encomenda a outros a direção de alguma esfera em particular. E reside em algumas dessas esferas como a do sol. Por essa razão, diz a Upanishad mais adiante: "[...] ele descansa em Brahmâm, representado pelo Vyahiti Mahat"[1260]. Significa que alcançar a Deus, que é o diretor de todas as mentes, que está sempre presente. De acordo com isso, o texto continua dizendo: "Ele obtém o domínio da mente, ele obtém o domínio da fala, da visão, do audição, ele obtém o domínio da inteligência"[1261] e em outras passagens o poder divino dos seres se apresenta em relação com as distintas circunstância de Deus que existe para sempre.

Sutra 19: existe outra forma do Senhor Supremo que não reside no efeito, sendo isso o que a Upanishad declarou[1262].

Sutra 19: há outra forma de Deus que está mais além das criaturas criadas, porque as escrituras afirmam sua existência[1263].

Não é um fato que o Senhor Supremo reside essencialmente na órbita solar etc., dentro do alcance dos efeitos do mutável. Ele tem também outro aspecto, que é eternamente livre e transcende a todas as mudanças. Por isso, a escritura fala da sua existência em duas formas: "Sua majestade divina se expandiu tão longe; todo o universo desses seres é só um quadrante Seu. Mas Purusha (o Ser Infinito), é maior do que isso, Seus três quadrantes imortais se acham estabelecidos na Sua própria Efulgência"[1264] e outras passagens. Não se pode afirmar que esses aspectos inalteráveis seja alcançável por quem se adere ao aspecto com atributos, posto que não desejam isso. Portanto, deduz-se que: no que se refere ao Senhor Supremo, o possuidor de dois aspectos, é possível continuar em Seu aspecto qualificado que tem

---

[1259] MARTÍN, 2001, p. 700.

[1260] TINOCO, 1996, p. 224, verso I,6,2.

[1261] TINOCO, 1996, p. 224, verso I,6,3.

[1262] GAMBHIRANANDA, 1983, p. 910.

[1263] MARTÍN, 2001, p. 701.

[1264] TINOCO, 2021, verso III,12, 6.

BRAHMA SUTRA (TOMO II)

poderes limitados, sem obter seus aspectos externos de atributos, como também é possível existir em Seu aspecto qualificado com poderes divinos limitados, sem adquirir os ilimitados.

Sutra 20: o binômio Upanishad e Smritit mostra que a luz suprema transcende todo o razoável[1265].

Sutra 20: e tanto o conhecimento direto como o raciocínio mostram isso, que a luz suprema está mais além das coisas mutáveis[1266].

Os seguintes textos das Upanishads e dos Smritis também mostram que a Luz Suprema transcende toda mudança: "O sol não brilha Nele, nem a lua, nem as estrelas e nem qualquer luminosidade, nem o fogo. Pelo seu brilho, todas as coisas brilham; pela Sua Luz, todas as coisas irradiam luz"[1267] e "Nem o sol, nem a lua, nem o fogo podem iluminar Aquele"[1268]. O significado do Sutra apresenta um fato conhecido de que a Luz Suprema está mais além de todas as coisas mutáveis.

Sutra 21: também do sinal indicador nas Upanishads, referente à igualdade da experiência, aprende-se que as almas liberadas não obtêm poderes ilimitados[1269].

Sutra 21: inclusive pelas indicações (das Upanishads) acerca da igualdade (entre o ser liberado e Deus), com respeito à experiência unicamente[1270].

Eis aqui uma razão ulterior segundo a qual quem se adere ao efeito (Brahmâm condicionado) não obtém os poderes ilimitados, posto que as seguintes passagens da Upanishad apresentam os sinais que indicam sua diferença e, então, deduz-se que tudo o que tem em comum com Deus eternamente existente é só uma igualdade de experiência: "Ele (Hiraniagarbha), lhe disse (quando ele alcançou Seu mundo): 'Só o néctar experimentou. E isto é o que também experimentas'" (Kau. Up., I,7), "Como todos os seres cuidam dela, assim ela cuida dele. Sem dúvida, os seres podem sentir dor, pois a dor é inerente a eles"[1271] e "Por ele, obtém um corpo igual ao de Deus ou viver na mesma morada com Ele" (Br.Up., I,5,23).

[1265] GAMBHIRANANDA, 1983, p. 910.

[1266] MARTÍN, 2001, p. 701.

[1267] TINOCO, 1996, p. 171, verso II,2,15; Sv. Up.,VI, 140.

[1268] MARTÍN, 2009, p. 259, verso XV, 6.

[1269] GAMBHIRANANDA, 1983, p. 911.

[1270] MARTÍN, 2001, p. 702.

[1271] MARTÍN, 2002,verso I,5,20, pg. 146, 2002. (Verso diferente).

Diz o opositor: desde o ponto de vista: os poderes tenham graus e estão sujeitos ao seu fim. Daí, essa almas liberadas se verão obrigadas a voltar para este mundo.

Diz o adepto do Vedanta: daí, a resposta do venerável mestre Badarayana:

Sutra 22: baseado na declaração da Upanishad, as almas liberadas não regressam; baseado na declaração da Upanishad, as almas liberadas não regressam[1272].

Sutra 22: não há retorno (para os seres liberados), segundo a declaração das escrituras. Não há retorno, segundo a declaração das escrituras[1273].

Aqueles que seguem o caminho dos deuses, em relação com as nadis (nervos) e aos raios de sol, dividido em distintos níveis de luz, alcançam o mundo de Brahmâm. Nas escrituras, descreve-se assim: no mundo de Brahmâm que se encontra no terceiro céu (Brahma-loka), há dois mares chamados Ara e Nya. Também se encontra um lago (Airammadîya), com uma árvore (Ashvatha), cheia de ambrósia ou Soma. Ali, pode-se ver a cidade de Brahmâm chamada "a inconquistável", onde se encontra um palácio dourado construído por esse mesmo Deus[1274]. Desse mundo se fala amplamente no verso (mantra) e nas sessões de adoração. Os que chegam ali não retornam como o fazem os que vêm da lua, ao terminar sua experiência.

Como se sabe disso?

Dessas passagens das Upanishads: "Ascendendo por essa nadi (nervo), se obtém a imortalidade" (Kau. Up., II, 3,1) e (Ch;Up., VIII, 6,6), "E para eles, não há regresso a este mundo"[1275] e "Aqueles que seguem este caminho dos deuses, não regressam a este ciclo humano de nascimentos e mortes (A criação de Manu)" (Ch;Up.,IV, 15, 5) e "Ele alcança o mundo de Brahmâm e não regressa aqui" (Ch.Up., VIII, 15, 1). Ainda quando, no tempo, seus poderes terminem, o seguinte aforismo mostra como é o indivíduo que não regressa: "Na dissolução final do mundo, isso que é superior a Brahmâm condicionado" (Ch.Up., IV, 3,10). Quem dissipou, completamente, a obscuridade da ignorância como resultado da sua Iluminação logra não regressar e, portanto, adere-se a essa Libertação como sua meta máxima, que existe sempre, como um fato já estabelecido. Quem se refugia em Brahmâm qualificado consegue não voltar, só porque também eles têm

---

[1272] GAMBHIRANANDA, 1983, p. 911.

[1273] MARTÍN, 2001, p. 702.

[1274] TINOCO, 2021, verso VIII, 5,3.

[1275] MARTÍN, 2002, p. 473, verso VI,2,15.

esse Brahmâm incondicionado como seu próprio recurso. O fato de que se repita, "Baseado na declaração da Upanishad, as almas liberadas não regressam", indica que essa escritura termina aqui.

REFERÊNCIAS

APRIGLIANO, Adriano (trad.). **Upanisadas – os doze textos fundamentais.** São Paulo: Editora Mantra, 2020.

DONIGER, Wendy; SMITH, Brian K. **The Laws of Manu.** London: Pengin Books, 1991.

GAMBHIRANANDA, Swami (trad.). **Brahma-Sûtra-Bhasya of S'ri S'ankara-cârya.** Calcutta-India: Advaita Ashran, 1983.

KALYAMA, Acharya. **Yoga, repensado a Tradição.** São Paulo: Editora Ibrasa, 2003.

MARTÍN, Consuelo. **Brahma-Sutras Con los Comentarios Advaita de S'ankara.** Madrid: Editorial Trotta, 2001.

MARTÍN, Consuelo. **Bhagavad Gîtâ – com los comentários advaita de Sankara.** Madrid: Editorial Trotta, 2009.

MARTÍN, Consuelo. **Gran Upanisad del Bosque.** Madrid: Editorial Trotta, 2002.

RENOU, Louis. **O Hinduismo.** Lisboa: Publicações Europa América, 1979.

TINOCO, Carlos Alberto. **As Upanishads.** São Paulo: Editora Ibrasa, 1996.

TINOCO, Carlos Alberto. **A Grande Upanishad da Floresta.** São Paulo: Madras Editora, 2013.

TINOCO, Carlos Alberto. **Chandogya Upanishad.** São Paulo: Editora Ibrasa, 2021.

TINOCO, Carlos Alberto. **História das Filosofias da Índia.** Curitiba: Editora Appris, 2017. 2v.